A INSUSTENTÁVEL LEVEZA
DA POLÍTICA AMBIENTAL

Desenvolvimento e conflitos socioambientais

Andréa Zhouri
Klemens Laschefski
Doralice Barros Pereira
(organizadores)

A insustentável leveza
da política ambiental

Desenvolvimento e conflitos socioambientais

autêntica

Copyrigth © 2005 Os autores

Todos os direitos reservados pela Autêntica Editora. Nenhuma parte desta publicação poderá ser reproduzida, seja por meios mecânicos, eletrônicos, seja via cópia xerográfica, sem a autorização prévia da Editora.

EDITORA RESPONSÁVEL
Rejane Dias

REVISÃO
Rodrigo Pires Paula

CAPA
Victor Bittow

DIAGRAMAÇÃO
Jairo Alvarenga Fonseca

Z64i   Zhouri, Andréa
A insustentável leveza da política ambiental : desenvolvimento e conflitos sócioambientais / organizado por Andréa Zhouri, Klemens Laschefski, Doralice Barros Pereira. – 2. ed. – Belo Horizonte: Autêntica, 2014.

288 p.

ISBN 978-85-7526-166-8

1. Meio ambiente-política. I. Laschefski, Klemens. II. Pereira, Doralice Ramos. III. Título.

CDU 504:32

AUTÊNTICA EDITORA LTDA.

Belo Horizonte
Rua Aimorés, 981, 8º andar . Funcionários
30140-071 . Belo Horizonte . MG
Tel.: (55 31) 3214 5700

Televendas: 0800 283 13 22
www.autenticaeditora.com.br

São Paulo
Av. Paulista, 2.073, Conjunto Nacional,
Horsa I . 23º andar, Conj. 2301 . Cerqueira César .
01311-940 . São Paulo . SP
Tel.: (55 11) 3034 4468

SUMÁRIO

APRESENTAÇÃO
Henri Acselrad.. 7

INTRODUÇÃO
Desenvolvimento, Sustentabilidade e Conflitos Socioambientais
Andréa Zhouri, Klemens Laschefski, Doralice B. Pereira 11

PARTE I – **O campo ambiental: consenso e exclusão**

Política ambiental e a ideologia do desenvolvimento sustentável
Eder Jurandir Carneiro 27

Paisagens industriais e desterritorialização de populações locais:
conflitos socioambientais em projetos hidrelétricos
Andréa Zhouri, Raquel Oliveira 45

A oligarquização da "política ambiental" mineira
Eder Jurandir Carneiro 65

Uma sociologia do licenciamento ambiental:
o caso das hidrelétricas em Minas Gerais
Andréa Zhouri, Klemens Laschefski, Angela Paiva 89

PARTE II – **Estado, participação e unidades de conservação**

Paradoxo do papel do Estado nas unidades de conservação
Doralice Barros Pereira 119

Dilemas da participação na gestão de unidades de conservação:
a experiência do Projeto Doces Matas na RPPN Mata do Sossego
Luciana Braga Paraíso 143

PARTE III – **(Des)envolvimento: Políticas Públicas no Cerrado**

Da "largueza" ao "cercamento":
um balanço dos programas de desenvolvimento do Cerrado
Ricardo Ferreira Ribeiro 171

Lugar-hábitat e lugar-mercadoria: territorialidades em
tensão no domínio dos cerrados
Carlos Eduardo Mazzetto Silva 217

O comércio de carbono, as plantações de eucalipto e a sustentabilidade
das políticas públicas – uma análise geográfica
Klemens Laschefski 245

Os autores 285

APRESENTAÇÃO

....

Henri Acselrad[1]

Ao longo do processo de liberalização da economia brasileira, acentuado a partir dos anos 1990, verificou-se uma forte ofensiva contra a responsabilidade ambiental do Estado. Ao mesmo tempo em que partidários da liberalização exigiam um Estado mínimo e "enxuto", atacavam o sistema de licenciamento ambiental por ser "lento", atribuindo-lhe a responsabilidade pela falta de empregos no país, como se sua ação tivesse algum peso frente aos efeitos do superávit primário, das taxas de juros e outros mecanismos recessivos da estabilização monetária. Por sua vez, atores sociais preocupados com a dinâmica predatória do modelo de desenvolvimento resultante da abertura comercial e da desregulamentação sustentavam que o licenciamento é não só necessário mas também insuficiente, acusando a falta de fiscalização como uma das causas da proliferação de conflitos ambientais nos país.

Deste episódio conjuntural se depreende que a categoria do "meio ambiente" não pode ser vista apenas como objeto de cooperação mas também de contestação e conflito. Ao contrário do que sugere o senso comum, o ambiente não é composto de puros objetos materiais ameaçados de esgotamento. Ele é atravessado por sentidos socioculturais e interesses diferenciados. Pois as matas podem ser ao mesmo tempo espaço de vida de seringueiros e geraizeiros ou espaço de acumulação e reserva de valor para a especulação fundiária. A água dos rios pode ter distintos usos: pode ser meio de subsistência de pescadores ribeirinhos ou instrumento da produção de energia barata para firmas eletrointensivas. Trata-se de um espaço comum de recursos, sim, só que exposto a distintos projetos, interesses, formas de apropriação e uso material e simbólico. A causa ambiental, portanto, não é necessariamente uma, universal, comum a todos, o que faria do ambiente necessariamente um objeto de cooperação entre os distintos atores sociais. Em muitos contextos e conjunturas, o meio ambiente é também atravessado por conflitos sociais, ainda

---

[1] Professor do IPPUR/UFRJ e pesquisador do CNPq.

que alguns prefiram não admiti-lo. Um ministro do Meio Ambiente da Colômbia declarou certa vez: "*é preciso deixar a natureza fora do conflito social*". Ele se preocupava, então, com o fato das conflagrações internas da Colômbia se aproximarem perigosamente das redes de oleodutos e gasodutos do país. Ou seja, a natureza, para ele, significava "fonte de riquezas e negócios econômicos", riquezas estas que fazem parte do que está em jogo nos embates internos daquele país, seja no que diz respeito aos modos de sua utilização como de sua distribuição social.

Os conflitos ambientais ocorrem, assim, quando há um desacordo no interior do arranjo espacial de atividades de uma localidade, região ou país: a continuidade de um tipo de ocupação do território vê-se ameaçada pela maneira como outras atividades, espacialmente conexas, são desenvolvidas. A guerra contra a privatização dos serviços de abastecimento d'água em Cochabamba em 2000 e a insurreição indígena que contestou, em 2003, os acordos de exploração de gás na Bolívia, levando à renúncia do presidente da República boliviana, mostraram que os processos ecológicos são parte constitutiva dos mecanismos do desenvolvimento e, portanto, também, parte das lutas sociais em torno do perfil deste desenvolvimento.

No Brasil e na América Latina em geral, conflitos deste tipo têm ganhado visibilidade desde o início dos anos 1990: atingidos por barragens, movimentos de resistência à expansão das monoculturas, lutas contra a contaminação urbano-industrial são alguns exemplos disto. Tais eventos tenderam a se disseminar em razão da extensão da exploração do território continental – expansão da fronteira econômica do mercado –, bem como da intensificação do uso das áreas centrais já investidas pela produção de riqueza. Com a dinâmica da acumulação, por intensidade ou extensão, um certo número de "acordos simbióticos" entre as distintas práticas espaciais é rompido, ou verifica-se uma recusa socialmente organizada frente a um novo tipo de acordo proposto pelos agentes hegemônicos, seja a construção de barragens, a exploração de minérios ou a implantação de uma infraestrutura perigosa, por exemplo.

A importância deste tipo de conflitos decorre do fato deles exprimirem as contradições internas aos modelos de desenvolvimento, isto é, à combinação de atividades privilegiada pelos países (e, em particular, pelos governos), sua disposição espacial, a destinação social da produção e o modo pelo qual ela é efetuada. Por exemplo, as monoculturas são acusadas de ameaçar a continuidade da atividade de pequenos agricultores, pescadores artesanais, índios e quilombolas [...] ("eucalipto não se come" – afirmam os atingidos pela monocultura). Se um empreendimento monocultural gera divisas, mas ao custo de expulsar a população local de suas terras, por inviabilizar a pesca nos rios, eliminar a caça dos índios, degradar a biodiversidade que conta para a pequena produção etc., a "produtividade" deste tipo de atividade é posta em discussão. Os ganhos líquidos em emprego podem ser considerados reduzidos ou nulos se levarmos em conta as ocupações destruídas pelo fato dos rios secarem, ficarem contaminados pelo agrotóxico aplicado na plantação de eucalipto ou por pequenos produtores perderem suas terras. O reduzido número de empregos criados estaria assim associado à condução de mais gente para as cidades – o que certamente agravaria a crise por que hoje passam as metrópoles.

Questões de fundo como estas, que põem em causa a natureza dos modelos de desenvolvimento em suas dimensões sociais e ambientais, são debatidas em profundidade nos trabalhos aqui apresentados, desenvolvidos no âmbito do GESTA – Grupo de Estudos em Temáticas Ambientais da UFMG. O meio ambiente é abordado com método enquanto objeto da política, atravessado que é entre processos privatizantes ou democratizantes. O projeto de modernização ecológica, que tem o mercado como protagonista central da estabilização ambiental do desenvolvimento capitalista, é assim discutido numa perspectiva crítica, seja no plano local como o do Cerrado, seja no plano internacional, onde se procura instituir o comércio de carbono. Assim fazendo, o que os pesquisadores aqui reunidos nos mostram é que o meio ambiente não deve ser visto como fator de constrangimento exógeno ao desenvolvimento, mas sim como parte constitutiva dos embates pela construção democrática.

INTRODUÇÃO

....

Desenvolvimento, Sustentabilidade
e Conflitos Socioambientais

Andréa Zhouri
Klemens Laschefski
Doralice B. Pereira

Nos últimos anos, temos observado no Brasil a retomada de iniciativas políticas voltadas à viabilidade de projetos de infraestrutura, como as hidrovias e rodovias que recortam a Floresta Amazônica, a transposição do rio São Francisco no Nordeste, o incentivo ao agronegócio (soja, cana-de-açúcar, eucalipto) no Cerrado e as hidrelétricas em vários estados da federação. Por suas consequências sociais e ambientais, esses empreendimentos lembram a tão criticada política de "integração nacional" do período militar, voltada ao crescimento econômico do mercado interno. A atual retórica oficial, no entanto, deixa entrever pelo menos duas diferenças: i) o crescimento econômico deve ser estimulado para a "integração internacional" ao mercado "globalizado", por meio das exportações; ii) para que se evitem os "erros do passado", mas em atendimento, de fato, às exigências das instituições de crédito internacionais, o planejamento deve ser feito com o envolvimento da sociedade no processo. Por essa via, espera-se alcançar o desenvolvimento "sustentável".

No auge da implementação de tais políticas, contudo, recrudescem os já conhecidos conflitos entre as esferas econômica, social e ambiental. O governo do atual presidente Luiz Ignácio Lula da Silva, antes saudado como esperança para construção de uma sociedade mais ecológica e socialmente justa, enfrentou severas críticas durante o Fórum Social Mundial realizado em 2005. A adoção de uma política conservadora de ajuste econômico tem reconduzido meio ambiente e justiça social ao estatuto de "barreiras ao desenvolvimento", colocando em risco as fundamentais conquistas ambientais das últimas três décadas.[1] Essa dinâmica conflituosa, porém, não

---

[1] Durante a semana de 24 a 28 de janeiro de 2005, o Jornal Nacional, da Rede Globo de Televisão, exibiu uma série de reportagens intituladas "Barreiras ao Desenvolvimento", em que a legislação ambiental, sobretudo o licenciamento, aparece como um dos principais entraves ao desenvolvimento.

se encontra circunscrita apenas ao contexto brasileiro, mas explicita as contradições inerentes à própria noção de "desenvolvimento sustentável" forjada em nível mundial.

No corrente debate sobre sustentabilidade, a ideia de uma conciliação entre os "interesses" econômicos, ecológicos e sociais ocupa papel chave. Prevalece a crença de que os conflitos entre os diferentes segmentos da sociedade possam ser resolvidos por meio da "gestão" do diálogo entre os atores, com a finalidade de se alcançar um "consenso". Essa política de gestão utiliza-se, inclusive, de diversas técnicas e estratégias que visam atender à premissa da "participação", essa última compreendida e empreendida, na maioria das vezes, apenas como uma oitiva da sociedade, com ênfase numa imprecisa noção de "população local". Problemas ambientais e sociais são entendidos como meros problemas técnicos e administrativos, passíveis, portanto, de medidas mitigadoras e compensatórias. Os efeitos não sustentáveis do desenvolvimento – pautado esse na ideia de crescimento econômico via industrialização direcionada à exportação de mercadorias, com o objetivo de acumulação de riqueza abstrata no contexto da globalização – são percebidos como solucionáveis por meio da utilização de novas tecnologias e de um planejamento racional.

Os organizadores da presente coletânea divergem dessa visão, pois não concebem o meio ambiente como uma realidade objetiva, instância separada e externa às dinâmicas sociais e políticas da sociedade. Eles entendem que os conflitos ambientais extrapolam as tentativas de resolução técnica e gerencial propostas pela concepção hegemônica de desenvolvimento sustentável.

Nesse sentido, este livro constitui-se em um convite à reflexão crítica sobre determinadas noções e práticas que se consolidaram na década de 1990, sublinhando tanto as análises acadêmicas como as políticas ambientais atuais, a partir da institucionalização da vigente concepção de desenvolvimento sustentável. No entanto, um tal exercício reflexivo implica, de início, a consideração da existência de distintas formas de conceber e de se interagir com o meio ambiente, levando-nos a reconhecer os múltiplos projetos de sociedade que, não raro, acionam diversas matrizes de sustentabilidade e esbarram nas reais assimetrias de poder impressas nas dinâmicas sociais e políticas. Por essa razão, são abordados neste volume os conflitos inerentes às diferentes racionalidades, lógicas e processos de apropriação do território, o qual alude a territorialidades para além dos espaços físicos, sociais e culturais subsumidos pelo ambientalismo neoliberal, dito pragmático ou de resultados, vigente nas últimas duas décadas. No geral, embora ressoem algumas referências caras ao pensamento crítico da ecologia política, as abordagens representam experiências reflexivas atinentes ao processo histórico brasileiro e às opções de inserção do país na globalização contemporânea, por meio da liberalização econômica.

As campanhas e estratégias contra o licenciamento ambiental encetadas pelo Setor Elétrico são objeto de discussão na contribuição de ZHOURI, LASCHEFSKI e PAIVA a este volume.

Da Ecologia Política ao Ambientalismo de Resultados: a despolitização do debate ambiental

Desde o século XIX, dicotomias como objetividade-subjetividade, indivíduo-sociedade, agente-estrutura e natureza-cultura têm sublinhado o pensamento científico e social. Nos anos de 1960, diversos movimentos sociais, acompanhados por debates epistemológicos no campo da ciência[2], lançaram novas bases para as tentativas de superação desses pares dicotômicos próprios do pensamento ocidental. Como esforço de recuperação da imbricação entre natureza e cultura, interessa destacar a emergência de uma crítica ambiental à moderna sociedade industrial representada pela ecologia política[3]. Ao criticar os custos crescentes da reprodução do sistema produtivo, o pensamento da ecologia política expressava um avanço em relação às análises então vigentes que enfocavam as contradições do modo de produção capitalista. O que se denunciava era uma alienação mais radical do que a simples expropriação da mais-valia, qual seja, a alienação entre a sociedade industrial e a natureza, o sujeito e o mundo.

O surgimento dessa crítica transformadora suscitou, no entanto, reações por parte dos defensores da industrialização enquanto evolução fatalista. Os ecologistas foram rotulados como românticos e ingênuos opositores do progresso. Mas os impasses relativos à poluição e à escassez de recursos para a produção industrial não passaram desapercebidos pelos paladinos do desenvolvimentismo, sendo paulatinamente incorporados como "variáveis ambientais" legítimas na discussão sobre a sociedade industrial. Em verdade, no cerne dessa visão aloja-se a fé nas soluções tecnológicas para as chamadas "externalidades" do processo produtivo. E, com isso, uma certa despolitização do debate ecológico foi ocorrendo, na medida mesma em que as forças hegemônicas da sociedade reconheciam e institucionalizavam aqueles temas ambientais que não colocavam em cheque as instituições da sociedade vigente. Tal processo inseriu-se ainda num contexto de transformações em escala global que, nas décadas subsequentes, incluiu o fim da Guerra Fria, o declínio do socialismo real e o incremento da globalização econômica (SOUSA SANTOS, 1999; SANTOS, 2000; GUIMARÃES, 2000, entre outros). As referências políticas foram, então, se deslocando, alojando-se por entre inúmeros lugares sociais, incluindo uma variedade de ambientalismos. Foi dessa forma que a década de 1990 consagrou o termo "desenvolvimento

---

[2] Referimo-nos ao debate científico envolvendo ADORNO (1976), ADORNO e HOKHEIMER (1973), POPPER (1959, 1992), LAKATOS e MUSGRAVE (1968, 1970), KUHN (1970) e, particularmente, FEYRABEND (1975).

[3] IVAN ILLICH (1975), ANDRÉ GORZ (1987), JEAN-PIERRE DUPUY (1980), CORNELIUS CASTORIADIS e DANIEL COHN-BENDIT (1981), estes últimos mais influentes no Brasil, figuram entre os protagonistas desse movimento.

sustentável"[4] como um campo de reconhecimento da "crise ambiental" em escala planetária e como uma proposição para conciliação e consenso entre a crítica ambiental e a sociedade industrial[5].

Em consequência, o potencial transformador apresentado pela crítica da ecologia política cedeu lugar ao "ambientalismo de resultados", ancorado como projeto reformador no bojo da perspectiva economicista hegemônica. Por meio desta, registrou-se, então, um superposicionamento do "mercado global" como regulador das políticas ambientais e sociais, sobretudo a partir da institucionalização do neoliberalismo, ocorrida com a criação da Organização Mundial do Comércio (OMC) em 1995. A título de ilustração, um marco histórico e simbólico do conflito entre os defensores da "autorregulação pelo mercado" e aqueles que sustentam uma regulação dos assuntos ambientais por meio do Estado pode ser registrado pela abertura das negociações internacionais a respeito do Protocolo de Biossegurança no âmbito das Nações Unidas em 1999[6]. Esse instrumento internacional de regulação previa o direito de os países signatários intervirem no sentido de se impor uma restrição ao comércio transnacional de organismos geneticamente modificados. Tal iniciativa contrariava, porém, os princípios de "livre comércio", vindo a constituir um marco histórico dos embates entre tratados ambientais e regras de não discriminalização do comércio ditadas pela OMC. As negociações, contudo, fracassaram, diante da resistência de alguns países, entre eles EUA e Canadá[7].

No clima de tensão existente entre o "regime econômico" representado pela OMC e o "regime ambiental" conduzido no âmbito das Nações Unidas

---

[4] Um dos primeiros registros do termo aparece no documento chamado *World Conservation Strategy*, publicado em 1980 pelas organizações IUCN (União Internacional para Conservação da Natureza) e WWF (Fundo Mundial para a Natureza), sob o patrocínio das Nações Unidas. Contudo, desenvolvimento sustentável se populariza com a publicação do relatório *Nosso Futuro Comum*, ou Relatório Bruntland, em 1987, consolidando-se com a Conferência das Nações Unidas sobre Meio Ambiente e Desenvolvimento, em 1992.

[5] A busca de um consenso da sociedade a respeito de seus diversos interesses atingiu o ápice com a proposta da Agenda 21, principal documento resultante da Rio-92. Ele apresentava uma lista preliminar de iniciativas, a fim de tornar o século XXI viável para todos. Nessa conferência, as Nações Unidas lançaram um apelo para a elaboração de agendas próprias em diferentes níveis políticos e sociais locais, regionais, nacionais e internacionais. Exatamente por se basear em um consenso impossível entre segmentos, racionalidades e interesses divergentes, essa proposta, na prática, não tem se concretizado.

[6] O Protocolo da Biossegurança, discutido durante os anos subsequentes, no âmbito da Convenção sobre a Biodiversidade assinada por 174 países durante a Rio-92, trata dos riscos representados pelos organismos geneticamente modificados para a biodiversidade e para a saúde humana.

[7] Este debate ocorreu durante a sexta rodada da "*Open Ended ad hoc Working Group on Biosafety*", realizada pelas Nações Unidas (14/02 a 23/02/1999), quando seis países do chamado Grupo Miami (EUA, Canadá, Austrália, Argentina, Chile e Uruguai) rejeitaram o Protocolo. Este somente entrou em vigor no dia 29 de janeiro de 2003, durante a Conferência das Partes, em Montreal. Até janeiro de 2005, ratificaram o Protocolo 111 países. Do grupo Miami, assinaram Argentina, Canadá, Chile e Uruguai, embora não o tenham ainda ratificado (http://www.biodiv.org, acesso em 24 de janeiro de 2005).

(SACHS, 2000, p. 25), somente os instrumentos compatíveis com a ideologia da "autorregulação pelo mercado", tais como a certificação de produtos "ecologicamente corretos" e o "Comércio de Carbono",[8] passaram a ter relevância na política mundial.

A adequação do meio ambiente e da sociedade ao crescimento econômico

Diante desse quadro, a Conferência Rio+10, em 2002, na África do Sul, realizou um balanço sobre as condições socioambientais do planeta, revelando o agravamento da situação de degradação ambiental, espoliação e expropriação dos recursos humanos e naturais (SACHS, 2002).[9] As avaliações negativas confirmaram a necessidade de repensarmos os conceitos e crenças consagrados na década de 1990. Entre esses, biodiversidade, sociodiversidade, justiça social, direitos humanos e desenvolvimento social foram içados a temas entrelaçados pela ideia de desenvolvimento sustentável. Contudo, o discurso global em favor do desenvolvimento sustentável inscreveu, de fato, sociedade e desenvolvimento, numa concepção evolucionista e totalizadora de "crescimento econômico". A "natureza" – considerada como realidade externa à sociedade e às relações sociais – foi convertida em uma simples variável a ser "manejada", administrada e gerida, de modo a não impedir "o desenvolvimento".[10]

Os problemas sociais e ambientais, tratados instrumentalmente como "interesses" personalizados, tornam-se, nessa ótica, passíveis de negociação entre atores. Para legitimar essa prática, instituições governamentais se empenham

---

[8] Durante a Terceira Conferência das Partes, Convenção Quadro das Nações Unidas sobre Mudanças do Clima, em Quioto (COP-3), no Japão, em 1997, 36 países industrializados comprometeram-se a reduzir, até 2012, suas emissões de gases de efeito estufa em 5,2%, em relação aos níveis de 1990. Nesse contexto, foi criado o "mercado de carbono", que permite a comercialização do direito de emitir certas quantidades de CO_2 em troca de investimentos em projetos para implementar técnicas "limpas" de redução de tais emissões. O protocolo de Quioto entrou em vigor no dia 16 de Fevereiro de 2005. Esse tema é objeto de uma análise mais detalhada por Laschefski, neste volume.

[9] Para exemplificar, mesmo uma fonte oficial como a Organização de Desenvolvimento e Cooperação Econômica (OCDE) constatou que as emissões de gás carbônico dos países membros cresceram em 6% entre 1990 e 1998, prevendo um aumento de 33% entre 2000 e 2020. Além disso, a solidariedade internacional diminuiu. A ajuda financeira dos países desenvolvidos reduziu-se de 7% em termos reais entre 1993 e 2001, passando de 0,32% a 0,22% do produto interno bruto dos países doadores da OCDE (CORDELLIER; DIDIOT, 2002, p. 38).

[10] Para uma leitura crítica da ideia de desenvolvimento, ver ESTEVA (1992), assim como SACHS (1992, 2000) e LINS RIBEIRO (2000). Para Esteva, o termo surgido no séc. XIX, no campo da biologia, foi transportado para a economia, guardando, contudo, os significados originais, como a concepção de que um organismo envolve de uma forma simples para outra mais aperfeiçoada, mais madura ou complexa. Neste sentido, essa noção teria modulado as políticas etnocêntricas do séc. XIX, assim como a ideologia desenvolvimentista do séc. XX, sobretudo o programa americano do Pós-Guerra, que lançou os EUA como a forma societária "mais aperfeiçoada", enquanto rotulava 2/3 da humanidade, de uma forma negativa e homogênea, sob a categoria de "subdesenvolvimento".

no envolvimento da chamada "sociedade civil". Participação, parceria e "empoderamento" (*empowerment*), tornaram-se palavras-chave nas estratégias do Banco Mundial ou da Cooperação Técnica Alemã (*Gesellschaft für Technische Zusammenarbeit* – GTZ), entre outros organismos internacionais de crédito e de cooperação. Por essa via, espera-se promover a capacitação dos atores mais fracos, para as "negociações" com os agentes governamentais e com o setor privado. A ideia básica das "mesas redondas" participativas é a de criar um novo sistema de regulação com a finalidade de se estabelecer um "consenso". Em nível internacional, esse tipo de "governança" é considerado, cada vez mais, uma resposta à crítica da falta de legitimidade democrática das instituições internacionais. Em teoria, a noção de governança seria remissiva à busca de uma gestão livre de validação por ideologias dominantes, para melhor divisão de poder entre as parcerias. Nesse entendimento, uma "boa" governança deveria considerar, assim, o respeito aos direitos humanos e aos padrões ecológicos mínimos de conservação e de transparência democrática. Na prática, porém, o uso retórico de tais categorias não garante, de fato, uma orientação na direção de um projeto político plural, democrático e sustentável, como há muito é reivindicado pelas diversas lutas sociais[11]. Os convidados a essa "governança" são geralmente os representantes da chamada sociedade civil "organizada", aí se incluindo as ONGs e os movimentos sociais e ambientalistas – alguns, antes, portadores de um contradiscurso ao desenvolvimento – institucional e culturalmente preparados para esse jogo político. Ou seja, são participantes qualificados, sobretudo por meio da profissionalização técnica, com habilitações na linguagem computacional e no acesso à internet, bem como no domínio idiomático da língua inglesa, entre outras coisas[12]. Assim é que, várias ONGs, diante do seu crescente peso político, parecem ter acomodado seus discursos e práticas no bojo dessa formação englobante, celebrando a nova tendência como uma vitória do "ambientalismo de resultados" (ZHOURI, 2004)[13].

Essa nova configuração da política ambiental, iniciada nas décadas de 1980 e 1990, ao consagrar a especialidade técnica como um "capital específico" do "campo ambiental", aumentou a demanda de órgãos públicos e de ONGs por profissionais qualificados nas "ciências ambientais" (ecólogos, biólogos, geógrafos,

---

[11] DAGNINO (2004) adverte para a existência hoje de uma "convergência perversa" entre projetos políticos distintos que fazem uso das mesmas categorias políticas, tais como cidadania, participação e sociedade civil, porém com finalidades opostas. Esse fato tornaria confusa a identificação das referências políticas por parte dos atores sociais envolvidos, algo que corrobora a visão de SACHS (2000) sobre a submissão do "regime ambiental" ao "regime econômico", em nível mundial.

[12] Esta situação remete às dinâmicas do "campo ambiental", com seu "capital específico", tal como analisado nas contribuições de CARNEIRO neste volume.

[13] Por exemplo, no Greenpeace, THILO BODE, gerente da organização entre 1995 e 2001, introduziu a "busca por soluções" como um item chave das campanhas da entidade, marcando assim uma mudança estratégica da política de confrontação para a prática da cooperação com a indústria e com o mercado em geral.

química, engenheiros florestais e sanitaristas, entre outros). Tais especialistas, em consequência da segmentação dos saberes pela ciência moderna, limitam-se aos temas de seu domínio particular, operacionalizando os saberes fragmentados, a partir da lógica hegemônica do desenvolvimento[14]. Surge, assim, o "perito técnico", treinado na arte da "resolução de conflitos" e alocado nos departamentos e secretarias ambientais das administrações públicas e privadas. Sua atuação se destaca, sobretudo, a partir da legislação ambiental que passou a exigir a elaboração de estudos ambientais para o licenciamento de empreendimentos que acarretam reconfigurações socioambientais. Entretanto, como apontam Lacorte e Barbosa (1995, p. 254) "no processo de produção específico das empresas de estudos e projetos, uma divisão de trabalho e uma associação entre interesses e metodologias" raramente conduzem à inviabilização ou à redefinição dos projetos. O olhar técnico compartimentado apenas promove uma adequação do meio ambiente e da sociedade ao projeto proposto, fazendo com que outros olhares e saberes não enquadrados pelo discurso técnico-científico sejam, assim, excluídos dos processos de classificação e de definição sobre os destinos dos espaços.

A "adequação ambiental" constitui, então, um verdadeiro paradigma, inserido na visão desenvolvimentista que, ao apostar na "modernização ecológica", motiva ações políticas que atribuem ao mercado "a capacidade institucional de resolver a degradação ambiental" (ACSELRAD, 2004a, p. 23). Como um paradigma reformador, a adequação se coloca na contramão dos percursos que visam à construção de um paradigma transformador para a sustentabilidade. Esse paradigma demandaria, para além do foco nas alternativas técnicas inseridas no âmbito dos objetivos do mercado, a consideração sobre a finalidade do empreendimento *vis-à-vis* com os segmentos sociais beneficiados, os potenciais ecológicos de produção do lugar e as condições sociais e culturais das populações envolvidas.

Mas, ao contrário dessa perspectiva, na adequação dos processos produtivos, em geral, é dado ênfase apenas numa possível "revolução da eficiência", em detrimento de um debate maior sobre a necessária "revolução da suficiência" (SACHS, 2000), qual seja a mudança nos padrões de produção e consumo da sociedade, base para pensarmos, de fato, a sustentabilidade. É forçoso, pois, reconhecer que a adaptação tecnológica, com vistas a uma maior eficiência na produção (no sentido do não desperdício no uso dos recursos ambientais e da diminuição das emissões), embora necessária, não é suficiente para garantir a sustentabilidade no sentido amplo – ambiental, social, política, cultural e econômica – de toda a sociedade (LEFF, 2001).

---

[14] Segundo SOUSA, SANTOS (2003, p. 56-57), "As ideias da autonomia da ciência e do desinteresse do conhecimento científico, que durante muito tempo constituíram a ideologia espontânea dos cientistas, colapsaram perante o fenômeno global da industrialização da ciência a partir sobretudo das décadas de trinta e quarenta. Tanto nas sociedades capitalistas como nas sociedades socialistas de Estado do leste europeu, a industrialização da ciência acarretou o compromisso desta com os centros de poder econômico, social e político, os quais passaram a ter um papel decisivo na definição das prioridades científicas".

Sociedade sustentável: a luta pela justiça ambiental

Pensar a sustentabilidade em uma sociedade tão diversa e desigual como a brasileira requer, além de uma revolução da eficiência e da suficiência, equacioná-la impreterivelmente à diversidade cultural, à democratização do acesso aos recursos naturais e à distribuição dos riscos da produção industrial. Trata-se de um princípio de justiça ambiental (MARTINEZ-ALIER, 1999), ou seja, da espacialização da justiça distributiva (DEUTSCH LYNCH, 2001). Na nossa sociedade, as considerações sobre a distribuição do "espaço ambiental" (OPSCHOOR, 1995) remetem aos conflitos em torno de direitos territoriais e significados culturais, que ultrapassam tentativas de valoração monetária da natureza, mesmo na forma de medidas mitigadoras ou compensatórias. As assimetrias na classificação e na apropriação social da natureza resultam em uma distribuição ecológica desigual. O conflito eclode quando o sentido e a utilização de um espaço ambiental por um determinado grupo ocorrem em detrimento dos significados e usos que outros segmentos sociais possam fazer de seu território, para, com isso, assegurar a reprodução do seu modo de vida. Entendemos, pois, que projetos industriais homogeneizadores do espaço, tais como hidrelétricas, mineração, monoculturas de soja, eucalipto, cana-de-açúcar, entre outros, são geradores de injustiças ambientais, na medida em que, ao serem implementados, imputam riscos e danos às camadas mais vulneráveis da sociedade. Os conflitos daí decorrentes denunciam contradições, nas quais as vítimas das injustiças ambientais não só são verdadeiramente excluídas do chamado desenvolvimento mas assumem todo o ônus dele resultante. No entanto, esses excluídos não se constituem como vítimas passivas do processo e vêm se organizando em variados movimentos, associações e redes, de que são exemplos o movimento dos atingidos por barragens, os movimentos extrativistas representados pelas "quebradeiras de coco" e pelos seringueiros e os dos contaminados pela indústria do amianto nas zonas industriais urbanas. Tais movimentos possuem, assim, diversas formas de manifestarem seu desacordo, seu embaraço, sua revolta e sua reivindicação (MARTINS, 1997, p. 14), ao mesmo tempo em que se colocam como portadores de outros projetos de vida e interação com o meio ambiente.

Nessa perspectiva, os segmentos sociais que têm sua base material ameaçada e lutam por sua conservação podem representar o que Guha e Martinez-Alier (1996) denominam de "ambientalismo dos pobres". Este se distinguiria, em suas motivações e experiências, de outras modalidades de ambientalismo cuja pauta substituiu questões materiais relacionadas ao consumo e à produção, por valores culturais relativos ao que se chama genericamente de "qualidade de vida".[15]

---

[15] A tese pós-materialista de Inglehart (1977) parte de uma concepção desmaterializada do meio ambiente, da economia e da "consciência ambiental", que orientaria o ambientalismo norte-americano, por exemplo. Este estaria muito mais relacionado à mudança de valores da classe média que, tendo resolvidas suas questões de sobrevivência, tenderia a se preocupar com a "qualidade de vida" e o acesso às

O "ambientalismo dos pobres", ou a luta pela justiça ambiental, é marcado, no Brasil, pela resistência à supremacia das intervenções no espaço pelas elites e pelos grupos políticos por elas apoderados (com representantes assentados em diferentes escalões do Estado). Esse desenho dispõe de uma dinâmica que merece ser questionada quanto à natureza das classes sociais e dos conflitos fundamentais formados frente ao controle do sistema histórico de ação e de dominação social do espaço. A má distribuição de terras, como acesso e posse, assim como a decisão de não resolução dos afrontamentos que delas descolam, ilustra a permanência de embates desiguais, que geram ebulições entre os sujeitos dessa dinâmica. Ela traz à tona, ainda hoje, apesar do discurso da participação, decisões sobre a regulação do uso e ocupação do solo que reproduzem um formato "de cima para baixo", privilegiando segmentos restritos da sociedade em razão do seu "jogo de forças" na conjunção dos domínios econômicos, políticos e sociais.

Os desafios que se colocam para a construção da sustentabilidade e da justiça ambiental no Brasil exigem, portanto, o reconhecimento das formas históricas de significação e apropriação do espaço, que anulam uma multiplicidade de formas de conceber e agir junto ao ambiente natural. Isso remete à necessária valorização das alteridades culturais disseminadas por entre as várias camadas sociais, assim como a compreensão das dinâmicas de poder existentes entre elas. A heterogeneidade cultural de nossa sociedade contrapõe-se à forma homogeneizante de intervenção na nature-za, expressando propostas de sustentabilidades plurais – múltiplas possibilidades de viver, que se refletem na diversificação do espaço e inspiram uma visão de sustenta-bilidade que deve necessariamente articular as dimensões da equidade, da igualdade, da distribuição, assim como da universalidade do direito de viver na singularidade.

As contribuições dos autores

Os artigos desta coletânea inserem-se no contexto apresentado acima, desta-cando problemas e contradições na implementação de políticas ditas ambientais ou sustentáveis, efetivadas dentro de um esquema de adequação da natureza e das populações locais aos programas hegemônicos de desenvolvimento econômico. Em sua maioria, as contribuições expressam reflexões a partir de diferentes trabalhos desenvolvidos no âmbito do Grupo de Estudos em Temáticas Ambientais (GESTA/ UFMG) e suas parcerias[16].

---

amenidades ambientais. Contrariamente a essa abordagem, GUHA e MARTINEZ-ALIER (1996), a partir de realidades e movimentos nos países do hemisfério sul, reafirmam a materialidade da realidade ambiental que sustenta uma variedade de ambientalismos, identificados como ambien-talismo dos pobres, ou ambientalismo da sobrevivência e da subsistência. Entre os sujeitos desses ambientalismos na África, Ásia e América Latina, também associados ao movimento pela justiça ambiental nos EUA, situam-se, no Brasil, os chamados socioambientalistas.

[16] O GESTA, vinculado institucionalmente ao Departamento de Sociologia e Antropologia da FA-FICH/UFMG, é um grupo interdisciplinar criado desde 2001, a partir das atividades de pesquisa,

O livro é constituído por nove capítulos organizados em três blocos. No primeiro bloco, apresentamos uma reflexão teórica e crítica sobre o conceito de desenvolvimento sustentável, tal como institucionalizado nas duas últimas décadas, e análises empíricas sobre a oligarquização da política ambiental em Minas, a desterritorialização de populações locais por projetos hidrelétricos e o processo de licenciamento ambiental. No segundo bloco, tratamos das políticas para as unidades de conservação e a participação das comunidades vizinhas a essas unidades, com o questionamento do papel do Estado como um dos reguladores do espaço. No terceiro bloco, são discutidas as políticas de desenvolvimento para o Cerrado, com ênfase no avanço do agronegócio, suas consequências para as populações locais, assim como as mais recentes políticas internacionais cujos projetos pilotos estão sendo implementados em Minas Gerais (Protocolo de Quioto, Mecanismo de Desenvolvimento Limpo, monoculturas de eucalipto etc).

Assim, o primeiro capítulo, de autoria de Eder Jurandir Carneiro, intitulado "Política Ambiental e a ideologia do Desenvolvimento Sustentável", procura articular a chamada "crise ambiental" contemporânea com os desenvolvimentos estruturais do sistema mundial de produção de mercadorias. A ideologia do desenvolvimento sustentável é considerada a *doxa* da "questão ambiental", restringindo o âmbito dos agentes e dos discursos legítimos, que assumem como pressuposto tácito a viabilidade da compatibilização entre, de um lado, a continuidade da apropriação das condições naturais pelo processo de acumulação de riqueza abstrata e, de outro, os múltiplos usos sociais dessas condições naturais (como condições da vida no planeta).

O capítulo "Paisagens Industriais e Desterritorialização de Populações Locais: conflitos socioambientais em projetos hidrelétricos", de Andréa Zhouri e Raquel Oliveira, analisa o lugar das comunidades atingidas por barragens hidrelétricas no campo dos conflitos em torno da apropriação social da natureza representado pelo licenciamento ambiental. Destacam-se duas racionalidades em confronto: a das comunidades rurais, que têm na terra o "patrimônio" da família e da comunidade, resguardado pela "memória coletiva" e por regras de uso e compartilhamento dos recursos; e a do Setor Elétrico, que, a partir de uma ótica de mercado, entende o território como propriedade e, como tal, *mercadoria* passível de valoração monetária. Nesse campo de lutas em que as diferentes posições sustentam forças desiguais perpetuam-se políticas socialmente injustas e ambientalmente insustentáveis.

O terceiro capítulo, de Eder Jurandir Carneiro, analisa a "Oligarquização da 'Política Ambiental' Mineira", sobretudo por intermédio do Conselho Estadual de Política Ambiental de Minas Gerais (COPAM). Conclui que, ao longo dos anos, a forte tendência à "oligarquização" do poder nesse campo é consolidada por uma

---

ensino e extensão em temáticas socioambientais. Agradecemos especialmente as participações neste volume de EDER JURANDIR CARNEIRO (UFSJ), RICARDO FERREIRA RIBEIRO (PUC-MG) e CARLOS EDUARDO MAZZETTO SILVA (UNI-BH)

estabilização que não somente restringe a quantidade e a diversidade de agentes participantes mas também fomenta um consenso de conteúdo em torno de fundamentos da ideologia do desenvolvimento sustentável. A oligarquização produz-se também pela exclusão, tácita ou explícita, de agentes portadores de interesses e concepções que ameacem os pressupostos do jogo.

No quarto capítulo, Andréa Zhouri, Klemens Laschefski e Ângela Paiva retomam pressupostos dos capítulos anteriores, apresentando "Uma Sociologia do Licenciamento Ambiental: o caso das hidrelétricas em Minas Gerais", com análises empíricas sobre a marginalização das populações atingidas por barragens nos processos de licenciamento. A instituição do licenciamento ambiental, embora desenhada a partir de um paradigma de adequação ambiental, configura-se como uma conquista da sociedade desde a década de 1980. Contudo, encontra-se atualmente sob forte ameaça. Os autores reconhecem a importância do licenciamento, mas abordam os problemas estruturais e procedimentais desse instrumento de política ambiental, com ênfase nos conflitos socioambientais derivados da concepção hegemônica de desenvolvimento e da oligarquização do campo ambiental.

O segundo bloco temático enfoca os problemas da participação no âmbito da criação de Unidades de Conservação. Doralice Barros Pereira, em "Paradoxos do papel do Estado nas Unidades de Conservação", destaca os processos de criação de áreas protegidas no Brasil, que tendem à redefinição e reapresentação de diversos usos e ocupações (p. ex. a mineração, o agropastoril, o residencial e o turístico), nem sempre em consonância com os interesses políticos, ambientais, econômicos e sociais. Uma das principais dificuldades encontradas corresponde exatamente à regulação centralizada do uso e ocupação do solo. A autora busca pontuar como a atuação do Estado pode resultar na (des)construção e vulnerabilidade da qualidade dos espaços protegidos, por meio da criação da paisagem e da adequação da diversidade de representações promotoras de tensões e conflitos.

Em "Dilemas da Participação na Gestão de Unidades de Conservação: a Experiência do Projeto Doces Matas na RPPN Mata do Sossego", Luciana Braga Paraíso trata do envolvimento de populações vizinhas às áreas protegidas nos planos de ação de projetos de conservação da natureza. O trabalho discute a noção de participação, junto às associações de moradores e ao grupo de experimentadores em práticas agrícolas alternativas e artesanais das comunidades de entorno à Mata do Sossego, Zona da Mata, Minas Gerais. A autora mostra as limitações das estratégias adotadas, tendo em vista o alcance de um ambiente realmente participativo e democrático na condução das ações.

O terceiro bloco temático trata das consequências sociais e ambientais dos programas de desenvolvimento que resultaram no avanço da fronteira agrária e pecuária no bioma Cerrado. A contribuição de Ricardo Ferreira Ribeiro, "Da 'largueza' ao 'cercamento': um balanço dos programas de desenvolvimento do Cerrado", traz uma avaliação da chamada "modernização da agricultura brasileira", que transformou esse setor da economia nacional a partir dos anos de 1970, e tem sido objeto de investigação e debates desde então. O autor discute a inserção desses programas na história da ocupação humana naquela região e a forma como os diferentes grupos sociais que lá conviveram e se sucederam utilizaram os recursos naturais do Cerrado.

Segundo Carlos Eduardo Mazzetto Silva, em "Lugar-habitat e lugar-mercadoria – territorialidades em tensão no domínio dos Cerrados", o processo de expansão agrícola se dá hoje distintamente daquele da década de 1970, quando sua abertura se apoiou em fortes incentivos do Estado. Atualmente, ela se desenvolve simultânea à intensificação do uso do espaço e dos recursos naturais pelo "agronegócio" transnacional das corporações em rede. Esse avanço e essa intensificação enfrentam dois problemas interligados: o impacto ambiental, em especial sobre a biodiversidade e sobre os recursos hídricos do bioma, e o conflito territorial com populações locais. A tensão e a disputa territorial entre o agronegócio e as comunidades rurais confrontam o uso e a apropriação do Cerrado: o espaço enquanto lugar de viver (habitat) e o espaço enquanto lugar do negócio (mercadoria).

A coletânea se encerra com a reflexão: "O Comércio de Carbono, as Plantações de Eucalipto e a Sustentabilidade de Políticas Públicas", de Klemens Laschefski, que mostra como políticas ambientais em nível internacional contribuem também para a reativação da transformação do Cerrado em paisagens monoculturizadas. Durante a Conferência sobre Mudanças Climáticas em Kyoto, Japão (1997), foi criado o MDL – Mecanismo do Desenvolvimento Limpo. Empresas mineiras foram as primeiras a elaborarem projetos-piloto a serem financiados pelo MDL: plantações de eucalipto para a produção de carvão vegetal como alternativa ao carvão mineral. A sustentabilidade dessas empresas foi avaliada com base em parâmetros geográficos a fim de se verificar os processos espaciais implicados nos conceitos, entre outros, de espaço ambiental e dívida ecológica. A aprovação dos projetos depende da certificação do *Forest Stewardship Council- FSC* (Conselho de Manejo Florestal), organização apoiada por ONGs ambientalistas, e inclui o chamado processo *stakeholder,* o esquema de participação do FSC. Nesse contexto, portanto, a análise do processo vai se referir à luta das comunidades, na vizinhança das plantações, para assegurar seu espaço ambiental e seus direitos.

Referências

ACSELRAD, H. Justiça Ambiental: ação coletiva e estratégias argumentativas. In: ACSELRAD, H.; PÁDUA, J. A.; HERCULANO, S. (Orgs.). *Justiça ambiental e cidadania.* Rio de Janeiro: Relume-Dumará, 2004a.

ACSERALD, H. *Conflitos ambientais no Brasil.* Rio de Janeiro: Relume-Dumará, 2004b.

ADORNO, T.; HOKHEIMER, M. *Dialectic of Enlightenment.* London: Allen Lane, 1973.

ADORNO, T. *The Positivist Dispute in German Sociology.* London: Heinemann, 1976.

CASTORIADIS, C.; COHN-BENDIT, D. *Da ecologia à autonomia*. São Paulo: Brasiliense, 1981.

CORDELLIER, S.; DIDIOT, B. (Dir.). *L'état du monde 2003: annuaire économique et géopolitique mondiale*. 22ᵉ. ed. Paris: La Découverté, 2003.

DAGNINO, E. Sociedade Civil, Participação e Cidadania: de que estamos falando? In: MATO, D. (Coord.). *Políticas de ciudadania y sociedad civil em tiempos de globalización*. Caracas: FACES, Universidad Central da Venezuela, 2004.

DEUTSCH LYNCH, B. Instituições Internacionais para a Proteção Ambiental e suas Implicações para a Justiça Ambiental de Cidades Latino-americanas. In: ACSELRAD, H. (Org.). *A Duração das cidades. Sustentabilidade e risco nas políticas urbanas*. Rio de Janeiro: DP&A, 2001.

DOUGLAS, M. Environments at risk. *Implicit Meanings, selected essays in anthropology*. London e New York, Routledge, Taylor & Francis Group, 1999.

DUPUY, J-P. *Introdução à crítica da ecologia política*. Rio de Janeiro: Civilização Brasileira, 1980.

ESCOBAR, A. Planning. In: SACHS, W. (Ed.). *The Development Dictionary. A Guide to Knowledge as Power*. London: Zed Book, 1992.

ESTEVA, G. Development. In: SACHS, W. (Ed.). *The Development Dictionary. A Guide to Knowledge as Power*. London: Zed Book, 1992.

FEYEARBEND, P. *Against Method. Outline of an Anarchist Theory of Knowledge*. London, NLB, Atlantic Highlands: Humanities Press, 1975.

GIDDENS, A. *As consequências da modernidade*. São Paulo: Unesp, 1991.

GORZ, A. *Ecology as Politics*. London: Pluto Press, 1987.

GUATTARI, F. *As três ecologias*. Campinas: Papirus, 1990.

GUHA, R.; MARTINEZ-ALIER, J. *Varieties of Environmentalism*. Londres: Earthscan,1996.

GUIMARÃES, S. P. *Quinhentos anos de periferia: uma contribuição ao estudo da política internacional*. Porto Alegre: Ed. Universidade/UFRGS, 2000; Rio de Janeiro: Contraponto, 1999.

INGLEHART, R. *The Silent Revolution: Changing Values and Political Styles*. Princeton: Princeton University Press, 1977.

INGOLD, T. *The Perception of the Environment: Essays on Livelihood, Dwelling and Skill*. London e New York: Routledge, Taylor e Francis Group, 2000.

KUHN, T. *The Structure of the Scientific Revolution*. Chicago: University of Chicago Press, 1970.

LACORTE, A. C.; BARBOSA, N. P. Contradições e limites dos métodos de avaliação de impactos em Grandes Projetos: uma contribuição para o debate. In: *Cadernos IPPUR/UFRJ*, ano IX nrº ¼ jan./dez. 1995.

LAKATOS, I.; MUSGRAVE, A. *Problems in the Philosophy of Science*. Amsterdam: North-Holland Pub. Co., 1968.

LAKATOS, I.; MUSGRAVE, A. *Criticism and the Growth of Knowledge*. Cambridge: Cambridge University Press, 1970.

LEFF, E. *Saber ambiental: sustentabilidade, racionalidade, complexidade, poder*. ORTH, Lúcia Mathilde Endlich (Trad.). Petrópolis: Vozes, 2001.

LINS RIBEIRO, G. Ambientalismo e desenvolvimento. A nova ideologia/utopia do desenvolvimento. In: *Cultura e política no mundo contemporâneo*. Brasília: UnB, 2000.

MARTINEZ-ALIER, J. Justiça Ambiental (local e global). In: CAVALCANTI, C. (Org.). *Meio ambiente, desenvolvimento sustentável e políticas públicas*. Cortez: São Paulo, 1999.

MARTINS, J. de S. *Exclusão social e a nova desigualdade*. São Paulo: Paulus, 1997. (Coleção temas de atualidade).

OPSCHOOR, J. B. Ecospace and the Fall and the Rise of Throughput Intensity. In: *Ecological Economics*, 15(2), p. 137-140, 1995.

PÁDUA, J. A. Produção, Consumo e Sustentabilidade: o Brasil e o contexto planetário. In: *Cadernos de Debate. Brasil Sustentável e Democrático*. n. 06. Rio de Janeiro: FASE, 2000.

POPPER, K. *The Logic of Scientific Discovery*. London: Hutchinson., 1959.

POPPER, K. *In Search of a Better World: Lectures and Essays from Thirty Years*. London: Routledge, 1992.

SACHS, W. (Ed.). *The Development Dictionary. A Guide to Knowledge as Power*. London: Zed Books Ltd., 1992.

SACHS, W. *Globalization and Sustainability*. World Summit Papers of the Heirinch-Böll Foundation, n. 6, Berlim, 2000.

SACHS, W. (Org.). *Justiça num mundo frágil. Memorando para a cúpula mundial sobre desenvolvimento sustentável*. World Summit Papers. Rio de Janeiro: Fundação Heinrich-Böll, 2002.

SANTOS, M. *Por uma outra globalização – do pensamento único à consciência universal*. Rio de Janeiro: Ed. Record, 2000.

SOUSA SANTOS, B. *Um discurso sobre as ciências*. São Paulo: Cortez, 2003.

SOUSA SANTOS, B. Towards a Multicultural Conception of Human Rights. In: FEATHERSTONE, M.; LASH, S. (Orgs.). *Spaces of Culture. City, Nation, World*. London: Sage, 1999.

ZHOURI, A. Árvores e gente na Amazônia. Imagens da floresta em documentários britânicos dos anos 80 e 90. In: *Revista Rede Amazônica*, n. 2, 2003.

ZHOURI, A. Global-Local Amazon Politics. Conflicting Paradigms in the Rainforest Campaign. In: *Theory, Culture and Society*. Sage Publications, v. 21, n. 2, April 2004.

PARTE I

O campo ambiental: consenso e exclusão

POLÍTICA AMBIENTAL E A IDEOLOGIA
DO DESENVOLVIMENTO SUSTENTÁVEL
....

Eder Jurandir Carneiro

Não é novidade a constatação de que, após a queda do socialismo de Estado, vivemos uma época de retraimento da reflexão conceitual crítica. A partir dos anos de 1990, as Ciências Sociais entregaram-se, cada vez mais, a uma espécie de "nova aconceitualidade" (KURZ, 1997a, p. 16), isto é, à renúncia ao esforço de apreensão de conjunto das determinações estruturais da ordem social existente, cujos fundamentos passam a ser assumidos como dados. Tendo seu escopo predeterminado por essa premissa, os debates se restringem à análise e discussão das diferentes formas por meio das quais as diversas nações e regiões do globo poderiam avançar rumo à forma de máximo desenvolvimento social, a saber, a democracia capitalista dos países industrializados (FUKUYAMA, 1992).

Em relação às investigações sobre a chamada "questão ambiental", mais especificamente, a dominância da onda geral de "aconceitualidade" dos anos de 1990 encontra na noção de "desenvolvimento sustentável" seu instrumento perfeito. Tal como tematizada pelo Relatório Brundtland (WCED, 1987),[1] a ideia de desenvolvimento sustentável considera necessário e possível compatibilizar o "desenvolvimento econômico" indefinido com a diminuição contínua das desigualdades sociais e a preservação dos "recursos" e equilíbrios naturais. Para a obtenção desse objetivo, recomenda-se a pesquisa e a aplicação de uma série de medidas, tanto no âmbito de cada Estado nacional quanto no âmbito internacional,

---

[1] Na verdade, o conceito já havia sido formulado anteriormente por ambientalistas, como salientam alguns autores (KIRKBY *et al.*, 1995, p. 1). Contudo, tornou-se o núcleo da concepção "oficial" sobre a questão ambiental, sem dúvida, ao ser assumido e reformulado nos termos do Relatório Brundtland. Posteriormente, um conjunto de diretrizes preconizadas como conducentes ao "desenvolvimento sustentável" aparece reunido na Agenda 21, documento resultante da Conferência das Nações Unidas sobre Meio Ambiente e Desenvolvimento, realizada no Rio de Janeiro, em 1992.

com vistas ao "direcionamento" político e "científico" das interações entre a economia de mercado e processos e condições naturais.

Entrementes, observa-se na última década, mesmo sob a hegemonia do "paradigma do desenvolvimento sustentável", um movimento ascendente de construção de um novo enquadramento teórico-conceitual da chamada "questão ambiental". Conquanto se nutra da contribuição de autores[2], vinculados a diferentes disciplinas, temas de pesquisa e referenciais teóricos, esse movimento tem como eixo a reflexão crítica sobre os nexos entre as práticas sociais de apropriação das condições naturais e os fundamentos da sociedade capitalista em seu atual estágio de desenvolvimento histórico.

O presente trabalho procura inscrever-se nesse movimento crítico mais geral. Busca-se aqui reunir elementos conceituais que auxiliem na articulação da chamada "crise ambiental" ao funcionamento estrutural do capitalismo, construindo um ponto de partida teórico para a crítica da noção de desenvolvimento sustentável como ideologia de legitimação do *status quo*.

Capitalismo e "crise ambiental"

CONDIÇÕES NATURAIS E CONDIÇÕES DA PRODUÇÃO CAPITALISTA

No final dos anos de 1980, o economista estadunidense James O'Connor publica um trabalho pautado na perspectiva de iluminar os nexos entre a questão ambiental contemporânea e o capitalismo, considerado como sistema autocontraditório (O'CONNOR, 1988). O'Connor postula a existência de uma "segunda contradição" do sistema capitalista articulada à "clássica" contradição primária entre forças produtivas e relações de produção. Essa segunda contradição estabelecer-se-ia entre, de um lado, o conjunto das forças produtivas e relações de produção e, de outro, as condições de produção capitalistas, tomados pelo processo de produção de mercadorias como pressupostos que têm que ser continuamente produzidos, reproduzidos e fornecidos. Grande parte das condições gerais ou pressupostos sociais da produção de mercadorias referem-se às condições naturais. Apenas, como exemplo, citem-se a utilização do espaço urbano como *locus* do consumo e da circulação de automóveis; o uso dos gases da atmosfera para a combustão de energias fósseis e para descarga dos dejetos dessa combustão; a utilização de águas fluviais para a geração de energia, para a irrigação, para processos industriais, para o escoamento dos detritos industriais, para consumo humano etc.

Como se vê, essas condições naturais são, em geral, tomadas pela produção de mercadorias como dadas, na medida em que seu provimento, necessariamente

---

[2] Apenas como indicação, citem-se, dentre a miríade de trabalhos e autores que poderiam ser inscritos nesse movimento, os seguintes: ACSELRAD et al. (2004), FOLADORI (2001), KURZ (1997), SACHS (2000), ZHOURI (2001), ESTEVA (2000), MARTÍNEZ-ALIER (1999), CARNEIRO (2003), O'CONNOR (1988; 1991) e FERNANDES E GUERRA (2003).

regular e contínuo, não pode ser assegurado apenas pelo funcionamento "espontâneo" do jogo da rentabilidade praticado no mercado. Pelo contrário, seguindo o argumento de O'Connor, podemos dizer que é o próprio funcionamento de um sistema de produção de mercadorias (KURZ, 1996), estruturalmente orientado pela busca da maior rentabilidade na acumulação de riqueza abstrata, que conduz à degradação daquelas condições naturais da qual depende visceralmente. Nesse sistema, a concorrência precipita os capitais individuais numa luta de vida ou morte pela externalização dos custos de produção e de provimento das condições de produção. Assim, como efeito não pretendido, orquestrado por uma maligna mão invisível, verdadeira tragédia dos comuns, crescem continuamente os custos das tarefas de provimento das condições naturais da produção, tarefas que, evidentemente, devem ser operadas pelo Estado e custeadas pela tributação de parcelas crescentes do valor excedente produzido. O resultado final é, portanto, a compressão da massa de lucro privada, o encarecimento das condições gerais de produção e, logo, uma crise de "subprodução".

De outra parte, essa "crise de liquidez" (O'CONNOR, 1991, p. 107) é o ponto de articulação entre a segunda e a primeira contradição do capitalismo, aquela que, para Marx, resultante do desenvolvimento das forças produtivas nos marcos das relações capitalistas de produção, conduziria a economia da mercadoria a crises gerais de "superprodução", ou seja, de realização da mais-valia. Esse estrangulamento da realização da massa de valor efetivamente apropriável torna ainda mais problemático o financiamento das ações estatais necessárias à mitigação dos efeitos perversos provocados pela operação dos "mecanismos cegos" por meio dos quais se desenvolvem as duas contradições estruturais do capitalismo[3].

Entretanto, o uso capitalista das condições naturais como condições do processo de acumulação de riqueza abstrata choca-se com outras formas de apropriação social das condições naturais, seja para fins de produção de valores de uso em moldes não capitalistas, seja para fins científicos ou lúdicos, seja como fundamento da vida orgânica ou da identidade territorial de determinadas populações e comunidades. A mediação estatal faz-se presente para assegurar o provimento e o uso das condições naturais como condições da produção capitalista, mas, ao mesmo tempo, deve responder, de alguma forma, às pressões de classes e grupos sociais interessados em outros usos das condições naturais. Evidentemente, o custo dessas ações de "políticas públicas ambientais" é, do ponto de vista do capital, um gasto eminentemente improdutivo, embora seja também necessário

---

[3] Os trabalhos seminais de O'CONNOR ensejaram um rico debate crítico, que comportava, inclusive, posições, como a de LEBOWITZ (1992), que consideram que os processos enunciados como pertencentes a uma "segunda contradição" são, na verdade, apenas derivações de uma mesma e única contradição fundamental. Dentre os autores que animaram esse debate, citem-se FOSTER (1992), TOLEDO (1992), KABRA (1992), LEFF (1992), RECIO (1992), RAY (1993), VLACHOU (1993), SPENCE (1993), MARTÍNEZ-ALIER (1993) e RAVAIOLI (1993).

para a preservação das condições sociopolíticas de continuidade do processo de acumulação de riqueza abstrata.

Assim, atividade estatal vem se expandindo historicamente como condição necessária a uma reprodução socioeconômica autocontraditória em níveis cada vez mais ampliados. Nas palavras de Kurz,

> [...] quanto mais total for o mercado, tanto mais total será o Estado; quanto maior a economia de mercadorias e de dinheiro, tanto *maiores serão os custos anteriores, os custos secundários e os custos subsequentes do sistema e tanto maiores serão também a atividade e a demanda financeira do Estado* [...] (KURZ, 1997b, p. 102, grifos meus).

Do que ficou dito nesta seção, resulta que o próprio desenvolvimento autocontraditório do capitalismo tende a produzir o estrangulamento cada vez mais incisivo das possibilidades de financiamento das ações estatais destinadas ao provimento e gestão política das condições naturais, atividades imprescindíveis à continuidade da acumulação de riqueza abstrata. E a própria ação estatal de provimento das condições gerais de produção é condição *sine qua non* do desenvolvimento do processo de acumulação capitalista, processo que leva a crises de realização de valor, as quais, por sua vez, estiolam as possibilidades de financiamento daquela ação estatal[4]. Assim, o Estado entra necessariamente em contradição consigo mesmo, "agindo, por conseguinte, contra sua própria finalidade, precisamente ao cumpri-la" (KURZ, 1997b, p. 104)

Isso aponta um dos limites "intrinsecamente econômicos" à realização de um "desenvolvimento sustentável", entendido como compatibilização entre a continuação indefinida da acumulação capitalista e a reposição, também indefinida, de suas condições naturais de possibilidade.

Contudo, para avançar na crítica à ideologia do desenvolvimento sustentável, é preciso ir além e examinar a seguinte questão: será que o desenvolvimento autocontraditório do moderno sistema produtor de mercadorias produz "apenas" problemas de "financiamento da reposição das condições naturais" como condição da produção de mercadorias e de outros usos sociais, ou será que esse desenvolvimento

---

[4] É claro que, na prática, restam ao Estado algumas alternativas para evitar o sufocamento do processo de acumulação pelo "excesso" de tributação, mas essas alternativas são sempre precárias e, no longo prazo, contraproducentes: o Estado pode emitir cada vez mais moeda sem lastro de produção, impulsionando a espiral inflacionária; pode, ainda, lançar-se na armadilha do endividamento: tomar recursos emprestados junto a agentes econômicos nacionais e/ou internacionais, mas, como tais recursos são utilizados, não em investimentos produtivos, mas na manutenção das múltiplas atividades estatais imprescindíveis à economia de mercado, os títulos da dívida pública tendem a se tornar "créditos podres". Isso coloca os Estados, mais cedo ou mais tarde, frente ao conhecido dilema: ou não honram seus compromissos no vencimento dos títulos de empréstimo, ou têm que tomar mais recursos emprestados (a juros maiores, posto que maiores são agora os riscos dos credores). Os Estados podem, ainda, adotar, na medida do possível, medidas neoliberais, tais como privatizações e diminuição dos gastos públicos. Contudo, a precariedade e a ineficácia dessas alternativas só fazem ressaltar a contundência dos travamentos estruturais do sistema de produção de mercadorias.

também produz a "destruição das próprias condições naturais" de que depende (e de que dependemos todos)? Noutras palavras: se se resolvessem as dificuldades crescentes de financiamento, haveria lugar para um desenvolvimento capitalista que não destruísse os fundamentos naturais que asseguram sua continuidade e a perpetuação da vida e dos usos não capitalistas desses fundamentos?

LOGICAMENTE INSUSTENTÁVEL

Os trabalhos fundados no discurso do desenvolvimento sustentável apresentam a crise ambiental como conjunto de "problemas ambientais" com que a humanidade se defronta ao ameaçar os limites da biosfera. Entretanto, a ideia de que "o homem" se defronta com os limites ecológicos à sua existência não passa de uma abstração vazia de sentido. Desde sempre, a atividade humana de transformação da natureza só pode se efetivar pela mediação de relações de produção determinadas, específicas, as quais condicionam a magnitude e a qualidade dos impactos que a atividade humana exerce sobre a natureza, exatamente por condicionar a forma e os fins com que os homens, divididos em classes, organizam sua produção material, seu intercâmbio com a natureza. Como diz Foladori,

> [...] os problemas ambientais da sociedade humana surgem como resultado da sua organização econômica e social e [...] qualquer problema aparentemente externo se apresenta, *primeiro*, como um conflito no interior da sociedade humana [...] (FOLADORI, 2001, p. 102, grifo no original)

Ainda conforme o autor, os trabalhos centrados na noção de desenvolvimento sustentável costumam apresentar extensas listas de processos físico-bióticos que consideram como "problemas ambientais" – tais como a depleção da camada de ozônio, o efeito estufa, a contaminação dos mares e rios, a perda da biodiversidade, a devastação florestal etc. Segundo tais trabalhos, o caráter problemático desses processos adviria do fato de colocarem em risco a existência da vida na Terra, e, portanto, a sobrevivência da própria humanidade.

Contudo, tais trabalhos não desenvolvem "praticamente nenhuma teorização acerca do que considerar um problema social" (FOLADORI, 2001, p. 102, grifo acrescido). Da nossa ótica, essa "aconceitualidade" ocorre precisamente porque aquela teorização, do ponto de vista das Ciências Sociais, demandaria a análise do conteúdo das relações de produção vigentes e de como a lógica da produção por elas gerada enquadra os conflitos sociais em torno da apropriação das condições naturais. Mas para isso seria preciso transpor a fronteira do horizonte intelectual delimitado pela ideologia do desenvolvimento sustentável e, ao mesmo tempo, desvelar seus vínculos com os interesses objetivos do capital. É evidente que a recusa tácita da ideologia do desenvolvimento sustentável em discutir os nexos entre as relações capitalistas de produção e seus impactos sobre as condições naturais conduz o pensamento a considerar que tais impactos são o resultado da ação "do homem" sobre a natureza. Esse silêncio conceitual, essa censura primordial ubíqua, não explicitamente enunciada, permite tomar como natural e incontornável a forma especificamente capitalista de apropriação das condições naturais.

Ao assumirem os pressupostos da ideologia do desenvolvimento sustentável, os trabalhos nela ancorados estão, já na partida, inexoravelmente incapacitados precisamente para discutir "o que" se desenvolve e, portanto, se "isso" que se desenvolve pode fazê-lo sem destruir as condições naturais. E é por estarem impedidos de empreender uma discussão desse tipo que tais trabalhos supõem ser possível e desejável reorientar politicamente o "desenvolvimento" (capitalista) de forma a torná-lo ecologicamente sustentável e socialmente igualitário.

Ocorre que o capitalismo se constitui como um sistema automaticamente orientado para a acumulação de riqueza abstrata, quantificada pela "moeda", mediante a produção de mercadorias. Como explica Marx, em economias pré-capitalistas, em que a produção se destina fundamentalmente ao autossustento, a moeda podia eventualmente aparecer como simples intermediária de uma troca simples em que, ao vendedor, interessava-lhe simplesmente o consumo do valor de uso do bem comprado, e, ao comprador, importava-lhe obter a moeda para, por sua vez, trocá-la por bens de uso que necessitava consumir. Evidentemente, em várias sociedades pré-capitalistas floresceu a figura do mercador cuja finalidade era precisamente o ganho de moeda. Contudo, como ocorria durante o feudalismo, a burguesia mercantil permanecia como parasita de uma produção essencialmente voltada para o consumo, drenando para si os excedentes dessa produção ao intermediar as trocas em mercados monopolizados. Nessa situação, portanto, a classe cujo objetivo era a acumulação de riqueza abstrata não era ela mesma a organizadora da produção. Para isso acontecer e se tornar regra foi preciso, como se sabe, uma revolução profunda nas relações de produção, que ensejou a emergência do capitalismo sob o domínio de uma burguesia industrial, isto é, a classe que logra subordinar toda a economia e, virtualmente, toda a reprodução social, em função de seu interesse na acumulação de moeda.

Como assevera Weber, a gênese desse interesse na acumulação compulsiva de riqueza abstrata como um fim em si mesmo vincula-se à ética derivada da doutrina puritana da predestinação das almas. Contudo, uma vez institucionalizado, sob o capitalismo, como um sistema econômico, o jogo da acumulação de riqueza abstrata funciona automaticamente: agora, o movimento de valorização da moeda-capital é um processo cego, ao qual estão subordinados todos os homens, de todas as classes, que habitam o fantasmagórico mundo da mercadoria. Nas palavras de Kurz,

> [...] o conteúdo sensível da produção é submetido a um procedimento econômico puramente quantitativo com aparência de uma lei física. A moeda trabalha como um robô social que não é capaz de diferenciar entre o saudável e nocivo, feio e bonito, moral e amoral. Sob a pressão do mercado, o empresário é obrigado a obedecer, em todas as decisões, à racionalidade

monetária [...] como um neurótico que, possuído por uma ideia fixa, toma sempre o caminho mais curto entre dois pontos, sem levar em conta o prazer ou a dor [...] (KURZ, 1997c, p. 186)

Do ponto de vista da lógica da concorrência pela obtenção da maior rentabilidade no jogo da acumulação privada de riqueza abstrata, as "propriedades sensíveis" das coisas naturais só interessam na medida em que podem ser convertidas em coisas monetárias. Nessa perspectiva, por exemplo, uma montanha não é uma referência geográfica ou uma paisagem a que se está afetivamente vinculado, nem um elemento fundamental na manutenção do clima local, nem ainda um terreno onde se pode plantar aquilo de que se necessita para comer, ou onde se pode construir a casa em que se pode morar, e sim um conjunto naturalmente produzido de meios, isto é, de matérias-primas (minérios, madeiras) e condições (o solo, a forma do relevo, uma vista panorâmica que permita auferir sobrelucro na construção e venda de residências...) que podem ser utilizadas para a acumulação da única quantidade que conta, ou seja, a moeda. Da mesma forma, para uma tal perspectiva, a mistura de gases presentes na atmosfera do planeta não é o elemento natural de que dependemos para sobreviver, e sim um ingrediente fundamental e gratuito, na produção de determinadas mercadorias (o aço, por exemplo), na combustão dos motores que transportam mercadorias e que são eles próprios mercadorias. O ar é também, na outra ponta do processo de produção/consumo, o receptador infinitamente complacente de resíduos e dejetos.

De outra parte, a lógica da acumulação de riqueza abstrata inscreve-se na própria materialidade das tecnologias existentes intrinsecamente antiecológicas. Assim, por exemplo, a produção e o uso do automóvel movido pela queima de combustíveis fósseis, em torno do qual se estrutura um complexo conjunto de atividades que estão no cerne da economia de acumulação, implicam necessariamente a produção de impactos ambientais extraordinários. Mais: a distribuição espacial das unidades de produção e consumo faz-se em função do uso do automóvel e, nessa medida, torna esse uso praticamente obrigatório, invalidando alternativas menos agressivas de locomoção[5].

Há, portanto, uma contradição estrutural inarredável entre, de um lado, a reprodução social orientada para o aumento "indefinido" do volume de mercadorias e de riqueza abstrata, expresso em "quantidades" de moeda, e, de outro, a consideração das "qualidades" específicas dos elementos, seres, condições e processos naturais da biosfera que se prestam a outros usos sociais e à própria reprodução dessas condições e processos. Numa palavra, a subordinação da vida social aos imperativos sistêmicos da produção ilimitada de um volume sempre crescente de

---

[5] Há uma extensa literatura de crítica das consequências sociais e ambientais do sistema de transportes baseado no uso de automóveis e caminhões. Análises interessantes podem ser encontradas em DUPUY (1980), KURZ (1997-d), LUDD (2004), ILLICH (2004) e GORZ (2004).

mercadorias supõe necessariamente um suprimento infinito de "recursos naturais" e uma capacidade infinita de reposição natural das condições, equilíbrios e processos naturais ameaçados por essa produção.

Mas o que dizer da possibilidade, avalizada pela ideologia do desenvolvimento sustentável, de "domesticação" política dessa lógica essencialmente destrutiva da economia de mercado? Não seria possível controlar, mediante a ação política, a reprodução social realizada sob a forma-mercadoria e redirecioná-la conscientemente para a sustentabilidade ecológica, tal como propõem os fautores[6] do "desenvolvimento sustentável"?

Vimos, na seção anterior, como o desenvolvimento da economia de mercado de acumulação demanda um volume cada vez maior de atividades estatais relacionadas à mitigação das crises de superprodução e à reposição e gestão das condições gerais da produção de mercadorias, entre elas certas condições naturais. Vimos também que o funcionamento autocontraditório desse tipo de economia produz, ao mesmo tempo, crises de financiamento daquelas atividades estatais das quais depende. Essas crises atingem um patamar irreversível com o advento da "terceira revolução industrial", representada pela introdução generalizada de tecnologias de automação eletrônica nos processos produtivos, que elevou os níveis de produtividade a ponto de romper a capacidade histórica do capitalismo de superar suas crises de superprodução. Com efeito, o salto no desenvolvimento das forças produtivas trazido pela "terceira revolução industrial" permitiu, pela primeira vez, que a quantidade de trabalho vivo poupado fosse maior que a demanda por trabalho vivo gerada pela expansão dos mercados, derivada do barateamento dos produtos, produzida pelas novas tecnologias de produção. A partir de então, cada novo avanço na produtividade significará o aumento do desemprego estrutural e o aprofundamento da crise geral de realização do valor produzido[7].

Nesse quadro, não haverá mais a possibilidade de qualquer "desenvolvimento" e ainda menos de um que possa ser politicamente direcionado para qualquer alvo conscientemente prefigurado – menos ainda se esse alvo for a sustentabilidade ecológica. Noutros termos, embora a atividade estatal tenha sido historicamente fundamental para o desenvolvimento da acumulação de riqueza abstrata, ela só pode exercer-se se houver um novo ciclo de expansão econômica, possibilidade inviabilizada pela revolução produtiva da microeletrônica.

---

[6] Como exemplos de trabalhos que desenvolvem ou tomam como pressuposta a possibilidade de um capitalismo tornado ambientalmente sustentável pela ação política, vejam-se, entre outros, VIOLA (1992-a; 1992-b), VIOLA e LEIS, (1995) e VIOLA e VIEIRA (1992).

[7] "Na fórmula famosa e ainda verdadeira, o Capital é a própria contradição em processo: valor que se autovaloriza sugando o mesmo trabalho vivo que [o próprio capital] se empenha em tornar cada vez mais redundante. Em busca de sobrevida, foge para a frente A desmedida e a escalada se encontram no seu DNA" (ARANTES, 2004, p. 301).

Mas não é só isso. Para Kurz (1997b), o moderno sistema produtor de mercadorias assume, desde sua emergência no ventre do mercantilismo, a forma de um "campo" movido pela contínua tensão entre seus dois polos constitutivos, a saber, Estado e mercado, os quais se negam e se complementam reciprocamente, gerando a dinâmica da "economicização" do mundo, isto é, a subordinação virtualmente total da reprodução social ao imperativo da acumulação de riqueza abstrata.

Em cada formação socioeconômica específica e em cada momento histórico desse sistema produtor de mercadorias, predominam ora formas mais "estatistas" ("socialismo real", nazismo, fascismo, social-democracia, nacional-desenvolvimentismo terceiro-mundista etc.), ora formas mais "mercadológicas" (capitalismo concorrencial vitoriano, desregulamentação neoliberal do fim do século XX etc.) de acumulação de riqueza abstrata. Contudo, como vimos, a tendência ao crescimento do volume de atividades estatais decorre do próprio desenvolvimento da economia de mercado, e não de sua corrupção.

Com efeito, a atividade estatal vem se expandindo historicamente à medida que a complexificação crescente das redes socioeconômicas requer mais e mais a mediação política da reprodução social. Trata-se de que o Estado deve gerir e repor continuamente uma série de pressupostos que são condições mediatas e imediatas do funcionamento do sistema de produção de mercadorias: o provimento de "agregados infraestruturais"; o tratamento dos "problemas sociais" (saúde e seguridade para idosos, doentes, miseráveis, desempregados) e ecológicos; a concessão de subsídios e protecionismo contra a concorrência estrangeira; o empresariamento da produção de certos bens e mercadorias que, por razões diversas, não são produzidos pelas empresas privadas.

Além dessas tarefas, o Estado goza da prerrogativa de exercer um tipo de ação que é, ao mesmo tempo, condição para a realização de todas as suas outras atividades. Trata-se do poder de juridificação: no lugar dos vínculos pessoais tradicionais, locais, pré-modernos, rompidos pelo avanço da economia de mercado, deve-se erguer uma enorme superestrutura político-jurídica que cuide continuamente da codificação das relações sociais e da preservação do caráter vinculatório do direito para os habitantes de um vasto território[8], caráter esse que se assegura pelo monopólio da coação legítima.

Ao longo da história do capitalismo, o desempenho dessas atividades estatais tem sido condição fundamental para lidar com "os custos antecipados, os efeitos secundários e os problemas subsequentes da produção de mercadorias" (KURZ, 1997b, p. 4).

---

[8] Trata-se do processo descrito por DURKHEIM, em *Da divisão do trabalho social*, como a tendência histórica de ampliação das formas de direito "restitutivo", vistas como expressão empírica da predominância progressiva da solidariedade orgânica – baseada em laços de interdependência entre as distintas funções criadas pela diferenciação social – sobre a solidariedade mecânica – baseada em laços de solidariedade cimentados pelo pertencimento cultural.

Ao mesmo tempo, a necessidade de contínua expansão da atividade estatal, num momento em que as crises de realização do valor encontram seu paroxismo com o advento da revolução produtiva da microeletrônica, obriga à escalada da tributação estatal do valor excedente. Ocorre que, no contexto atual de uma economia de acumulação efetivamente mundializada, os capitais podem mover-se livremente pelo globo, procurando distribuir planetariamente o processo de produção e circulação de mercadorias, de forma a aproveitar "vantagens comparativas" oferecidas pelos Estados nacionais (tal como a possibilidade de *dumping* ecológico nos países pobres do Sul).

Contudo, se o processo de produção de mercadorias e acumulação de riqueza abstrata se tornou efetivamente internacional, a produção/reprodução das condições de produção só pode ser feita pelos Estados nacionais. Nesse sentido preciso, a globalização significa o movimento em que a economia de acumulação de riqueza abstrata logra libertar-se da "sanha tributadora" dos Estados e, por essa mesma razão, assina sua sentença de morte, posto que agora não há mais a possibilidade de produção estatalmente mediada das condições gerais necessárias à continuidade do processo de acumulação. "Livre" da regulação política, o capital mundializado corrói suas próprias condições de acumulação, incluindo as condições naturais da biosfera planetária, que são também condição para a vida em geral.

Assim, podemos compreender por que as tentativas de efetivar o controle e o direcionamento político da economia global, ocorridas nas conferências mundiais patrocinadas pela ONU, estão sempre longe de produzir sequer a diminuição do ritmo de deterioração das condições naturais do planeta. Os ambientalistas que, impregnados do "iluminismo" da ideologia do desenvolvimento sustentável, lamentam a "falta de vontade" dos soberanos, Viola e Leis (1995), ignoram os travamentos estruturais que tornam impotente a pretensão de "corrigir" politicamente o "programa" ecologicamente suicida da economia (Kurz, 1997c).

LOGICAMENTE DESIGUAL

A ideologia do desenvolvimento sustentável também advoga a necessidade de que o desenvolvimento capitalista seja redirecionado de forma a promover a progressiva diminuição das desigualdades sociais e de acesso aos "recursos" naturais. Mais uma vez, é preciso dizer que a crença nessa possibilidade decorre da abstração que se faz a respeito do conteúdo "daquilo" que se desenvolve. Com efeito, não apenas a questão da sustentabilidade de uma determinada forma de vida social mas também o problema correlato da distribuição social do acesso e do uso das condições naturais e de suas consequências, "positivas" e "negativas", deriva das formas de propriedade e relações de produção vigentes.

Vistas as coisas dessa perspectiva, argumentamos que o capitalismo produz sistemicamente a desigualdade ecológica entre nações e, dentro de cada uma delas, entre classes e grupos sociais. Vejamos como isso se dá.

De início, há que se considerar que as supracitadas mundialização da economia de acumulação e contínua retração da massa de valor excedente obrigam os capitais a adotar novas estratégias de "racionalização", entre as quais se situam os movimentos de redistribuição espacial das atividades produtivas de forma a maximizar o aproveitamento das oportunidades de redução de custos. Assim, a partir de princípios dos anos de 1970, as atividades que implicam uso intensivo de "recursos naturais" e altos níveis de impacto ambiental (siderurgia, produção de pasta de celulose, construção de barragens para hidrelétricas etc.) passam a concentrar-se nos países pobres do Sul (REIS; AMARO, 1997), e, nesses países, em áreas habitadas por populações de baixa renda, que não dispõem de recursos econômicos e políticos para fazer frente a esse processo ou para migrar para regiões menos atingidas.

A dinâmica da distribuição espacial da degradação ambiental é presidida, portanto, pela lógica da rentabilidade que rege a economia mundial de acumulação de riqueza abstrata. Nesse sentido, são bastante ilustrativos os argumentos de Lawrence Summers, economista do Banco Mundial, citados por Foladori (2001, p. 122 ss.), a favor da localização das atividades que causam maiores impactos ambientais nos países pobres. Segundo o senhor Summers, sendo os salários mais baixos nesses países, menores serão também os custos de dias pagos e não trabalhados por motivo de adoecimento dos trabalhadores em razão da deterioração ambiental provocada pela atividade da empresa. Além disso, Summers considera que uma mesma cota de poluição tem maiores possibilidades de ser aceita em uma região já poluída e com uma população mais pobre e com expectativa de vida menor que nos países centrais. Em sua aberta franqueza, o raciocínio do senhor Summers constitui-se numa ilustração crua e lapidar de como a lógica da busca da maior rentabilidade no jogo da acumulação de riqueza abstrata deve necessariamente desconsiderar as qualidades sensíveis da natureza e da vida social.

Como assevera Acselrad,

> o capital [...] mostra-se cada vez mais móvel, acionando sua capacidade de escolher seus ambientes preferenciais e de forçar os sujeitos menos móveis a aceitar a degradação de seus ambientes ou submeterem-se a um deslocamento forçado para liberar ambientes favoráveis para os empreendimentos [...] o capital [dispõe] da capacidade de se deslocar, enfraquecendo os atores sociais menos móveis [...] e desfazendo, pela chantagem da localização, normas governamentais urbanas ou ambientais, bem como as conquistas sociais [...] [assim] o capital especializa gradualmente os espaços, produzindo uma divisão espacial da degradação ambiental e gerando uma crescente coincidência entre a localização de áreas degradadas e de residências de classes socioambientais dotadas de menor capacidade de se deslocalizar. (ACSELRAD, 2004, p. 32-33)

Da mesma forma, a expansão da fronteira agrícola pela disseminação das grandes monoculturas capitalistas de exportação tem-se concentrado nos países tropicais pobres (com destaque para Brasil e Paraguai), geralmente ao custo da destruição de preciosos ecossistemas e das condições naturais da pequena produção mercantil de subsistência e das formas de vida social camponesas e indígenas[9]. A extraordinária expansão das monoculturas capitalistas, por sua vez, explica-se pela necessidade que têm os países do Sul de ampliar o saldo de sua balança comercial como parte da estratégia de gerar superávits primários para arcar com juros e serviços da dívida pública. E esses países encontram-se nessa situação em virtude do colapso dos projetos de "modernização recuperadora" por eles ensaiados na segunda metade do século XX, colapso esse provocado pela perda irrecuperável de competitividade de suas indústrias em razão de não disporem de capital para alcançar os níveis de produtividade praticados pelos países centrais desde a revolução produtiva da microeletrônica.

Vistas as coisas dessa perspectiva, a "questão ambiental" é ressignificada: as dimensões da sustentabilidade e da equidade socioambiental surgem inextricavelmente vinculadas pela operação de uma mesma lógica sistêmica derivada do desenvolvimento autocontraditório da economia de acumulação de riqueza abstrata.

A ideologia do desenvolvimento sustentável como doxa

Investigações históricas mais recentes demonstram que não é, em absoluto, invenção das últimas décadas a ideia de que o uso das condições naturais para a produção de mercadorias deve ser feito de forma politicamente planejada, de forma a controlar o "imediatismo" inerente a uma economia de acumulação de riqueza abstrata. Já no século XIX, intelectuais e políticos elaboravam propostas e encetavam ações com vistas à gestão "racional" das condições naturais como recursos estratégicos em projetos de desenvolvimento econômico nacional. São exemplos o *progressive conservation movement*, ocorrido nos Estados Unidos entre 1890 e 1920, bem como as propostas de José Bonifácio de Andrada sobre o uso parcimonioso das riquezas naturais do Brasil como um dos requisitos centrais para a superação do atraso econômico do país (PÁDUA, 1987; 1996).

Contudo, naquelas condições históricas essas ideias estavam condenadas a permanecer no âmbito da especulação ou dos experimentos localizados e efêmeros. Com efeito, somente no último terço do século passado o desenvolvimento do sistema mundial de produção de mercadorias atingiu um grau em que a destruição intensa e global das condições naturais de produção de mercadorias e da vida levou as elites políticas a afirmar de forma mais generalizada a ideia de programas que objetivam a gestão política *"racional"* das condições naturais de produção.

---

[9] São vários os mecanismos por meio dos quais esses processos se efetivam (explosão dos preços dos solos na linha da fronteira agrícola, apropriação de terras sem preço como condição para rendas de monopólio etc.). Para uma exposição de alguns desses mecanismos, ver FOLADORI (2001, p. 185 ss.).

A proposição desses programas só faz sentido se se concebe que o desenvolvimento (capitalista) ecologicamente sustentável e socialmente justo não encontra limites intransponíveis nas relações de produção que vertebram o sistema produtor de mercadorias, mas apenas obstáculos discretos que podem ser contornados mediante a gestão política, cientificamente embasada, dos usos das condições naturais (BARBIERI, 1997, p. 94).

Nesse sentido, a noção de desenvolvimento sustentável inscreve-se no interior de uma historiosofia mais ampla, a saber, a ideologia desenvolvimentista, que, em suas diferentes versões, sustentou a *Pax* americana do pós-guerra. De uma maneira geral, a visão desenvolvimentista da história considera que os países industrializados ocupam o topo de uma escala evolutiva, para onde um dia convergiriam também os países capitalistas pobres[10].

A despeito do malogro dos esforços politicamente conduzidos de industrialização tardia, com vistas à "recuperação" do atraso, encetados pelas elites políticas, técnicas e burocráticas dos países do Terceiro Mundo, e apesar do longo ciclo de crise de realização de valor que, desde meados dos anos de 1970, se arrasta aprofundando as desigualdades sociais e regionais e destruindo as condições naturais da biosfera, apesar disso tudo, a concepção desenvolvimentista da história continua, em todos os quadrantes do "mundo da mercadoria", vertebrando os discursos e ações de governantes e governados. Com efeito, o ponto de vista amplamente dominante continua sendo o de que não há alternativa senão a de perseverar na procura de caminhos que propiciem a reversão do quadro atual e inaugurem um novo grande ciclo de crescimento, com a incorporação sinergética dos países "emergentes".

Isso ocorre porque o complexo de noções e ideias que constituem a ideologia do desenvolvimento é a contraparte ideal que cimenta e acrescenta sua força especificamente simbólica à materialidade do sistema produtor de mercadorias, é o ponto de vista particular do capital cuja universalização corresponde à universalização da reprodução social sob a forma de mercadoria. Logo, a ideologia do desenvolvimento, originalmente restrita à burguesia, converteu-se historicamente em horizonte intelectual do capital, ou seja, de toda a sociedade que se reproduz a partir do capital como relação social[11].

---

[10] De outra parte, se, da perspectiva desenvolvimentista, o socialismo real representava, no contexto da guerra-fria, um poderoso inimigo a ser derrotado para que todos os povos atingissem, enfim, o patamar de "desenvolvimento" dos países centrais, o colapso da União Soviética e de seus satélites do Leste Europeu parecia confirmar o vaticínio da convergência: chegara o tempo da "nova aconceitualidade" e dos estudos comparativos das "transições" das sociedades autoritárias e estatistas do Leste e do Sul em direção à fórmula "democracia política – economia de mercado", vista pelo grande consenso dos anos de 1990 como o fim da odisseia hegeliana da humanidade, isto é, como "fim da história" (FUKUYAMA, 1992).

[11] A ideia de que o capital, como relação dominante da reprodução social, pode perdurar para além de sua forma especificamente capitalista constitui-se numa ferramenta fundamental para que se

Assim, sob a forma mercadoria, os agentes assumem necessariamente como pressupostos os fundamentos da economia de acumulação. A ideologia do desenvolvimento desloca esses fundamentos para "aquém" de qualquer discussão, tornando-os pontos de partida tacitamente assumidos, determinando uma censura ubíqua e não declarada como tal, um consenso mudo[12] a partir do qual é possível que se instaurem o dissenso e os conflitos de forma funcional, isto é, de forma que os adversários mais renhidos se façam "subjetivamente" cúmplices na reafirmação dos pressupostos que comungam e que evocam para caucionar seus respectivos pontos de vista e, consequentemente, também objetivamente cúmplices no processo de reprodução da ordem que se assenta sobre tais pressupostos. A uma ideologia assim definida Pierre Bourdieu chama de *doxa*.

Evidentemente, os sistemas simbólicos que hoje existem sob a forma de *doxa*, tal como a ideologia do desenvolvimento, são o resultado das lutas simbólicas travadas no passado (a luta da burguesia e dos iluministas pelas liberdades contra o Antigo Regime), resultado que expressa, portanto, a universalização do ponto de vista de determinados agentes e seus respectivos interesses e concepções[13]. Nesse sentido, toda doxa é uma ortodoxia que se universalizou. Nas palavras de Bourdieu,

> Esta doxa é uma ortodoxia, uma visão direita, dominante, que não se impõe senão ao final de lutas contra visões concorrentes... a "atitude natural" de que falam os fenomenólogos, isto é, a experiência primeira do mundo do senso comum, é uma relação politicamente construída, assim como as categorias de percepção que a fazem possível... a doxa é um ponto de vista particular, o ponto de vista dos dominantes que se apresenta e que se impõe como ponto de vista universal.[14] (BOURDIEU, 1994, p. 128-129)

---

possa levar avante a crítica ecológica do sistema produtor de mercadorias em suas formas "socialista" e "capitalista". Para uma rigorosa reflexão sobre o conceito de capital nesse sentido, veja-se MÉSZÁROS (2002).

[12] Trata-se do conformismo moral, lógico e cognitivo que cimenta a ordem social, as bases pré-contratuais do contrato de que nos fala o Durkheim das formas elementares de vida religiosa (DURKHEIM, 1989, p. 492 ss.).

[13] Por não incorporar efetivamente a noção de luta, a sociologia da religião de Durkheim (e sua sociologia em geral) concebe o mecanismo social da produção das formas simbólicas vigentes de uma forma um tanto obscura, remetendo-o a uma espécie de misterioso processo "orgânico" por meio do qual o "mundo ideal" surge como duplicação transfigurada do "mundo real", como "produto natural da vida social" (DURKHEIM, 1989, p. 500).

[14] No original: "Cette doxa est une orthodoxie, une vision droite, dominante, qui ne s'est imposée qu'au terme des luttes contre des visions concurrentes... l'attitude naturelle' dont parlent les phénoménologues, c'est-à-dire l'expérience première du monde du sens commum, est un rapport politiquement construit, comme les catégories de perception qui la rendent possible... la doxa est un point de vue particulier, le point de vue des dominants, qui se présente et s'impose comme point de vue universel; le point de vue de ceux qui dominent en dominant l'État et qui ont constitué leur point de vue en point de vue universel en faisant l'État" (BOURDIEU, 1994, p. 128-129).

Numa palavra, a ideologia do desenvolvimento é a *"doxa"*[15] por excelência do sistema produtor de mercadorias:

> [...] atualmente, o desenvolvimento tornou-se um conceito semelhante a uma ameba, sem forma, mas inextricável. O brado utilizado tanto pelo FMI como pelo Vaticano, tanto por revolucionários... como por experts... [que] permite que qualquer tipo de intervenção seja santificada em nome de um objetivo maior. Com isso, até os inimigos se unem sob sua bandeira. (SACHS, 2000, p. 15)

Dessa forma, compreende-se porque, para a ideologia do desenvolvimento sustentável, o "desenvolvimento", inexorável como uma lei natural, pode e precisa continuar, mas (e aqui chega-se ao limite da "consciência ambientalista" possível no horizonte da forma mercadoria) só pode continuar se for politicamente compatibilizado com a sustentabilidade ecológica e com a justiça social.

Estruturalmente incapaz de pensar as determinações da forma mercadoria das quais emerge, a ideologia do desenvolvimento sustentável silencia a respeito do que se desenvolve, tornando-se assim a *doxa* da "questão ambiental", sendo assimilável para quase todos os agentes envolvidos nas disputas pelos usos das condições naturais, possibilitando um sem-número de apropriações, de acordo com os diferentes interesses e concepções em questão (KIRBY *et al.*, 1995).

Essa *doxa*, consenso tácito e inconsciente sobre um silêncio, define os limites do problematizável, estimulando a formação de concepções, demandas e engajamentos[16] que se mantenham dentro de um jogo de regras e resultados pré-definidos. As lutas sociais pela apropriação das condições naturais são então reduzidas a uma discussão – entre interlocutores (cientistas, jornalistas, acadêmicos, ambientalistas, técnicos, burocratas ONGs etc.) que se consideram "legítimos" e "responsáveis"[17] – em torno dos múltiplos usos das condições naturais, discussão

---

[15] "Para uma crítica histórica e conceitual da noção de "desenvolvimento", vejam-se ESTEVA (2000) e CASTORIADIS (1981).

[16] Para Bourdieu, a internalização da doxa é essencial na formação de agentes possuídos pela "adesão fundamental ao próprio jogo, illusio, involvement, commitment, investimento no jogo... [aceitando] o contrato tácito que está implicado no fato de participar do jogo, de o reconhecer deste modo como **valendo a pena** ser jogado... espécie de **conluio originário**... solidariedade de todos os iniciados... investimento fundamental no jogo de que eles têm o monopólio e que precisam de perpetuar para assegurarem a rentabilidade dos investimentos, [solidariedade que] não se manifesta de modo mais claro como quando o jogo chega a ser ameaçado enquanto tal" (BOURDIEU, 1989, p. 173).

[17] Dessa forma, por exemplo, ONGs ambientalistas ganham o *status* de "parceiros responsáveis" em processos de formulação e implementação de políticas de "gestão ambiental". Partindo da ideologia do desenvolvimento sustentável, alguns autores avaliam esse processo como uma "evolução" do "ambientalismo", o qual teria "progredido" de uma situação inicial, em que predominavam pequenos grupos "amadores" e "radicais", dedicados a ações de "denúncia" e contestação (VIOLA; NICKEL, 1994: 174; VIOLA, 1992-a, p. 7-11), para um quadro mais recente, em que organizações mais "maduras" e "realistas" dedicam-se ao "alvo mais amplo de assegurar uma alternativa para a

em que cada agente evoca a noção equívoca de desenvolvimento sustentável para caucionar seu posicionamento. Dessa forma, nos conflitos concretos e particulares, quanto mais os adversários se engajam nas lutas mais renhidas – nas quais cada um se proclama fiel à noção de desenvolvimento sustentável – mais eles se tornam objetivamente cúmplices na tarefa de colocar a própria validade da noção de desenvolvimento sustentável aquém de qualquer questionamento, reforçando-a em sua qualidade de *doxa*[18]. Nesse sentido preciso, a *doxa* do desenvolvimento sustentável é, simultaneamente, condição e produto dos conflitos implicados na "questão ambiental".

De outra parte, a *doxa* do desenvolvimento sustentável preconiza a "administração científica" da compatibilização entre os diversos usos das condições naturais e o "desenvolvimento". Essa exigência também atua como poderoso redutor da possibilidade de ruptura dos limites dóxicos, ao impor uma barreira "linguística" e cognitiva à participação nos processos decisórios. Com efeito, estarão desqualificados para as disputas legítimas pela apropriação das condições naturais aqueles agentes que já não trouxerem, incorporadas pela sua trajetória de socialização, as habilidades linguísticas e cognitivas que lhes permitam se expressar de forma competente no vocabulário básico, "científico" e administrativo da ideologia do desenvolvimento sustentável. Com efeito, os debates orientados por essa ideologia, tanto os mais acadêmicos quanto aqueles de cunho mais político, são vazados numa linguagem técnica muito específica cujo domínio operativo é condição *sine qua non* para qualificar-se como "participante responsável", que se deve levar a sério, como um dos "especialistas" que têm o direito de participar dos debates. Frente a esse monopólio dos "especialistas" na "questão ambiental, todos os demais agentes serão considerados "externos", "leigos", "não realistas", "românticos", sem a competência "científica" para discutir e decidir[19].

---

preservação ou restauração do ambiente degradado" (VIOLA, 1992-b: 271), e, "longe do radicalismo ecologista, acreditam na viabilidade da combinação sinérgica do desenvolvimento econômico com a proteção ambiental" (VIOLA; Leis, 1995, p. 143). Para uma visão crítica desse processo, veja-se ZHOURI (1992; 2001).

[18] Segundo Bourdieu, "o campo de discussão que a ortodoxia e a heterodoxia desenham, através de suas lutas, se recorta sobre o fundo do campo da doxa, conjunto de pressupostos que os antagonistas admitem como sendo evidentes, aquém de qualquer discussão, porque constituem a condição tácita da discussão: a censura que a ortodoxia exerce – e que a heterodoxia denuncia – **esconde uma censura ao mesmo tempo mais radical e invisível porque constitutiva do próprio funcionamento do campo**, que se refere ao conjunto do que é admitido pelo simples fato de pertencer ao campo, o conjunto do que é colocado fora de discussão pelo fato de aceitar o que está em jogo na discussão, isto é, o consenso sobre os objetos da dissensão, os interesses comuns que estão na base dos conflitos de interesse, todo o não discutido, o não pensado, tacitamente mantidos fora dos limites da luta" (BOURDIEU, 1983, p. 146, grifo acrescido).

[19] Para uma crítica do viés autoritário implícito no programa do desenvolvimento sustentável, ver, por exemplo, SACHS (2000).

A institucionalização do desenvolvimento sustentável como *doxa* proscreve não apenas, como se viu acima, aqueles agentes e discursos que ponham em xeque o funcionamento estruturalmente contraditório do sistema produtor de mercadorias mas também aqueles outros que, ainda que se abstendo da crítica estrutural, não logram expressar seus pontos de vista na linguagem técnico-científica dominante no campo.

O "domínio operativo" da linguagem, conceitos, normas e procedimentos do campo da política ambiental torna-se o "capital" específico (Bourdieu, 1989, p. 188) do campo da "questão ambiental", isto é, a propriedade que permite ao agente que a desenvolve, de forma incorporada, o reconhecimento, pelos demais agentes do campo, aliados e adversários, como participante legítimo e confiável do jogo.

Assim, historicamente, a perspectiva do desenvolvimento sustentável vai se afirmando como *doxa* do campo da questão ambiental na medida em que consegue excluir as concepções concorrentes. O que até meados dos anos de 1980 era apenas uma das visões heterodoxas frente à ortodoxia desenvolvimentista hegemônica, tornou-se, com o tempo, a ortodoxia do campo de conflitos sobre as condições naturais, impondo-se depois como sua própria *doxa*, ao fazer-se reconhecer como universal na exata medida em que se faz desconhecida como "arbitrária", ou seja, como imposição de um ponto de vista particular, situado nas fronteiras do "horizonte intelectual" (Löwy, 1987) do capital.

Naturalmente, a "conciliação", no plano ideológico, das contradições entre a lógica e os fundamentos do sistema de produção de mercadorias e a sustentabilidade ambiental só pode ser feita num alto grau de abstração. É preciso, então, diluir as clivagens socioestruturais entre grupos, classes e nações na figura amorfa da "humanidade" como sujeito e "cliente" da sustentabilidade; converter conflitos de interesses em questões técnicas; afirmar a possibilidade de um gerenciamento técnico-político, a cargo de uma "ecocracia global" (Sachs, 2000), das enormes e terrivelmente complexas transformações da biosfera provocadas pela ação dos mecanismos cegos da acumulação de riqueza abstrata; ignorar os entraves estruturais ao financiamento das políticas ambientais em face da irreversível retração da massa de valor global apropriável etc.

Então, essa "conciliação" ideológica resulta necessariamente num conjunto conceitual lasso e impreciso o bastante para servir de amarra dóxica do campo da política ambiental, não possuindo, todavia, qualquer serventia como ferramenta analítica ou como referencial normativo para a transformação da forma dominante de reprodução social.

Por tudo isso, a crítica da ideologia do desenvolvimento sustentável pode ser vista como uma das tarefas teórico-práticas fundamentais do presente. Conduzida com rigor, essa crítica demonstra que, se desejamos de forma "realista" a edificação de uma civilização humana ecologicamente sustentável, teremos que construir uma outra forma de reprodução social que seja compatível com a natureza limitada que temos à disposição[20]. O que parece de todo impossível é realizar, na prática, a abstrata contradição nos termos expressa na fórmula de um desenvolvimento capitalista ecologicamente sustentável.

Referências

ACSELRAD, H. Justiça ambiental: ação coletiva e estratégias argumentativas. In: ACASERALD, H. *et al.* (Org.). *Justiça ambiental e cidadania.* Rio de Janeiro: Relume Dumará; Fundação Ford, 2004.

ARANTES, P. E. Beijando a cruz. In: ARANTES, P. E. *Zero à esquerda.* São Paulo: Conrad Editora do Brasil, 2004, p. 301-306. (Coleção Baderna).

ACSELRAD, H. *et al.* (Org.). *Justiça ambiental e cidadania.* Rio de Janeiro: Relume Dumará; Fundação Ford, 2004.

BARBIERI, J. C. *Desenvolvimento e meio ambiente: as estratégias de mudanças da agenda 21.* Petrópolis: Vozes, 1997.

BOURDIEU, P. O campo científico. In: ORTIZ, R. (Org.). *Sociologia.* Trad. Paula Montero e Alícia Auzmendi. São Paulo: Ática, 1983, p. 122-155.

BOURDIEU, P. *O poder simbólico.* Lisboa: DIFEL, 1989.

BOURDIEU, P. *Raisons pratiques: sur la thèorie de l'action.* Paris: Seuil, 1994.

CARNEIRO, E. J. *Modernização recuperadora e o campo da política ambiental em Minas Gerais.* Tese (Doutorado em Sociologia) – Faculdade de Filosofia e Ciências Humanas, Universidade Federal de Minas Gerais, Belo Horizonte, 2003.

CASTORIADIS, C. Reflexões sobre o desenvolvimento e a racionalidade. In: *Revolução e autonomia: um perfil de Cornelius Castoriadis.* Belo Horizonte: COPEC, 1981, p. 117-147.

DUPUY, J. P. *Introdução à crítica da ecologia política.* Rio de Janeiro: Civilização Brasileira, 1980.

DURKHEIM, É. *As formas elementares de vida religiosa: o sistema totêmico na Austrália.* São Paulo: Paulus, 1989.

ESTEVA, G. Desenvolvimento. In: SACHS, W. (Ed.). *Dicionário do desenvolvimento: guia para o conhecimento como poder.* Petrópolis: Vozes, 2000, p. 59-81.

FERNANDES, M.; GUERRA, L. (Orgs.). *Contradiscurso do desenvolvimento sustentável.* Belém: Associação de Universidades Amazônicas, 2003.

FOLADORI, G. *Limites do desenvolvimento sustentável.* Campinas: Editora da UNICAMP, 2001.

---

[20] A menos que nos entreguemos aos devaneios tecnocráticos que acreditam na viabilidade e na desejabilidade de que o avanço tecnológico possa um dia permitir à humanidade construir livremente uma outra "natureza" diferente da que temos, tornando-a ilimitada.

FOSTER, J. B. *The Absolute General Law of Environmental Degradation Under Capitalism.* In: *CNS*, 3 (3), September 1992, p. 77-79.

FUKUYAMA, F. *O fim da história e o último home.* São Paulo: Rocco, 1992.

GORZ, A. A ideologia social do automóvel. In: LUDD, N. (Org.). *Apocalipse motorizado: a tirania do automóvel em um planeta poluído.* São Paulo: Conrad Editora do Brasil, 2004, p. 73-82. (Coleção Baderna).

ILLICH, I. Energia e Equidade. In: LUDD, N. (Org.). *Apocalipse motorizado: a tirania do automóvel em um planeta poluído.* São Paulo: Conrad Editora do Brasil, 2004, p. 33-71. (Coleção Baderna).

KABRA, K. N. The Second Contradiction of Capitalism: Some Reflections. In: *CNS*, 3 (3), 1992, p. 83-85.

KIRKBY, J. *et al.* Sustainable Development: An Introduction. In: KIRKBY, J. *et al.* (Ed.). *The Earthscan Reader in Sustainable Development.* Londres: Earthscan Publications, 1995, p. 1-16.

KURZ, R. *O colapso da modernização: da derrocada do socialismo de caserna à crise da economia mundial.* Rio de Janeiro: Paz e Terra, 1996.

KURZ, R. A *Intelligentsia* depois da luta de classes: da desconceitualização à desacademização da teoria. In: KURZ, R. *Os últimos combates.* Petrópolis: Vozes, 1997a, p. 15-36.

KURZ, R. A falta de autonomia do Estado e o limites da política: quatro teses sobre a crise da regulação política. In: KURZ, R. *Os últimos combates.* Petrópolis: Vozes, 1997b, p. 91-115.

KURZ, R. O programa suicida da economia. In: KURZ, R. *Os últimos combates.* Petrópolis: Vozes, 1997c, p. 183-189.

KURZ, R. Sinal verde para o caos da crise. In: KURZ, R. *Os últimos combates.* Petrópolis: Vozes, 1997d, p. 345-375.

LEBOWITZ, M. A. Capitalism: How Many Contradictions? In: *CNS*, 3 (3), 1992, p. 85-86.

LEFF, E. A Second Contradiction of Capitalism? Notes for the Environmental Transformation of Historical Materialism. In: *CNS*, 3 (4), dez. 1992, p. 109-113.

LÖWY, M. *As aventuras de Karl Marx contra o Barão de Munchhausen: marxismo e positivismo na sociologia do conhecimento.* São Paulo: Busca Vida, 1987.

LUDD, N. Carros e remédios. In: LUDD, N. (Org.). *Apocalipse motorizado: a tirania do automóvel em um planeta poluído.* São Paulo: Conrad Editora do Brasil, 2004, p. 15-31. (Coleção Baderna).

MARTÍNEZ-ALIER, J. M. The Loss of Agricultural Biodiversity: An Example of the 'Second Contradiction'. In: *CNS*, 4 (3), setembro 1993, p. 89-94.

MARTÍNEZ-ALIER, J. Justiça ambiental (local e global). In: CAVALCANTI, C. (Org.). *Meio ambiente, desenvolvimento sustentável e políticas públicas.* São Paulo: Cortez; Recife: Fundação Joaquim Nabuco, 1999, p. 215-131.

MÉSZÁROS, I. *Para além do capital: rumo a uma teoria da transição.* São Paulo: Boitempo; Campinas: Editora da Unicamp, 2002.

O'CONNOR, J. Capitalism, Nature, Socialism: A Theoretical Introduction. In: *CNS*, 1, Fall 1988, p. 11-23.

O'CONNOR, J. Theoretical Notes: On the Two Contradictions od Capitalism. In: *CNS*, 2, 3, outubro 1991, p. 107-108.

PÁDUA, J. A. O nascimento da política verde no Brasil: fatores exógenos e endógenos. In: *Ciências Sociais Hoje.* São Paulo: Vértice. Ed. Revista dos Tribunais, 1990.

PÁDUA, J. A. Natureza e projeto nacional: as origens da ecologia política no Brasil. In: PÁDUA, J. A. (Org.). *Política e ecologia no Brasil.* Rio de Janeiro: Espaço e Tempo/ IUPERJ, 1987.

RAVAIOLI, C. On the Second Contradiction of Capitalism. In: *CNS*, 4 (3), setembro 1993, p. 94-97.

RAY, S. Poverty and Production Conditions: Some Reflections on the Second Contradiction of Capitalism. In: *CNS*, 4 (1), março 1993, p. 99-101.

RECIO, A. A flawed and Incomplet Model. In: *CNS*, 3 (4), dezembro 1992, p. 114-115.

REIS, A. V.; AMARO, J. J. V. As dimensões econômicas e ecológicas da exploração dos recursos naturais. In: *Seminário sobre Economia Mineira.* Belo Horizonte: UFMG/ CEDEPLAR, 1997.

SACHS, W. (Ed.). *Dicionário do desenvolvimento: guia para o conhecimento como poder.* Petrópolis: Vozes, 2000.

SPENCE, M. The Politics of the Second Contradiction. In: *CNS*, 4 (2), junho 1993, p. 89-93.

TOLEDO, V. The Ecological Crisis: A Second Contradiction of Capitalism. In: *CNS*, 3 (3), setembro 1992, p. 81-83.

VIOLA, E. J. O movimento ambientalista no Brasil (1971-1991): da denúncia e conscientização pública para a institucionalização e o desenvolvimento sustentável. In: *Ciências Sociais Hoje.* São Paulo: Vértice. Ed. Revista dos Tribunais, 1992a, p. 45-73.

VIOLA, E. J. A dinâmica do ambientalismo e o processo de globalização. In: *São Paulo em Perspectiva,* 6(1-2), p. 6-12, jan./jun. 1992-b.

VIOLA, E. J.; LEIS, H. R. Ambientalismo multissetorial no Brasil para além da Rio-92: o desafio de uma estratégia globalista viável. In: VIOLA, E. *et al. Meio ambiente, desenvolvimento e cidadania.* São Paulo: Cortez/UFSC, 1995.

VIOLA, E. J.; NICKEL, J. W. Integrando a defesa dos direitos humanos e do meio ambiente: lições do Brasil. In: *Novos Estudos – CEBRAP,* n. 40, nov. 1994, p. 167-170.

VIOLA, E. J.; VIEIRA, P. F. Da preservação e do controle da poluição ao desenvolvimento sustentável: um desafio ideológico e organizacional ao movimento ambientalista no Brasil. In: *Revista de Administração Pública,* 26(4), p. 81-104, out./dez. 1992.

VLACHOU, A. The Contradictory Interation of Capitalism and Nature. In: *CNS*, 4 (1), março 1993, p. 101-104.

WCED (World Comission on Environment and Development). *Our common future*. New York: Oxford University Press, 1987.

ZHOURI, A. L. M. A Maturação do Verde na Construção do Inteiro Ambiente. In: FERREIRA, L. (Org.). *Ambiente e Sociedade*, Textos NEPAM. Campinas: UNICAMP, n. 2, 1992, p. 65-102.

ZHOURI, A. L. M. Ambientalismo e antropologia: descentrando a categoria de movimentos sociais. In: *Teoria e Sociedade*, UFMG, n. 8, jul./dez. 2001, p. 10-29.

PAISAGENS INDUSTRIAIS E DESTERRITORIALIZAÇÃO DE POPULAÇÕES LOCAIS: CONFLITOS SOCIOAMBIENTAIS EM PROJETOS HIDRELÉTRICOS[1]

....

Andréa Zhouri
Raquel Oliveira

> Os significados são, em última instância, submetidos a
> riscos subjetivos quando as pessoas, à medida que se tornam socialmente
> capazes, deixam de ser escravos de seus conceitos para se tornarem seus
> senhores. "A questão é" – disse Alice – "se podes fazer com que uma palavra
> queira dizer tantas coisas diferentes". *A questão é, disse Humpty Dumpty,*
> *"quem será o senhor" – somente isto.*
> (SAHLINS, [1976] 2003, p. 11)

Plataforma de lançamento do programa "Fome Zero" em 2003 e denominado "Vale da Miséria" pelas autoridades e políticos de Minas Gerais, o Vale do Jequitinhonha carrega o estigma de ser uma das regiões mais pobres do País. Nesta condição, o Vale tem inspirado iniciativas políticas de caráter messiânico, apresentando uma história marcada por projetos de desenvolvimento supostamente "redentores" (RIBEIRO, 1993). Desde os anos de 1970, destacam-se as propostas industriais que vêm transformando a diversa paisagem dos ecossistemas do Cerrado, da Caatinga e da Mata Atlântica, em monoculturas de eucalipto e represas hidrelétricas.

A partir das experiências de pesquisa sobre os processos de licenciamento ambiental de hidrelétricas em Minas Gerais, este texto analisa uma importante expressão da luta pela apropriação social da natureza (LEFF, 2001) no Brasil, por meio do drama de pessoas, famílias e comunidades ameaçadas de deslocamento compulsório pela construção de barragens geradoras de energia elétrica.[2] Ênfase será dada aos significados produzidos e articulados por duas racionalidades em confronto: de um lado, as populações ribeirinhas que resguardam a *terra* como *patrimônio* da família e da comunidade, defendido pela *memória coletiva* e por

---

[1] Texto originalmente apresentado na mesa-redonda: Conflitos Sociais e Usos dos Recuros Naturais. II Encontro da ANPPAS, Indaiatuba, 26 a 29 de maio de 2004. Agradecemos ao CNPq e à FAPEMIG pelo apoio à pesquisa que resultou nas reflexões aqui apresentadas.

[2] Para uma análise sobre a questão energética no Brasil, a partir de uma perspectiva ambiental e da sustentabilidade, ver BERMANN (2002). Sobre hidrelétricas e sustentabilidade, consultar ZHOURI (2003).

regras de uso e compartilhamento dos recursos; de outro, o Setor Elétrico, incluindo-se o Estado e empreendedores públicos e privados que, a partir de uma ótica de mercado, entendem o território como propriedade, e, como tal, uma *mercadoria* passível de valoração monetária. Nesse campo de lutas, em que as diferentes posições sustentam forças desiguais, perpetuam-se políticas socialmente injustas e ambientalmente insustentáveis, enquanto as comunidades ribeirinhas lutam contra uma lógica reificadora que as transforma em objeto na paisagem "natural" (SIGAUD, 1986; VAINER, 2004), por via de consequência, tornando-as invisíveis enquanto sujeitos sociais e atores políticos dotados de desejos e direitos.

Paradigma da adequação versus *paradigma da sustentabilidade*

Projetos industriais, concebidos no âmbito de uma política de desenvolvimento voltada para o crescimento econômico com ênfase na exportação, são concentradores de "espaço ambiental", gerando, assim, conflitos sociais. O "espaço ambiental" é entendido como o espaço geográfico efetivamente utilizado por um determinado grupo social, considerando-se tanto o acesso aos recursos naturais como a destinação de seus efluentes e emissões (MARTINEZ-ALIER, 1999, p. 227). O conceito de "espaço ambiental" relaciona também o mínimo de espaço e recursos necessários para atender às necessidades sociais básicas e à capacidade máxima de suporte da ecosfera (OPSCHOOR, 1995; PÁDUA, 2000). Numa visão quantitativa apenas, tal espaço pode ter suas dimensões calculadas levando-se em conta os níveis de energia, solos, água, madeira e recursos não renováveis, consumidos por determinado país ou segmento social, comparativamente. Muito embora essa quantificação dos fluxos materiais seja insuficiente para a compreensão de um problema que remete a conflitos em torno de direitos territoriais e significados culturais que ultrapassam as tentativas de valoração econômica da natureza, concordamos com Pádua (2000) a respeito do potencial analítico do conceito de "espaço ambiental", sobretudo no que este permite revelar acerca das iniquidades na relação dos grupos sociais com o ambiente. Tais assimetrias na apropriação social da natureza são geradoras de uma má distribuição ecológica e, portanto, originam conflitos ambientais, na medida em que a utilização de um espaço ambiental ocorra em detrimento do uso que outros segmentos sociais possam fazer de seu território (MARTINEZ-ALIER, 1999; ACSELRAD, 2004a). É nesse contexto que inserimos a construção de barragens hidrelétricas que, em geral, tendem a produzir energia para suprir primordialmente um determinado segmento da economia industrial, notadamente as indústrias eletrointensivas, como o setor de alumínio (BERMANN, 2002).[3]

---

[3] Há uma crescente demanda de energia por parte dos setores eletrointensivos (alumínio, ferro-ligas, siderurgia, papel, celulose, entre outros). Segundo BERMANN (2003), a energia elétrica incorporada nestes produtos representa 7,8% do consumo de eletricidade no país (ano-base: 2000).

Como ícones de uma determinada concepção hegemônica de desenvolvimento e progresso, símbolos de atitude e política empreendedora, as barragens já desalojaram mais de 200 mil famílias no Brasil, o equivalente a um milhão de pessoas. Inundaram 3,4 milhões de hectares de terras férteis e florestas, atingindo os segmentos mais vulneráveis da sociedade brasileira – minorias étnicas como indígenas e quilombolas – e as populações ribeirinhas.[4] Nessa medida, entendemos que as barragens são geradoras de "injustiça ambiental".

O conceito de "justiça ambiental", relacionado historicamente aos movimentos sociais dos Estados Unidos desde os anos de 1960, refere-se à carga, risco ou dano ambiental que um determinado segmento social pode suportar, sem que seja comprometida sua existência e sua capacidade de reprodução material, social e cultural (ACSELRAD *et al.*, 2004). Destacam-se, a título de exemplo, não só a poluição industrial, que normalmente imputa riscos às populações mais pobres das periferias urbanas (HERCULANO, 2002) mas também os projetos de barragem, plantações de soja, cana e eucalipto, que deslocam compulsoriamente as diversas populações das áreas rurais. Via de regra, tais comunidades rurais e ribeirinhas não só perdem a base material de sua existência, as condições ambientais apropriadas ao seu modo de produção – terras férteis agricultáveis, as beiras dos rios, as nascentes etc. – como também suas referências culturais e simbólicas, as redes de parentesco estabelecidas no espaço, a memória coletiva assentada no lugar etc.[5] Esse quadro é revelador, portanto, de uma situação de injustiça ambiental. Esta é entendida como

> a condição de existência coletiva própria a sociedades desiguais onde operam mecanismos sociopolíticos que destinam a maior carga dos danos ambientais do desenvolvimento a grupos sociais de trabalhadores, populações de baixa renda, segmentos raciais discriminados, parcelas marginalizadas e mais vulneráveis da cidadania. (ACSELRAD *et al.*, 2004, p. 10)

Os processos de licenciamento ambiental tendem a perpetuar essa situação de injustiça ambiental e desigualdade na distribuição ecológica na medida em que negam a condição de sujeitos e o estatuto de cidadania aos "atingidos pelas barragens". A própria noção de atingido condiciona uma posição passiva e reificada, distanciada da perspectiva de uma cidadania ativa.[6] Os Estudos de Impacto Ambiental e seus respectivos relatórios, via de regra, desqualificam o ambiente em que as

---

[4] Dados apresentados pelo Movimento dos Atingidos por Barragens *"A crise do modelo energético: construir um outro modelo é possível"*, caderno nº 06, e ainda BERMANN (2002).

[5] Uma interessante reflexão sobre memória e espaço encontra-se em NEVES (2003). Para uma análise sobre as diferentes concepções de espaço entre moradores atingidos por barragens e engenheiros construtores, ver REBOUÇAS (2000).

[6] Vale lembrar a existência do Movimento dos Atingidos por Barragens, organizado nacionalmente desde os anos de 1980, que imprimem, por meio de sua organização, uma ressignificação do sentido passivo de "atingido". Para uma breve história do movimento, que apresenta raízes bem anteriores à década de 1980, consultar VAINER (2004).

barragens são projetadas e reforçam a reificação e invisibilidade das comunidades.[7] Nesse sentido, vale mencionar, a título de exemplo, uma frase encontrada nos estudos de impacto ambiental da barragem de Murta, no rio Jequitinhonha[8], bastante emblemática dessa perspectiva: "as propriedades rurais são passíveis de migração compulsória".[9] Nota-se que o sujeito da frase é *as propriedades*", bem *imóvel* que adquire mobilidade porquanto entendido como bem de troca, isto é, mercadoria. As pessoas e famílias são, assim, subsumidas à condição de objeto, na medida em que a experiência de migração compulsória, a ser vivenciada na realidade pelas comunidades, é designada às "propriedades", o que resulta em uma consubstanciação entre pessoas e imóveis, sujeitos e objetos. A frase atribui ainda às comunidades um caráter passivo, ressaltando a possibilidade de controle e instrumentalização das famílias atingidas. O que o predicado da frase – *"passíveis de migração compulsória"* – sentencia ainda é o desvalor da propriedade/mercadoria, que, dessa forma, não merece ser preservada. O estigma do "Vale da Miséria" para o Vale do Jequitinhonha é, assim, perpetuado.

Via de regra, os projetos são licenciados, malgrado insuficiências de estudos, restrições legais e resistências das populações atingidas.[10] As decisões ancoram-se no paradigma ambiental dominante, que deposita fé na "modernização ecológica". Nesse sentido, configuram-se como ações políticas no âmbito da lógica econômica, "atribuindo ao mercado a capacidade institucional de resolver a degradação ambiental" (ACSELRAD, 2004b, p. 23) por meio de medidas mitigadoras e compensatórias. Temos denominado esse modelo dominante de "paradigma da adequação ambiental" por oposição a um "paradigma da sustentabilidade".[11] O paradigma da

---

[7] Ver elaboração dessa crítica em vários autores, tais como LEMOS (1999), LACORTE e BARBOSA (1995), VAINER (1991), SIGAUD (1987).

[8] A barragem de Murta, projetada para o rio Jequitinhonha, encontra-se em fase de licenciamento prévio. Os dados disponíveis revelam que a barragem pretende inundar uma área de 20,6 km², segundo o RIMA-UHE Murta (D' ALESSANDRO & ASSOCIADOS, 1998) em 05 municípios (Berilo, Coronel Murta, Grão-Mogol, Josenópolis e Virgem da Lapa), numa área rural habitada por cerca de 900 famílias (número anunciado pela Comissão de Atingidos pela barragem de Murta) que vivem de uma combinação complexa entre a lavra artesanal, basicamente turmalina, e a lavoura familiar.

[9] *"Atendimento ao Pedido de Informações Complementares ao EIA/RIMA"*, D' ALESSANDRO & ASSOCIADOS, 2001, vol. II, questão 2.1.2, p. 2.

[10] Há um parecer técnico da FEAM – Fundação Estadual de Meio Ambiente de Minas Gerais – que recomenda o indeferimento e arquivamento do processo de licenciamento da UHE Murta por insuficiência de informações, bem como por não atendimento aos prazos formais do processo. Tal parecer entrou na pauta de votação do COPAM – Conselho Estadual de Política Ambiental – em fevereiro de 2004, mas foi imediatamente retirado da pauta por ordem do Secretário de Estado do Meio Ambiente – José Carlos Carvalho – sem qualquer justificativa. Até o momento (janeiro de 2005), o parecer permanece engavetado. Sobre as relações COPAM/FEAM, ver ZHOURI, LASCHEFSKI & PAIVA, além de CARNEIRO, neste volume.

[11] Devemos o termo "paradigma da adequação", noção desenvolvida aqui em oposição ao paradigma da sustentabilidade, ao prof. Afrânio Nardy, da PUC-Minas, que primeiro o utilizou em sua palestra ao GESTA-UFMG, em 2001, sobre o licenciamento ambiental em Minas Gerais.

adequação ambiental propugna a capacidade de superação da crise ambiental pelas instituições da modernidade, "sem abandonar o padrão da modernização" e "sem alterar o modo de produção capitalista de modo geral" (ACSELRAD, 2004b, p. 23). Os partidários da *"modernização ecológica"* promovem uma despolitização da crítica ambiental, tão claramente articulada pelo movimento da ecologia política desde os anos de 1970 (GORZ, 1987; DUPUY, 1980; CASTORIADIS; COHN-BENDIT, 1981; GUATTARI, 1990) ao desconsiderarem a articulação entre degradação ambiental e injustiça social. Neutralizam, assim, a crítica ecologista que demanda por mudança na distribuição do poder sobre os recursos da natureza.

No "paradigma da adequação", a obra assume lugar central, apresentando-se de forma inquestionável e inexorável. Nesta concepção, o ambiente é percebido como externalidade, paisagem que deve ser modificada e adaptada aos objetivos do projeto técnico. Nesse processo, arranjos e ajustes tecnológicos dados por medidas mitigadoras e compensatórias cumprem a função de adequação. Com efeito, a "necessidade" e a viabilidade socioambiental da obra não são colocadas em pauta. O que se tem é o mero atendimento formal às exigências legais, em geral, percebidas nesta ótica como impasses burocráticos (ZHOURI; LACHEFSKI; PAIVA, neste volume). Por essa via, um complexo debate envolvendo questões políticas, sociais e culturais é reduzido à proposição de ajustes e acomodações técnicas.

Assim, sustentado pela crença na capacidade tecnológica de previsão e redução dos riscos e impactos, o paradigma da adequação opera no interior da racionalidade econômica instrumental. Em oposição a esse modelo, o paradigma da sustentabilidade coloca em discussão os padrões de produção e consumo que reclamam pela obra os interesses e valores sociais que estão envolvidos em sua construção e seus reais beneficiários. Nesse sentido, o paradigma da sustentabilidade exige uma análise efetiva acerca da viabilidade socioambiental da obra, contemplando as potencialidades do ambiente em que ela se insere e sua relação com os usos e significados atribuídos ao território no local. A ideia de sustentabilidade impõe, portanto, uma mudança profunda, pois "... implica novos princípios de valorização da natureza, novas estratégias de reapropriação dos processos produtivos e novos sentidos que mobilizem e reorganizem a sociedade" (LEFF, 2001, p. 75).

Dessa forma, contra a mera *"modernização ecológica"*, que resulta na condição de invisibilidade e desvalor a pessoas e ambientes, organizam-se os sujeitos dos movimentos de resistência que reivindicam e anunciam a construção do paradigma da sustentabilidade. Em meio a esses movimentos, situamos os moradores do Vale do Jequitinhonha.

Identidade, território e a luta pelo significado do lugar

Em um quadro geral, podemos afirmar que, a partir do século XVII, as regiões do Alto e do Médio Jequitinhonha, noroeste de Minas Gerais, constituíram um cenário no qual as grandes fazendas de gado – com cativos, parceiros e agregados

– disputavam o espaço com pequenas propriedades familiares comandadas por lavradores independentes (RIBEIRO, 1993). Assentada historicamente sob a agricultura, a pecuária e a mineração, a economia da região apresentou momentos de crise e prosperidade. Contudo, embora tenha sido significativa sua importância na produção de víveres para o abastecimento de outras regiões do estado, sua história ficou conhecida a partir de imagens de isolamento e estagnação econômica forjadas no âmbito das políticas estatais que priorizavam a modernização industrial do país em moldes urbanos (RIBEIRO, 1993).

Já em meados dos anos de 1940 e 1950, observamos um conjunto de profundas transformações dadas pela inserção da economia regional em um mercado capitalista mais amplo em que as novas condições de concorrência dificultavam a venda dos produtos tradicionais fornecidos pela região. A partir de 1960 e 1970, esse quadro se agravaria em consequência de programas e intervenções governamentais, que, pautados por uma visão desenvolvimentista com parâmetros industriais, tecnológicos e urbanos, consolidavam imagens de pobreza e miséria atribuídas ao Vale (RIBEIRO, 1993). Assim, identificada como "área problema" ou "bolsão de pobreza", a região sofreu o impacto de três grandes frentes de modernização do capital: a expansão da pecuária, a introdução da cafeicultura e implantação das reflorestadoras (RIBEIRO, 1993). Auxiliadas por políticas de incentivos fiscais e créditos, essas três frentes de expansão provocaram mudanças significativas na distribuição e no acesso à terra. Os reflorestamentos, por exemplo, foram implantados em áreas de chapada, consideradas terras devolutas e concedidas pelo Estado às empresas privadas, para a exploração. As chapadas, no entanto, eram tradicionalmente destinadas ao uso comum pelos lavradores locais, a partir de então, privados de grande parte das terras onde realizavam o extrativismo coletivo e a criação do gado na larga (RIBEIRO, 1993).

A natureza de tais políticas para o Vale persistiu também na década de 1980, quando teve início uma nova frente de expansão por intermédio do "Programa Novo Jequitinhonha". Este previa a disseminação de projetos de barragem para a irrigação e geração de energia, entre elas a usina hidrelétrica de Irapé. Justificadas e legitimadas pelas representações de miséria e estagnação construídas para o Vale, as propostas atuais para a implantação de hidrelétricas na região ainda se revestem de caráter salvacionista. A usina de Irapé, por exemplo, apesar de uma história de resistência de 15 anos (RIBEIRO, 1993; LEMOS 1999; GALIZONI, 2000) já está em fase de construção final no rio Jequitinhonha. Trata-se de uma barragem de 205 metros de altura, a mais alta do Brasil, com um reservatório de 137,16 km^2 em uma região de chuvas instáveis. Atinge sete municípios e desalojará aproximadamente 1.124 famílias, ou cinco mil pessoas. A licença para construção foi dada em 2002, apesar de um parecer técnico desfavorável da Fundação Estadual de Meio Ambiente (FEAM), que apontava 47 condicionantes ambientais e sociais não cumpridas pela Companhia Energética de Minas Gerais – a CEMIG. O projeto da usina hidrelétrica de Murta, no mesmo rio, a jusante de Irapé, também apresenta impactos com proporções semelhantes, atingindo cerca de 900 famílias.

Nesse sentido, os casos das usinas de Murta e Irapé apontam para a atualização de conflitos entre os quais se contrapõem tentativas de desterritorialização e reterritorialização promovidas pelo Estado, juntamente com grandes empresas privadas e processos de reterritorialização distintos que visam à manutenção do território para os grupos locais, os quais reelaboramidentidades e discursos no processo de luta pelo reconhecimento e pela defesa de seus direitos territoriais.

Desencadeia-se, assim, uma nova dinâmica social e cultural, em que as comunidades locais, colocadas sob a possibilidade de usurpação de suas terras pela implantação de projetos econômicos industriais (rodovias, monoculturas, hidrelétricas), fazem emergir discursos de valorização de seu território, de composição de sua identidade, de resgate e recriação de sua memória coletiva (HALBWACHS, 1990). O problema é que tais significados construídos localmente chocam-se com os princípios da ideologia desenvolvimentista anunciada pelo Estado. A pluralidade de sentidos atribuídos ao território no local contrasta, portanto, com a concepção una e homogeneizante de desenvolvimento formulada, na maioria dos casos, em nome de uma entidade englobante representada genericamente pela ideia de nação.

De fato, as comunidades do Alto-Médio Jequitinhonha apresentam uma relação histórica com o Estado, marcada por conflitos, invisibilidade social e marginalidade econômica. Como uma prática de natureza simbólica inaugurada pelo Estado e repetida em suas diferentes políticas que se soldam ao imaginário nacional, a projeção da imagem de pobreza e miséria para o Vale tornou-se, sem exagero, uma "tradição inventada" (HOBSBAWN, 1984). Os novos cenários de confronto, produzidos a partir do licenciamento de usinas hidrelétricas, apenas reiteram a atualização dessa prática revelada na disputa pelo território, pelo poder de seu uso e ocupação, e, assim sendo, pelo direito de definir-lhe o significado.

Neste contexto, é a partir do entrelaçamento dos espaços por meio das relações de poder (GUPTA; FERGUSON, 2000; ACSELRAD, 2004) que compreendemos tais conflitos. Podemos dizer que o Vale do Jequitinhonha tem ocupado uma posição marginal no sistema econômico do País por não reunir as condições materiais e simbólicas valorizadas pelo projeto desenvolvimentista e modernizador. Sua paisagem, composta pelos biomas do cerrado e da caatinga, nunca despertou a mesma atenção que o imaginário nacional concedeu à Amazônia e à Mata Atlântica. Assim, a ausência das condições materiais para a produção de mercadorias estratégicas e a falta dos atributos naturais simbolicamente valorizados como a natureza típica da nação acabaram por reservar-lhe um lugar específico na pauta do Estado, onde o Vale se apresenta como espaço a ser transformado com vistas aos objetivos colocados pelo modelo econômico vigente no País.

Nessa medida, as imagens historicamente produzidas pelos governos e pelos segmentos empresariais sobre o Vale do Jequitinhonha tornam-se significativas. Associadas, elas ajudam a compor um quadro de pobreza, miséria e estagnação, justificando, assim, a implantação de projetos econômicos. No caso da implantação da UHE Irapé, por exemplo, destaca-se o forte apoio político que o projeto recebeu das elites tradicionais mineiras, o que se revela no discurso desses segmentos publicados na imprensa do Estado, como no trecho a seguir:

> Estamos na antevéspera de *enorme tragédia social e política se houver mais retardo no início da construção da usina salvadora.* A população daquela parte de Minas, solidária com o governo Itamar Franco e a Cemig, está disposta a reagir com todo o seu potencial e vigor para impedir a consumação desse *vergonhoso ato de desapreço e falta de patriotismo.*[12]

Esse excerto é bastante representativo de um discurso que mobiliza elementos como o patriotismo, a lealdade da população em relação ao governo do Estado e o caráter redentor e salvacionista da obra. Da mesma forma, seu título é bastante significativo *"Os Guardiães da Miséria"*, uma ofensiva aos técnicos ambientais que, ao contestarem o empreendimento do ponto de vista de sua viabilidade social e ambiental, estariam contra o "progresso" da região. Colocam-se, pois, em confronto diferentes ideologias: de um lado, o desenvolvimentismo redentor em nome da Nação e, de outro, a concepção de direitos territoriais articulados pelas comunidades locais.

Nos casos que analisamos, trata-se da luta pelo direito ao espaço ambiental tradicionalmente ocupado, uma luta pela apropriação material e simbólica da natureza, pela definição e reconhecimento dos significados, atribuídos ao território em que se opõem imagens de pobreza e fartura. Neste sentido, destacamos alguns depoimentos dos moradores "atingidos", para os quais as ideias de riqueza e pobreza assumem significados distintos daqueles articulados pelos defensores de um modelo industrial voltado para o mercado de exportações.

> Deus olha para o povo e tem em aberto uma porta para nós. *Apesar da nossa fraqueza, da nossa pobreza, temos aqui uma grande riqueza, que é o acesso aos rios, às lavras, os garimpos, diamante, ouro, verduras e muitas outras coisas como vimos aí...* (Depoimento de um morador atingido pela UHE Murta na Audiência Pública realizada em 15/10/2002 – ênfase nossa).

Nota-se que os sentidos de fraqueza e pobreza estão associados ao reconhecimento de uma condição de carência em relação à imagem de desenvolvimento industrial. Por outro lado, há a enunciação de uma riqueza relacionada aos atributos ambientais existentes e necessários para a sobrevivência e manutenção de seu modo de vida que, nesta região, combina a lavra artesanal à agricultura familiar. Estes mesmos significados de fraqueza, pobreza e riqueza estão presentes no depoimento de uma moradora atingida pela usina de Irapé.

---

[12] Texto publicado por Murilo Badaró, Presidente da Academia Mineira de Letras, no jornal Estado de Minas, às vésperas do julgamento da Licença de Instalação da UHE Irapé, em 25/04/02. Ênfase nossa.

Porque a gente que é fraco, igual esse povo dessa área aqui, *eles gosta de falar que é pé de chinelo. Eles pôs esse povo aqui pé de chinelo, né.* [...] Outro dia meu menino tava falando comigo assim: "Ô mãe, a senhora fala que aquele povo da CEMIG também fala que esse Vale aqui é o Vale da Miséria... *É o Vale da Riqueza, mãe!* Senhora quer ver, senhora mira de Diamantina pra riba, pra senhora ver o quê que é miséria, mãe. Tem gente debaixo de viaduto, tem gente debaixo daquelas ponte tudo, tem gente debaixo das lona.... Aquilo que é o sofrimento da miséria! Igual eu mesmo, mãe, que eu fiquei muito tempo na rua, sem poder" – isso em Brasília – "sem poder vir embora, pedindo esmola, pra poder vir embora... Isso que é o sofrimento, isso que é uma miséria, uma coisa mais triste do mundo. Agora aqui não, aqui todo mundo....Tem abóbora, que Nossa Senhora, moça! Ninguém vende, num vende, num tem feira. Come, dá porco, entrega os outro pra lá! É milho, [feijão] andu, feijão de corda, maxixe, amendoim, é melancia, é mandioca, tudo quanto é coisa a gente planta, né? *Então tá vivendo aí! Riqueza num lugar desse a gente num espera riqueza, né? Mas também num é miséria.* [...] *Igual D. Maria... Ela criou a família dela tudo aqui nesse lugar, e ela quer cabar a vida dela aí, isso é sinal de miséria? Pois ela criou os filho dela aí tudo uai, e tudo ela criou tranquilo!* Só isso, né? Tá vendo os meu também, quiser falar assim "é pobre, é pobre", mas meus menino é tudo grande! E tudo foi criado aí. Então pra mudar, igual a gente que já é fraco, mudar prum lugar que a gente num tem nada, que num conhece nada... ninguém quer isso não (Depoimento coletado por Ana Flávia Santos, antropóloga do Ministério Público Federal, junto à moradora atingida pela barragem de Irapé, 2002 – ênfase nossa).

Vale destacar a construção do Vale como um Vale de Riqueza, em contraposição à estigmatização do mesmo pela concepção dominante de desenvolvimento, modernidade e progresso, tal como se apresenta nas imagens de pobreza anunciadas pelo Estado. A posição deste último pode ser identificada na decisão judicial a respeito da Ação Civil Pública, proposta pelo Ministério Público Federal contra a construção da barragem de Irapé. A favor da barragem, o juiz argumenta:

Como todo empreendimento de tal porte, certamente a efetivação dos projetos de instalação da usina acarretarão *eventuais danos ambientais – que devem ser mitigados* – e transtornos e insatisfações a alguns habitantes da região, mas não se pode afirmar que tais descontentamentos sejam de vulto que cheguem ao ponto de melindrar o interesse público. Contrariamente, *a manifesta escassez de recursos naturais, humanos e industriais na região afetada pelo empreendimento – fato de conhecimento público e notório – configura indício contrário às afirmações da existência de danos às comunidades locais, que, tudo indica serão bastante beneficiadas com os remanejamentos a serem procedidos...* (Documento emitido pelo Juiz da 21ª Vara/MG, em 2002, pág. 10. Grifos nossos).

A partir de uma visão calcada no paradigma da adequação – "eventuais danos ambientais que devem ser mitigados" – o risco da perda do espaço ambiental vital e da vida em comunidade escapa ao entendimento do juiz. Os problemas sociais ocasionados pela barragem são vistos como "descontentamentos de alguns" e tal fato não deve ameaçar o "interesse público". A mesma concepção de escassez do Vale é encontrada nos estudos de viabilidade dos projetos, nos quais a apresentação de prognósticos para a região ressalta "[...] é de se esperar um empobrecimento ainda maior da população [sem a barragem], com a renda da aposentadoria dos idosos tornando-se ainda mais significativa" (D'ALESSANDRO & ASSOCIADOS, 1998, p. 62, grifos nossos).

Assim, frente aos objetivos econômicos e expansionistas do Estado, as lutas das comunidades atingidas assumem o sentido do direito à autodeterminação, ou seja, ao direito das coletividades de decidirem pelo destino de seus territórios, bem como da construção e afirmação de sua própria identidade.

Para as comunidades atingidas pelos empreendimentos hidrelétricos no Vale do Jequitinhonha, o território é concebido como "patrimônio", enquanto para as ideologias que atribuem ao Estado o papel de guardião da nação – uma entidade englobante e imaginada como homogênea (ANDERSON, 1991) – é expressão de sua soberania, sendo visto como "recurso estratégico" ou mercadoria na ideologia desenvolvimentista hegemônica. O significado de "patrimônio" representa um desafio para a ordem jurídica do Estado, já que reivindica não só o direito individual, mas o reconhecimento de direitos cujos sujeitos são também coletividades (SOUZA, 2001). Afinal, nas regiões do Alto e do Médio Jequitinhonha, o sistema de apossamento das terras e de seus recursos, conhecido como "terra no bolo" (GALIZONI, 2000), compreende áreas de uso coletivo e familiar, em que a herança não implica o parcelamento da terra, mantendo-a indivisa para a família, conforme demonstram trechos das entrevistas a seguir:

> I: Nós somo nove irmãos. Tem esse aqui, que é meu irmão, tem aquele ali, naquela primeira, perto de Fatinha, Manoel que tem naquela ponta [da rua] que é meu irmão. Tem duas irmãs aqui: uma viúva e uma moça solteira. E os outros já faleceu. [...]
>
> P: Depois que seu pai morreu cada irmão ficou com um pedacinho dos Prachedes?
>
> I: *Pra todo mundo... trabalhar aqui, só foi embolado, nunca foi partido.* Mas cada qual tem sua folha, paga documento... qualquer forma... tudo trabalha aqui.
>
> P: A terra é da família?
>
> I: *É da família. Tem o mesmo nome, o dos Prachedes.*
> (Entrevista realizada com Dna. I., na comunidade dos Prachedes, Município de Coronel Murta/MG).

Essa questão também é explicitada em outras entrevistas:

P: E é dividida a herança de cada filho?

D: Não. Não. Esses 30 hectares foi compra. Nós, cinco irmão, associou sofridamente trabalhando até a noite em São Paulo. Já morei quatro ano dentro da cidade grande, daquele São Paulo, por exemplo que nós ajuntamo e... unindo a força aumenta, né? E nós *compramo pegado no que é do meu pai. [...]É em comum. É tudo junto.* É tanto que os que tá em São Paulo, eles trabalha lá... é sofrido também e eles fala: "não, cês paga imposto, cês pode usar. *O dia que ocês puder comprar cês compra na minha mão, eu vendo é pra vocês. Eu não vendo pra outros de fora, eu vendo é pra vocês"*, né? (Entrevista realizada com Sr. D., na comunidade de Mutuca de Cima, atingida pela UHE-Murta)

Nesse sentido, observamos que a própria noção de "patrimônio" vai além da hegemônica ideia de propriedade, pois implica sujeitos e direitos coletivos, bem como restrições para a simples venda mercantil. O que está em questão é o zelo pela integridade e qualidade da terra, na concepção de que:

> Os bens recebidos do passado devem ser remetidos ao futuro, sentido que interroga o princípio da propriedade, a partir da compreensão sobre a transitoriedade das gerações e, portanto, de serem os indivíduos e grupos guardiães de um processo de acumulação de saberes e práticas. (CASTRO, 2000, p. 173)

Na luta pela defesa de seu patrimônio, a própria comunidade se reconstrói enquanto tal, ou seja, como esfera coletiva de existência por meio do esforço de ocupação, uso, manutenção e identificação com seu território (LITTLE, 2002). A dinâmica de defesa do território torna-se, assim, elemento unificador do grupo que articula, então, um discurso em que se apresenta como coletividade por meio da construção do "nós", categoria pronominal enfatizada em alguns depoimentos realizados durante a Audiência Pública da barragem de Murta, situação em que ocorreu o embate direto entre as comunidades atingidas e o consórcio empreendedor:

> *Nossas terras* são produtivas, *nossas* baixas, *nossos rios,* onde *fazemos nossas hortas: plantamos* de tudo, tudo isso que está aqui [produtos agrícolas expostos pelos moradores na Audiência Pública da UHE-Murta] a *nossa terra* produz e nunca necessitamos de barragem; não queremos ser invadidos por barragem. *Nossa comunidade* são cinquenta famílias e todas elas vivem independente, *não temos* nenhuma necessidade de sair corrido por causa de barragem (Depoimento da Sra. M., atingida pela UHE-Murta, durante a Audiência Pública, em 15/10/2002).

> *Não queremos* essa barragem e temos certeza de que este monte de gente que está aqui também não quer a barragem, *porque o melhor lugar do mundo para nós é aqui.* Plantamos roça, milho, feijão, engordamos porco... (Depoimento Sra. S., moradora atingida pela UHE-Murta, durante a Audiência Pública, em 15/10/2002).

Os conflitos em torno da apropriação e significação do território conduzem, assim, à "emergência da alteridade". A localidade define-se, então, de forma diacrítica às ideologias territoriais do Setor Elétrico (Estado, empreendedores e consultores) emergindo, nesse contexto, como esfera de pertencimento espacial e de construção de identidades sociais e políticas. Ao mesmo tempo em que o grupo se apresenta e se constitui como agente coletivo no cenário da disputa política, inicia-se um processo de reconstrução e ressignificação do território apresentado como "lugar" (AUGÉ, 2003).

Nesses contextos, a atividade da "memória coletiva", criada e recriada continuamente ao longo da história, se intensifica e ganha relevo, reinventando o passado no presente. A produção da localidade concretiza-se, assim, por meio da construção de um novo sentido para o território transformado em "lugar" (AUGÉ, 2003): espaço preenchido pela memória e pela história, capaz de congregar e unir coletividades, as quais reconhecem naquele espaço um "lugar-comum". É enquanto "lugar" que o território assume importância e vitalidade para as comunidades. Essa valorização do território e sua compreensão como patrimônio da família e da comunidade são recorrentes nos depoimentos dos moradores atingidos pela UHE-Murta:

> Não vamos ficar com a cabeça baixa, vamos levantar a cabeça e brigar pra podermos ficar no nosso lugar. Eu não quero a barragem, *temos que considerar essa terra como nossa mãe, porque ela nos criou e vai criar nossos filhos e nossos netos*. É disso que precisamos, é esse o nosso interesse (Depoimento do Sr. J. L., morador atingido pela UHE-Murta).

> Nossos tataravós, bisavós, avós, todos eles conviveram aqui na Mutuca em um período de cento e trinta anos e nunca precisaram ir para lugar nenhum, nunca precisaram de barragem e nem nunca ouviram falar. A minha mãe está com noventa anos de idade, criou os filhos dela, meu pai morreu com setenta e três anos, viveu aqui tranquilamente sem nunca precisar sair para lugar nenhum. E nós, que somos os caçulas, eu estou com 49 anos de idade, estamos tranquilos (Depoimento da Sra. M., moradora atingida pela UHE-Murta).

Observamos, portanto, por meio do processo de licenciamento de empreendimentos hidrelétricos, processos de construção sociopolítica do "lugar" em oposição aos sentidos que lhe conferem os segmentos empresariais e o Estado. Distinta do "lugar", a paisagem que se origina dos projetos industriais guarda apenas os custos ambientais e sociais dos empreendimentos. Por meio dos fluxos de capital e tecnologia que estes projetos demandam, o local se transforma, assim, em um espaço de produção transnacional, um verdadeiro "não lugar" (AUGÉ, 2003), ou seja, paisagem homogênea que poderia reproduzir-se em qualquer espaço e que não mantém vínculo algum com o local, perdendo qualquer sentido ou significação para os grupos. Nesses ambientes, já não há processos de identificação individual ou coletiva. "O espaço do não lugar não cria nem identidade singular nem relação, mas sim solidão e similitude" (AUGÉ, 2003, p. 95).

Considerações finais

O início dos anos de 1990 marcou a emergência do conceito de desenvolvimento sustentável como promessa de solução dos graves problemas ambientais. Desde então, o ideal de administração eficiente dos recursos foi incorporado à pauta desenvolvimentista, apagando possíveis tensões entre crescimento econômico e meio ambiente. Nessa perspectiva, a superação da chamada crise ambiental passava a contar com o progresso tecnológico para a ampliação da eficiência no aproveitamento dos recursos e no gerenciamento dos riscos.

Com efeito, problemas sociais e ambientais oriundos de projetos econômicos foram transformados em questões técnicas passíveis de serem contornadas mediante a aliança entre capital, burocracia e ciência. A chamada "modernização ecológica" tornou-se, assim, paradigma dominante conduzindo ao esvaziamento do debate político e à celebração do mercado.

Nessa visão, a concepção de desenvolvimento como base cognitiva para a apreensão da realidade permaneceu operante, fundamentando imagens depreciativas das comunidades locais e justificando a implantação de projetos industriais cujos impactos sociais e ambientais poderiam ser contornados com o emprego de medidas mitigadoras e compensatórias. Consolidou-se, pois, o "paradigma da adequação", em que os empreendimentos assumem caráter inquestionável, exigindo a adequação do ambiente aos propósitos da obra. A "capitalização da natureza", que reduz o ambiente aos valores de mercado, transformou perdas irreparáveis e efeitos destrutivos incomensuráveis em "impactos" passíveis de compensação e mitigação. Nas palavras de Esteva (1992, p. 18),

> O estabelecimento de valores econômicos exige a desvalorização de todas as outras formas de vida social. Essa desvalorização transforma em um passe de mágica, habilidades em carências, bens públicos em recursos, homens e mulheres em trabalho que se compra e vende como um bem qualquer, tradições em fardo, sabedoria em ignorância, autonomia em dependência.

A desvalorização do Vale do Jequitinhonha e de sua gente enquadra-se nessa perspectiva mais geral. A natureza, uma vez submetida aos desígnios do capital, transformou-se em "recurso". O valor econômico tornou-se, assim, a única forma legítima de sua representação. A noção de recurso, por sua vez, equivale à valorização e recodificação da natureza como capital, em detrimento de diversos significados que grupos sociais distintos a ela atribuem. Do mesmo modo, transações e compensações efetuadas no âmbito do mercado não compreendem reivindicações relativas aos direitos de diferença e autonomia.

Contrariamente a esse modelo, a noção de justiça ambiental pretende superar a racionalidade meramente econômica, propondo uma noção de justiça que não compreende apenas distribuição equânime das partes. A ideia de equidade não se refere à valorização monetária, à comensurabilidade dos recursos ou à equivalência das necessidades, mas coloca em pauta o reconhecimento de significados culturais distintos atribuídos ao território, associando-se, assim, aos princípios da diversidade e da democracia.

Nessa perspectiva, o conflito estabelecido pela implantação de projetos hidrelétricos exemplifica a luta pela justiça ambiental, revelando-nos a disputa em torno da reapropriação social da natureza em sua busca pelo reconhecimento de projetos produtivos e sociais alternativos, incluindo os vários significados do que seja riqueza e desenvolvimento.

Referências

ACSELRAD, H. *Conflitos Ambientais no Brasil*. Rio de Janeiro: Relume-Dumará, 2004a.

ACSELRAD, H.; PÁDUA, J. A; HERCULANO, S. *Justiça Ambiental e Cidadania*. Rio de Janeiro: Relume-Dumará, 2004.

ACSELRAD, H. Justiça Ambiental: ação coletiva e estratégias argumentativas. In. ACSELRAD, H.; PÁDUA, J. A; HERCULANO, S. *Justiça Ambiental e Cidadania* (Orgs.). Rio de Janeiro: Relume-Dumará, 2004b.

ANDERSON, B. *Imagined Communities. Reflections on the Origins and Spread of Nationalism*. (Revised Ed.). London: Verso, 1991.

AUGÉ, M. *Não Lugares: introdução a uma antropologia da supermodernidade*. Campinas: Papirus Editora, 2003.

APPADURAI, A. Soberania sem territorialidade: notas para uma geografia pós-nacional. In: *Novos Estudos Cebrap*, nov. 1997.

BERMANN, C. *Energia no Brasil: para quê? Para quem? Crise e Alternativas para um país sustentável*. São Paulo: Livraria da Física/FASE, 2002.

BERMANN, C. *Indústrias eletrointensivas e auto-produção: propostas para uma política energética de resgate do interesse público*. São Paulo: USP, 2003.
BOURDIEU, P. *O poder simbólico*. Rio de Janeiro: Bertrand Brasil, 2002.

CASTORIADIS, C.; COHN-BENDIT, D. *Da ecologia à autonomia*. São Paulo: Brasiliense, 1981.

CASTRO, E. Território, Biodiversidade e Saberes de Populações Tradicionais. In:. DIEGUES, A. C. (Org.). *Etnoconservação: novos rumos para a conservação da natureza nos trópicos*. São Paulo: HUCITEC – NUPAUB-USP, 2000.

DUPUY, J.-P. *Introdução à crítica da ecologia política*. Rio de Janeiro: Civilização Brasileira, 1980.

ESTEVA, G. Development. In: SACHS, W. (Org.). *The Development Dictionary. A Guide to Knowledge and Power*. London: Zed Books, 1992.

GALIZONI, F. *A terra construída: família, trabalho, ambiente e migrações no Alto Jequitinhonha, Minas Gerais*. Dissertação (Mestrado em Antropologia Social). São Paulo: USP/FFLCH, 2000.

GORZ, A. *Ecology as Politics*. London: Pluto Press, 1987.

GUATTARI, F. *As três ecologias*. Campinas: Papirus, 1990.

GUHA, R.; MARTINEZ-ALIER, J. *Varieties of Environmentalism*. Londres: Earthscan, 1996.

GUPTA, A.; FERGUSON, J. Mais além da cultura: espaço, identidade e política da diferença. In: *O espaço da diferença*. Campinas: Papirus, 2000.

HALBWACHS, M. *A memória coletiva*. São Paulo: Vértice, 1990.

HERCULANO, S. (2002). Risco e desigualdade social: a temática da Justiça Ambiental e sua construção no Brasil. I ENCONTRO ANPPAS, Indaiatuba/São Paulo. Disponível em: <http://www.anppas.org.br>. Acesso em: 15 sep. 2004.

HOBSBAWM, E. *A invenção das tradições*. Rio de Janeiro: Paz e Terra, 1984.

LACORTE, A. C.; BARBOSA, N. P. Contradições e limites dos métodos de avaliação de impactos em Grandes Projetos: uma contribuição para o debate. In: *Cadernos IPPUR/ UFRJ* Ano IX nº ¼ jan/dez., 1995.

LITTLE, P. Territórios sociais e povos tradicionais no Brasil: por uma antropologia territorialidade. In: SIMPÓSIO NATUREZA E SOCIEDADE: DESAFIOS EPISTEMOLÓGICOS E METODOLÓGICOS PARA A ANTROPOLOGIA, 23ª Reunião Brasileira de Antropologia, Gramado/RS, 2002.

LEFF, E. *Saber ambiental: sustentabilidade, racionalidade, complexidade, poder*. Petrópolis: Vozes, 2001.

LEMOS, C. F. *Audiências públicas, participação social e conflitos ambientais nos empreendimentos hidroelétricos: os casos de Tijuco Alto e Irapé*. Dissertação (Mestrado em Planejamento Urbano e Regional). Rio de Janeiro: Instituto de Pesquisa e Planejamento Urbano e Regional (UFRJ), 1999.

MARTINEZ-ALIER, J. Justiça Ambiental (local e global). In: CAVALCANTI, C. (org.) *Meio ambiente, desenvolvimento sustentável e políticas públicas*. São Paulo: Cortez, 1999.

NEVES, L. D. A. de. *Memória, História e Literatura: interseções*. Tiradentes: V Encontro Regional Sudeste de História Oral – ABHO – 19 a 21 de novembro, 2003.

OPSCHOOR, J. B. Ecospace and the fall and the rise of throughput intensity. In: *Ecological Economics*, 15(2), p.137-140, 1995.

PÁDUA, J. A. Produção, Consumo e Sustentabilidade: o Brasil e o contexto planetário. In: *Cadernos de Debate. Brasil Sustentável e Democrático*, n. 06. Rio de Janeiro: FASE, 2000.

REBOUÇAS, L. M. *O planejado e o vivido: o reassentamento de famílias ribeirinhas no pontal do Paranapanema*. São Paulo: Annablume: FAPESP, 2000.

RIBEIRO, R. *Campesinato: Resistência e Mudança – O caso dos atingidos por barragens do vale do Jequitinhonha*. Dissertação (Mestrado em Sociologia). Belo Horizonte: Faculdade de Filosofia e Ciências Sociais- FAFICH/UFMG, 1993.

SACHS, W. *The Development Dictionary. A Guide to Knowledge and Power*. London: Zed Books, 1992.

SAHLINS, M. *Ilhas de história*. Rio de Janeiro: Jorge Zahar Editor, 2003.

SANTOS, A. F. M. *A comunidade de Porto Corís e os aspectos socioeconômicos do processo de licenciamento da UHE Irapé – Vale do Jequitinhonha – MG.* Belo Horizonte: Procuradoria Geral da República – MG, 2001.

SIGAUD, L. *Efeitos sociais de grandes projetos hidrelétricos: as barragens de Sobradinho e Machadinho.* Rio de Janeiro: Programa de Pós-Graduação em Antropologia Social/ Museu Nacional (UFRJ), 1986.

SIGAUD, L.; MARTINS-COSTA, A. L.; DAOU, A. M. Expropriação do campesinato e concentração de terras em Sobradinho: uma contribuição à análise dos efeitos da política energética do Estado. In: *Ciências Sociais Hoje.* São Paulo: ANPOCS/ Vértice/ Editora Revista dos Tribunais, 1987.

SOUSA, R. S. Direitos Humanos através da história recente em uma perspectiva antropológica. In: NOVAES, R. R.; LIMA, R., K. *Antropologia e direitos humanos.* Niterói/RJ: Editora da Universidade Federal Fluminense, 2001.

VAINER, C. B. (A inserção regional dos grandes aproveitamentos hidrelétricos: uma discussão das posições emergentes no setor elétrico. In: *Anais da ANPUR*, Salvador, p.141-149, 1991.

VAINER, C. B. Águas para a vida, não para a morte. Notas para uma história do movimento de atingidos por barragens no Brasil. In: ACSELRAD, H.; PÁDUA, J. A; HERCULANO, S. (2004). *Justiça ambiental e cidadania* (orgs). Rio de Janeiro: Relume-Dumará, 2004.

ZHOURI, A. Hidrelétricas e Sustentabilidade. *Anais do Seminário Teuto-Brasileiro de Energias Renováveis.* Berlim: Fundação Heinrich Boell, 2-3 de junho, 2003.Disponível em: <www.boell.org.de> www.provedor.nuca.ie.ufrj.br/provedor/biblioteca/investimento.

A OLIGARQUIZAÇÃO DA
"POLÍTICA AMBIENTAL" MINEIRA

....

Eder Jurandir Carneiro

Na conhecida formulação que recebe, no relatório *Nosso futuro comum*[1], em 1987, o desenvolvimento sustentável é definido como "aquele [desenvolvimento] que atende às necessidades do presente sem comprometer a possibilidade das gerações futuras, de atenderem às suas próprias necessidades". A estratégia para a obtenção desse objetivo seria a de compatibilizar o "desenvolvimento" econômico contínuo com a diminuição das desigualdades sociais e a preservação dos recursos e equilíbrios naturais. Recomenda-se, então, uma série de medidas a serem aplicadas, tanto no âmbito de cada Estado nacional quanto no âmbito internacional, com vistas ao "gerenciamento científico" e à "administração racional" dos processos econômicos que se passam no mercado e dos usos das condições naturais.

De meados dos anos de 1980 até o final do século passado, a quase totalidade dos discursos e práticas voltados para a construção socialmente legitimada da chamada "questão ambiental" ancora-se na noção de "desenvolvimento sustentável". De pequenos projetos locais de "educação ambiental" a conferências e acordos internacionais sobre biodiversidade ou redução dos níveis de emissão de gases de estufa; de projetos específicos, envolvendo "parcerias" de grandes mineradoras com ONGs conservacionistas à criação de normas legais e agências públicas de "política ambiental", todos evocavam e ainda evocam o "desenvolvimento sustentável" como fórmula consensual de caução e legitimidade.

Contudo, observa-se na última década, mesmo sob a hegemonia do paradigma do "desenvolvimento sustentável", um movimento ascendente de crítica desse

---

[1] Na verdade, o conceito já havia sido formulado anteriormente por ambientalistas, como salientam alguns autores (KIRKBY *et al.*, 1995, p. 1). Contudo, sua "oficialização" se deu, sem dúvida, ao ser assumido e reformulado nos termos do Relatório Brundtland. Posteriormente, um conjunto de diretrizes preconizadas como conducentes ao "desenvolvimento sustentável" aparece reunido na Agenda 21, documento resultante da Conferência das Nações Unidas sobre Meio Ambiente e Desenvolvimento, realizada no Rio de Janeiro, em 1992.

paradigma e de construção de um enquadramento alternativo para a "questão ambiental". Esse movimento realiza a recuperação e a revitalização de ideias e do ânimo crítico característico de uma importante literatura que, nos anos de 1970 e início dos anos de 1980, orientava a chamada "ecologia política"[2]. Entretanto, não se trata de um mero retorno, já que o movimento recente nutre-se de contribuições de autores contemporâneos[3], que, conquanto vinculados a disciplinas diversas, buscam aproximar e articular a reflexão teórica e a análise crítica do capitalismo à experiência prática das lutas sociais que, nas atuais condições de mundialização do sistema produtor de mercadorias, põem em jogo a apropriação social das condições naturais e a distribuição dos riscos e degradações ambientais.

De maneira geral, os novos trabalhos compartilham, de forma mais ou menos explícita, a critica ao pressuposto, essencial ao paradigma do "desenvolvimento sustentável", de que a lógica estrutural da acumulação capitalista seja compatível com a construção de uma sociedade igualitária e ecologicamente sustentável, bastando, para tanto, que essa lógica seja "domada" por meio de inovações tecnológicas e de políticas que, além de "cientificamente corretas", devem resultar de "consensos" produzidos pela operação de "tecnologias sociais" e pelo "processamento institucional" de conflitos.

O presente trabalho toma como objeto de crítica precisamente este último aspecto, a saber, o apelo feito pelo paradigma do desenvolvimento sustentável à incorporação da participação democrática e igualitária dos diversos "setores da sociedade civil" (comunidades atingidas, movimentos urbanos, populações indígenas, ONGs, sindicatos, associações patronais, cientistas, técnicos, populações rurais etc.) nos processos de formulação e implementação das "políticas ambientais". Com efeito, alega-se, na formulação epigramática de um dos fatores do desenvolvimento sustentável, que "um dos pré-requisitos fundamentais para se alcançar um desenvolvimento sustentável é a ampla participação pública nos processos de tomada de decisão" (BARBIERI, 1997, p. 128).

Nas páginas que se seguem, procedo à analise da estrutura e do funcionamento do Conselho Estadual de Política Ambiental de Minas Gerais (COPAM), órgão consultivo e deliberativo da "política ambiental" mineira, criado em 1977, que conta, desde sua criação, com a participação de representantes de associações "ambientalistas", associações empresariais e órgãos públicos[4]. Pretende-se evidenciar a lógica do jogo e os mecanismos que, ao longo do tempo, produzem

---

[2] Referimo-nos a trabalhos como os de, entre outros, CASTORIADIS (1981), DUPUY (1980), CASTORIDADIS e COHN-BENDIT (1981), GORZ (1978) e ILLICH (1973).

[3] Dentre trabalhos e autores que poderiam ser inscritos nesse movimento de crítica do paradigma do desenvolvimento sustentável, citem-se ACSERALD *et al.* (2004), FOLADORI (2001), KURZ (1997), SACHS (2000), ZHOURI (2001), ESTEVA (2000), MARTÍNEZ-ALIER (1999), CARNEIRO (2003), O'CONNOR (1988) e O'CONNOR (1991).

[4] Um quadro geral da composição do Plenário do COPAM, com suas transformações ao longo do tempo, encontra-se no Anexo 1 deste trabalho.

um "efeito de oligarquização" do exercício do poder no Conselho, a despeito da reiterada evocação, por parte dos conselheiros, da democratização da participação preconizada pela ideologia do desenvolvimento sustentável.

A autorrepresentação hagiográfica

Criado em 29 de abril de 1977, como Comissão Estadual de Política Ambiental, posteriormente transformada em Conselho Estadual de Política Ambiental, por meio do Decreto Estadual n° 18.662, o COPAM passou, desde então, por significativas transformações em sua estrutura, composição, competências e órgãos executivos[5]. Contudo, apesar dessas mudanças, permaneceu, ao longo do tempo, como um fórum constituído por um Plenário e por Câmaras Especializadas, reunindo funções de normatização da "política ambiental"[6] e de julgamento de casos de licenciamentos e infrações ambientais, no âmbito do estado de Minas Gerais. Da mesma forma, a despeito das modificações sofridas em seu regimento, o COPAM sempre contou com a participação de conselheiros oriundos da "sociedade civil" e de órgãos públicos.

Em entrevistas realizadas com vários conselheiros[7], salta aos olhos, mesmo numa análise superficial, a assiduidade de depoimentos que compõem uma representação do COPAM como um espaço aberto e democrático de negociação entre representantes dos mais variados segmentos sociais, como *locus* em que os "problemas ambientais" são tratados de forma "responsável", avessa a "radicalismos", sempre buscando, por meio do diálogo, soluções que compatibilizem os interesses do "desenvolvimento econômico" com aqueles da "defesa do meio ambiente".

Assim, todos os agentes ouvidos são unânimes em dizer que a diferença específica do COPAM – e, por extensão, da "política ambiental" mineira – reside na primazia da negociação (em vez de imposição), da urdidura de pactos (no lugar do acirramento de conflitos ásperos) entre concepções e interesses divergentes acerca da destinação das condições naturais. Mais: teriam sido essas características as responsáveis pela alta capacidade adaptativa do Conselho, pela sua grande credibilidade, pela sua continuidade ao longo de vários governos e por ter se tor-

---

[5] Uma descrição detalhada dessas transformações, assim como a análise pormenorizada de suas relações com processos socioeconômicos e institucionais verificados em Minas Gerais, encontram-se em CARNEIRO (2003).

[6] "Política ambiental" é o termo utilizado pelos próprios agentes para nomear as atividades desenvolvidas pelos órgãos do chamado "setor de meio ambiente" do Estado. Referimo-nos, neste trabalho, a essas atividades como "política ambiental", entre aspas, para indicar que não estamos, em absoluto, incorporando acriticamente uma categoria de classificação nativa. Trata-se apenas de que a desconstrução crítica dessa categoria escapa aos objetivos deste trabalho e a ela já nos dedicamos em outro lugar (CARNEIRO, 2003, p. 57-62, principalmente).

[7] As entrevistas foram realizadas entre os anos de 1987 e 1989, como parte da pesquisa empírica de minha dissertação de mestrado (CARNEIRO, 1990), e, entre os anos de 1996 e 2002, para a minha tese de doutorado (CARNEIRO, 2003).

nado, inclusive, uma espécie de paradigma para o desenho institucional da "política ambiental" do governo federal.

Constitui-se, assim, ao longo do tempo, uma espécie de autorrepresentação hagiográfica do COPAM que, sem dúvida, se torna um elemento central da identidade dos conselheiros dominantes. Citemos apenas alguns depoimentos, à guisa de ilustração:

> Acho que o grande sucesso do COPAM é a questão dos contrários. Foi fundamental ao COPAM ter, desde o seu nascedouro, a FIEMG, a Associação Comercial, ter o setor produtivo lá dentro, porque o desenvolvimento do COPAM foi feito com esse pessoal, *não foi feito de ambientalistas contra o setor produtivo, foi feito com o setor produtivo lá dentro.* Eu não conheço outro conselho que tenha funcionado como o COPAM... O COPAM é deliberativo e tem a sociedade civil... talvez seja *o grande diferencial de Minas...* é porque as coisas já começaram sendo compactuadas... Foi esse 'jeitão' que depois foi institucionalizado no próprio COPAM, a lei incorporou essas práticas (Entrevista, JUNQUEIRA RIBEIRO, 1996, grifos acrescidos).

> A filosofia que marcou a constituição do COPAM foi de que a gente não podia ter uma visão unicamente preservacionista, mas que, enquanto poder público, a gente tinha que criar um *espaço de negociação...* A ideia que a gente tinha era de que, pra ser um espaço de negociação, *os atores envolvidos com a questão ambiental* tinham que estar presentes. Não adianta termos apenas o conservacionista e o cientista; temos que ter também o empresário, que tem que ser ouvido dentro do processo. Isso *serviu como modelo,* o próprio CONAMA [Conselho Nacional do Meio Ambiente] tem essa visão. E o COPAM se fortaleceu por ser um colegiado que não é só governo, mas governo e sociedade. Talvez por isso o COPAM tenha sido o único colegiado que sobreviveu a todos esses governos sem solução de continuidade... só tem um jeito de dar credibilidade a um órgão: é você garantir a transparência, fazer com que as decisões tenham efetivamente um caráter colegiado. (Entrevista, BRITO, 1996, grifos acrescidos).

> O COPAM acabou sendo uma *escola permanente...* se no início havia uma oposição muito polarizada entre empresários e ambientalistas, a maneira de lidar com os conflitos foi ficando mais sofisticada. *Gestão ambiental é gestão de conflitos, procurar chegar em consensos, soluções que compatibilizem a necessidade de preservar os recursos naturais com as necessidades econômicas e sociais.* O COPAM teve um desenho inicial muito lúcido. Talvez por isso ele tenha conseguido, ao longo do tempo, ir se adaptando, captando as transformações da sociedade, diferentemente de outros conselhos... O COPAM é um modelo de engenharia de funcionamento de um sistema colegiado. (Entrevista, Andrés Ribeiro, 1996, grifos acrescidos).

Nessa autorrepresentação dos agentes do COPAM, elegemos dois aspectos, estreitamente inter-relacionados, que serão objeto de análise nas páginas que se seguem, a saber: a) a atribuição, pelos conselheiros, de um caráter "representativo e democrático" ao COPAM, que será contraposta ao fenômeno da "oligarquização" do poder, em sua dupla face, uma externa, de obstrução do ingresso de agentes novos e sociologicamente distintos, e outra interna, de concentração do poder decisório nas mãos de uma minoria dentre os próprios conselheiros; b) a adjudicação, ao COPAM, de uma vocação ao "diálogo pedagógico", como meio de formação de consensos entre interesses divergentes, adjudicação esta que será contraposta à análise crítica do processo de redução da "política ambiental" a uma espécie de "jogo da mitigação" dos "impactos ambientais".

Como se verá, os processos de oligarquização e de conversão de conflitos num "jogo da mitigação", acima indicados, podem ser melhor compreendidos se consideramos o COPAM como parte de um "campo"[8] da "política ambiental" de Minas Gerais. Comecemos, então, pela descrição e análise do fenômeno da oligarquização.

Oligarquização

De início, concentremos a análise sobre os "mecanismos de ingresso" no COPAM. Os dados empíricos demonstram que esse ingresso está condicionado à posse, pelo aspirante a conselheiro, de "capitais" que legitimem sua pretensão. Ele pode, por exemplo, valer-se de seu "capital social", isto é, de sua rede de relações pessoais com membros do campo; pode evocar sua formação e sua reputação acadêmico-científica ou tecnológica; pode, enfim, credenciar-se pelo seu capital de "representação", entendendo-se representação como a alquimia social por meio da qual um indivíduo se apresenta e é aceito como portador de uma "vontade coletiva" que a ele se transfere, mas que supostamente se origina alhures (numa entidade, num órgão, num grupo social, numa instituição etc.). Seja como for, a acumulação desses "capitais iniciais", que podem ser investidos no campo da "política ambiental", se realiza fora desse campo e pressupõe a posse de um *quantum* mínimo de capital cultural[9]. Essa condição, verdadeira cláusula de barreira não escrita, por si só já inviabiliza o ingresso de indivíduos oriundos das classes populares.

Assim, os primeiros agentes a ingressarem no COPAM apresentaram como credenciais ora a posse do capital cultural (caso dos tecnólogos que se tornariam gerentes do sistema público do meio ambiente em Minas Gerais), ora a posse do

---

[8] Referimo-nos ao conceito de "campo" no sentido que o termo ganha na praxeologia de PIERRE BOURDIEU. A definição e os usos do conceito de "campo" estão presentes em toda a extensa obra de BOURDIEU. Uma discussão mais específica sobre o conceito é encontrada em BOURDIEU (1990). Para uma exposição didática do conjunto de conceitos articulados pela teoria social de BOURDIEU, ver PINTO (2000).

[9] Todos os principais conselheiros do COPAM, sem exceção, possuem no mínimo o curso superior. Desnecessário é dizer que a posse de capital cultural vincula-se estreitamente, embora não mecanicamente, à posse do capital econômico.

capital cultural associado ao capital de representação (como nos casos dos cientistas militantes do conservacionismo e dos diretores de órgãos estatais que articulam interesses de frações do capital), ora a posse do capital econômico combinado com o capital de representação (como os empresários diretores da Associação Comercial e da Federação das Indústrias de Minas Gerais). Em comum, todos esses agentes eram portadores de grande volume de capital social, representado por estreitas relações pessoais (e até de parentesco) com membros das elites políticas e científicas mineiras, envolvidas na criação do COPAM[10].

Após o ingresso desses pioneiros, a entrada de novos segmentos no COPAM realizava-se, pelo menos até o final dos anos de 1980, da seguinte forma: um dos conselheiros apresentava e defendia junto a uma determinada Câmara Especializada o pedido de ingresso da entidade ou segmento interessado. Uma vez aceita, a solicitação era encaminhada ao Plenário, onde geralmente era deferida, passando o interessado a integrar a Câmara em questão, inicialmente como "membro convidado", isto é, com direito a voz e sem direito a voto. Após um período de "experiência", o novato era incorporado como membro efetivo[11]. Mais uma vez, a condição para a entrada no COPAM era a posse de algum capital de representação, aliada à mobilização de um capital social, representado pelo aval de um membro efetivo do Conselho. Essa sistemática de recrutamento de novas entidades ou segmentos, já de si bastante excludente, foi abolida quando, como se verá logo a seguir, vários decretos fixaram o número máximo de membros e a composição de cada Câmara, o que praticamente congelou as possibilidades de ampliação e diversificação da representação no COPAM.

Entretanto, o fenômeno da oligarquização não se explica apenas pelas condições restritivas de ingresso acima especificadas. Como se verá, não se trata somente de que as exigências para a entrada no COPAM estão ao alcance apenas

---

[10] Dentre esses membros das elites científicas e políticas que foram determinantes na criação do COPAM, destacam-se, sem dúvida, as figuras de Aureliano Chaves (então governador de Minas Gerais) e José Israel Vargas (ex-Secretário de Estado de Ciência e Tecnologia). Uma análise pormenorizada do papel das elites mineiras na constituição do COPAM encontra-se em CARNEIRO (2003, p. 175 ss.).

[11] À guisa de ilustração, citemos os seguintes casos, dentre muitos: na reunião da Câmara de Defesa de Ecossistemas (CDE) de 23/09/87, a Associação Mineira de Defesa do Ambiente (AMDA) é aceita como membro convidado; na reunião da Câmara de Mineração e Bacias Hidrográficas (CMBH) de 05/08/83, Mário R. Andrade, do Departamento Nacional de Obras e Saneamento (DNOS), propõe e aprova a aceitação do Instituto Brasileiro de Mineração (IBRAM) como membro convidado; na reunião da CMBH de 21/12/84, sugere-se que a Secretaria de Estado de Minas e Energia (SEME) seja aceita como membro convidado do Plenário, e a METAMIG (Metais de Minas Gerais S. A.) é aceita como membro convidado da CMBH; na reunião da CMBH de 06/08/86, José Carlos Borges, da Companhia de Distritos Industriais (CDI), pede providências para que SEME passe a ser membro efetivo do Plenário, "já que tem dado grande contribuição para compatibilizar meio ambiente e mineração"; na reunião da CMBH de 22/08/84, Maria Dalce Ricas (AMDA) solicita ingresso para a AMDA como membro convidado; na reunião da CMBH de 18/09/84, a AMDA é aceita como membro convidado.

de uma minoria da população mas também de que, mesmo entre os poucos que conseguem o ingresso, o exercício efetivo do poder no Conselho concentra-se numa elite interna.

Isso se explica pelo fato de que, para fazer parte dessa elite interna, não bastam os capitais investidos no ingresso no campo. É preciso, acima de tudo, que o conselheiro seja capaz de acumular o capital específico que se gera no campo da "política ambiental", capital que se exprime no domínio incorporado de um complexo conjunto de conhecimentos de normas técnicas e legais (leis, decretos, resoluções, deliberações etc.) pertinentes, praxes, rituais, "jurisprudências" e mesmo orientações e temperamento pessoal dos demais agentes. Nas disputas do campo, cada agente se esforça por aumentar o seu *quantum* de capital específico, pois isso aumentará suas chances de acesso ao capital estatal, ou seja, suas possibilidades de promover a transformação de seus interesses e concepções particulares em decisões vinculatórias, ungidas de universalidade e de mobilizar recursos estatais (financeiros, humanos, a coação física legítima etc.), para que tais decisões sejam cumpridas.

Esse capital específico, em sua forma incorporada de *habitus*[12] – espécie de "senso prático" ou sentido do jogo a partir do qual os agentes classificam o mundo, organizam sua ação e definem as estratégias mais eficientes –, só pode se desenvolver pela exposição continuada do agente à lógica inscrita nas práticas do campo. Nesse sentido, não surpreende que os agentes da elite interna do COPAM sejam, em sua grande maioria, também os mais antigos, mais perenes e mais frequentes às reuniões[13].

E essa tendência à oligarquização só faz aprofundar-se ao longo do tempo, na medida em que o próprio desenvolvimento do campo da "política ambiental" faz crescer a complexidade do conjunto de conhecimentos técnico-jurídicos e práticos cujo domínio se faz imprescindível, não tanto para o simples ingresso no jogo, mas para que se possa jogá-lo com razoáveis chances de êxito. Em consequência, formam-se no COPAM pequenos núcleos de conselheiros que dominam o Conselho por longos períodos. A rotatividade é bastante baixa nesse núcleo, conquanto razoavelmente alta para a grande maioria dos conselheiros que passa pelo COPAM sem se fixar e sem influir efetivamente nos destinos da "política ambiental" mineira.

---

[12] A noção de *habitus* e a ideia de sua "cumplicidade ontológica" com um campo específico aparecem investidas em várias análises de BOURDIEU. A discussão específica sobre o conceito pode ser encontrada em BOURDIEU (1989, p. 26 ss.; 1990, p. 23, 81, 82, 130, 179).

[13] Por essa razão, seria completamente ilusório considerar, por exemplo, que os Secretários e Secretários Adjuntos de Estado, pelo alto grau de capital estatal que representam, sejam figuras dominantes no campo. Pelo contrário, a efemeridade de sua permanência no cargo impede que eles permaneçam no campo por tempo suficiente para acumular o capital específico.

Esses fenômenos podem ser quantitativamente visualizados, se examinarmos as transformações sofridas, ao longo do tempo, pela composição da representação no Conselho e se observarmos a distribuição da Frequência dos conselheiros às reuniões, tomando-se essa distribuição como índice de participação.

Com efeito, vários decretos vieram, ao longo dos anos, restringindo a participação no Conselho: alguns fixam limites ao número máximo de membros de cada Câmara Especializada, outros o reduzem, outros ainda estipulam que cada Câmara deve ter sua maioria constituída por conselheiros que também tenham assento no Plenário[14]. Essas alterações determinam que haja hoje um total de 44 conselheiros no conjunto do COPAM, isto é, incluindo-se o Plenário e as sete Câmaras Especializadas. De outra parte, o acompanhamento da Frequência dos conselheiros, realizado pela leitura das atas, revela que havia, em 1982, um total de 51 conselheiros no COPAM, ou seja, sete a mais do que atualmente.

Poder-se-ia argumentar que hoje o COPAM, conquanto tenha um número menor de conselheiros, incorpora maior variedade de segmentos/entidades representados. Entretanto, em relação a esse aspecto, quando comparamos a composição do COPAM em 1982 com a de 2002, vemos que a única diferença significativa está no número de Secretários Adjuntos de Estado que compõem o Plenário, que passa de quatro para oito. Dificilmente se poderia considerar que esse fato compensa a perda dos sete conselheiros supracitados.

Além da diminuição do número total de conselheiros, percebe-se claramente, no Plenário assim como nas Câmaras, uma forte tendência a que a participação nos processos decisórios se restrinja a uma pequena minoria de conselheiros mais ativos. A Tabela 1, a seguir, evidencia esse fenômeno.

Como pode se ver, em cada fórum, uma grande maioria dos conselheiros, que, com exceção do caso da Câmara de Infraestrutura (CIF)[15], varia entre 75,5% e 94%, compareceu a menos de 20% das reuniões realizadas até 2002. Portanto, pode-se dizer que essa maioria tão expressiva participou efetivamente apenas de um volume relativamente pequeno de decisões tomadas pelo COPAM.

Inversamente, nota-se que apenas uma minoria, que varia de 6% a 23,5% dos conselheiros, conforme o fórum, participou de um número significativo de reuniões.

---

[14] Quanto a esse aspecto, merecem destaque os decretos estaduais de números 26.516, de janeiro de 1987, e 39.490, de maio de 1998.

[15] Essa exceção parece prender-se ao fato de ser a CIF uma Câmara ainda muito jovem, criada em 1998. Em nossa pesquisa, constatamos que o processo de oligarquização de um fórum está diretamente relacionado à sua longevidade, na medida em que é preciso tempo para que se condense um núcleo dirigente dotado de baixa rotatividade. Como as Câmaras mais jovens, depois da CIF, a saber, a Câmara de Mineração (CMI) e a Câmara de Bacias Hidrográficas (CBH), criadas em 1990, apresentam-se oligarquizadas, seria preciso esperar por mais, no mínimo, oito anos, para sabermos se o fenômeno da oligarquização se repetirá na CIF ou não. Nesse último caso, estaríamos obrigados a identificar a variável que teria feito da CIF uma notável exceção.

TABELA 1

Distribuição da frequência de conselherios do COPAM, por Fórum, 1977 a 2002

Fórum	Mais frequentes (*)		Menos frequentes		Totais	
	Números ABS	%	Números ABS	%	Números ABS	%
PLE	23	6.0	329	94.0	389	100
CID	10	8.3	110	91.7	120	100
CMBH	12	21.1	45	88.1	57	100
CMI	9	14.5	53	85.5	62	100
CBH	12	23.5	39	76.5	51	100
CAP	9	11.0	73	89.0	82	100
CPB	11	13.1	73	76.9	84	100
CPA	10	7.7	120	93.3	130	100
CIF	10	43.5	13	56.5	23	100

Fonte: atas das reuniões do Plenário e das Câmaras Especializadas do COPAM.

(*) Consideramos como mais frequentes os conselheiros que participaram de 20% ou mais do total de reuniões de determinado fórum, com exceção dos casos da CAP e da CPA, em que os percentuais adotados foram de 16% e 15%, respectivamente. Isso se deve ao fato de haverem essas Câmaras se reunido de forma muito intermitente ao longo dos anos.

PLE = Plenário

CID = Câmara de Atividades Industriais

CMBH = Câmara de Mineração e Bacias Hidrográficas

CMI = Câmara de Mineração

CBH = Câmara de Bacias Hidrográficas

CAP = Câmara de Atividades Agrossilvopastoris

CPB = Câmara de Proteção à Biodiversidade

CPA = Câmara de Política Ambiental

CIF = Câmara de Atividades de Infraestrutura

Valeria, ainda, a pena realizar uma apreciação um pouco mais qualitativa sobre a composição dessa "elite dirigente" do COPAM. Para uma visão panorâmica, poderíamos deixar em segundo plano certas nuanças e distribuir os indivíduos que compõem a elite por três grandes posições, que constituem a estrutura tripartite do campo desde suas origens, a saber: a) os *membros da tecnoburocracia ambiental*, isto é, os técnicos-gerentes de órgãos executivos de órgãos do sistema público de meio ambiente de Minas Gerais, que, conquanto não sejam conselheiros, exercem uma enorme influência sobre o COPAM, já que, exercendo cargos de direção ao longo de vários anos, acumularam enorme volume do capital específico do campo, constituindo-se como verdadeiros "especialistas" nos conhecimentos e normas técnicas, jurídicas e processuais que orientam o jogo do campo; b) os "ambientalistas", ou seja, aqueles que se apresentam no campo como portadores do capital de representação de associações civis ou órgãos públicos de "defesa do meio ambiente" como "bem público"; c) os representantes do capital, quer se trate de lideranças de associações empresariais, quer se trate de ocupantes de cargos de direção em órgãos públicos ou secretarias de Estado que articulam interesses de frações do capital.

A Tabela 2, a seguir, mostra, dentre os 34 agentes que estiveram presentes a mais de 50 reuniões de fóruns do COPAM, um grande equilíbrio entre as duas posições polares que demarcam os limites do jogo da mitigação "ambiental": são 15 "ambientalistas" e também 15 representantes do capital. O mesmo equilíbrio se revela nas médias de reuniões por agente de cada uma dessas categorias, respectivamente de 93,7 e 85,5.

TABELA 2

Conselheiros presentes a 50 reuniões ou mais, por categoria, 1977 a 2002

Categoria/ Agentes	Nº de reuniões	Média por Agente/Categoria
Membros da tecnoburocracia ambiental	656	164
1 José Cláudio R. Junqueira	311	
2 Roberto Messias Franco	148	
3 Ronaldo Malard	138	
4 Léo Pompeu	59	
"Ambientalistas"	1.406	93.7
1 Yara Landre Marques (IAB)	141	
2 Leonardo Fares Menhein (AMDA)	138	
3 Hugo Werneck (CCN)	136	
4 Castor Cartelle Guerra (arqueólogo)	126	
5 Maurício Boratto (AMDA)	113	
6 Cinara Rievers (advogada)	99	
7 João Paulo Campello de Castro (CCN)	94	
8 Maria Dalce Ricas (AMDA)	87	
9 Ângelo B. M. Machado (CCN)	87	
10 Ísis R. Carvalho (ABIO)	81	
11 Sebastião C. Pires (IBAMA)	74	
12 Célio M. C. Valle (CCN)	64	
13 Clóvis L. Gomes (cientista)	59	
14 Cassilda T. Carvalho (ABES)	55	
15 Jáder Figueiredo (IBAMA)	52	

TABELA 2

Conselheiros presentes a 50 reuniões ou mais,
por categoria, 1977 a 2002 (continuação)

Categoria/ Agentes	Nº de reuniões	Média por Agente/Categoria
Representantes do capital	1.283	85.5
1 Aluísio B. de Oliveira (FIEMG)	135	
2 João Carlos de Melo (IBRAM)	123	
3 Geraldo Ratton Mascarenhas (DNPM	102	
4 Valter Vilela Cunha (COPASA)	91	
5 José A. Barros Filho (ACM)	90	
6 Fídias de Miranda (ACM)	90	
7 Elias Michel Farah (ACM)	87	
8 Emanuel Martins (DNPM/IBRAM)	87	
9 Priscila de C. e Oliveira (SEITUR)	80	
10 José G. Borges (CDI)	79	
11 Edgard Duarte Filho (FIEMG)	74	
12 Shelley Carneiro (FIEMG	69	
13 José O. Benjamim (ACM)	69	
14 Carlos Alberto Oliveira (FAEMG)	56	
15 Francisco Xavier Maia (IMA/ SEAPA)	51	

Fonte: Atas das Câmaras Especializadas e do Plenário do COPAM.

Por fim, note-se a presença maciça na tecnoburocracia ambiental, com uma média de 164 reuniões por agente da categoria (uma presença determinante e ubíqua, já que se espalha pelo Plenário e por todas as Câmaras Especializadas).

O jogo da mitigação

Passemos, então, a considerar o outro elemento da autorrepresentação dos agentes do COPAM sobre o qual nos concentramos, isto é, a ideia de que o Conselho sempre teve uma "vocação" ao "diálogo pedagógico", visto como processo de aprendizado do "entendimento" entre agentes "responsáveis", capaz de levar à formação de consensos negociados entre interesses divergentes.

De fato, da análise das entrevistas realizadas e das atas das reuniões emerge o seguinte padrão, notável por sua recorrência: em seus primeiros anos de existência, um determinado fórum tem sua dinâmica marcada pelo surgimento de conflitos mais ásperos, notadamente entre "ambientalistas" e representantes de associações ou órgãos públicos que articulam interesses de frações do capital. Tais conflitos têm como objeto não apenas deliberações sobre casos específicos de licenciamento ou de infração às leis ambientais mas também questionamentos acerca da legitimidade de papéis, competências, formas de procedimento, composição do fórum etc. Entretanto, à medida que o tempo passa, esses conflitos vão se tornando mais suaves, e o escopo de seu objeto vai se reduzindo até assumirem a forma de disputas "jurídicas" – geralmente cordiais e conduzidas de acordo com um conjunto de rotinas e procedimentos institucionalizados – acerca do grau de rigor com que se deve aplicar a norma ambiental pertinente para determinado caso de licenciamento ou infração ambiental. Nessas disputas, os posicionamentos assumidos pelos agentes alinham-se ao longo de um *continuum* que tem, num de seus polos, os "ambientalistas" de variados matizes, os quais em geral defendem a aplicação mais rigorosa de exigências mitigatórias nos casos de licenciamento e multas mais altas para as infrações sob julgamento; no outro polo, postam-se os representantes de frações do capital, que geralmente pugnam pelo abrandamento das medidas mitigatórias e multas.

Assim, a leitura das atas mostra que, no Plenário, as clivagens e alinhamentos entre os agentes eram mais explícitos em seus primeiros anos de funcionamento. Além disso, o escopo do objeto das disputas era mais amplo: nesses tempos iniciais, quando o "barro" estava fresco, havia mais oportunidade para a dúvida, para o improviso e para a disputa em torno de princípios (que, posteriormente, se tornariam pressupostos).

Da mesma forma, na Câmara de Atividades Industriais, no período que vai de 1979 até meados dos anos de 1980, os conflitos acirrados serão a tônica. O alinhamento dos agentes e o conflito entre eles expressam-se de forma clara e reiterada quando a Câmara examina os casos de licenciamento e infrações mais importantes, que envolvem indústrias economicamente poderosas. Ainda no mesmo sentido, as atas da Câmara de Mineração e Bacias Hidrográficas mostram, até meados da década de 1980, agudos conflitos, entre "ambientalistas" e representantes do capital, que se desenvolviam em torno do direito de normatizar e controlar o uso dos recursos minerais: enquanto os "ambientalistas" lutavam para que esse direito tocasse ao COPAM, por meio da Câmara de Mineração e Bacias Hidrográficas, os representantes de frações do capital batiam-se para que a prerrogativa ficasse com o Departamento Nacional de Produção Mineral (DNPM).

Conflitos muito semelhantes aos que se verificavam na Câmara de Mineração e Bacias Hidrográficas emergem nos primeiros anos de existência da Câmara de Bacias Hidrográficas (CBH), criada em 1990. Aqui, tratava-se de disputas pelo direito de gestão das águas mineiras, disputas que opunham, de um lado, membros da tecnoburocracia ambiental, ocupantes de cargos de direção na FEAM, órgão executivo do COPAM, os quais, apoiados por ambientalistas, lutavam para que as atribuições principais na gestão dos usos das águas ficassem no âmbito da CBH e do COPAM; de outro, postavam-se representantes de empresas e órgãos públicos, como a Companhia Energética de Minas Gerais (CEMIG) e o Departamento de Recursos Hídricos do Estado de Minas Gerais (DRH), em torno dos quais se articulavam capitais que pretendiam que a gestão das águas como insumo produtivo ficasse por conta do DRH[16].

Por fim, mencionemos o caso da Câmara de Atividades Minerárias (CMI). Na primeira metade da década de 1990, o fórum foi palco de intensos conflitos[17] entre ambientalistas e representantes de órgãos que articulam interesses do capital minerário (DNPM, IBRAM etc.). Inconformada com certas decisões da Câmara (da qual participava), que considera coniventes com a degradação ambiental, a AMDA recorre ao Plenário e à Justiça contra a CMI, o que provoca dura reação dos representantes do capital minerário. Assim, nesse primeiro período de instabilidade, os conflitos são mais agudos, havendo inclusive desacordos sobre a legitimidade de princípios, procedimentos e resultados.

Em todos esses fóruns, observa-se, ao longo do tempo, o quase desaparecimento de conflitos desse tipo. Há uma forte tendência à resolução consensual dos "casos", com a aproximação das posições polares, notadamente entre representantes do capital e conservacionistas, principalmente os da AMDA. O jogo transforma-se numa monótona disputa técnica e "jurídica" sobre o grau de rigor a ser aplicado a cada caso. As atas tornam-se cada vez mais sucintas, registrando apenas o número de protocolo dos processos de licenciamento ou de auto de infração, o nome da empresa implicada e a decisão tomada, geralmente unânime. Repete-se, assim, em quase todos os fóruns, um mesmo padrão de desenvolvimento: após um período inicial, em que os conflitos são mais acirrados e as questões de princípio vêm à tona, assiste-se à rotinização progressiva dos procedimentos, à conversão de conflitos num funcionamento automatizado de uma sistemática de julgamento de casos.

Como explicar tal padrão? De início é preciso considerar que as barreiras de entrada e o próprio processo de oligarquização acima avaliados fazem crescer as possibilidades de estabilização e formação de consensos no campo, na medida em que reduzem a participação efetiva a uns poucos conselheiros que se perenizam no jogo, tornando-os mais conhecidos uns dos outros e mais reciprocamente confiáveis. Evidentemente, isso tudo contribui para a formação de rotinas de funcionamento que produzam resultados esperados.

---

[16] Esses conflitos fazem parte do processo que resultou na incorporação do DRH, outrora pertencente à Secretaria de Estado de Recursos Minerais, Hídricos e Energéticos, pela Secretaria de Estado do Meio Ambiente e Desenvolvimento Sustentável. Desnecessário é lembrar a importância fundamental assumida pelo controle dos usos capitalistas do enorme volume das águas mineiras, assim como o peso aí adquirido por uma empresa do porte e relevância estratégica da CEMIG. Para uma análise detalhada desse processo, ver CARNEIRO (2003).

[17] Vejam-se, por exemplo, as disputas que tiveram como objeto a punição da Extrativa Paraopeba por infrações e desastres ambientais (CARNEIRO, 2003, p. 295 ss.)

Além disso, vai se firmando no campo, como sua *doxa*, a visão de que a *compatibilização*, preconizada pela ideologia do desenvolvimento sustentável, entre "desenvolvimento econômico" e "preservação ambiental", pode ser obtida pela operação de um sistema de licenciamento, fiscalização e punição das atividades econômicas "potencialmente poluidoras". Grande parte dos conflitos "quentes" que animavam a vida dos fóruns do COPAM em seus primeiros anos advinha dos questionamentos apresentados por "ambientalistas" acerca da eficácia de tal sistema. Geralmente, tais "ambientalistas" alimentavam expectativas de que um conjunto mais amplo e complexo de atividades estatais passasse a pautar-se por "considerações ambientais".

Porém, por razões estruturais, o campo da "política ambiental" revela-se, desde sempre, subsumido aos imperativos econômicos e políticos mais gerais que determinam o uso das condições naturais como condições da acumulação de capital (seja durante a vigência do esforço de modernização recuperadora praticado em Minas Gerais, durante os anos de 1970, seja no período posterior, caracterizado pelo colapso desse esforço[18]). E as decisões estratégicas relativas à gestão política das condições naturais do território mineiro como condições da acumulação são tomadas em outros campos estatais, hierarquicamente superiores, restando ao campo da "política ambiental" cada vez mais o papel de apresentar "mitigações" e "condicionantes" a algumas atividades econômicas.

Além disso, é preciso considerar que os agentes do campo da "política ambiental", como os de qualquer outro campo, interessam-se pelos proveitos específicos gerados pelo desenvolvimento do campo. Por essa razão, tendem a atenuar suas divergências e fortalecer consensos quando se trata de defender a legitimidade do campo enquanto tal.

Nessa perspectiva, os agentes do campo da política ambiental terminam por promover o consenso de que a dinâmica do jogo que nele se joga deve estar limitada, por um lado, pelo cuidado em não obstacularizar os interesses da acumulação e, de outro lado, pela necessidade, para a própria sobrevivência do campo e dos proveitos que ele oferece a seus agentes, de obter "mitigações ambientais". É precisamente nesses termos que os agentes podem se legitimar apresentando, à sociedade e a si mesmos, uma imagem do campo da "política ambiental" como um jogo sério e responsável, no qual os cuidados com a "defesa do meio ambiente" como um "bem público" não se curvam mecanicamente aos "interesses econômicos" mas também não os obstacularizam "irresponsavelmente".

Nesse sentido, os agentes do jogo da mitigação devem estar de acordo em excluir posicionamentos "radicais", que se oponham ao "desenvolvimento" mas

---

[18] Para uma análise pormenorizada da emergência e do desenvolvimento do campo da "política ambiental" em Minas Gerais, no contexto das relações entre o processo de modernização recuperadora mineiro e a institucionalização de campos estatais de gestão política das condições naturais, veja-se CARNEIRO (2003).

também em punir as violações mais acintosas das normas ambientais e, principalmente, aquelas que atentam contra o moral do campo.

Efeito particularmente notável desse processo é a aproximação de agentes que, no passado, assumiam posicionamentos bastante antagônicos. O caso mais ilustrativo é o da transformação das relações da AMDA com as grandes empresas dos setores mineral e siderúrgico.

O aprofundamento da globalização e a saturação dos mercados internacionais de *commodities* e bens intermediários intensificou a competição nesses setores. Os grandes produtores desses bens no Primeiro Mundo e as indústrias que deles dependem pressionam intensamente seus governos para que adotem medidas protecionistas de várias ordens. Dentre estas, emergem as chamadas "barreiras ecológicas", ou seja, sob o pretexto de equalizar as condições globais de competição – e, ironicamente, respondendo às pressões de ONGs ambientalistas –, os países ricos impõem a universalização dos padrões de mitigação ambiental por eles praticados. Tais padrões constituem-se, assim, em verdadeiras "barreiras comerciais não tarifárias" (BRAGA, 1997, p. 45), que possibilitam às grandes indústrias transnacionais a formação de mercados monopolizados e protegidos da concorrência "desleal" daqueles que não dispõem de capital e tecnologia para atender às exigências necessárias para a obtenção do "Selo Verde" ou do atestado de "processo limpo" assegurado pela norma ISO 14.000.

A generalização dessas "barreiras ecológicas" exerce profundo impacto sobre os mercados internacionais de bens intermediários. Assim, as empresas desses ramos, instaladas em Minas Gerais, veem-se cada vez mais na contingência de adotar instrumentos de "gestão ambiental" da produção com vistas à obtenção dos certificados de "boa conduta ambiental". Sem isso, tornar-se-iam alijadas dos mercados internacionais[19].

Esses fatos explicam a chamada "mudança de postura" das grandes empresas mineiras do setor minerossiderúrgico e de celulose ao longo dos anos de 1990. É claro que, ao arcarem com os custos da adoção das medidas mitigadoras necessárias à obtenção de "certificados ambientais" e à promoção de uma boa imagem perante a opinião pública, essas empresas passam a pressionar o COPAM, por meio dos conselheiros representantes do capital, para estender e efetivamente cobrar as mesmas medidas de seus concorrentes, no que encontram apoio dos "ambientalistas" presentes no Conselho. Evidentemente, os custos das medidas mitigadoras requeridas são proporcionalmente maiores quanto menor for o capital da empresa a ser enquadrada. Para os pequenos e médios empreendimentos, a universalização das exigências de enquadramento ambiental pode significar uma sentença de morte.

---

[19] Vale lembrar que as grandes empresas que produzem bens intermediários em Minas são bastante dependentes do mercado externo. Segundo Braga, em 1997, a USIMINAS exportava 25% de sua produção e a ACESITA, 18%"; a CENIBRA, em 1985, já exportava 72% e, em 1993, 90% de sua produção (BRAGA, 1997, p. 50).

Seja como for, a reorientação da atuação dos representantes do capital no COPAM fez-se acompanhar por uma notável aproximação entre estes e os "ambientalistas", principalmente os membros da AMDA. Nesse sentido, o fato mais significativo foi, sem dúvida, a criação, pela AMDA, da figura dos "sócios jurídicos", isto é, empresas que, estando em dia com suas "obrigações ambientais", contribuem financeiramente para a manutenção da entidade. Dentre esses sócios jurídicos, figuram empresas que, como evidencia a Tabela 3, até o início dos anos de 1990 frequentavam a "Lista Suja" da AMDA, isto é, o rol anual das empresas que, segundo a entidade, mais contribuem para a degradação ambiental em Minas Gerais. Todo ano, a lista é divulgada para a imprensa e exposta em *out-doors*.

Como se pode constatar, vários dos atuais sócios jurídicos da AMDA foram, no período de 1982 a 1991, considerados como os maiores poluidores do estado. De outra parte, formou-se, ao longo da década de 1990, uma aliança, outrora insuspeitada, entre a AMDA e as grandes empresas do setor mínero-siderúrgico que comandam a economia mineira.

TABELA 3

Atuais sócios jurídicos da AMDA e sua inclusão na *"Lista Suja"*

Empresa sócio jurídico	Ano de inclusão
ACESITA	1984, 1985, 1988 a 1990
ALCAN Alumínio do Brasil	1982 a 1987
Alcoa Alumínio	
Bunge Fertilizantes	
CENIBRA	1986 e 1987
Cia. Brasileira Metal. de Mineração (CBMM)	
Companhia Mineira de Metais (CMM)	1982, 1984, 1985 e 1992
Companhia Paraibuna de Metais	1982, 1984 a 1989, 1991
Companhia Siderúrgica Belgo-Mineira	1982, 1986 a 1988, 1990
Magnesita S. A.	
Mineração Rio Novo Ltda.	1982
Minerações Brasileiras Reunidas (MBR)	
Plantar S. A.	
Rio Paracatu Mineração	
Samarco Mineração	

Fonte: FEAM (1998, p. 214; 306-308) e www.amda.org.br.

Por essa aliança, a AMDA recebe financiamento para desenvolver-se institucionalmente e tornar-se uma entidade mais "propositiva", mais integrada e mais eficiente no jogo da mitigação a que se resume a "política ambiental". Em troca, as grandes empresas, tornadas sócios jurídicos, ganham o aval de credibilidade conferido pela associação com a AMDA e, juntas no campo, pressionam para que o Estado enquadre a todos nas exigências de mitigação dos "impactos ambientais", sob o argumento de que é justo equalizar as condições de concorrência.[20]

Conclusão

A despeito das especificidades de cada fórum, a análise precedente revela uma lógica de desenvolvimento mais geral, que atravessa todo o campo, cujos mecanismos essenciais cumpre sumarizar.

De um modo geral, em seus primeiros anos de existência, o campo se caracteriza por uma institucionalidade bastante rarefeita, carecendo de normas que regulem os processos de conversão de conflitos em decisões. Nessa etapa, o funcionamento do campo é ainda assistemático, os embates são mais ríspidos e, via de regra, o exame de "casos" não pode ser feito sem que se discutam "questões de princípio". Nessa medida, o espectro de resultados possíveis e prováveis não está bem delimitado.

Entretanto, falar da existência de um campo, mesmo que incipiente, é falar de um espaço de relações objetivas minimamente estruturado. Desde o início, o COPAM foi concebido como *locus* de processamento de conflitos sobre o uso das condições naturais que abrigaria basicamente três tipos de agentes: "ambientalistas", representantes do capital e membros da tecnoburocracia ambiental. Na autoimagem hagiográfica que se inscreve na *doxa* do campo, esses seriam, "evidentemente", os agentes "relevantes", credenciados a, por meio do "diálogo" e do "entendimento", realizar na prática a compatibilização entre "preservação ambiental" e "desenvolvimento", preconizada pela ideologia do desenvolvimento sustentável. Numa palavra, uma "política ambiental" "responsável" e "democrática" só poderia ser fruto da "interação pedagógica" entre "ambientalistas" e representantes do capital, sob a orientação de técnicos-dirigentes qualificados.

---

[20] Por essa razão, encontramos, reiteradamente, nos depoimentos de conservacionistas e de membros da tecnoburocracia ambiental, a afirmação de que "a era das grandes empresas está passando", isto é, com algumas exceções (como a CIA. VALE DO RIO DOCE e a USIMINAS), todas as grandes empresas de Minas já se puseram no caminho da chamada "incorporação da variável ambiental". De outra parte, para os pequenos empreendimentos, capitalistas ou de subsistência, a exigência dessa "incorporação" pesa como uma sentença de morte: "Existe ainda, de parte dos ambientalistas, grandes exigências, às vezes em patamares que são impraticáveis para pequenos empreendimentos, que levam à fusão de empreendimentos... no setor de caueiras, tecelagens, gusa. Os pequenos não conseguem atingir o padrão e vendem seus equipamentos. A tendência no setor de caueiras, por exemplo, é ter duas ou três empresas, o que rebate na formação de preços. Ou então, coisas que têm a ver com a própria sobrevivência. Por exemplo, um pequeno curtume, que curte três couros por dia, nunca vai ter condições de se adequar à legislação ambiental e vai ser eliminado. Assim como o pequeno garimpeiro, uma série de atividades que são muito impactantes do meio ambiente, mas que estão ligadas a uma economia de subsistência." (Entrevista, MARQUES, 2002)

Portanto, desde sempre, esses foram os pressupostos que balizaram o funcionamento do campo, mesmo em seus momentos iniciais. Não por acaso, nas ocasiões em que os conflitos entre agentes levavam-nos a impasses, evocava-se a "tradição" do "entendimento". A aceitação, mais ou menos tácita, desses pressupostos que cimentam a estrutura tripartite do campo demarca o espectro de posicionamentos possíveis e desejáveis para cada agente, de tal forma que, à medida que o campo se desenvolve institucionalmente – ampliando seu domínio sobre capitais estatais (órgãos públicos e suas atribuições, normas legais, recursos humanos, financeiros e administrativos) –, a interação entre os agentes, balizada pelos pressupostos descritos, conduz à formação de um sistema rotinizado de disputas técnico-jurídicas cujo alcance se restringe à definição do grau de rigor mitigatório a ser observado no julgamento de processos de licenciamento e de infração. Os posicionamentos alinham-se então ao longo de um *continuum* que vai do mínimo ao máximo rigor mitigatório legal e moralmente sustentável. A partir daí, posicionamentos ou demandas que se situem para além desses limites, ou que ponham em causa seus fundamentos dóxicos, veem-se de antemão excluídos do jogo, ou, quando nele se apresentam, tendem a ser sistematicamente rechaçados.

Em todos os fóruns, o funcionamento rotinizado desse sistema de mitigação impede sistematicamente o ingresso e o sucesso de agentes, concepções, valores e interesses externos ao campo e que não podem ser enquadrados nos termos do jogo. Quando muito, os excluídos (por exemplo, populações cujas formas de apropriação das condições naturais estejam sendo destruídas ou ameaçadas por empreendimentos capitalistas) verão suas demandas, ao serem processadas pelo funcionamento sistemático do campo da "política ambiental", transfiguradas e anuladas em seus componentes antidóxicos. Resta-lhes a estratégia de influenciar de algum modo o posicionamento dos conselheiros, para obter para si o "melhor resultado possível" de acordo com as regras do jogo do campo, estratégia que, exatamente por isso, acaba por promover o reconhecimento dos resultados e do campo como espaço legítimo em que os agentes "especialistas", após "democraticamente" considerar as demandas dos "leigos", decidem legitimamente o que *deve* ser feito.

Como vimos, o próprio funcionamento do campo assim estruturado conduz à aproximação progressiva entre os adversários-cúmplices, de forma a ampliar cada vez mais as possibilidades de consenso. Na verdade, essa aproximação mostra-se, no geral, objetivamente proveitosa para todos os agentes: por meio dela eles se legitimam mutuamente e, ao mesmo tempo, reforçam os limites do campo e, consequentemente, as barreiras à entrada de novos agentes. E, quanto mais o campo se desenvolve, maior se torna o *quantum* de capital específico – ou seja, de capacidade incorporada de domínio sobre as normas (técnicas e jurídicas, formais e informais) que regem o "jogo da mitigação" – domínio este que se faz necessário para ingressar e lutar com chances de sucesso nas disputas do campo.

Assim, não surpreende que haja uma forte tendência à "oligarquização" do exercício do poder no campo: os agentes pioneiros compram o ingresso com capitais que juntaram em outros campos (científico, acadêmico, político, econômico etc.); o domínio desses capitais prefigura e faculta o acesso ao tipo de capital específico que se desenvolve com o campo e que só nele pode ser obtido; de outra parte, como dissemos acima, o quantum mínimo desse capital necessário ao ingresso no jogo só faz aumentar com o desenvolvimento do campo; por conseguinte, os agentes mais antigos são sempre os que estão estruturalmente em condições de acumular mais capital específico e, logo, de permanecer por mais tempo no jogo e nele lograr maior êxito. Claro está que essa "lógica de acumulação" concentra o domínio do campo nas mãos de relativamente poucos "especialistas", ao contrário da autorrepresentação dóxica que cimenta o campo, para a qual ele é um "espaço democrático" de resolução técnico-política de "conflitos ambientais".

Com efeito, a tendência à oligarquização, sumariamente descrita para cada fórum, pode também ser apreendida, de forma clara, quando se agregam os dados sobre a participação dos agentes no COPAM como um todo. Esses dados demonstram, de forma eloquente, o que vimos chamando de "oligarquização" do campo da "política ambiental": apenas um número muito pequeno de agentes, dentre todos que passaram pelos vários fóruns, teve participação efetiva nos processos decisórios do sistema de mitigação "ambiental" que se construiu no estado, ao contrário da autoimagem hagiográfica de um conselho "aberto" e "democrático".

Anexo 1

Transformações na composição do plenário do COPAM – 1977/2002

DEC. 18.466/77	DEC. 19.986/79	DEC. 22.658/83	DEC. 26.516/87	DEC. 31.968/90	DEC. 39.490/98
SECT	SECT	SECT	SECT	SECTMA	SEMAD
Sec Adj SEAPA	Sec Adj SEAPA	Sec Adj SEAPA	Sec Adj SEAPA	Sec Adj SEAPA	Sec Adj SEAPA
Sec Adj SEICT	Sec Adj SEICT	Sec Adj SEICT	Sec Adj SEICT	Sec Adj SEICT	Sec Adj SEICT
Sec Adj SEPLAN	Sec Adj SEPLAN	Sec Adj SEPLAN	Sec Adj SEPLAN	Sec Adj SEPLAN	Sec Adj SEPLAN
Sec Adj SES	Sec Adj SES	Sec Adj SES	Sec Adj SES	Sec Adj SES	Sec Adj SES
Sec Adj SESP	Sec Adj SESP	Sec Adj SESP	EXCLUÍDO	EXTINTA	
SEMA	SEMA	SEMA	SEMA		
Com. M. Amb. ALMG	Com. M. Amb. ALMG	Com. M. Amb. ALMG	Com. M. Amb. ALMG	Com. M. Amb. ALMG	Com. M. Amb. ALMG
FIEMG	FIEMG	FIEMG	FIEMG	FIEMG	FIEMG
ACM	ACM	ACM	ACM	ACM	ACM
Ent conserv (01 repr.)	Ent conserv (01 repr.)	Ent conserv (01 repr.)	Ent conserv (02 repr.)	Ent conserv (02 repr.)	Ent conserv (03 repr.)
cientistas (04)	cientistas (04)	cientistas (04)	cientistas (03)	cientistas (03)	cientistas (03)
	COPASA	COPASA	COPASA	COPASA	EXCLUÍDA
	DNPM	DNPM	DNPM	DNPM	DNPM
		Sec Adj Est Educação	Sec Adj Est Educação	Sec Adj Est Educação	Sec Adj Est Educação
		Sec Adj SECT	EXCLUÍDO	EXCLUÍDO	EXCLUÍDA
		DAE	EXCLUÍDO		
		ABES/MG	ABES/MG	ABES/MG	EXCLUÍDA
		DNOS	DNOS	EXCLUÍDO	
			Sec Adj Est Minas Ener	Sec Adj Est Minas Ener	Sec Adj Est Minas Ener
			ABIO	ABIO	EXCLUÍDA
			CODEMAS (Estado)	CODEMAS (Estado)	CODEMAS (Estado)
			IEPHA	IEPHA	EXCLUÍDO
			IBDF	EXTINTO	
			PMMG	PMMG	PMMG
			Prog Geral de Just	Prog Geral de Just	Prog Geral de Just

EXCLUÍDO	IBAMA				
Sec Adj Est Cultura					
Sec Adj Transporte					
Ministério Meio Amb					
FAEMG					
FETAEMG					
IBRAM					
CODEMAS (não gov)					
Ent. prof lib m amb (2)					
ONG saneam rec hidr					
Total repr.: 30	Total repr.: 24	Total repr.: 26	Total repr.: 22	Total repr.: 17	Total repr.: 15

Fonte: Decretos Estaduais nº 18.466/77, 19.986/79, 22.658/83, 26.516/86, 31.968/90 e 39.490/98

ANEXO 2
Relação de siglas utilizadas

ABES – Associação Brasileira de Engenharia Sanitária e Ambiental
ABIO – Associação dos Biólogos de Minas Gerais
ACM – Associação Comercial de Minas Gerais
AMDA – Associação Mineira de Defesa do Ambiente
CCN – Centro para a Conservação da Natureza em Minas Gerais
CDI – Companhia de Distritos Industriais
CEMIG- Companhia Energética de Minas Gerais
COPASA – Companhia de Saneamento do Estado de Minas Gerais
DNOS – Departamento Nacional de Obras de Saneamento
DNPM – Departamento Nacional de Produção Mineral
FAEMG – Federação da Agricultura do Estado de Minas Gerais
FIEMG – Federação das Indústrias do Estado de Minas Gerais
IAB – Instituto de Arquitetos do Brasil
IBAMA – Instituto Brasileiro do Meio Ambiente e dos Recursos Naturais Renováveis
IBRAM – Instituto Brasileiro de Mineração
IMA – Instituto Mineiro de Agropecuária
METAMIG – Metais de Minas Gerais S. A.
SEAPA – Secretaria de Estado da Agricultura, Pecuária e Abastecimento
SEICTUR – Secretaria de Estado da Indústria, Comércio e Turismo
SEME – Secretaria de Estado de Minas e Energia

Referências

ACSELRAD, H. *et al. Cidadania e justiça ambiental.* São Paulo: FASE, 2004.

BARBIERI, J. C. *Desenvolvimento e meio ambiente: as estratégias de mudanças da agenda 21.* Petrópolis: Vozes, 1997.

BOURDIEU, P. *O poder simbólico.* Lisboa: DIFEL, 1989.

BOURDIEU, P. *Coisas ditas.* São Paulo: Brasiliense, 1990.

BRAGA, T. M. Meio ambiente e grandes empresas: otimismo do discurso, pessimismo da ação. In: *Seminário sobre Economia Mineira.* Belo Horizonte: UFMG/CEDEPLAR, 1997.

CARNEIRO, E. J. *O movimento ecológico de Belo Horizonte.* Dissertação (Mestrado em Sociologia). Belo Horizonte: Faculdade de Filosofia e Ciências Humanas – Fafich/UFMG, 1990.

CARNEIRO, E. J. *Modernização recuperadora e o campo da política ambiental em Minas Gerais.* Tese (Doutorado em Sociologia). Belo Horizonte: Faculdade de Filosofia e Ciências Humanas – – Fafich/UFMG, 2003.

CASTORIADIS, C. Reflexões sobre o desenvolvimento e a racionalidade. In: *Revolução e autonomia: um perfil de Cornelius Castoriadis.* Belo Horizonte: COPEC, p. 117-147, 1981.

CASTORIDADIS, C.; COHN-BENDIT, D. *Da ecologia à autonomia.* São Paulo: Brasiliense, 1981.

DUPUY, J. P. *Introdução à crítica da ecologia política.* Rio de Janeiro: Civilização Brasileira, 1980.

ESTEVA, G. Desenvolvimento. In: SACHS, W. (Ed.). *Dicionário do desenvolvimento: guia para o conhecimento como poder.* Petrópolis: Vozes, p. 59-81, 2000.

FEAM. *A questão ambiental em Minas Gerais: discurso e política.* Belo Horizonte: Fundação Estadual do Meio Ambiente. Secretaria de Estado de Meio Ambiente e Desenvolvimento Sustentável; Centro de Estudos Históricos e Culturais. Fundação João Pinheiro, 1998.

FOLADORI, G. *Limites do desenvolvimento sustentável.* Campinas: Editora da UNICAMP, 2001.

GORZ, A. *Ecologie et politique.* Paris: Seuil, 1978.

ILLICH. I. *La convivialité.* Paris: Seuil, 1973.

KIRKBY, J. *et al.* Sustainable Development: An Introduction. In: KIRKBY, J. *et al.* (Ed.). *The Earthscan Reader in Sustainable Development.* Londres: Earthscan Publications, p. 1-16, 1995.

KURZ, R. *Os últimos combates.* Petrópolis: Vozes, 1997.

MARTÍNEZ-ALIER, J. Justiça ambiental (local e global). In: CAVALCANTI, C. (org.). *Desenvolvimento sustentável e políticas públicas.* São Paulo: Cortez; Recife: Fundação Joaquim Nabuco, p. 215-231, 1999.

O'CONNOR, J. Capitalism, Nature, Socialism: A Theoretical Introduction. In: *CNS,* 1, Fall, p. 11-23, 1988.

O'CONNOR, J. Theoretical Notes: On the Two Contradictions of Capitalism. In: *CNS*, 2, 3, p. 107-108, outubro 1991.

PINTO, L. *Pierre Bourdieu e a teoria do mundo social*. Trad. Luiz Alberto Monjardim. Rio de Janeiro: Editora FGV, 2000.

SACHS, W. (Ed.). *Dicionário do desenvolvimento: guia para o conhecimento como poder*. Petrópolis: Vozes, 2000.

ZHOURI, A. L. M. Ambientalismo e antropologia: descentrando a categoria de movimentos sociais. In: *Teoria e Sociedade*, UFMG, n. 8, jul./dez. 2001, p. 10-29.

Entrevistas citadas

ANDRÉS RIBEIRO, Maurício. (Arquiteto). Fundação Estadual do Meio Ambiente (FEAM).

BRITO, Octávio Elísio Alves de. (Geólogo). Banco do Desenvolvimento do Estado de Minas Gerais (BDMG).

JUNQUEIRA RIBEIRO, José Cláudio. (Engenheiro Sanitarista) Fundação Estadual do Meio Ambiente (FEAM).

MARQUES, Yara Landre. (Arquiteta). Instituto dos Arquitetos do Brasil (IAB).

UMA SOCIOLOGIA DO LICENCIAMENTO AMBIENTAL: O CASO DAS HIDRELÉTRICAS EM MINAS GERAIS

....

Andréa Zhouri
Klemens Laschefski
Angela Paiva

A construção de barragens hidrelétricas, grandes obras por excelência, requer a ocupação de amplas extensões territoriais, na maioria das vezes em detrimento de segmentos sociais vulneráveis, tais como populações ribeirinhas e comunidades étnicas (WCD, 2000; ZHOURI e OLIVEIRA, neste volume). Em função de uma visão hegemônica de "desenvolvimento e progresso", que tem orientado o processo de modernização do País e sua inserção no processo contemporâneo de globalização econômica, comunidades rurais são destituídas do meio ambiente que, por gerações, como bem material e simbólico, vem assegurando a manutenção e a reprodução de seus modos de vida. Nessa medida, a construção de barragens tem sido geradora de injustiças ambientais, uma vez que os custos dos impactos socioambientais recaem sobre as comunidades atingidas, sem que elas sejam, de fato, consideradas sujeitos ativos no processo de decisão acerca dos significados, destinos e usos dos recursos naturais ali existentes (VAINER, 2004; ROTHMAN, 2001; SIGAUD, 1986; SIGAUD *et al.*, 1987)[1]. E esse processo decisório se dá, primordialmente, por meio do licenciamento ambiental, objeto de análise deste capítulo.

Já nas décadas de 1970 e de 1980 do século XX, o debate sobre os problemas causados por grandes obras preparou o terreno para a instituição do licenciamento ambiental como um dos principais instrumentos da Política Nacional de Meio Ambiente.[2] O processo de licenciamento não somente deveria garantir o cumprimento

---

[1] No Brasil, as barragens já desalojaram mais de um milhão de pessoas ao inundarem 3,4 milhões de hectares de florestas e terras produtivas. Sobre a noção de justiça ambiental, consultar MARTINEZ-ALIER (1999; 2001) e ACSERALD *et al.* (2004), além da discussão em ZHOURI e OLIVEIRA, neste volume.

[2] A Constituição Federal exige o prévio licenciamento ambiental para a instalação de atividades efetiva ou potencialmente degradadoras dos recursos ambientais, de acordo com o artigo 225 § 1º, IV. A

da legislação e das normas em vigor como também possibilitar a participação da sociedade civil[3] nas decisões, sobretudo por meio da Audiência Pública obrigatória. Portanto, é importante destacar, de início, que a instituição do licenciamento, mesmo longe de ser satisfatória sob o prisma de um paradigma da sustentabilidade, como se discutirá a seguir, representou um passo histórico significativo e de extrema necessidade no que diz respeito à possibilidade de prevenção e de reparação dos impactos sociais e ambientais decorrentes do chamado desenvolvimento.

Entretanto, é igualmente necessário mencionar que, desde o final da década de 1990, o processo de licenciamento ambiental, especialmente no que concerne às barragens hidrelétricas no Brasil, vem sofrendo sistemática campanha negativa por parte do Setor Elétrico.[4] Tal campanha foi acirrada com a crise energética de 2001, sobretudo a partir da publicação da Medida Provisória n° 2.147, de 15 de maio 2001, que estabeleceu o prazo de seis meses para o licenciamento ambiental de diversos empreendimentos, entre eles, o de usinas hidrelétricas (ZHOURI e LASCHEFSKI, 2001). Recentemente, o tema vem ganhando crescente visibilidade nos órgãos de comunicação,[5] com um debate marcado por posicionamentos antagônicos, em que um dos lados denuncia o licenciamento como um "entrave" ao desenvolvimento do País, e o outro o defende como instrumento de avaliação ambiental[6].

Lei Federal n° 6.938, de 31 de agosto de 1981, dispõe sobre a Política Nacional do Meio Ambiente e enumera, dentre os instrumentos da política ambiental, a avaliação de impactos ambientais, o licenciamento e a revisão de atividades efetiva ou potencialmente poluidoras (artigo 9°, inciso III e IV). Já o decreto 99.274, de 06 de junho de 1990, regulamentou a Lei 6.938/81. Os artigos 17 a 22 explicam o procedimento para o licenciamento ambiental. Finalmente, o CONAMA editou algumas Resoluções fixando as regras do licenciamento ambiental, sendo as principais as de n° 001, de 23 de janeiro de 1986, e n° 237, de 19 de dezembro de 1997.

[3] Entendida em sentido estrito como segmentos outros que não o Mercado e o Estado. Para uma discussão sintética sobre os marcos histórico-conceituais, as diferentes vertentes e o debate atual sobre sociedade civil, consultar COSTA (2002).

[4] Estamos considerando como Setor Elétrico aquele composto por empresas privadas e estatais envolvidas no processo de geração, transmissão, distribuição e comercialização de energia, bem como as empresas de consultoria ambiental que elaboram os Estudos de Impacto Ambiental para a construção de empreendimentos hidrelétricos e linhas de transmissão, além do setor da construção civil correspondente.

[5] Ver, por exemplo, "MME prepara leilão de 17 usinas hidrelétricas até o fim do ano". In: Gazeta Mercantil, 12/05/2004; "Ministérios buscam resolver conflitos sobre licenciamento ambiental". In: Agência Brasil, 25/07/2004; "MMA promoverá encontro latino-americano sobre licenciamento". In: Ascom/MMA, 01/08/2004; "Licença ambiental emperra construção de novas usinas". In: DCI, Seção: Indústria 26/07/2004; "Atraso na construção de hidrelétricas causa preocupação" e "Questão Ambiental deixa os investidores irritados". In: Valor Econômico, 22/12/2004, entre outros.

[6] Segundo a *Folha Online*, em 04/08/2004, a ministra de Minas e Energia, Dilma Rousseff, afirmou que "haverá risco de falta de energia caso não sejam resolvidos os problemas de licenciamento ambiental para as usinas hidrelétricas cuja produção vai garantir o crescimento do consumo no país" (grifos acrescidos). Ainda segundo o artigo, o diretor da Associação Brasileira das Organizações Não Governamentais, José Antonio Moroni, afirma que "a questão ambiental não deveria ser vista como um empecilho para o desenvolvimento do país e se diz preocupado com a posição da ministra" (http://www1.folha.uol.com.br/folha/dinheiro/ult91u87452.shtml). Em artigo publicado pelo DCI:

Diante desse quadro e com base nas experiências vividas, na área de pesquisa e extensão, pelo Grupo de Estudos em Temáticas Ambientais da Universidade Federal de Minas Gerais (GESTA/UFMG), os autores buscam, neste capítulo, refletir sobre o processo de licenciamento ambiental como instrumento de avaliação da viabilidade socioambiental de empreendimentos hidrelétricos, assim também como espaço democrático de participação da população atingida nas decisões que afetarão suas vidas de forma definitiva. A análise empírica se concentrará em casos de empreendimentos existentes no estado de Minas Gerais.

Com efeito, em Minas Gerais, encontram-se três das sete bacias hidrográficas do País, sendo o estado, por isso, considerado, pelo setor elétrico, a caixa d'água do Brasil. Em decorrência desse fato, Minas é hoje um dos estados com maior número de projetos de barragens construídas e em construção[7]. Por isso, a análise do processo de licenciamento ambiental realizado aqui pode oferecer interessantes *insights* para se compreender o licenciamento ambiental de barragens que é feito pelo País afora. Como ponto de partida, iniciaremos a reflexão pela configuração institucional do sistema de política ambiental mineiro, o qual integra o Sistema Nacional do Meio Ambiente (SISNAMA).

O sistema de política ambiental em Minas Gerais

COPAM-FEAM

O licenciamento ambiental tem natureza de procedimento administrativo e é uma exigência legal do Estado em relação a atividades causadoras ou potencialmente causadoras de impactos ambientais.

Em Minas Gerais, o sistema ambiental é composto pelos órgãos que dão subsídio técnico-executivo ao Conselho de Política Ambiental (COPAM), a saber: a Fundação Estadual de Meio Ambiente (FEAM), o Instituto Mineiro de Gestão das Águas (IGAM) e o Instituto Estadual de Florestas (IEF). Esses órgãos integram o Sistema Nacional do Meio Ambiente (SISNAMA), estando vinculados à Secretaria de Estado do Meio Ambiente e Desenvolvimento Sustentável (SEMAD). O COPAM[8], cujas atribuições têm sido as de formulação e execução da política

---

Seção Indústria, de 26/07/2004, o diretor da Associação Brasileira dos Grandes Consumidores de Energia, Paulo Ludmer, afirma que "De uma forma geral, todos os grandes projetos de geração de energia estão enfrentando entraves ambientais". Os servidores do IBAMA defendem o licenciamento em documento intitulado: "A Verdade sobre o Licenciamento Ambiental Federal", assinado pela Associação dos Servidores do IBAMA-DF, em 21 de setembro de 2004.

[7] De acordo com dados fornecidos pela Fundação Estadual do Meio Ambiente (FEAM), em dezembro de 2004, havia 112 projetos de Pequenas Centrais Hidrelétricas (PCHs) e 22 projetos de Usinas Hidrelétricas (UHEs) em avaliação pelo órgão ambiental.

[8] O Conselho Estadual de Política Ambiental foi criado em 1977, como Comissão de Política Ambiental. Para um acompanhamento mais detalhado das várias etapas de configuração da estrutura institucional da política ambiental em Minas, consultar (FEAM, 1998). Uma análise crítica sobre a

ambiental em Minas, integra a estrutura da SEMAD desde a criação desta em 1995 (Lei n° 11.903). O Conselho é responsável pela formulação de normas técnicas e padrões de qualidade ambiental, pela autorização para implantação e operação de atividades poluidoras ou potencialmente poluidoras e pela aprovação das normas e diretrizes para o Sistema Estadual de Licenciamento Ambiental.

O COPAM é formado atualmente pelo Plenário, pela Câmara de Política Ambiental (CPA) e por seis câmaras técnicas.[9] Cabe à CPA definir diretrizes e normas deliberativas de política ambiental em Minas Gerais. O Plenário, integrado por 34 conselheiros, é composto por representantes das seis câmaras técnicas e da Câmara de Política Ambiental. Uma de suas atribuições é a resolução de processos instaurados em função de recursos interpostos contra as decisões proferidas pelas câmaras.

As câmaras técnicas são responsáveis pelo conhecimento setorial e pela formulação de parâmetros e normas relativas a cada área, pela decisão quanto à concessão do licenciamento, bem como pela penalização em razão do descumprimento da legislação ambiental. Cada câmara é composta por seis conselheiros, que representam entidades governamentais, não governamentais e "sociedade civil". Essa configuração lhes atribui caráter paritário de representação[10], sendo a presidência de cada uma delas exercida por um de seus membros, que é eleito pelos demais conselheiros. Cabe às câmaras, de acordo com a especificidade dos temas tratados, a decisão sobre a concessão da licença ambiental.[11]

Como essa análise se concentra no processo de licenciamento de projetos de infraestrutura, qual seja a construção de barragens para produção de energia hidrelétrica, nossa atenção estará voltada para a Câmara de Infraestrutura (CIF). Esta câmara foi criada em 1998 (Decreto Estadual 34.490), sendo de sua competência o licenciamento de projetos de estradas de rodagem, hidrelétricas, termelétricas, aeroportos, entre outros. A FEAM[12] é o órgão responsável pelo apoio executivo que viabiliza a operacionalização administrativa, bem como pelos pareceres técnicos que subsidiam as decisões políticas que se dão no âmbito da CIF-COPAM[13].

---

oligarquização da política ambiental em Minas, sobretudo por intermédio do COPAM, encontra-se em CARNEIRO (2003 e neste volume).

[9] São elas: Câmara de Atividades Industriais (CID); Câmara de Atividades Minerárias (CMI); Câmara de Atividades de Infraestrutura (CIF); Câmara de Proteção à Biodiversidade (CPB); Câmara de Atividades Agrossilvopastoris (CAP); Câmara de Recursos Hídricos (CRH).

[10] Uma análise crítica sobre esse aspecto, entre outros, será feita nos próximos itens.

[11] Exceto a Câmara de Proteção à Biodiversidade, que é apenas consultiva, não sendo de sua competência deliberar sobre concessão de licença ambiental.

[12] A Lei 9.525/87 autoriza a instituição da FEAM e sua criação se dá a partir do Decreto 28.163/88 (FEAM, 1998).

[13] Cabe à FEAM a tarefa de secretaria executiva e apoio técnico ao COPAM no que se refere às câmaras de Infraestrutura (CIF), Atividades Industriais (CID) e Atividades Minerárias (CMI). As câmaras de Proteção à Biodiversidade (CPB) e Atividades Agrossilvopastoris (CAP) têm o IEF como órgão de

Certo é que projetos de infraestrutura somente serão implementados mediante a concessão de uma licença ambiental pelo órgão deliberativo estadual, o COPAM[14]. Em sua decisão, o COPAM deve utilizar como referência parecer da FEAM, do qual constarão os aspectos e argumentos técnicos que corroboram o deferimento ou o indeferimento desses projetos[15]. De acordo com o regulamento, o posicionamento técnico da FEAM se dá a partir da análise e da avaliação dos Estudos de Impacto Ambiental e do Relatório de Impacto Ambiental (EIA/RIMA), apresentados pelo empreendedor como exigência prévia para a avaliação da viabilidade ambiental do projeto proposto, bem como das informações fornecidas pelas comunidades locais durante a Audiência Pública.

O PROCESSO DE LICENCIAMENTO AMBIENTAL

Até que um empreendimento se inicie, ele deverá passar por três fases de licença ambiental. São elas: Licença Prévia (LP), Licença de Instalação (LI) e Licença de Operação (LO). A primeira licença – a LP – deverá ser avaliada na fase preliminar do empreendimento. Nessa etapa, o empreendedor apresentará os Estudos de Impacto Ambiental e seu respectivo Relatório de Impacto Ambiental (EIA/RIMA)[16]. Com base nesses estudos, será feita a análise técnica de viabilidade ambiental da obra, pela FEAM. Caso seja concedida a LP, o empreendedor deverá apresentar, na fase seguinte, o Plano de Controle Ambiental (PCA)[17], a partir do qual será avaliada e julgada a concessão da LI, que permite o início da instalação da obra. Por fim, depois de cumpridas todas as condicionantes das etapas anteriores, a LO será concedida, autorizando o início do funcionamento do empreendimento[18].

---

apoio técnico e executivo. Cabe ao IGAM a tarefa de secretariar a Câmara de Recursos Hídricos no que se refere à instrução de processo de outorga do direito de uso das águas. A Câmara de Política Ambiental é secretariada pela SEMAD. (www.feam.gov).

[14] A exigência de licenciamento para o setor de infraestrutura se dá a partir da Resolução CONAMA 001/86.

[15] De acordo com a abrangência territorial dos impactos ambientais de uma dada atividade, sua licença poderá ser avaliada no âmbito federal, estadual ou municipal. O licenciamento compete ao IBAMA quando o impacto é de âmbito nacional ou afeta mais de um estado; aos órgãos do estado compete o licenciamento de atividades cujo impacto abranja mais de um município ou se localizem em unidades de conservação estadual e em formação vegetal de preservação permanente; é de competência dos órgãos municipais quando o impacto se restringe ao território de apenas um município (www.feam.gov).

[16] Sobre as bases legais, as diretrizes formais e o conteúdo dos EIA/RIMAs, ver Milaré (2002) e Sobral e Charles (2002).

[17] O Plano de Controle Ambiental constitui documento por meio do qual o empreendedor apresenta à FEAM as propostas de medidas minimizadoras dos impactos ambientais identificados no EIA/RIMA, bem como aquelas estabelecidas pela câmara técnica do COPAM quando da concessão da LP.

[18] Vale destacar que tem sido prática recorrente do órgão deliberativo postergar a resolução de pendências socioambientais para as fases seguintes de licença. Por conseguinte, em geral, o processo de licenciamento ambiental chega à sua fase final sem que tais pendências sejam, de fato, consideradas. Este aspecto será tratado nos itens que se seguem.

Todo esse processo, no entanto, é marcado por conflitos que sublinham, no "campo da política ambiental"[19], uma luta incessante pela apropriação da natureza. Nesse campo, materializado pelo processo de licenciamento, sobretudo em sua instância decisória – o COPAM, encontram-se em posições distintas e assimétricas os órgãos ambientais, empreendedores, ONGs, movimentos sociais e, finalmente, as comunidades atingidas. Por isso é que a análise empírica das lutas e dilemas travados no campo da política ambiental torna-se pertinente e relevante, uma vez que, se, de um lado, o COPAM se apresenta como espaço mediador de conflitos, por meio de leis e normas deliberativas, de outro, o que se observa, na prática, são implicações políticas e consequências socioambientais negativas decorrentes das dinâmicas aí verificadas.

O que discutiremos, então, a seguir, são justamente os problemas estruturais e procedimentais do licenciamento ambiental que resultam no controle territorial por uma pequena elite econômica e política da sociedade, em detrimento de uma diversidade de formas de se conceber e utilizar o meio ambiente, representadas por segmentos sociais distintos e não hegemônicos.

Problemas político-estruturais do licenciamento

O COPAM COMO "CAMPO AMBIENTAL" HIERARQUIZADO

Como já foi dito, em Minas Gerais, o COPAM é a instância institucional em que são tomadas as decisões acerca do modo como se deve dar a apropriação do meio ambiente pelos empreendimentos legalmente obrigados a obter uma licença ambiental no âmbito estadual. Em consequência, é por meio de sua dinâmica que podemos apreender as assimetrias sociopolíticas, econômicas e culturais que marcam o processo de licenciamento ambiental. O Conselho revela-se, então, como um espaço institucional no qual as posições socialmente definidas são marcadas por relações de poder.

Mas, ao contrário dessa leitura, o COPAM tem sido considerado, em geral, um espaço "democrático" e "participativo", na medida em que se configuraria como instância de negociações e de estabelecimento de pactos entre concepções e interesses distintos acerca da apropriação dos recursos naturais. Starling (2001) parece compartilhar dessa visão. Para a autora, um dos aspectos mais significativos das formulações regimentais do COPAM é a paridade de representação dos setores governamental, não governamental e da sociedade civil na composição do Plenário e das câmaras técnicas a partir de 1998[20]. Nesse formato, o COPAM representaria o lugar de "negociação" entre governo, empresários e sociedade, tratando-se, nessa medida, de um espaço público, por se configurar como uma

---

[19] O conceito de "campo" - de forças ou de lutas - desenvolvido por BOURDIEU (1993[1972]) inspira esta reflexão, assim como os apontamentos em ZHOURI (2001) e MILTON (1996) para o "campo ambiental". Uma análise do campo ambiental mineiro, nos mesmos moldes, encontra-se em CARNEIRO (2003 e neste volume).

[20] A paridade na composição do COPAM foi instituída em 1998, por meio do Decreto Nº 39.490.

instância de debate e de negociação de conflitos entre os distintos "interesses" aí protagonizados. Sendo assim,

> [...] constitui fóruns apropriados para a tomada de decisões resultantes da audiência às partes em confronto por meio do estabelecimento de uma dinâmica de interação entre os atores, caracterizada por uma ampla transparência, procedimentos participativos, publicidade e fidedignidade das informações (STARLING, 2001, p. 133).

Nessa perspectiva, o COPAM é compreendido como o espaço de construção de um consenso entre os distintos atores e segmentos sociais envolvidos no conflito socioambiental. Ora, a ideia da construção de um consenso em torno da apropriação da natureza não é específica do COPAM e das análises acerca deste, pois demarca hoje, de uma maneira geral, o solo do debate ambiental em nível mundial (ZHOURI, 2004). Ocorre, entretanto, que, ao contrário do que prescreve essa concepção hegemônica, a "crise ambiental" não é simplesmente uma realidade objetiva e objetivamente diagnosticável pela ciência moderna, porque se apresenta inscrita na sociedade como processos socialmente construídos (ACELRAD, 2004). O debate ambiental contemporâneo apresenta uma tendência a negligenciar as relações de poder que sublinham os conflitos em torno da significação e da apropriação do meio ambiente.

De fato, Carneiro (2003) concluiu, ao analisar o espaço institucional de decisões políticas em Minas Gerais, que as relações de poder no COPAM são altamente hierarquizadas. Em contraposição ao discurso que modela o COPAM quanto a ser um espaço democrático e representativo, o autor observou um processo de "oligarquização" do poder deliberativo e de "juridificação" do "campo ambiental mineiro". A oligarquização se dá, entre outros aspectos e estratégias, por meio do controle do ingresso de novos membros e pela concentração do poder decisório nas mãos de uma minoria, ressaltando que aquele ingresso exige um "capital específico", definido e imposto pelo próprio campo ambiental[21]. Tal capital, por sua vez, é caracterizado pela formação e pela reputação acadêmico-científica ou tecnológica dos agentes, pela "representatividade" de determinado segmento da sociedade e, finalmente, pelas relações pessoais. Nesse sentido, um sistemático acompanhamento das posições e cargos ocupados por uma pequena parcela de atores que, ora circulam em cargos públicos decisórios, ora posicionam-se como empreendedores ou como consultores do meio ambiente, acaba por evidenciar um dos mecanismos pelo qual se dá o processo de perpetuação de uma visão dominante acerca dos recursos naturais.[22] Esse livre e vicioso trânsito revela que há não

---

[21] Ver CARNEIRO, neste volume. Assim, não é algo raro a presença de conselheiros no COPAM, que desempenham o mesmo papel há mais de uma década.

[22] A título de exemplo, podemos citar o caso do Secretário da SEMAD, na gestão 1998-2002, que, egresso de uma carreira como executivo do setor minerário, tornou-se diretor do consórcio de empresas construtoras das hidrelétricas de Capim Branco 1 e 2, no Triângulo Mineiro, tão logo findo seu mandato à frente da Secretaria. Ou ainda, no mesmo período, o caso do ex-presidente do

apenas as assimetrias existentes entre os distintos atores e segmentos sociais mas que se trata, sobretudo, de um processo estrutural perverso. Ou seja, as decisões deliberativas são centralizadas e controladas por um pequeno grupo de agentes do campo ambiental.

A partir desse quadro e sob a égide da representatividade e da imparcialidade conferida em tese pelos procedimentos formais, conselheiros do COPAM podem, sem qualquer constrangimento e a propósito de uma suposta defesa do interesse público, assumir pessoal e publicamente a representação de interesses parcelares. Esse é o caso, por exemplo, do representante, na CIF, da Companhia Energética de Minas Gerais (CEMIG), empresa estatal do Setor Elétrico que atua como empreendedora da UHE-Irapé, entre outros[23]:

> Eu queria me apresentar claramente pro grupo que tá aí [comunidade local atingida e ambientalistas]. Meu nome é Luis Augusto, *eu sou da CEMIG* e, até por uma questão de convicção pessoal e até por causa da carreira que eu fiz na CEMIG, *eu sou um defensor de usina hidrelétrica. Sempre fui* [...] Eu, como sou um defensor das grandes usinas hidrelétricas, quanto mais das pequenas [...]. (Conselheiro da CIF/COPAM, em reunião de 22/10/01, para concessão de LP para a PCH-Aiuruoca. Grifos acrescidos).

Essa declaração explícita e pública de uma posição definida *a priori* coloca em dúvida a possibilidade de uma avaliação puramente técnica e jurídica dos impactos socioambientais dos projetos e, por conseguinte, das condições de sustentabilidade ambiental das obras.

O jogo político de interesses ocorre no âmbito de um paradigma de adequação destinado a viabilizar o projeto técnico, incorporando-lhe algumas "externalidades" ambientais e sociais na forma de medidas mitigadoras e compensatórias, desde que essas, obviamente, não inviabilizem o projeto do ponto de vista econômico--orçamentário. Dessa forma, o processo de "oligarquização do campo ambiental" evidencia uma dominação do espaço da tomada de decisões por uma visão hegemônica do que sejam as possibilidades de "uso" dos recursos naturais a partir da lógica de mercado, qual seja, produção/consumo incessantes. É assim que o

---

IGAM, que, ao final do mandato, acumulava também o cargo de presidente da FEAM, assumindo, logo após, a diretoria do consórcio construtor da barragem de Aimorés. Vale mencionar que tanto o secretário da SEMAD quanto o presidente da FEAM tiveram inúmeros contatos, à época de seus mandatos, com os processos de licenciamento de barragens em Minas, sobretudo no enfrentamento da forte resistência por parte dos atingidos, como no caso da UHE-Irapé, além das outras já citadas.

[23] O empreendimento UHE-Irapé, no Vale de Jequitinhonha, obteve concessão da LI, não obstante os sérios problemas e pendências socioambientais. Esse empreendimento foi aprovado com 47 condicionantes que não foram cumpridos pelo empreendedor, a CEMIG, ao longo dos 15 anos durante os quais se arrasta o processo. Em 2002, foi assinado um "Termo de Compromisso" junto ao COPAM e ao Ministério Público Federal, na tentativa de se resolver as pendências, entre elas o reassentamento de mais de 1200 famílias (5000 atingidos) para as quais não foram disponibilizadas terras apropriadas para esse fim, mesmo diante do cronograma que previa o enchimento do reservatório para novembro de 2004.

processo de licenciamento ambiental, no âmbito das câmaras do COPAM, considerado transparente, participativo e imparcial, torna-se, na prática, um mecanismo por meio do qual os projetos em julgamento são viabilizados.

Nesse contexto, como aponta Carneiro (2003), o poder simbólico exercido pela juridificação do Estado não se restringe apenas à imposição da visão hegemônica de mundo por meio de leis e normas deliberativas, mas, sobretudo, revela-se como poder de efetiva intervenção no mundo. No campo da política ambiental, essa intervenção se expressa por meio da implementação de determinadas políticas e leis ambientais por meio das quais as diversidades socioculturais são anuladas em função de uma visão parcelar, legitimada pela "cientificização" e "juridificação" dessas políticas e imposta com o propósito de representação do bem comum. Subjacente a essa intervenção, ancora-se uma contradição ainda mais profunda entre a sustentabilidade do capitalismo – que toma o meio ambiente como um fluxo homogêneo de matérias-primas e energias para a acumulação – e as sustentabilidades das formas de reprodução material e simbólica não capitalistas – que tomam os meios ambientes como sistemas específicos, singulares, diferenciados, e, portanto, insubstituíveis.

Na realidade, as premissas da participação e da negociação, ponto central na visão que defende o COPAM como espaço democrático, elidem as tensões que perfazem os processos políticos em curso na nossa sociedade. Dagnino (2000) aponta a armadilha que um discurso democrático vazio de reflexão crítica representa para a consolidação da democracia no País. A autora chama a atenção para as ações que se restringem ao cumprimento dos procedimentos formais, sem, contudo, representarem, de fato, uma prática democrática. Assim é que, no que se refere às normas formais, a configuração do COPAM pode ser tida como um avanço democrático, pois parte do princípio da representatividade e da paridade e prevê a "participação" da sociedade civil no debate sobre a utilização dos recursos naturais. Entretanto, esse "avanço formal" não corresponde a uma participação e a uma incorporação, de fato, dos atores e segmentos sociais representativos das distintas formas de existência e interação com o meio, nem dos distintos interesses, direitos e projetos em jogo na sociedade.

As tensões e ilusões resultantes de um formato dito democrático, mas que legitima práticas autoritárias e decisões parcelares, remetem a um contexto mais amplo, identificado por Dagnino (2004) como um processo de "confluência perversa" entre dois projetos políticos distintos, embora presentes na construção democrática que se faz hoje no Brasil. Para ambos os projetos, as noções de sociedade civil, participação e cidadania seriam igualmente relevantes, o que dificultaria a identificação imediata de seus objetivos opostos. De um lado, há um projeto político democratizante, cujo marco foi a Constituição de 1988, e que fez surgir mecanismos participativos tais como os conselhos gestores de políticas públicas, dos quais o COPAM seria um exemplo; de outro, o projeto neoliberal, cujo marco foi o Consenso de Washington[24], propugnou o encolhimento do Estado, isentando-o cada vez mais de seu papel como garantidor de direitos e transferindo suas responsabilidades sociais para a sociedade civil. As disputas político-culturais envolvendo os dois projetos operaram um deslocamento de sentido das noções de sociedade civil, participação e cidadania, com a apropriação dessas noções pela lógica neoliberal, o que resultou na perpetuação e no controle dos espaços públicos de decisão, de que é exemplo o processo de licenciamento ambiental, por parte dos atores que a operam.

Nessa medida, o conflito ambiental explicita as distintas racionalidades em torno do que seja meio ambiente, colocando em questão projetos diversos de sociedade. A preponderância de uma concepção reducionista e hegemônica, que define e impõe os modos de uso dos recursos naturais a partir de uma lógica meramente mercantil, impede que as comunidades atingidas por barragens sejam reconhecidas como sujeitos ativos e constitutivos do espaço de discussão e de deliberação. Nessa configuração viciosa, caracterizada pela "oligarquização do campo ambiental", a luta pela apropriação do meio ambiente, travada no licenciamento, revela-se injusta e desigual, e se torna um mero jogo político previamente definido pelas relações pessoais e estruturais da política ambiental.

O LICENCIAMENTO COMO ADEQUAÇÃO AMBIENTAL DE VISÕES DESENVOLVIMENTISTAS

O processo de licenciamento ambiental das hidrelétricas, portanto, não ocorre em um meio institucional marcado pela interação entre atores que, por meio de negociações, decidem consensualmente acerca da apropriação e do uso do meio ambiente. Trata-se, como vimos discutindo, de um *locus* institucional no qual são travados embates entre segmentos sociais que representam projetos distintos de sociedade.

---

[24] O "Consenso de Washington" foi o título de um texto básico do economista John Williamson para uma conferência sobre as políticas de ajuste econômico para a América Latina, realizada em novembro de 1989, o Institute for International Economics, em Washington D.C (WILLIAMSON, 1990). Nele, o pesquisador apresentou, baseado em uma análise das políticas já realizadas na época, um conjunto de dez medidas para o reajuste da política econômica da região. Esse pacote visa à diminuição/eliminação do déficit fiscal, o controle dos gastos públicos (redução de subsídios em benefício de investimentos na infraestrutura, saúde e educação, entre outros), a reforma tributária, o enfrentamento da fuga de capital e aumento da poupança por meio de taxas de juros equilibrados, a expansão do setor da exportação, a diminuição do protecionismo, a estimulação de investimentos externos, a privatização de empresas estatais, a desregulação do mercado e a garantia dos direitos da propriedade. Muitas dessas medidas tornaram-se parte das recomendações e diretrizes de organismos multilaterais de crédito, como o FMI, o Banco Mundial e dos Bancos mais importantes dos países do G-7. Embora não fosse a intenção de Williamson, a noção "Consenso de Washington" virou, de forma difusa, sinônimo para a crescente importância de políticas internacionais baseadas no neoliberalismo, ou seja, a redução do Estado, a liberalização do mercado e, finalmente, a globalização econômica. Para uma análise crítica das políticas econômicas na América Latina nos anos 1990, consultar Lima (2003).

Assim, leis e normas são frequentemente reinterpretadas ou "adequadas" de forma a não impossibilitar projetos econômicos particulares que, via de regra, são anunciados como de interesse público. Ou seja, a legislação tem sido reinterpretada casuisticamente, em especial quando entendida como obstáculo ou quando se apresenta contrária ao modelo desenvolvimentista e aos interesses vorazes do mercado.[25] Nesse contexto, o licenciamento para a Pequena Central Hidrelétrica de Aiuruoca, no Sul de Minas, é emblemático. A área de localização do empreendimento constitui-se de fragmentos de Mata Atlântica, a qual, além de ser considerada patrimônio da humanidade pela Constituição Federal de 1988, art. 225, insere-se ainda na Área de Proteção Ambiental (APA) da Serra da Mantiqueira, instituída pelo Decreto Federal 91.304/1985, constituindo-se, ademais, em área de amortecimento do Parque Estadual da Serra do Papagaio, unidade de conservação criada pelo Decreto Estadual 39.783, de agosto de 1998[26]. Por seu turno, a usina terá por finalidade a produção de energia para a comercialização, não se destinando ao atendimento das demandas de energia por parte da população local. No entanto, o projeto obteve a concessão da LP, não obstante as leis e decretos federais e estaduais que, devido às especificidades da área, atestam sua importância ambiental caracterizando-a como área destinada à preservação. O licenciamento foi concedido sob o argumento de que medidas mitigadoras e compensatórias seriam suficientes para reparar os impactos socioambientais do empreendimento.[27] Logo, leis e decretos, cuja lógica é determinar que pequenas parcelas territoriais sejam destinadas à preservação ambiental, garantindo, com

---

[25] Os servidores do IBAMA explicitam esta questão quando respondem aos ataques do Setor Elétrico ao licenciamento ambiental. Afirma o documento: "Quando se concede uma licença ambiental não se configura apenas a emissão de um documento burocrático, que os investidores têm necessidade de obter para o desenvolvimento de determinada atividade. Um documento dessa natureza assegura que determinado empreendimento, sob certas condições, apresenta viabilidade ambiental - atendendo, portanto, aos preceitos de sustentabilidade previstos na legislação ambiental, de maneira que as perdas e prejuízos socioambientais sejam minimizados e/ou devidamente compensados... E para que sejam consideradas as perdas relacionadas à coletividade, ao homem no meio onde interage e vive com suas culturas e tradições, ao meio-ambiente que abriga a vida em todas as suas formas e à economia que impulsiona o "desenvolvimento" do país, é que os órgãos ambientais exigem garantias que assegurem a qualidade de vida das presentes e das futuras gerações. Nem sempre os empreendedores oferecem as garantias, deixando ao Poder Público (áreas ambientais e sociais) a responsabilidade de se virar para minimizar o dano depois". Associação dos Servidores do Ibama-DF, A Verdade sobre o Licenciamento Ambiental. Brasília, 21 de setembro de 2004.

[26] É importante dizer ainda que houve, por parte da comunidade local contrária a esse empreendimento, grande manifestação no órgão público deliberativo, na Audiência Pública, na imprensa local e estadual. Entretanto, os posicionamentos e argumentos da comunidade atingida não foram incorporados ao processo de tomada de decisão ao longo do licenciamento, que teve início em 2000 e culminou com a concessão da LP em novembro de 2003.

[27] A despeito do parecer técnico da FEAM que recomendava o indeferimento do processo, justamente por não considerar a área passível de medidas mitigadoras e compensatórias (DIENI/FEAM, 2001).

isso, inclusive, que o restante do território possa ser explorado comercialmente, acabam se tornando ineficazes.

Nessa medida, o processo de licenciamento deixa de cumprir sua função precípua de ser um instrumento de avaliação da sustentabilidade socioambiental da obra, levando em conta suas implicações técnicas, políticas, sociais e ambientais, e se torna mero instrumento para atender, preponderantemente, às demandas que atribuem ao meio ambiente tão somente o caráter de recurso material a ser explorado economicamente. Segue-se, portanto, uma lógica pautada pelo "paradigma da adequação", uma vez que não é realizada uma avaliação, de fato, sobre a viabilidade socioambiental do projeto. Em uma inversão da ordem, as medidas de compensação e de mitigação, na verdade, destinam-se tão somente a descobrir maneiras pelas quais o meio ambiente e suas complexidades socioculturais e naturais serão adequadas ao projeto técnico a fim de que este seja aprovado[28]. A crença nos ajustes tecnológicos, representados pelas medidas mitigadoras e compensatórias, realiza a função de viabilizar ou adequar meio ambiente e sociedade aos empreendimentos hidrelétricos.

Problemas político-procedimentais

Os problemas estruturais, representados primordialmente pela oligarquização do campo e pelo modelo de adequação ambiental, produzem efeitos sobre os mecanismos procedimentais do licenciamento que, por via de consequência, levam, durante o processo decisório, à marginalização das comunidades atingidas. Assim, mesmo em um contexto de adequação ambiental, o licenciamento, tal como vem sendo conduzido na prática, não cumpre as metas previstas pela legislação ambiental vigente.

O conhecimento prévio e aprofundado, por meio do pleno acesso às informações e aos documentos relativos ao empreendimento, seria um dos pressupostos de transparência e de participação das comunidades atingidas nas tomadas de decisões (LEMOS, 1999). A legislação brasileira, por sinal, contém vários dispositivos destinados a regular o processo de planejamento para dotá-lo de regras que permitam maior integração e participação. Entretanto, o que se observa é que inexiste um mecanismo institucional que, de fato, considere as demandas e o conhecimento das comunidades na caracterização dos impactos socioambientais de um empreendimento. Geralmente, quando as comunidades são comunicadas sobre a possibilidade de instalação de uma obra, o processo de licenciamento já se encontra em estágio avançado; muitas vezes decisões já foram tomadas e acordos

---

[28] Teixeira *et al.* 2002, em uma análise comparativa de sete RIMAs de hidrelétricas no Brasil, chegaram a uma conclusão semelhante: "Durante o exame dos RIMAs, constatamos que todos eles situam as populações num plano secundário, onde as pessoas são meros receptores das ações, facilmente deslocáveis e convenientemente adaptáveis a novas condições. Esse tratamento é igual ao aplicado aos aspectos biológicos ou físicos dos espaços ocupados pelas hidrelétricas." (TEIXEIRA *et al.*, 2002, p. 176-177).

já foram estabelecidos entre o poder público local e os empreendedores. E, sem o conhecimento do projeto e, portanto, das reais dimensões de seus impactos socioambientais, as comunidades não têm informações suficientes para um posicionamento acerca da proposta apresentada. Em consequência, como analisaremos a seguir, o procedimento mostra-se, na prática, ainda menos transparente.

MACROPLANEJAMENTO CENTRALIZADO

Mesmo antes do início do processo de licenciamento em si, etapas importantes para o planejamento de determinados projetos já foram concluídas. Programas nacionais e estaduais definem o papel estratégico de tais projetos *vis-à-vis* às linhas gerais de planejamento e os recursos que serão disponibilizados para a sua implementação. Um exemplo é o Plano Plurianual (PPA), em que as metas físicas e financeiras são definidas previamente para o período legislativo subsequente do respectivo governo[29].

Assim é que, no planejamento federal, papel importante é conferido à Agência Nacional de Energia Elétrica (ANEEL). No caso das hidrelétricas, as decisões são pautadas por um levantamento do potencial de produção energética dos recursos hídricos realizado, ainda nos anos de 1950, por uma empresa de origem canadense, a Canambra. Por mais de meio século, a geração de energia elétrica tem sido condicionada à construção de hidrelétricas, que representam 80,9% da energia elétrica produzida no Brasil (MME, 2003, ano-base 2002).

Essa situação revela que o aparato administrativo governamental e, consequentemente, o setor da geração de energia elétrica no Brasil construíram um modelo energético altamente centralizado e inflexível a outros percursos de planejamento. Tal fato pode ser ilustrado pelo contexto da crise energética de 2001, quando surgiram inúmeras iniciativas para aumentar a eficiência na distribuição e no consumo energéticos. Registrou-se, então, o desenvolvimento de tecnologias inovadoras, que reduziram o consumo nacional, resultando inclusive em uma sobra da capacidade instalada de geração de 7500 MW, no ano de 2003. Entretanto, aquilo que se apresentava como uma oportunidade ímpar para se repensar o setor elétrico motivou, ao contrário, a retomada de políticas imediatistas, consideradas até então ultrapassadas (ZHOURI e LASCHEFSKI, 2001). Embora a escassez de chuvas, com a consequente redução dos níveis de água nos reservatórios, tenha sido apontada como a principal responsável pela crise, estimulou-se a construção de novas hidrelétricas, com megaprojetos de barragens duramente criticados nos anos

---

[29] O governo Lula foi o primeiro a tentar elaborar o PPA de uma forma participativa. Mas as estruturas burocráticas e a complexidade do procedimento exigiam um conhecimento profundo por parte dos participantes, não somente no que diz respeito às propostas em questão mas também no que concerne às estratégias políticas para influenciar a elaboração do plano. A redação final do PPA acabou nas mãos dos departamentos ministeriais. Assim, esse tipo de planejamento centralizado coloca em dúvida a possibilidade de efetiva incorporação das necessidades e demandas das populações locais, que não possuem os recursos necessários para participar do processo.

de 1980 e de 1990, por causa dos seus riscos ambientais e sociais. A proposta para uma "diversificação" da matriz energética concentrou-se, primordialmente, em tentativas de reativação do programa nuclear e na construção de termoelétricas à base de carvão, ambas consideradas fontes de energia não renováveis[30]. O discurso oficial, na tentativa de justificar tais projetos, elaborou uma forte conexão entre a necessidade do "crescimento econômico" e o problema da "disponibilidade de energia". É justamente no contexto dessa visão simplificada de desenvolvimento que o processo de licenciamento tem sido considerado um "entrave burocrático".

A repercussão dessa visão, em nível estadual, reflete-se no discurso de alguns membros do COPAM, sobretudo os da CIF, que tratam as linhas políticas das instituições federais como fatos consumados, e a aprovação das licenças ambientais para os projetos hidrelétricos como necessária e inevitável[31]. Cabe lembrar que a ANEEL "...tem por finalidade regular e fiscalizar a produção, transmissão, distribuição e comercialização de energia elétrica, em conformidade com as políticas e diretrizes do governo federal" (Lei n° 9.427, de 26 de dezembro de 1996), e, assim, é o órgão responsável pela regulação da exploração de energia elétrica e dos potenciais hidráulicos. No entanto, ao contrário do COPAM, a ANEEL não tem competência para assuntos regidos pela legislação ambiental. Nesse sentido, a praxe dos conselheiros do COPAM de considerar a aprovação de projetos hidrelétricos pela ANEEL como fato determinante para a aprovação das licenças não se encontra fundamentada em qualquer diretriz administrativa do governo federal, mas tão somente em uma questão política.

O que se observa, então, como reflexo do campo ambiental oligarquizado, é que o destino da sociedade e, sobretudo, dos atingidos pelos projetos hidrelétricos é pré-determinado por alguns poucos planejadores que ocupam posições-chave na política, na administração e no setor privado, inviabilizando uma discussão ampla dos projetos com a população que vive na região de sua instalação.

---

[30] Apenas recentemente foi criado o PROINFA, que visa à diversificação da matriz energética por meio de fontes renováveis. O MME pretende dobrar a participação do Programa, atualmente em 3,1% do total de energia produzida, para 5,95%, em 2006. Fácil de ver, portanto, que as fontes renováveis continuam a ocupar um papel pouco significativo na política energética do país. Cabe lembrar que, mesmo nesse programa, um terço dos recursos é destinado também à energia hídrica, na forma de PCHs. Os outros dois terços são destinados para as fontes eólica, solar e biomassa (MME, 2004). Neste texto, as PCHs não são consideradas fonte de energia alternativa, pois seus impactos sociais e ambientais cumulativos podem alcançar a mesma magnitude que empreendimentos maiores (ZHOURI, 2003).

[31] A presidenta da CIF, em entrevista no ano de 2002, confirma que seria muito difícil "...negar uma licença prévia para construção de barragem", pois a ANEEL faz leilões dos aproveitamentos energéticos sem antes avaliar a viabilidade ambiental de tais empreendimentos. "...quem, num leilão, compra uma concessão dessas vai querer obter a licença ambiental de qualquer jeito, porque já gastou muito dinheiro no leilão" (CARNEIRO, 2003, p. 357). Assim, ao aceitar tal pressão, na forma da aprovação de licenças, o COPAM está se subordinando à ANEEL e aos empreendedores. Muito embora mudanças recentes estabeleçam que um licenciamento ambiental prévio deva ocorrer antes das concessões feitas pela ANEEL, há poucos indícios que isto alterará a correlação de forças vigente.

PARTICIPAÇÃO LIMITADA:
OS TERMOS DE REFERÊNCIA E OS EIA/RIMAs

Como já foi mencionado, as informações acerca das características técnicas, socioeconômicas e ambientais de uma obra de infraestrutura fundamentam-se nos EIA/RIMAs. Esses documentos são elaborados a partir de um "Termo de Referência" que, emitido pelo órgão ambiental (FEAM, 1998, p. 157), indica ao empreendedor quais são os aspectos a serem contemplados no EIA/RIMA. Para todos os empreendimentos hidrelétricos, independentemente de suas características técnicas e das especificidades socioculturais e ambientais das áreas a serem impactadas pela obra, há um roteiro padronizado a ser seguido. Dada a relevância dos EIA/RIMAs[32], enquanto base do licenciamento, as comunidades locais deveriam ter garantida sua participação já no processo de definição dos aspectos a serem contemplados na elaboração dos estudos de impacto. Por isso, os Termos de Referência deveriam ser discutidos em público, sobretudo com as comunidades atingidas, a fim de que um plano de trabalho detalhado incorporasse as demandas dessas comunidades, tal como ocorre em outros países.[33]

Além da não participação na elaboração dos Termos de Referência, outro fator relevante que contribui para a falta de transparência durante a elaboração do EIA/RIMA refere-se ao fato de as empresas de consultoria ambiental que elaboraram os estudos serem contratadas pelo próprio empreendedor. Os consultores, financeiramente dependentes dos empreendedores, tendem a elaborar estudos que concluam pela viabilidade ambiental dos projetos, evitando, assim, riscos a possíveis futuras contratações. Dessa forma, o vínculo entre empreendedor e consultoria ambiental insere-se na lógica de mercado, ou seja, o EIA/RIMA é uma mercadoria que será adquirida pelo empreendedor, cujo objetivo é ter seu projeto aprovado pelos órgãos licenciadores (LACORTE E BARBOSA, 1995). Sob o "paradigma da adequação", os EIA/RIMAs, apoiados no discurso do conhecimento técnico-científico das equipes de consultoria, são apresentados como registros objetivos da realidade (LEMOS, 1999), tornando-se mecanismos legitimadores da adequação do meio ambiente ao empreendimento.

Em geral, o público só irá ter oficialmente conhecimento sobre o projeto, após a elaboração dos planos técnicos e dos EIA/RIMAs, durante a Audiência Pública. Essa praxe contradiz alguns aspectos relevantes da legislação, como a Resolução

---

[32] De acordo com a Resolução 001/86 do CONAMA, o EIA/RIMA deve conter o registro do estudo ambiental da área de influência, considerando os aspectos naturais, os meios físico, biológico e socioeconômico; a análise dos impactos positivos e negativos, instruções acerca das possíveis medidas mitigadoras, bem como um programa de acompanhamento das consequências positivas e negativas do empreendimento na área, caso ele seja instalado (FEAM, 1998, p. 159).

[33] O processo, chamado de *scoping* em inglês, é previsto, por exemplo, na legislação ambiental da Alemanha (*Gesetz über die Umweltverträglichkeitsprüfung*, UVPG, Artigo 5). Embora não obrigatória, é recomendada uma consulta às ONGs ambientalistas e aos movimentos sociais, além dos órgãos públicos, na elaboração dos Termos de Referência para os grandes projetos.

CONAMA 001, de 23/01/86, que regula a estrutura do EIA/RIMA. Segundo o art. 5° desta Resolução, o estudo de impacto ambiental, além de atender à legislação, em especial os princípios e objetivos expressos na Lei de Política Nacional do Meio Ambiente, obedecerá às seguintes diretrizes gerais:

I - Contemplar *todas as alternativas tecnológicas e de localização do projeto*, confrontando-as com a hipótese de não execução do projeto;

II - *Análise dos impactos ambientais do projeto e de suas alternativas*, através de identificação, previsão da magnitude e interpretação da importância dos prováveis impactos relevantes, discriminando: os impactos positivos e negativos (benéficos e adversos), diretos e indiretos, imediatos e a médio e longo prazos, temporários e permanentes; seu grau de reversibilidade; suas propriedades cumulativas e sinérgicas; a distribuição dos ônus e benefícios sociais. (Grifos acrescidos)

Ora, para tornar esse artigo eficaz seria necessário iniciar, antes de qualquer planejamento, uma ampla consulta à população local, para discutir, entre todos os assuntos, a "necessidade essencial" da obra que justifique os graves impactos no local. E como as hidrelétricas são construídas para gerar energia, existem alternativas a esses empreendimentos, que são os outros métodos utilizados para gerar energia ou simplesmente a diminuição do consumo por meio da implementação de tecnologias mais eficientes. É claro que seria preciso um planejamento integrado para avaliar os potenciais do local como fonte de geração de outros tipos de energia, tais como a eólica, a solar, a biomassa – gerada a partir de resíduos orgânicos –, numa perspectiva de sustentabilidade socioambiental. Ao se calcular os custos de tais alternativas, abririam-se possibilidades para uma concepção descentralizada de geração e para a diminuição das perdas de energia, que sempre ocorrem por meio das longas redes de distribuição no atual modelo. Ademais, a descentralização poderia contribuir para a liberação de energia na rede existente, que seria utilizada para outros fins, beneficiando, assim, outros segmentos da sociedade. Finalmente, as alternativas teriam que ser avaliadas de forma participativa, tendo igualmente em vista os seus impactos ambientais e sociais.

DIFICULDADES DE ACESSO ÀS INFORMAÇÕES

A participação efetiva e democrática da população local também é dificultada por razões bem práticas, no que diz respeito ao acesso a documentos e informações sobre o processo. Isso porque as comunidades se encontram, não raro, distantes geograficamente das instâncias técnica e deliberativa dos órgãos ambientais, os centros decisórios enfim. As comunidades do Vale do Jequitinhonha, atingidas pelas UHEs Irapé e Murta, por exemplo, enfrentam viagens de até 24 horas para terem acesso aos processos licenciatórios.

Além disso, os documentos dos processos somente podem ser obtidos por meio de uma solicitação formal e com certa antecedência. A falta de uma cópia para o fim exclusivo de consulta por parte da sociedade torna o processo moroso, pois, muitas vezes, os documentos se encontram sob avaliação técnica ou jurídica, não estando disponíveis para consulta imediata. E, quando disponibilizados, eles somente podem ser fotocopiados na própria instituição, o que acaba por onerar ainda mais o processo para as comunidades, visto que o preço das fotocópias na instituição custa, em geral, até três vezes mais caro que o valor comum pago no mercado. Dessa forma, as prerrogativas formais de garantia de publicização e de acesso às informações de interesse público ficam claramente comprometidas.

Mas as dificuldades vão ainda além do acesso físico aos documentos; remetem também ao formato técnico de sua elaboração. A técnica, como linguagem, é um instrumento de significação e imposição de um modo de ver o mundo, por isso, sua "objetividade" e "neutralidade" são socialmente definidas. Logo, na luta pela significação e pela apropriação do meio ambiente, ela vai se tornar o instrumento por meio do qual se desqualificam e deslegitimam as populações atingidas, compostas em geral por agricultores e comunidades rurais. Como um elemento de composição do "capital específico" do campo ambiental, a exigência de conhecimento técnico torna-se aí uma das principais vias de marginalização. Como nos revela o depoimento que se segue, os estudos ambientais deixam de ser um mecanismo de esclarecimento, "tornando-se mais um elemento de obscurecimento do empreendimento" (LEMOS, 1999):

> [...] Muita nomenclatura que a gente não tá acostumado. Muita sigla, muitas leis, muitas coisas que a gente não é acostumada [...] a gente nunca tinha entrado em contato com uma história dessas [com processo de licenciamento]. (Entrevista com moradora atingida pela PCH Aiuruoca, em abril de 2004).

Por outro lado, o uso da retórica técnico-científica nos EIA/RIMAs não obscurece o fato de que eles têm se apresentado frequentemente vazios de informações básicas consistentes. Erros técnicos grosseiros marcam o descaso com o licenciamento por parte do empreendedor e de seus consultores[34]. É isso que revela, por exemplo, os estudos para a PCH-Aiuruoca e para a UHE-Murta (GESTA-UFMG, 2001; 2002). No primeiro caso, entre os vários erros e ausência de informações consistentes e objetivas, lê-se no RIMA que a extensão do lago que será formado após o barramento será de $XX\ km^2$ (EIA,Tomo III, cap. 9, p. 15). No caso da UHE-Murta, projetada para o Rio Jequitinhonha, a noroeste de Minas Gerais, o

---

[34] EIA/RIMAs de má qualidade não são casos isolados. TEIXEIRA *et al.* (2002:175-181), no seu estudo comparativo de sete projetos, destacam a fragilidade de conteúdo, a omissão de impactos, diagnósticos incompletos ou distorcidos e, sobretudo, o "enfoque reducionista", que não considera a complexidade da realidade no local dos empreendimentos. Isso se reflete no caráter '*a-histórico*' dos estudos, ou seja, na desconsideração dos processos e da dinâmica das transformações nas áreas afetadas e o "tratamento homogeneizador" das distintas regiões na aplicação de metodologias padronizadas. Segundo os autores, "essa abordagem indiferenciada gera deformações na apreensão das realidades sociais, que aparecem como retratos recortados incapazes de captar movimento e mudança".

EIA/RIMA foi, em grande medida, baseado nos estudos da UHE-Irapé, projetada para o mesmo rio. Além disso, os estudos eram tão insuficientes e negligentes que o pedido de informações complementares por parte da FEAM resultou em novos seis volumes de "informações complementares" que, no entanto, também não foram suficientes para subsidiar o órgão ambiental em sua avaliação técnica (GESTA, 2002).

MARGINALIZAÇÃO DAS AUDIÊNCIAS PÚBLICAS

Outra instância relevante do licenciamento ambiental é a Audiência Pública, fundamental para a análise acerca da possibilidade de participação e de incorporação das demandas e conhecimentos das comunidades nos debates em torno da viabilidade dos empreendimentos. Seu fundamento institucional e legal, contudo, não garante que se estabeleça efetivamente, no campo ambiental, espaço de participação das comunidades atingidas. Em tese, a Audiência tem por finalidade expor o projeto às comunidades interessadas, para que a ele sejam incorporadas suas informações, críticas e sugestões, bem como para que sejam sanadas as dúvidas acerca do empreendimento e de suas implicações socioambientais e econômicas para a região.

Entretanto, na prática, o que se verifica é que tal procedimento perde o caráter de espaço para debates, passando a configurar-se tão somente como modo de cumprimento das normas legais. Esse foi o caso da Audiência Pública realizada no âmbito do processo de licenciamento da PCH-Aiuruoca. Ela foi realizada *após* a elaboração do parecer técnico pela FEAM, ou seja, a função precípua da Audiência Pública, que é a de esclarecer a comunidade sobre o projeto bem como possibilitar que o órgão técnico incorpore em seu parecer informações e demandas da população local, não foi cumprida. Em outras palavras, apesar de constituir um instrumento legal e institucional, a realização da Audiência Pública, no caso em tela, significou apenas a "condição para formalização regular do processo", como pode atestar a seguinte fala do próprio empreendedor:

> A Audiência Pública é uma conquista de todos nós. Nós estamos na verdade é adiando a oitiva da comunidade e *a Audiência Pública não é condição para aprovação ou desaprovação, mas é condição de formalização regular do processo.* Quer dizer, se amanhã essa câmara decidir que o processo deve prosseguir, imaginemos que seja essa a *cena*, e ela queira conceder a licença na semana que vem, ela não poderá fazê-lo porque falta, e não é formalidade, faltam elementos essenciais, que é a realização da Audiência Pública. Que é *o instrumento previsto em lei para se ouvir a comunidade*, dentro da comunidade. Então eu acho que o pedido para chamar a Audiência Pública e dar prosseguimento ao processo [...] me parece que é aquele que mais se coaduna *com o que sempre foi a prática dessa câmara*. De ouvir a todos, mas decidindo a realização do *bem público*. (representante da empresa e consultor ambiental do projeto da PCH-Aiuruoca, em reunião da CIF/COPAM, de 22/03/02)

Nesse discurso, percebemos que o procedimento de "ouvir" a comunidade refere-se ao cumprimento de uma determinação formal, importante para a legitimação da cena democrática em que se dá a definição do que seja o "bem público". O papel manifesto central da Audiência Pública, que é o de apontar os problemas e os assuntos que ainda não foram analisados com a profundidade necessária, fica negligenciado. Assim, embora a Audiência Pública, por si só, não seja condição suficiente para a aprovação ou desaprovação do projeto, apresenta-se como condição essencial, tendo em vista que, de acordo com o atual modelo institucional do licenciamento ambiental, esse é o *único* momento em que as comunidades podem conhecer as propostas do empreendimento e, por conseguinte, seus reais impactos socioambientais.[35] Ademais, observa-se, na praxe do processo de licenciamento em Minas Gerais, a inexistência de etapa procedimental que garanta um retorno aos participantes das Audiências Públicas, para informar a eles se os assuntos tratados foram, afinal, considerados no planejamento[36].

É por essa via que as comunidades atingidas, como sujeitos ativos, são negligenciadas e transformadas em meras legitimadoras de um processo previamente definido. Nesse contexto, cabe constatar a forma estratégica com que o supracitado empreendedor, no caso da PCH-Aiuruoca, usou o conceito de bem público em seu próprio interesse. Sua fala reflete plena confiança em que o órgão licenciador compartilhará de sua avaliação a respeito da contribuição do projeto para o bem público, que seria, naquela hipótese, o fornecimento de energia. Analisando o discurso e as ações dos conselheiros do COPAM em vários casos polêmicos, é possível afirmar que essa opinião faz parte da *doxa* da política ambiental (CARNEIRO, 2003). Por outro lado, como demonstra o próprio caso da PCH-Aiuruoca, o COPAM não leva em consideração outros "bens públicos", mesmo quando esses são definidos

---

[35] Vale mencionar que, no caso da PCH-Aiuruoca, o posicionamento do empreendedor, ao chamar pela Audiência Pública, explica-se também como uma estratégia de adiamento da decisão da CIF num momento em que a comunidade estava fortalecida na argumentação contrária ao projeto, inclusive com um parecer técnico da FEAM desfavorável ao empreendimento. O empreendedor esperava, com a Audiência Pública no local, arregimentar forças políticas que pudessem influenciar uma revisão do parecer técnico da FEAM.

[36] A legislação para o licenciamento na Alemanha (*Verwaltungsverfahrensgesetz*, parágrafos 72 a 78), por exemplo, prevê as seguintes etapas: 1. disponibilização ao público de todos os documentos referentes a um determinado projeto; 2. prazo de pelo menos três meses, para que pessoas diretamente afetadas pelos projetos e entidades não lucrativas, que defendam o interesse público, possam se manifestar com respeito ao projeto; 3. Audiência Pública para discutir as diversas manifestações sobre os documentos apresentados; 4. análise da relevância das objeções levantadas com respeito ao projeto; 5. apresentação de modificações do projeto pelo requerente; 6. esclarecimento aos manifestantes sobre o tratamento das objeções por eles apresentadas, inclusive informações formais sobre as condições jurídicas para eventuais recursos da decisão. Assim, foram criadas mais possibilidades de controle social do processo, que, geralmente, se refletem em um maior cuidado no planejamento. Por essa via, caso o processo seja conduzido corretamente, atrasos desnecessários podem ser evitados, além da prevenção a problemas mais graves. Para mais detalhes sobre as bases legais do EIA na Alemanha, consultar BUNGE (2002).

em lei. A licença prévia para a PCH-Aiuruoca foi concedida, apesar de 83% da área a ser inundada constituírem-se em Área de Relevante Interesse Ecológico (ARIE) ou Área de Proteção Permanente (APP). Pela legislação, a destruição dessa área somente seria permitida quando comprovada a "necessidade" da obra tendo em vista sua "utilidade pública ou interesse social" (artigo 3º, § 1º, do Código Florestal). Mas, segundo o RIMA (p. 4), a hidrelétrica deve "[...] comercializar sua produção para qualquer concessionária de serviços públicos de energia elétrica ou direta-mente para grandes consumidores de energia (carga igual ou maior de 500 Kw)". Esta afirmação significa, na prática, que a empresa pretende, ao invés de fornecer energia para a população local, vendê-la no mercado a um preço o mais lucrativo possível, contradizendo, assim, o caráter de bem público, que deve ser acessível a todos os membros da sociedade. Nos casos que envolvem um grande número de atingidos, a questão torna-se ainda mais complexa, pois aí o bem público não pode ser algo dado nem tampouco definido, mas sim construído socialmente a partir da discussão que incorpore os distintos contextos socioculturais.

APROVAÇÃO DE LICENÇAS COM PENDÊNCIAS NÃO RESOLVIDAS: FALHAS NA FUNÇÃO DE "REGULAÇÃO"

Uma prática recorrente na CIF/COPAM tem sido a aprovação de projetos que, mesmo com recomendação de indeferimento pelo parecer técnico da FEAM, devido à inviabilidade socioambiental ou pelo não cumprimento de condicionantes por parte do empreendedor, têm a licença concedida pelos conselheiros sem qualquer justificativa a respeito de seu posicionamento.[37]

Esse é o caso, por exemplo, das UHEs Capim Branco e Irapé e das PCHs Aiuruoca e Fumaça. Os projetos foram aprovados a despeito dos pareceres téc-nicos e jurídicos, que eram claros ao recomendar o indeferimento dos pedidos de concessão de licença por causa das consequências socioambientais que tais obras acarretariam. Fica evidente, pois, o caráter essencialmente "político-parcial" das atuais decisões do COPAM, uma vez que pareceres técnicos são simplesmente desconsiderados no processo de discussão, sem que a motivação que justifique tal prática seja explicitada.

Essa situação conduz a um questionamento mais profundo sobre o papel de controle das instituições ambientais no estado de Minas Gerais e no Brasil. No caso da FEAM, é claro seu papel na avaliação e fiscalização dos projetos para

---

[37] Em alguns casos, eles até mesmo admitem não ter conhecimento suficiente sobre o projeto e seus impactos socioambientais, como o ocorrido após a aprovação da licença prévia para a PCH-Aiuruoca. Na ocasião, ao contrário da praxe, a votação na CIF não foi unânime. O conselheiro representante do segmento das "pessoas de notório saber científico" surpreendeu a todos com um voto contrário à concessão de LP. Tal fato produziu confusão na Câmara, fazendo com que o conselheiro que representava as ONGs tentasse justificar seu voto favorável à construção da barragem, após a aprovação da licença, alegando falta de conhecimento sobre a situação ambiental e social no local.

analisar os aspectos da viabilidade técnica e jurídica. A FEAM, como o IBAMA em nível federal, avalia o cumprimento das condições básicas para a realização de obras, em conformidade com as leis e diretrizes em vigor, as quais refletem, em princípio, o atual sistema político, ou seja, um "consenso" da sociedade. Ao desconsiderar as recomendações da FEAM, sem a apresentação de qualquer fundamentação técnica ou jurídica, o COPAM rompe com tal consenso, ignorando a legislação. A arbitrariedade das decisões resulta em obras que causam, desnecessariamente, graves conflitos sociais e ambientais, como testemunhado, sobretudo, no caso da UHE-Irapé. Os mecanismos de controle social, criados justamente para evitar tais problemas, são eliminados. Na lógica de um estado de direito, o papel do licenciamento seria o de garantir que decisões políticas se enquadrassem nos regulamentos da sociedade. O sentido dessa lógica é proteger os cidadãos das consequências de decisões tomadas na esfera política, muitas vezes caracterizadas pelo imediatismo e pela influência de determinados interesses. Nos últimos anos, a atuação do COPAM tem representado uma inversão dessa lógica, com preocupantes efeitos sobre os princípios democráticos. Como nos lembra Costa (2002, p. 15),

> ...a democracia representa uma forma de dominação consentida, na qual as decisões necessitam ser permanentemente fundamentadas e justificadas, dependendo sempre da anuência da comunidade política para que possam ser implementadas. Nesse processo, cabe à esfera pública um lugar central: ela se torna a arena onde se dá tanto o amálgama da vontade coletiva quanto a justificação das decisões políticas previamente acertadas.

Numa posição arbitrária, o Conselho tem-se colocado acima de qualquer questionamento, a partir da crença de que a ele, por meio da representatividade, foi delegado o direito de decisão acerca do uso que se pode ter sobre os recursos naturais e, em última instância, do modo de vida das comunidades locais atingidas por empreendimentos hidrelétricos. Ao defenderem seus direitos, as comunidades são vistas como uma ameaça aos procedimentos "democráticos", e suas manifestações são consideradas um desrespeito à autoridade dos conselheiros.

Apesar de irreversivelmente impactadas, essas comunidades são alijadas do processo de decisão e transformadas em meras expectadoras do processo, como pode ser verificado na fala do consultor jurídico da FEAM, "[...] a **plateia** não pode se manifestar quando o conselheiro tá falando" (reunião da CIF/COPAM, em 26-10-01). Na condição passiva de expectadores da cena pública, os cidadãos, atingidos pelos empreendimentos sentem-se impotentes. É o que se depreende deste depoimento:

> [...] eu me sinto até *menosprezado* assim mesmo [...] *desprezado* assim mesmo de depender [...] o meu sonho, a minha infância, tudo. Ficar na mão de quatro cara [conselheiros] que eu nunca vi! Não sei quem que é! Nunca vieram aqui! Imagina eu ficar lá [...] perder a cachoeira que eu nadei. A

corredeira que eu sempre nado. Que eu queria ali pro resto da vida, na mão de quatro pessoas que nunca veio aqui. Não sabe o que eu sinto. O que o outro sente. Nada. É *palhaçada*. (entrevista com morador atingido pela PCH-Aiuruoca, em abril de 2004)

O tratamento conferido pelo COPAM às populações atingidas remete, mais uma vez, à ideia de hegemonia no campo da política mineira, em que uma suposta maioria demandaria "sacrifícios" dos "poucos" atingidos, embora tal maioria nunca seja, de fato, nomeada[38]. Essa argumentação é utilizada com o intuito de "democratizar" os direitos humanos e os direitos individuais previstos pela própria Constituição Brasileira, que deve garantir o bem-estar de todos os cidadãos. Muitas vezes, os direitos dos indivíduos são interpretados simplesmente como interesses, passíveis, portanto, de negociação. Em decorrência disso, os atingidos não são, em geral, indenizados da forma adequada para que possam manter o seu modo de vida. Frequentemente, eles sofrem perdas significativas em termos materiais, fato que configura uma verdadeira expropriação. Por meio de "jogos" de mediação, as perdas são "legalizadas" quando os atingidos, cansados de inúmeras reuniões e negociações, finalmente concordam com as propostas oferecidas.

Os casos da PCH-Fumaça e da UHE-Irapé ilustram bem essa situação. Em ambos, os empreendimentos foram aprovados e iniciados, a despeito de as negociações com as comunidades atingidas ainda estarem em andamento. Muitas famílias pararam de produzir seus alimentos e passaram a viver de cestas básicas. A implementação dos assentamentos tornou-se difícil, porque as terras negociadas não eram equivalentes às condições das antigas terras. No desespero, alguns atingidos aceitaram ofertas bem inferiores às previstas, na expectativa de estarem assegurando uma perspectiva mínima de futuro.

A questão é que tais problemas são causados por falhas e negligências ocorridas em fases anteriores do planejamento. Durante o processo mesmo de licenciamento, os problemas são apresentados reiteradamente. Mas a postura do COPAM, ao invés de aprimorar o planejamento, tende a incentivar a aposta dos empreendedores em jogos políticos, estratégia que, no entanto, não tem resultado na esperada aceleração do processo, em razão de vários fatores, dentre eles, os recursos jurídicos interpostos pelo Ministério Público.

Os problemas analisados em Minas podem ser igualmente observados em nível federal. Após as intensas campanhas do setor elétrico contra os "entraves burocráticos", o governo passou a se ocupar de medidas para acelerar o processo de licenciamento. Mas, ao invés de procurar estabelecer regras claras e exigir o seu cumprimento, a fim de obrigar as empresas a entregarem estudos de melhor qualidade, o que está sendo propagandeado é simplesmente a flexibilização desse

---

[38] A mesma questão é discutida em ZHOURI e OLIVEIRA, neste volume.

processo[39]. Do ponto de vista social e ambiental, essa estratégia é fatal, uma vez que as equipes técnicas, nas instituições ambientais, se encontram sobrecarregadas, e o encurtamento dos prazos se dá à revelia das condições e processos ecológicos. Dessa forma, o processo de licenciamento vai se tornando cada vez mais enfraquecido, mesmo tendo sido desenhado no âmbito de um paradigma de adequação, e não sob a perspectiva da sustentabilidade e da justiça ambiental.

Considerações finais

Fundamentados, pois, em todas essas exposições, consideramos que a política ambiental está perdendo sua característica mais ampla, qual seja a de considerar os vários aspectos do desenvolvimento humano, em função de uma política desenvolvimentista que privilegia a dimensão econômica. Trata-se de uma *doxa* do desenvolvimento sustentável que traz em seu bojo a imposição da lógica de mercado em detrimento do desenvolvimento socioambiental, o qual, por seu lado, considera as diversidades sociais e ambientais existentes na nossa sociedade verdadeiras expressões das múltiplas sustentabilidades. Temos, então, uma política ditada pelo paradigma da adequação sob a chancela de uma estrutura institucional democrática.

No âmbito do paradigma da adequação, evidenciam-se os problemas estruturais e procedimentais do licenciamento ambiental. Entre os primeiros, destacamos a oligarquização da política ambiental, constituída por um campo hierarquizado, em que relações de poder acabam por perpetuar uma visão única sobre as formas de significar e utilizar os recursos naturais em detrimento de uma diversidade de modos de interação realmente existentes. Consagra-se, por essa via, a contradição fundamental entre a sustentabilidade capitalista e as sustentabilidades das demais formas de ser e estar no mundo. Na primeira, o meio ambiente aparece determinantemente como fluxo homogêneo de matéria-prima e energia, enquanto que, pelas múltiplas sustentabilidades, os meios ambientes são singulares, diversifica-

---

[39] A Deliberação Normativa n° 74, de 09 de setembro de 2004 do COPAM, que entrou em vigor no dia 6 de dezembro 2004, "desburocratizou" o processo de licenciamento. De acordo com a Secretaria de Estado de Meio Ambiente e Desenvolvimento Sustentável, o "...principal objetivo da mudança é fazer com que a questão ambiental deixe de ser um complicador para investidores empreendedores, sem perder em qualidade." (DIÁRIO OFICIAL DO ESTADO DE MINAS GERAIS, 06/11/2004). A Deliberação Normativa inclui alguns pontos críticos. Por exemplo, as chamadas pequenas hidrelétricas (área inundada de até 150ha e capacidade instalada de até 30Mw), enquadradas como empreendimentos da classe 3, podem ser liberadas do licenciamento ambiental. Segundo o artigo 1°, parágrafo único: "as Licenças Prévia e de Instalação dos empreendimentos enquadrados nas classes 3 e 4 poderão ser solicitadas e, a critério do órgão ambiental, expedidas concomitantemente". Uma "aceleração" na aprovação de tais projetos indica também outras atividades do governo. O governador Aécio Neves assinou, em 10 de dezembro de 2004, um decreto que cria o Programa Minas Pequenas Centrais Hidrelétricas (PCHs). O programa prevê a realização de 252 PCHs, sendo 25 já licenciadas e 62 em análises de licenciamento ambiental. O governo destaca que as "[...] PCHs são importantes fontes de energia renovável e estão enquadradas no Protocolo de Kyoto, com a possibilidade de os investidores conseguirem recursos através dos mecanismos de financiamento." (Divulgado pela Secretaria de Estado de Governo no dia 11/11/2004)

dos e insubstituíveis, irredutíveis a uma medida homogênea de mercado. Nesse sentido, o processo de licenciamento revela-se como procedimento desenhado a partir de um paradigma de desenvolvimento sustentável que, depositando fé nos arranjos tecnológicos como soluções para os problemas ambientais, busca adequar sociedades e meios ambientes à lógica econômica acumulativa. Por essa via, as comunidades rurais atingidas por barragens são usurpadas de seus meios ambientes por meio de desterritorializações e deslocamentos compulsórios, ao mesmo tempo em que são marginalizadas do processo decisório, participando deste apenas como legitimadoras do paradigma dominante e das posições *a priori* definidas no campo ambiental.

Tais limitações estruturais, contudo, desdobram-se em falhas procedimentais no processo de licenciamento, algumas mais diretamente resultantes dos constrangimentos estruturais e outras decorrentes do mero descumprimento das etapas previstas pela própria plataforma de adequação. Essas seriam, em síntese: 1) o macroplanejamento centralizado, que faz com que o COPAM se subordine ao planejamento da ANEEL em nível federal, o que remete, em última instância, à ausência de sinergia entre o planejamento no âmbito do Ministério das Minas e Energia e do Ministério do Meio Ambiente; 2) a falta de participação na elaboração dos Termos de Referência para os estudos de impacto ambiental, bem como na própria elaboração destes. Isso resulta em EIA/RIMAs falhos e tendenciosos, uma vez que empreendedores e consultores ambientais têm seus papéis imbricados; 3) as dificuldades de acesso à informação, tanto em razão das distâncias físicas quanto pela pouca disponibilidade dos documentos para a sociedade, assim como o linguajar técnico, que limita o engajamento, alijando as comunidades atingidas do processo decisório; 4) a marginalização das Audiências Públicas como única instância de participação das comunidades; 5) as falhas na função de regulação dos órgãos ambientais, com a aprovação de licenças que, muitas vezes, contrariam os pareceres técnicos sem que justificativas sejam apresentadas, o que, além de comprometimento aos princípios democráticos, resulta em pendências sociais e ambientais cujas resoluções são transferidas para outras instâncias, como, por exemplo, o Ministério Público.

Por fim, é importante salientar que, apesar de todas essas falhas no que tange a sua função de averiguar e avaliar a viabilidade ambiental e social de empreendimentos causadores de irreversíveis impactos socioambientais, o licenciamento ambiental ainda é combatido, pois a ele tem sido atribuído o caráter de "entrave" ao desenvolvimento econômico do país. Tal situação indica uma real ameaça aos tímidos passos até agora dados em direção a processos menos autoritários e mais abertos ao monitoramento por parte da sociedade. Nessa medida, a atual campanha pública que propõe o desmantelamento do sistema político ambiental, fortemente defendida pelo setor energético e pelo governo federal, este último a propósito do condicionamento do crescimento econômico à maior disponibilidade de produção energética, representa o risco de retrocedermos ao autoritarismo implacável de trinta anos atrás.

Referências

ACSELRAD, Henri. Externalidade Ambiental e Sociabilidade Capitalista. In: Clóvis Cavalcanti (org.). *Desenvolvimento e natureza: estudos para uma sociedade sustentável.* São Paulo: Cortez, 2001.

ACSELRAD, Henri. As Práticas Espaciais e o Campo dos conflitos Ambientais. In: ACSEL-RAD, Henri (org). *Conflitos ambientais no Brasil.* Rio de Janeiro: Relume-Dumará, 2004.

ACSELRAD, Henri; Pádua, José Augusto & HERCULANO, Selene. *Justiça Ambiental e Cidadania.* Rio de Janeiro: Relume-Dumará, 2004.

BOURDIEU, Pierre. *Outline of a Theory of Practice.* Cambridge: Cambridge University Press, 1993[1972].

BUNGE, Thomas. As Bases Legais do Estudo de Impacto Ambiental. In: MÜLLER-PLAN-TENBERG, Clarita; AB'SABER, Aziz Nacib (orgs.). *Previsão de impactos: o estudo de impacto ambiental no leste, oeste e sul. Experiências no Brasil, Rússia e na Alemanha.* 2 ed. 1. reimpr. São Paulo: Edusp, 2002.

CARNEIRO, Eder Jurandir. *Modernização Recuperadora e o Campo da Política Ambiental em Minas Gerais.* Tese em Doutorado em Ciências Humanas: Sociologia e Política Belo Horizonte: UFMG, 2003.

COSTA, Sérgio. *As cores de Ercília. Esfera pública, democracia, configurações pós-nacionais.* Belo Horizonte: UFMG, 2002.

DAGNINO, Evelina. Cultura, Cidadania e Democracia: a transformação dos discursos e práticas na esquerda Latino-Americana. In: ALVAREZ, Sônia; DAGNINO, Evelina, ESCOBAR, Arturo (orgs.). *Cultura e política nos movimentos sociais latino-americanos.* Belo Horizonte: UFMG, 2000.

DAGNINO, Evelina. "Sociedade Civil, Participação e Cidadania: de que estamos falando?" In: MATO, Daniel (coord.) *Politicas de Cidadania y sociedade Civil em tiempos de Globalizacion.* Caracas: FACES, Universidad Central da Venezuela, 2004.

DIENI/FEAM. "Parecer Técnico-jurídico sobre PCH-Aiuruoca", Belo Horizonte: FEAM, 2001.

DIENI/FEAM. *Parecer Técnico-jurídico sobre a UHE Murta,* Belo Horizonte, 2003.

EIA-RIMA da PCH Aiuruoca. Belo Horizonte: Holos Engenharia S.A.

ESTEVA, Gustavo. "Development" In: SACHS, W. (Ed.) *The Development Dictionary. A Guide to Knowledge as Power,* London: Zed Book, 1992.

FEAM - Fundação Estadual do Meio Ambiente (1998). *A Questão Ambiental em Minas Gerais: discurso e Política.* Belo Horizonte: Fundação João Pinheiro.

GESTA – UFMG (2002). *Parecer sobre os estudos complementares da UHE Murta.* (mimeo).

GESTA – UFMG (2001). *Parecer sobre o EIA/RIMA da PCH Aiuruoca.* (mimeo).

LACORTE, Ana Castro; BARBOSA, Nair Palhano (1995). Contradições e Limites dos Métodos de Avaliação de Impactos em Grandes Projetos: uma contribuição para o debate. In: *Cadernos IUPPUR/UFRJ,* ano IX n. ¼ jan./dez.

LEFF, Enrique. *Saber ambiental: sustentabilidade, racionalidade, complexidade, poder.* Petrópolis: Vozes, 2001.

LEMOS, Chélen Ficher. *Audiências públicas, participação social e conflitos ambientais nos empreendimentos hidroelétricos: os casos de Tijuco Alto e Irapé.* Rio de Janeiro: Instituto de Pesquisa e Planejamento Urbano (UFRJ), 1999.

LIMA, Marcos Costa. O Estado e as políticas de ajuste na América Latina dos anos 1990, 2003. Textos Especiais, Fundação Joaquim Nabuco, Disponível em: <http://www.fundaj. gov.br/observanordeste/ ob05.html]>. Acesso em 19/02/2005.

MARTINEZ-ALIER, Joan Justiça Ambiental (local e global). In: CAVALCANTI, Clóvis (Org.) *Meio ambiente, desenvolvimento sustentável e políticas públicas.* São Paulo: Cortez, 1999.

MARTINEZ-ALIER, Joan. Justicia ambiental, sustentabilidad y valoración. In: *Ecologia política. Cadernos de debate internacional*, no.21, Barcelona: Icaria editorial, 2001.

MILARÉ, Édis. Estudo Prévio de Impacto Ambiental no Brasil. In: MÜLLER-PLAN-TENBERG, Clarita e AB'SABER, Aziz Nacib (orgs). *Previsão de impactos: o estudo de impacto ambiental no leste, oeste e sul. Experiências no Brasil, Rússia e na Alemanha*, 2 ed. 1. reimpr., São Paulo: Edusp, 2002.

MILTON, Kay. *Environmentalism and Cultural Theory.* London: Routledge, 1996.

MME - Ministério de Minas e Energia -Brasil, *Balanço energético nacional 2003*, Brasília, 2003.

MME - Ministério de Minas e Energia – Brasil, PROINFA, 2004. Disponível em: <http://www.energiabrasil.gov.br/proinfa/default.asp>. Acesso em 10/11/2004.

PÁDUA, José Augusto. Produção, consumo e sustentabilidade: o Brasil e o contexto planetário. In: *Cadernos de debate. Brasil sustentável e democrático.* n. 06. Rio de Janeiro: FASE, 2000.

RAHNEMA, Majid. Participation, In: SACHS, Wolfgan (org.). *The Development Dictionary: a guide to knowledge as power.* London: Zed Books, 1992.

ROTHMAN, Franklin. A Comparative Study of Dam-Resistance Campaigns and Environmental Policy in Brazil. In: *Journal of Environmental & Development*, v. 10, n. 4, December, 2001, p. 317-344.

SIGAUD, Lygia. *Efeitos sociais de grandes projetos hidrelétricos: as barragens de Sobradinho e Machadinho.* Rio de Janeiro: programa de Pós-Graduação em Antropologia Social/ Museu Nacional (UFRJ), 1986.

SIGAUD, Lygia; MARTINS-COSTA, Ana Luiza; DAOU, Ana Maria. Expropriação do campesinato e concentração de terras em Sobradinho: uma contribuição à análise dos efeitos da política energética do Estado. In: *Ciências Sociais Hoje.* São Paulo: ANPOCS/ Vértice/ Editora Revista dos Tribunais, 1987.

SOBRAL, Maria e CHARLES, H. Peter. Relatório de Impacto Ambiental: Procedimentos e Processos de Decisão. In: MÜLLER-PLANTENBERG, Clarita e AB'SABER, Aziz Nacib (orgs). *Previsão de impactos: o estudo de impacto ambiental no leste, oeste e sul. Experiências no Brasil, Rússia e na Alemanha*, 2 ed. 1. reimpr. São Paulo: Edusp, 2002.

STARLING, Mônica Barros de Lima. *Politizando a natureza: a experiência democrática na gestão do meio ambiente em Minas Gerais*. Belo Horizonte: Departamento de Ciência Política (UFMG), 2001.

TEIXEIRA, Marcia Gracinda; SOUZA, Rita Cerqueira de; MAGRINI, Alessandra; ROSA, Luiz Pinguelli. Análise dos Relatórios de Impactos Ambientais de Grandes Hidrelétricas no Brasil. In: MÜLLER-PLANTENBERG, Clarita; AB'SABER, Aziz Nacib (orgs). *Previsão de impactos: o estudo de impacto ambiental no leste, oeste e sul. Experiências no Brasil, Rússia e na Alemanha*, 2. ed. 1. reimpr. São Paulo: Edusp, 2002.

WCD - World Commission on Dams. *Dams and development. The report of the World Commissionon Dams*. London: Earthscan Publications, 2000.

WILLIAMSON, John. What Washington means by policy reform. In: WILLIAMSON, John (Ed.). *Latin America Adjustment: How Much Has Happened?* Washington DC: The Institute for International Economics, 1990, p. 5-36.

VAINER, Carlos Bernardo. Águas para a vida, não para a morte. Notas para uma história do movimento de atingidos por barragens no Brasil. In. ACSELRAD, Henri; PÁDUA, José Augusto; HERCULANO, Selene. *Justiça Ambiental e Cidadania* (Orgs). Rio de Janeiro: Relume-Dumará, 2004.

VIEIRA, Liszt. *Os argonautas da cidadania: a sociedade civil na globalização*. Rio de Janeiro: Record, 2001.

ZHOURI, Andréa. Global-local Amazon Politics: conflicting paradigms in the Rainforest campaign. In: *Theory, Culture and Societsy*, v. 21, n. 2, April, 2004.

ZHOURI, Andréa. Hidrelétricas e Sustentabilidade. *Anais Seminário Teuto-Brasileiro de Energias Renováveis*. Berlim: Fundação Heinrich. <www.boell.org.de>, 2003.

ZHOURI, Andréa; LASCHEFSKI, Klemens. *Sustentabilidade: a dimensão apagada da crise energética,* abril 2001, Disponível em: <http://www.riosvivos.org.br/materia.php? mat_id=146&idioma=pt>, 2001.

PARTE II

Estado, participação e unidades de conservação

PARADOXOS DO PAPEL DO
ESTADO NAS UNIDADES DE CONSERVAÇÃO

....

Doralice Barros Pereira

> Todo espaço público deve ser
> privatizado, deve estar sob o olhar panóptico,
> porque o perigo é o público.
>
> (OLIVEIRA, 2003, p. 13)

Nos últimos anos, no Brasil, diversas discussões se debruçam sobre as "possibilidades" da perspectiva de desenvolvimento "sustentável", embora, numa abordagem econômica ou geopolítica, os temas ambientais se subordinam a outras lógicas responsáveis pelas decisões. Para alguns, o meio ambiente, não necessariamente prioritário entre as carências[1] vividas, corre o risco de se tornar domínio insosso e angariar de forma dispersa denúncias e "manifestações" de resistência. Constitui-se um "enorme desafio incorporar a conservação da natureza como um valor no cotidiano da sociedade" (STRUMINSKI, 2003, p. 133), pois "o País é pensado como um espaço a se ganhar e não como uma sociedade" (MORAES, 1997, p. 21).

A área ambiental montada como mais um setor do aparelho governamental foi estruturada como gestora de um conjunto específico e próprio de políticas, mas de performance ainda insatisfatória (MORAES, 1997, p. 23). Quantitativamente, segundo Paulo Kageyama, diretor do Programa Nacional de Conservação da Biodiversidade, o Mapa da Vegetação mostrou que, "dos 8,5 milhões de km² do território brasileiro, 4 milhões sofreram ocupação humana desde o descobrimento do país" (O GLOBO, 23/5/2004). De acordo também com o Mapa dos Biomas Brasileiros, entre as seis regiões (Amazônia, Cerrado, Caatinga, Mata Atlântica,

---

[1] "[...] um direito difere de uma necessidade ou carência e de um interesse. Uma necessidade ou carência é algo particular e específico.... Um direito, ao contrário de necessidades, carências e interesses, não é particular e específico, mas geral e universal, válido para todos os indivíduos, grupos e classes sociais" (CHAUÍ, 2001, p. 13).

Pantanal e Pampa), as mais ameaçadas se referem à Mata Atlântica, com 93% de sua área destruída, e ao Cerrado que, atualmente, conta apenas com 20% de cobertura original (O GLOBO, 23/5/2004). A gravidade da situação pode ser também corroborada pela definição de 900 áreas prioritárias para conservação da biodiversidade pelo governo. Já do ponto de vista qualitativo, as indagações correspondem às condições e estado das áreas protegidas[2] já oficialmente criadas, à localização dessas áreas em termos de representatividade ecossistêmica, à sua inserção regional (regulação de tensões e pressões recebidas), a quem e para quem elas trarão(zem) modificações no cotidiano. Muitas dessas preocupações exprimem impasses e aguçamento de alteridades. O colapso das barreiras espaciais reforçou a política local e a importância do lugar; o avanço do capital espreita fortemente as fronteiras ecológicas outrora longínquas.

A questão ambiental ultrapassa a relação homem/natureza e se dirige à faceta das relações entre os homens como um objeto econômico, político e cultural e principalmente como luta social. A insegurança, a fragmentação e a efemeridade que reduziram as barreiras espaciais ressignificaram o que o espaço contém, acentuando a competição entre localidades, estados e regiões. A desqualificação ecossistêmica funda uma exaustão subjacente, na qual a biodiversidade, sua preservação e a possibilidade de enriquecimento são diretamente proporcionais ao tamanho das áreas preservadas[3] (PAULA, 1994, p. 244). A fim de se contornar tal situação, cada vez mais solicita-se ao formal atributos do informal: a flexibilidade de procedimentos (a prorrogação no cumprimento de condicionantes pelos empreendedores), a polivalência (apesar de reconhecido o problema, impera sua minimização), a iniciativa dos outros (pois não se pode comprometer-se com os mais interessados, pelo menos os do capital). Uma forma intermitente e sem sustentabilidade insiste na exigência de eficiência e produtividade nas políticas que não decolam, levando à diferenciação e exclusão. De acordo com Oliveira (2003, p. 13), "[...] não há mais política: há tecnicidades e dispositivos foucaultianos que se impõem com a lei da necessidade. Adequamos nosso discurso para reconhecer a "realidade" e em nome dela, planejar a exceção".

---

[2] Áreas de terra e/ou mar especialmente dedicadas à proteção e manutenção da diversidade biológica, e de seus recursos naturais e culturais associados, manejadas por meio de instrumentos legais ou outros meios efetivos.
As unidades de conservação, UC, um tipo especial de área protegida, constituem-se em espaços territoriais (incluindo seus recursos ambientais e as águas jurisdicionais) com características naturais relevantes, legalmente instituídos pelo Poder Público, com objetivos de conservação e de limites definidos, sob regime especial de administração, às quais se aplicam garantias adequadas de proteção. Também são protegidas as áreas de reserva legal e áreas de preservação permanente, conforme definido no Código Florestal.

[3] O excessivo número de categorias não garante a proteção dessas Ucs; em vários casos, elas encontram-se sem Plano de Manejo, fiscalização e/ou recursos humanos/financeiros (OLIVEIRA; MARQUES, 2003, p.182).

O aparelho de Estado construído tem(ve) como referência o domínio do território e não o bem-estar do povo (Moraes, 1997, p. 15). Nessa premissa, as construções oficiais dos "espaços públicos" podem apresentar áreas protegidas, ultrajadas, atacadas por vandalismos ou destruídas, evidenciando a resistência daqueles que não foram "ouvidos" ou que discordam por diferentes razões dos novos usos. O vandalismo e a destruição ocorrem no interior dos atingidos, embora, em muitas sociedades, o eu interior das pessoas não seja aceito como tal. A estratégia é aprimorar o potencial para funcionar, combinando recursos, condições e prováveis usuários, de um local específico,

> Governos e empresas, instituições variadas comprometidas com os determinantes mesuros da degradação ambiental tentam construir uma perspectiva ecológica que lhes assegura a perpetuação dos privilégios e da hegemonia que exercem sobre as formas de produção e reprodução material, sobre os padrões de distribuição e consumo, sobre a organização do trabalho e sobre as formas de propriedade e de sociabilidade. (PAULA, 1994, p. 230)

As críticas concernentes aos modos habituais de regularizar as relações entre sociedades e indivíduos frente ao espaço se multiplicam. A planificação racional tende a ser questionada[4] em face dos encontros e desencontros relativos à produção e à reprodução do espaço, sua apropriação e seus modos de gestão. O Estado apresenta-se em um contexto paradoxal de ser, ao mesmo tempo, o responsável principal pela qualidade ambiental e um dos seus mais expressivos agentes poluidores (MORAES, 1997, p. 34 e 57). Nessa direção, este trabalho relaciona posicionamentos paradoxais do Estado como agente regulador, normativo de práticas e procedimentos e, ao mesmo tempo, obstacularizador na sua mais ampla e mais positiva efetivação. A (des)construção dos lugares por meio da (re)criação de paisagens e da "adequação" da diversidade de representações promotoras de tensões e conflitos colocam em risco a qualidade dos espaços protegidos, destacando a (im)possibilidade do Estado de atender aos interesses díspares na/da sociedade.

Inicialmente, um breve histórico evidencia algumas dificuldades de instituição do Sistema Nacional de Unidades de Conservação no país, como um mecanismo ordenador/orientador das categorias de Unidades de Conservação, UCs. Em seguida, o texto é subdividido em quatro partes que se entrelaçam em suas análises: a) as Unidades de Conservação, com usos e empreendimentos deletérios aos seus propósitos, promovem e perduram tensões e conflitos, comprometendo a qualidade ambiental; b) as implicações de Unidades de Conservação em sua face de "propriedade privada" e as compensações municipais; c) os serviços ofertados por concessões; d) o papel dos próprios funcionários públicos. Tais reflexões não

---

[4] A mudança no contemporâneo pode parecer imperceptível/perceptível e constitui-se sintoma dos processos que se agitam nos subterrâneos da sociedade, que não ganham visibilidade no imediato e no episódico, no fragmento (MARTINS, 2000, p. 152).

desconhecem que novas práticas e posturas têm procurado a participação e representatividade social; todavia, o resultado final nem sempre a essas se remetem.

Breve histórico sobre a criação de Unidades de Conservação, UCs

A história de institucionalização de áreas protegidas aponta as dificuldades legais e também um certo distanciamento entre a sociedade e os objetivos *"científicos"* dessas UCs. No Brasil, as primeiras Unidades de Conservação correspondem aos Jardins Botânicos, do século XIX, destinados ao lazer das classes mais afortunadas. Em termos institucionais, o primeiro instrumento jurídico instituindo áreas protegidas foi o primeiro Código Florestal (Decreto 23.793, 23/01/1934), que introduziu as categorias: parques nacionais, estaduais e municipais; florestas nacionais susceptíveis à exploração econômica; e as florestas protegidas e as zonas de preservação em propriedades privadas (BIODIVERSITAS, 1996, p. 5). Infelizmente, o próprio Código traz uma contradição, qual seja permitir o corte de florestas heterogêneas pelos proprietários. Em 1965, foi publicado o Código Florestal (Lei 4.771 de 18/09/1965), definindo normas para a proteção da vegetação e critérios para sua exploração. O Código foi complementado pela Lei 5.197 (03/01/1967) e, mais recentemente, em 2000, pela Lei Federal 9.985 de 18/07/2000, que regulamenta o art. 225 da Constituição Federal, instituindo o Sistema Nacional de Unidades de Conservação da Natureza, SNUC.

Os primeiros parques nacionais surgem somente em 1937 e 1939: o Parque Nacional de Itatiaia (Decreto 1.713), o Parque Nacional do Iguaçu e o Parque Nacional da Serra dos Órgãos (Decretos 1.035 e 1.822, respectivamente). Alguns parques municipais precedem esses parques, como por exemplo, o Campo da Redenção, que, em 1935, pelo Decreto Municipal 307/35, foi denominado Parque Farroupilha, com 69 ha no início e hoje engloba apenas 40,01 ha.

Até a década de 1960, a criação de Unidades de Conservação era vinculada sobretudo a razões estéticas ou políticas, sem se articular a um sistema composto por diferentes tipos de categorias de manejo. A mudança nos critérios de criação[5] dos espaços protegidos esbarrou(a) em impedimentos notáveis, a exemplo da quantidade[6] e sua distribuição no país.

---

[5] As prioridades científicas correspondem a representatividade da biodiversidade de vários ecossistemas, a falta de certas paisagens, a proteção da fauna, da flora e de recursos hídricos, os ciclos de reprodução de espécies vegetais e animais, e sociais, tais como a oferta de lazer, os programas de pesquisa científica e a educação ambiental. O conceito de parque nacional permitiu o surgimento de outras áreas protegidas, detendo diversos objetivos: as reservas da biosfera, as reservas biológicas, as estações de pesquisa, os rios cênicos, as reservas particulares do patrimônio natural, entre outras (DRUMMOND, 1997, p. 7).

[6] De acordo com PAULA (1994, p. 245) "a radicalidade da questão da biodiversidade desfaz as ilusões dos que acham que a questão ecológica se resolve pela preservação de pequenos santuários naturais. A questão ecológica implica, no fundamental, profundo questionamento de toda uma estrutura de propriedade, de produção e de consumo".

As unidades de proteção, instituídas antes da aprovação do SNUC (por meio de portarias e decretos), o foram aleatoriamente com base em critérios confusos, sem um processo de participação da sociedade, desconsiderando grande parte dos interessados e seus interesses (DRUMMOND, 1997). A adoção de uma política voltada às unidades de conservação se desenvolverá lentamente e terá como propósito a instalação de um plano do Sistema nacional de unidades de conservação a partir de 1976, baseado no trabalho "Uma Análise de Prioridades em Conservação da Natureza na Amazônia".

Em 1979, o estabelecimento do Regulamento dos parques nacionais brasileiros (Decreto 84.017 de 21/09/1979) assinala a necessidade de elaboração de planos de gestão para todos os parques nacionais. Ele explicita os objetivos nacionais de conservação e conceitos adequados às categorias de gestão (REDE DOS JORNA-LISTAS AMBIENTAIS BRASILEIROS, 24/06/2000; MERCADANTE, 1997 e 1999). Naquele período, 0,28% do território nacional era ocupado por áreas protegidas federais (18 parques nacionais e seis reservas biológicas). Desde o regime militar, esse montante suscitou uma política conduzida por decretos e resoluções, conveniente para fazer face às urgências, mas que gerou insegurança jurídica. Na tentativa de oferecer tratamento global e unitário ao setor, a Lei 6.938 (BRASIL 1981) sobre a Política nacional do meio ambiente eleva, em 1982, o percentual de áreas protegidas a 1,2% do território nacional nas mesmas categorias de unidades (24 parques nacionais e 10 reservas biológicas). Em 1988, o Instituto Brasileiro de Desenvolvimento Florestal (IBDF) contrata a Fundação Pró-natureza, Funatura para avaliação crítica das categorias de UCs então existentes e elaboração de um anteprojeto de lei instituindo o Sistema Nacional de Unidades de Conservação – SNUC (MERCADANTE, 2001).

Em 1992, a mensagem 176/1992 e o Projeto de Lei 2.892 definem os obje-tivos nacionais de conservação e a instituição do Sistema Nacional de Unidades de Conservação. Entretanto, essa mensagem havia recebido, ainda em 1994, uma modificação. Assim, enquanto o SNUC não estava aprovado, as unidades de conser-vação existentes se submetiam a dois tipos de uso: direto e indireto. As Unidades de Conservação de uso direto se referiam às áreas também destinadas à conservação de sua biodiversidade, mas possibilitavam no seu interior a utilização de recursos naturais, desde que a partir de modelos de desenvolvimento sustentável. São elas: as florestas nacionais – Flona, as áreas de proteção ambiental – Apa, a reserva da fauna e a reserva de proteção ambiental. As Unidades de Conservação de uso indireto correspondiam às áreas destinadas à conservação de sua biodiversidade, à pesquisa científica, à educação ambiental e à recreação. Nelas, é proibida a explora-ção de recursos naturais, admitindo apenas seu benefício indireto. Compõem essa categoria: o parque nacional – Parna; a estação ecológica; o monumento natural e o refúgio de vida selvagem.

Os critérios de uso não excluíram nem excluem os inúmeros problemas des-sas unidades, provenientes da indeterminação de uma política em diversos níveis institucionais que conduz(iu) a criações de áreas protegidas em réplica a demandas pontuais, motivadas por interesses diversificados: solicitações limitadas para a proteção de áreas sensíveis, não necessariamente representativas da biodiversidade, mas de valorização de áreas turísticas, de empreendimentos privados, ou ainda, em resposta a compromissos políticos, nem sempre claros. Tais práticas guardam critérios oportunistas e fragmentados, cuja consequência é a confrontação dos espaços protegidos a processos de degradação socioambientais alarmantes. Somente 4% do território estava definido por uma unidade de conservação, em 1998 (IBAMA, 2000). Esse percentual é também indicativo dos desafios enfrentados pela Diretoria do Programa Nacional de Áreas Protegidas, subordinada à Secretaria de Biodiversidade e Florestas do Ministério do Meio Ambiente – MMA, em 1999:

> a consolidação de uma política nacional para as áreas protegidas; a articulação entre as ações e entidades que estabelecem e gerenciam as diversas áreas protegidas, tanto nos três níveis de governo como junto ao setor privado e à sociedade civil organizada; e o fortalecimento de um marco institucional que coordene essas ações/atividades e as respectivas entidades responsáveis pela implementação das mesmas. (MMA, 2004)

Nesse sentido, naquele momento, a missão da Diretoria compreendia coordenar e integrar os "esforços no estabelecimento e na gestão de áreas protegidas nos distintos níveis de governo" (MMA, 2004). Tarefas nada fáceis, mas promissoras, pois, nos últimos anos, o número de unidades de conservação cresceu significativamente e parece congregar boas perspectivas com o Parque Nacional das montanhas do Tumucumaque, 2002 e o Parque Nacional da Serra do Itajaí, 2004. O total de unidades de proteção integral (de uso indireto) corresponde a 2,61% do território nacional e 5,52% de unidades de uso sustentável (de uso direto), num total de "8,13% do território nacional" (IBAMA, 2002). A superestimação desse valor se deve ao fato de que muitas áreas de proteção ambiental (APAs) agregam, na sua extensão, uma ou mais unidades de conservação, UC de uso indireto. Não obstante, o total de área protegida ainda está abaixo do mínimo de 10% de proteção integral por bioma, determinado pela UICN (1992).

Após oito anos em discussão no Legislativo, o projeto de lei do SNUC foi finalmente aprovado no Congresso nacional em 2000 e transformado em norma jurídica (Lei 9.985/2000, regulamentada pelo Decreto 4.340, de 22/09/2002), regulamentando o art. 225, § 1º, incs. I, II, III, VII da Constituição Federal de 1988. Constituem os objetivos do SNUC:

> integrar as inúmeras leis e portarias que regulamentam os parques e reservas e atualizar seus conceitos (proteção do habitat como um conjunto, introduzindo a questão social e o uso dirigido a outros fins de conservação); oferecer uma alternativa de recursos financeiros às unidades, para que a metade do montante obtido com as visitas seja destinada ao próprio parque, hoje, 100% é destinado ao Tesouro Nacional; contribuir à manutenção da diversidade

biológica e dos recursos genéticos; proteger as espécies ameaçadas de extinção; contribuir à preservação e à restauração da diversidade biológica dos ecossistemas naturais; promover o desenvolvimento sustentável e tornar possível as atividades de pesquisa científica, os estudos e monitoramento ambientais (SENADO FEDERAL 22/06/2000).

Conforme a entidade instituidora, as UCs que integram o SNUC podem ser federais, estaduais ou municipais. De acordo com o Art. 2º da Lei 9.985, a unidade de conservação é entendida por espaço territorial e seus recursos ambientais, incluindo as águas jurisdicionais, com características naturais relevantes, legalmente instituída pelo Poder Público, com objetivos de conservação e limites definidos, sob regime especial de administração, ao qual se aplicam garantias adequadas de proteção.

O estabelecimento de uma Unidade de Conservação deve ser precedido de estudos técnicos e de consulta pública, que possibilitem identificar sua localização, dimensão e limites mais adequados (artigo 22, parágrafo 2º da Lei). Quanto à natureza do ato de criação, afirma-se ser o mais apropriado a via de lei, que impõe obrigações e restrições de direitos e, ainda, segundo a Constituição Federal, a alteração, supressão de espaços territoriais e seus componentes especialmente protegidos só permitidos por meio de lei (artigo 225, III). Assim, as UCs serão geridas por um órgão responsável e um Conselho Consultivo por ele presidido ou por Organizações da Sociedade Civil de interesse público com objetivos afins aos da Unidade de Conservação, mediante instrumento firmado com órgão responsável por sua gestão. As Unidades de Conservação integrantes do SNUC, conforme o artigo 70 da Lei, subdividem-se em Unidades de Proteção Integral e Unidades de Uso Sustentável, com características e objetivos específicos concorde a proteção que se quer dar. Consoante ao Art. 7 da Lei 9.985, as Unidades de Conservação de Proteção Integral, (I – Estação Ecológica; II – Reserva Biológica; III – Parque Nacional; IV – Monumento Natural; V – Refúgio de Vida Silvestre) objetivam "preservar a natureza, sendo admitido apenas o uso indireto dos seus recursos naturais, com exceção dos casos previstos nesta Lei". Já as unidades de Uso Sustentável (I – Área de Proteção Ambiental; II – Área de Relevante Interesse Ecológico; III – Floresta Nacional; IV – Reserva Extrativista; V – Reserva de Fauna; VI – Reserva de Desenvolvimento Sustentável; e VII – Reserva Particular do Patrimônio Natural) visam "compatibilizar a conservação da natureza com o uso sustentável de parcela dos seus recursos naturais".

A legalização da criação de Unidades de Conservação obriga o Estado a efetuar estudos e elaborar os Planos Emergente e de Manejo adequados a cada categoria – uma prática normativa que pode trazer descontentamento quanto a antigos empreendimentos não indenizados a contento ou inadequados em face das exigências de conservação. A pressão do econômico acirra cada vez mais as desigualdades, o racionalismo utilitário e dos atingidos[7], impedem o desenvolvimento, que não tem ocorrido, nem a decisão sobre o seu formato. O desenvolvimento econômico tem sido dado pela mensuração do jogo entre o valor contido e o valor criado nos vários lugares.

Unidades de Conservação: usos e empreendimentos deletérios aos seus propósitos

A história das Unidades de Conservação (UCs) brasileiras tem se mostrado centralizada em seus processos de criação, como também posteriormente, quando das decisões sobre suas gestões. As decisões "de cima para baixo" limitaram a participação pública ampla e continuam a refreá-la também na regulação do uso e ocupação do solo (uma disputa entre espaços abstratos e concretos[8]). Quanto às áreas protegidas, alguns segmentos locais e externos têm sido privilegiados em detrimento de outros, por seu "saber local" (por ex., a indicação dos limites de propriedades no meio rural pelos produtores locais que são desconhecidos aos seus proprietários) e/ou "jogo de forças" econômicas, políticas, sociais entre os atores. As relações de trabalho e de propriedade, principalmente, expressam a ligação desigual das várias classes com a riqueza natural dos lugares onde estão inseridas (MORAES, 1997, p. 74). Aplica-se como estratégia aquela do discurso competente, como coloca Chauí (1981), e agregam-se as representações de variados atores e seus interesses (ambiental, econômico, político e social) a respeito das unidades de conservação como determinadores de seus papéis, funções e intervenções, na implementação do seu planejamento (quando existe) e de sua gestão. Então, os tecnocratas, adotando um consenso gerado no debate ambiental, se apoderam de procedimentos políticos disfarçados em soluções técnicas.

A posição entre os demais usos do solo e a localização das UCs colocam-nas em confronto com fortes pressões e tensões de naturezas diversas, derivadas de múltiplas escalas: locais, regionais, metropolitanas, nacionais e até internacionais, principalmente com as tendências macroeconômicas da mundialização da economia que acentuam as particularidades territoriais. Processos e relações transescalares apresentam velocidades de (re)arranjos distintas daquelas exigidas para as escalas local, regional ou global. Essas oscilações podem fomentar descompassos comprometedores do sucesso do planejamento ambiental com referência à integração setorial e entre níveis, por exemplo, de governo.

Para ilustrar esse descompasso, destaca-se a morosidade na criação de unidades de conservação, principalmente em escala nacional, como atesta o caso do

---

[7] Alusão ao sentido empregado às vítimas de grandes projetos, como, por exemplo, as barragens. Nesses processos, nem todos os segmentos da sociedade são ouvidos ou recebem atenção semelhante quanto às suas perdas e reivindicações.

[8] Como discutir uma cidade "limpa", por exemplo, a propósito da prática da reciclagem, se muitos brasileiros não dispõem de espaço para morar, água tratada para beber, esgoto etc.?

Parque Nacional da Serra do Itajaí. A criação de uma unidade de conservação na Serra de Itajaí era discutida há pelo menos 25 anos. A proposta foi aprimorada pelo Conselho Estadual da Reserva da Biosfera e apresentada ao MMA em 2000. Em agosto de 2001, esse Ministério, o Ibama e o Comitê Estadual da Reserva da Biosfera da Mata Atlântica iniciaram estudos detalhados sobre a região do Parque. O trabalho foi concluído em dezembro de 2002 (MMA 07/06/2004).

Novas dinâmicas se impõem às UCs que se voltam a responder interesses em jogo, que por serem contraditórios engendram conflitos. Em paralelo a essas circunstâncias, nota-se a ausência de ações normativas que não comprometam a proteção das unidades e quem por elas responda independentemente dos níveis do Estado e da sociedade civil (PEREIRA, 2002). Por sua vez, a problemática ambiental, avaliada em bloco, negligencia as singularidades, os sujeitos do processo – seus partidários (grandes proprietários e poderosos grupos privados), sendo diminutos os beneficiários sociais decorrentes, no que importa ao conjunto da sociedade brasileira (MORAES, 1997, p. 40). Dessa forma, seria realmente positiva a criação de unidades protegidas? Struminski (2003, p. 133) destaca que as unidades de conservação "são um mal exemplo de gerenciamento técnico, desperdício de recursos, de terras, enfim um mal negócio". Espaços protegidos muitas vezes se referem às áreas que não têm interesse imediato para o setor industrial; contudo, podem servir para minimizar pressões e interesses, na relação mercantil que o capitalismo estabelece ao se apropriar da natureza. A "necessidade" de lazer de baixo custo e de acesso rápido próximo às metrópoles diluem o congestionamento de vias em direção ao litoral e ampliam a Frequência de visitação, promovendo a catarse da população menos favorecida.

A exploração de uma riqueza natural qualquer envolve indubitavelmente a construção de infraestrutura na sua área de localização. Os elementos naturais são convertidos em simples fatores de produção e, assim, em componentes do capital, sujeitos às exigências de sua acumulação indefinida (BIHR, 1998, p. 128). A falta de infraestrutura básica pode conduzir a um estado de degradação alarmante, que encaminha a discórdia entre o homem e a natureza, pois as relações de propriedade, mecanismos sociais em que alguns garantem seu domínio sobre porções do espaço terrestre (e dos recursos aí contidos), veda a outros a possibilidade de usufruí-los (MORAES, 1997, p. 75-76).

A transformação dos sistemas de produção, de valores e de conhecimentos da sociedade para construir uma nova racionalidade ambiental (LEFF, 1994) merece vencer o conflito criado entre o antropocentrismo do pensamento cartesiano, que faz míseras concessões (medidas compensatórias, terras devolutas, sem valor) e o biocentrismo baseado em um pensamento arcaico, que prega a salvação impossível de uma natureza intocada (as unidades de conservação?) em um mundo assoberbado pela intervenção planetária do ser humano. A resolução da problemática ambiental e a construção de uma nova racionalidade demandam um novo conjunto de processos sociais (LEFF, 1994, p. 134). Esses, segundo o autor, deveriam coligar valores fundamentais à racionalidade ambiental: os valores humanistas, "a gestão participativa e democrática dos recursos ambientais"; ecológico-científicos, "a formação de uma consciência ecológica[9]", "a reelaboração interdisciplinar do saber", ou mesmo os valores naturalistas, pois "a racionalidade ambiental subentende um conceito de adaptação que predomina sobre o de domínio da natureza no qual se apoia a racionalidade capitalista e os paradigmas cartesianos da ciência moderna" (LEFF, 1994).

Nos últimos anos, diversos segmentos da sociedade brasileira[10] parecem aceitar esse desafio e atribuir outros valores à natureza, não meramente utilitaristas, como mostrou a aprovação do Sistema Nacional de Unidades de Conservação e o Estatuto das Cidades. Os próprios estudos técnicos, por sua vez, incorporam cada vez mais equipes multi, transdisciplinares e têm sido questionados pela sociedade em sua eficiência. A solução de impasses não deve ser delegada apenas ao técnico, pois fosse isso suficiente, menores dificuldades e bons resultados seriam uma constante.

Inquietudes decorrentes e recorrentes em diversas unidades de conservação derivam da ocupação intensiva mencionada anteriormente por Kageyama. A gravidade estimulada pelo consumo predatório dos recursos naturais

> acontece em parte porque são bens públicos, não têm valor econômico associado e, assim, são intensamente consumidos em relação aos que possuem valor de mercado. (BUENO, 2003, p. 197)

Não há dúvidas de que os conhecimentos e informações socioambientais sobre as áreas das futuras unidades de conservação podem antecipar conflitos e auxiliar na definição do tipo de categoria a ser privilegiada. Além disso, o contexto no qual a categoria será inserida merece avaliação. Certos usos e empreendimentos prolongam-se como danosos à conservação, em face da apropriação das condições naturais decorrente do processo de acumulação de riqueza e, de outro lado, dos múltiplos usos sociais dessas condições como condições da vida que certamente não priorizam o ambiental ou o coletivo.

Reforça-se que o excessivo número de categorias não garante a proteção das UCs que encontram-se sem Plano de Manejo, fiscalização e recursos humanos/financeiros (OLIVEIRA; MARQUES, 2003, p. 182). Essa situação de abandono pode ser revertida com o envolvimento da comunidade, ao aportar o apoio necessário à efetiva implementação das Unidades de Conservação ao poder público, tendendo a obter resultados melhores aos seus objetivos de manejo (NETO; TIMONI; PIRES,

---

[9] Para alguns ambientalistas, na medida em que a população se torna adulta mais difícil é a conscientização; então, empregam o termo sensibilização visando a uma mudança de mentalidade.

[10] Viola, em 1987, apontava que "falta no Brasil, além de maior conscientização por parte das elites e do poder público, uma penetração mais ampla da preocupação ecológica nas classes mais populares" (citado por BERNARDES; FERREIRA, 2003, p. 37).

2003, p. 320). Mas, como ousar tal orientação se muitas unidades de conservação não permitem a permanência de população em seu interior? Ademais, a utilização de recursos pode colidir com a falta de informações sobre diversos aspectos da dicotomia conservação/utilização e trazer como questão de fundo as consequências de um uso intensivo visando a uma melhor produtividade. A vocação local é acionada para justificar a criação de empregos, a necessidade de sobrevivência. Questionando tal evidencia, a Apa Sul comparece com inúmeros exemplos, nos quais a exploração do Quadrilátero Ferrífero privilegia sobremaneira as grandes empresas (MBR, CVRD) e gera empregos para moradores da RMBH, não alocados nos municípios nos quais elas possuem extrações. Como unidades de conservação (ecossistemas sensíveis à diversas atividades antrópicas) poderão atender a "perversão do sistema de necessidades" (BIHR, 1998) e conviver com empreendimentos minerários, geradores de grandes impactos ambientais e sociais?

Uma resposta nem sempre fácil de ser apresentada, mas que passa pelo papel ecossistêmico das UCs em termos dos seus benefícios coletivos e dos serviços ambientais da biodiversidade. Nesse sentido, a ideia dos contrastes do zoneamento ecológico evoca os corredores ecológicos como espaços de conectividade de ecossistemas. A avaliação econômica mais representativa dos benefícios e serviços ambientais da biodiversidade[11] negligencia importantes atributos nos trabalhos de valoração ecológica: "a redução da temperatura e da poluição, especialmente relevantes nos trópicos, próximo a áreas urbanas ou industriais" (BUENO, 2003, p. 196). Esses atributos estão ausentes quantitativamente no licenciamento, nos termos de ajuste de conduta, no planejamento e na gestão de áreas naturais protegidas. Os órgãos responsáveis devem internalizar a valoração desses atributos na gestão das áreas protegidas, facilitando a sustentabilidade. Com relação aos benefícios, quando da criação do Parque nacional da Serra do Itajaí, o próprio MMA menciona que ele corresponde à terceira maior reserva de Mata Atlântica (50.000 ha, abrangendo nove municípios de Santa Catarina), abriga centenas de espécies da fauna e flora, além de garantir água para mais de 500 mil pessoas nas cidades em seu entorno. O Parna da Serra do Itajaí é o segundo parque nacional exclusivo de Santa Catarina, além do Parque Nacional de São Joaquim, criado em 1961.

A questão da valoração é delicada, pois envolve ética e moral; não devendo o valor monetário atribuído ao recurso natural ser confundido com valor de substituição ou preço de mercado (BUENO, 2003, p. 198). O valor monetário pago corresponde a um preço público; na verdade, quanto mais se usa, mais caro fica. Seu custo deve ter papel educativo (LIMA; SILVA, citado por BUENO, 2003). Concluindo, sem um valor econômico associado, os recursos naturais ficam vulneráveis, porque até que a sociedade se dê conta de sua importância e estabeleça mecanismos de

---

[11] A amenização do clima a partir de reduções de temperatura nas áreas tropicais pela manutenção das áreas vegetadas, a disposição de uma área de recreação, a função de educação, a filtragem da poluição, o fornecimento de água, para a conservação da biodiversidade, hedônicos, estéticos e muitos outros.

proteção, o recurso pode sofrer dano irreparável. Sobre essa aparente dubiedade do ambientalismo, Power e Rauber comentaram que "exige a adoção de uma abordagem explicitamente pragmática para resolver problemas ambientais. Mais importante do que tudo, exige que os problemas políticos sejam enfrentados primeiro" (POWER; RAUBER, 1993, citado por BUENO, 2003, p. 198).

Apesar de ser consenso, o estabelecimento de um processo mais democrático e participativo de gestão das UCs (já em 1986, a Resolução do Conama 001/1986 dispunha sobre a participação pública em audiências), esse requer o engajamento de maior número possível de atores sociais com representação e participação. Tal consenso, enfatizado também na Constituição de 1988, salienta que os instrumentos políticos de controle das atividades, do uso e da ocupação do solo em UCs demandam um processo mais democrático e participativo. A performance do processo pode abrandar contradições entre os interesses dos diversos setores da sociedade.

As obras do homem reconfiguram o território "quanto mais poderosa é a maquinaria, mais riscos ela provoca para a vida humana e tanto maior é a pressão econômica para tirar dela mais lucro e desempenho" (BERNARDES; FERREIRA, 2003, p. 28). Assim, a criação de UCs não consegue por si só gerar profundas mudanças, apesar de estarem ligadas a organismos com incumbências "estratégicas" para o avanço do país. A latência de políticas convencionais permeáveis aos interesses e tonificadoras da situação presente pouco alteram a rota e o ritmo da degradação ambiental. Para tanto, as instituições e seus funcionários carecem no mínimo, de considerável autonomia decisória, credibilidade pública, além de programas de trabalho mais permanentes do que sujeitos a interrupções.

Unidades de conservação em sua face de "propriedade privada"

As unidades de conservação alteram também o papel dos usuários, que, de produtores do espaço, passam a ser seus consumidores. Como anteriormente exposto, o acesso e usufruto das unidades de conservação atrelam-se ao seu tipo e também a qual categoria de usuário é aludida (classe social, econômica, profissional). Em múltiplas regiões do Brasil, observa-se que o estabelecimento de UCs visou atender a interesses particulares e algumas vezes até de um só empreendedor[12]. A estratégia montada tem como condutor a Prefeitura Municipal e como voz oculta, o empreendedor, como no caso da Apa-Paz Municipal de Inhotim. Os argumentos de tal empreitada recorrem à compensação municipal com ICMS ecológico[13], por exemplo, ao valor auferido pela categoria de Área de proteção

---

[12] Para Sirkis (1999, p. 153, citado por BRAGA, 2001, p. 1329-1330) é o judiciário quem frustra a legislação ambiental ao reconhecer "a um empreendedor o chamado 'direito adquirido' de construir numa área ou em parâmetros hoje vedados pela legislação ambiental ou urbanística".

[13] "Um anteprojeto de lei está sendo elaborado para propor mudanças na lei do ICMS Ecológico em Minas Gerias pela Secretaria de Estado de Meio Ambiente e Desenvolvimento Sustentável. Os recursos deverão formar a "verba carimbada" pelas prefeituras, ou seja: o recurso do ICMS

ambiental ser maior do que o dos demais tipos de UCs, além de ela não exigir a indenização dos empreendimentos instalados para que liberem a área alvo (Brito; Câmara, 1998). Assim, determinados usos são suplantados por outros, sem grandes preocupações do setor público quanto às futuras condições de sobrevivência para os antigos moradores que eram pequenos produtores. Já o empreendedor emprega casais da população local, garantindo por meio de duas cestas básicas o sustento da família (Paz, 2003).

Para ilustrar essas características, a Apa Paz-Municipal do Inhotim, em Brumadinho – MG, apresenta o populismo, personificado por seu maior proprietário[14] (somente quatro propriedades ainda não foram adquiridas). O próprio nome da UC o homenageia – paternalismo além do discurso e declaração do conteúdo político. Tal liderança carismática coaduna com o imperialismo da vida privada sobre a vida pública, delatando relações de lealdade pessoal e práticas de coronelismo. A população perde a expansão do capitalismo, a restauração ou aperfeiçoamento do processo democrático. O tratamento da coisa pública como negócio privado e a necessária distribuição geográfica do poder internaliza o vetor ambiental nas várias políticas territoriais (Moraes, 1997, p. 25).

No processo de criação dessa unidade de conservação, os funcionários municipais e a população local tiveram definidos "seus papéis" em função do conhecimento espacial e dos elementos do ecossistema, da história local que detinham. Uma "legitimação" falsa do processo limitou embates e restringiu o gerenciamento dos recursos e as possibilidades de intervenção. Os ganhos do processo não são uniformes, e os impactos propagam-se distintamente sobre a população, trazendo a ideia de "antipoderes" mencionada por Braga (2001, p. 1325), "a atuação do poder econômico no sentido de capturar o poder político local através do financiamento de campanhas eleitorais, do sustento dos partidos políticos e das práticas de 'comissionamentos'".

Ecológico só poderá ser empregado em ações voltadas à proteção e conservação. Hoje, a lei não vincula o seu uso às áreas de proteção ambiental, todos os recursos chegam em um caixa único das prefeituras. Só este ano, de janeiro a junho, os municípios mineiros que têm algum tipo de unidade de conservação (que pode ser APA, parque estadual, federal, reserva biológica, estação ecológica, e outros) ou recebem pelo critério de saneamento ambiental já embolsaram cerca de R$ 13 milhões do ICMS Ecológico." (ANDRADE, 2004)

[14] Um empresário constrói o Centro de Arte Contemporânea Inhotim, Caci (850m^2 dos 1.112,5 ha da Apa, 1,75% da área total do município), a 49 km de Belo Horizonte, em Brumadinho/Minas Gerais. O museu abriga cerca de 450 obras de 60 artistas contemporâneos e será inaugurado em setembro. Após esta data, ele poderá ser visitado somente pelos moradores da região, a partir de março será aberto ao público em geral. Para Luziah Hennessy, *"essa iniciativa vai colocar o Brasil no circuito internacional das grandes coleções"*. Megalomania? Sem dúvida, a iniciativa lembra o exagero do teatro de Manaus, na floresta amazônica, mas ela traz o arroubo de um aficionado das artes, o que não se via, em termos institucionais, desde a criação do Masp, por Assis Chateaubriand, em 1947. "Creio que a arte contemporânea está nas mãos de poucos colecionadores, mas isso a gente não vê, pois é um mundo de vaidades. Faço este lugar para que se veja o que tem de melhor por aí", afirma o empresário, sem falsa modéstia. (CYPRIANO, 2004)

O museu faz parte de um ousado projeto que prevê a construção de um complexo turístico composto ainda por hotel, *spa*, campo de golfe e condomínio. Segundo argumentos do proprietário, tais atrativos melhor posicionarão a região em termos competitivos na captação de turistas do mercado exterior. Em contrapartida, as ações do empreendedor geram desapropriação "voluntária" da população local, mediante a compra dos imóveis das cercanias e a mudança de uma estrada próxima, cujos ruídos e poeiras perturbam o clima de contemplação exigido pelo museu (PEREIRA; MUNGAI; RODRIGUES, 2004).

Nem sempre o ambientalmente correto segue junto com os anseios sociais; da mesma forma, o encontro do ponto de equilíbrio entre a norma técnica e a justiça social desconhece a facilidade (MORAES, 1997, p. 26). A lenta democratização de instituições e órgãos tem seu ritmo muitas vezes comandado pelo governo, que ampara a dilapidação do patrimônio ambiental da sociedade brasileira. No caso destacado, nem a própria Prefeitura possui cópia do projeto do museu, ou seja, o empreendimento não foi aprovado e já está inaugurado (27 de setembro 2003).

Para salvaguardar o instituído, o Estado suspende as falas e adota opções técnicas discutíveis, políticas inadequadas, falta de transparência e controle das decisões. Nesse exemplo, o Rima aparece como um "ritual formalista" (MORAES, 1997, p. 61-62). Essa postura compõe uma matriz conservadora que debilita as ações de enfrentamento político.

As normas políticas recentes e os novos atores tendem a "facilitar" a participação pública na definição dos usos das UCs, mas sem maiores questionamentos quanto à posição do Estado, o favoritismo continua e perdura a prática clientelista de assistência social, na qual "governar é realizar ou distribuir favores" (CHAUÍ, 1994, p. 26). Assim, mantêm-se as relações de compadrio, uma parte dos negócios públicos continua a ser tratada como questão de família. A indefinição do que é público e do que é privado conserva vagos e tensos esses conceitos. Os cidadãos são então reduzidos a meros eleitores, legitimadores do sistema e pagadores de impostos, sustentadores do sistema com participação na vida pública passiva (BRAGA, 2001, p. 1325).

Serviços ofertados por concessões

As áreas protegidas oferecem grande variedade de problemas de gestão e organização espacial, podendo os fatores que a isso influenciam ser resumidos em: vontade política e capacidade administrativa governamental; condição fundiária original da região antes da transformação em região protegida; transparência dos objetivos de conservação da natureza e alternativas de gestão; localização da área protegida; engajamento da população e existência de outras políticas setoriais eventualmente discordantes. Somente na América do Sul, quase 85,9% dos parques nacionais eram habitados, e quase um terço dos administradores dos parques cita a ocupação como um dos principais problemas de gestão (UICN, 1992:

6). Frequentemente, as zonas são controladas por instâncias superiores, de modo centralizado, e, por isso, englobam uma superfície parcial da natureza (PIMBERT; PRETTY, 1995, p. 5). Dessa forma, na América Latina, os obstáculos vividos nas áreas protegidas deparam-se com a situação fundiária e a ocupação de territórios (BARBORAK, 1997, p. 43).

Complementando essa colocação, o trato com os visitantes e os residentes das comunidades vizinhas à área protegida em questão merece também se envolver nos destinos das Unidades de Conservação. O ordenamento jurídico, proposto por um Estado onipresente e centralizador, atrela leis e normas restritivas e paternalistas que distanciam o cidadão da plenitude do exercício de seus direitos.

Quanto à administração das unidades de conservação, muitos funcionários que ingressam em órgãos ligados ao meio ambiente têm nos concursos prestados seus conhecimentos técnicos específicos testados (biologia, geografia, sociologia) e não conhecimentos administrativos. Eles tornam-se perenes nos escalões intermediários da administração pública e concorrem para a manutenção do aproveitamento dos recursos públicos. A realidade de um Estado economicamente moribundo exaspera críticas à sua inoperância.

A análise de Campos (1997, citado por NETO; TIMONI; PIRES, 2003, p. 320) sobre um serviço integralizador dos parques paulistas afirma ser "preciso na verdade mudar toda a cultura no gerenciamento das UC's e dar a participação, organicidade e transparência que são expectativas permanentes dos diretores e técnicos de parques".

A participação na discussão do orçamento, contudo, salienta outra posição; para alguns, o maior número de participantes implica menor prestígio (se encastelam). Entretanto, essa ampliação deve também incluir a priorização e seleção de projetos para destinação de recursos, descentralizando procedimentos e desvinculando-os de grupos que se alternam no poder. A liberação dos recursos ao longo do ano é outra reivindicação indicada pelos chefes de unidades a fim de promover a desconcentração das licitações (PEREIRA, 2002).

A gestão cotidiana também exige recapacitação funcional que pode ser imprescindível às novas demandas que as dinâmicas espaciais e sociais requerem (novas legislações, entendimento de conceitos e procedimentos, (re)conhecimento de responsabilidades). Apoiar-se no conhecimento formal e na rede informal pode se constituir uma prática favorável mas também ameaça ao cumprimento das normas. Não é possível manter um relacionamento amistoso com uma parcela da população sem anteriormente formalizar-se uma relação de respeito e amizade com seus líderes. Em diversas UCs, uma reclamação é quase unânime: a abordagem arrogante dos funcionários acaba distanciando o homem comum das áreas protegidas.

Terceirização das atividades em Unidades de Conservação

Refletindo sobre as dificuldades já mencionadas na gestão e administração de UCs por parte dos funcionários, as colocações a seguir verificam a terceirização de seus serviços. Apesar de as UCs contarem com um responsável por estarem subordinadas a órgãos públicos ou organizações não governamentais, essa condição torna-se insuficiente para a resolução de confrontos. Considerar que após a licitação um problema foi resolvido é, no mínimo, ingenuidade, pois mesmo a avaliação positiva dos serviços licitados não descarta os efeitos que as concessões têm, por exemplo, como promotoras da elite local, que permitiam a entrada de jeeps no Parna da Serra do Cipó/Minas Gerais[15]. Para ampliar o acesso de pessoas com dificuldades motoras, esses carros tiveram permissão de circular no parque, mas, na verdade, outros usuários é que se beneficiavam do serviço, aumentando o número de viagens/dia. Em termos de promoção de elite externa, o preço pago pelos ingressos no Parna Iguaçu[16], além do custo de viagem, no caso de turistas extrarregionais, torna-se excessivo (para os padrões da maioria de brasileiros).

Uma apreciação do sistema de concessão do Parque Nacional do Iguaçu é feita por Müller, Herrig e Skaf (2003, p. 250), como a "ferramenta de manejo e melhoria da Unidade, que auxilia os órgãos gestores a adequarem a visitação quando for permitido o uso público para fins educacionais e recreativos". Conforme os autores, a implantação de um sistema de monitoramento possibilita checar a qualidade dos serviços prestados por empresas privadas aos visitantes e sua consonância com a principal missão das Unidades: preservar e conservar os recursos naturais e a biodiversidade.

Desde 1997, o Parque Nacional do Iguaçu iniciou a implantação de um projeto de revitalização, por meio da concessão de uso de determinadas áreas e serviços da zona de uso intensivo, incrementando serviços e infraestruturas adequadas aos milhares de visitantes (MÜLLER; HERRIG; SKAF, 2003, p. 250). Segundo a Lei 8.987, comentam os autores, a concessão parte de um processo licitatório, mediante autorização oficial do direito de uso de bens de domínio público a terceiros. A prestação de serviços e a execução de obras pelo concessionário devem estar fundamentadas em condições legais e contratuais, sujeitas a regulamentação e controle do órgão concedente. Os benefícios vislumbrados pelo provimento de facilidades e adequação da visitação por meio de investimentos privados geram empregos para as comunidades locais, melhor aproveitamento do potencial das Unidades e

---

[15] A região da Serra do Cipó faz referência aos espaços incluídos nos limites do Parque nacional (Parna) da Serra do Cipó (33.800ha), cobrindo porções dos municípios de Jaboticatubas, Itambé do Mato Dentro, Morro do Pilar e Santana do Riacho (Ibama); e dos espaços abrangidos pela Apa do Morro da Pedreira das municipalidades de Itabira, Itambé do Mato Dentro, Jaboticatubas, Morro do Pilar, Nova União, Santana do Riacho e Taquaraçu de Minas (66.200 ha) (PREFEITURA DE JABOTICATUBAS, 1998).

[16] Criado em 1939, com área total de 185.262,5ha, no extremo oeste do estado do Paraná, próximo a foz do Rio Iguaçu, divisa com a Argentina, abriga enorme riqueza de espécies da Mata Atlântica. As Cataratas do Iguaçu, localizadas no seu interior, atraem anualmente cerca de 700.000 visitantes do mundo todo. Em 1986, a UNESCO reconheceu-o como Patrimônio Natural da Humanidade, primeira área natural do país a receber esse título.

dedicação com mais intensidade dos órgãos ambientais responsáveis à pesquisa e à conservação do ecossistema entre outras atribuições legais.

Atualmente, duas concessionárias operam no Parque Nacional do Iguaçu, a Cataratas do Iguaçu S/A e a Ilha do Sol Agência de Viagens Ltda (MÜLLER; HERRIG; SKAF, 2003, p. 251). A primeira iniciou suas atividades em dezembro de 2000 e se ocupa da renovação, implantação e melhoria da infraestrutura de apoio ao visitante[17]. A Ilha do Sol Agência de Viagens Ltda realiza o passeio do Macuco Safari, implantado em 1987 e revitalizado em 2000. O passeio sai do edifício ambiental, local de apoio aos visitantes, com grupos de no máximo 25 pessoas. Acompanhados de um guia[18], grupos percorrem 3 km em meio à mata, em jipes elétricos, recebendo informações da fauna e flora da Unidade. A etapa seguinte consiste de uma caminhada opcional de 600 m, passando por uma queda d'água de cerca de 20 m de altura. Os passeios com barcos infláveis pelo rio Iguaçu até as cataratas e o rafting são opções cujos custos são adicionais ao ingresso pago na fase 1. Assim, dependendo da destinação de origem do visitante, ele "pode" percorrer um máximo de 3,6 km da extensão acessível do Parque, em menos de duas horas de duração. Somando-se o custo de deslocamento do visitante do seu local de residência e o preço do ingresso, destaca-se que é exorbitante para o orçamento do brasileiro e inadmissível para a exuberância de um Parque Patrimônio Mundial.

O trabalho de monitoramento dos serviços das concessionárias do Parque Nacional do Iguaçu iniciou-se em junho de 2001, tendo como base o contrato firmado entre o IBAMA e as concessionárias, o Plano de Manejo do Parque, o Plano de Uso Público, o de Ação Emergencial e o Regulamento dos Parques Nacionais Brasileiros. Após estudo e análise dessa documentação, foram selecionados indicadores que, posteriormente, com saídas de campo, foram adequados à realidade das atividades desempenhadas pelas concessionárias (MÜLLER; HERRIG; SKAF, 2003, p. 251). As operações foram também acompanhadas e permitiram determinar outros indicadores do protocolo para coleta de dados, para uniformizar o levantamento de informações (realização de análises comparativas). A coleta das informações ocorre com periodicidade mensal e trimestral.

Os autores ressaltam a importância da iniciativa de implementação de sistemas de monitoramento dos serviços prestados por empresas privadas. Para o Parque Nacional do Iguaçu, o monitoramento mostrou-se altamente eficiente, como

---

[17] Centro de recepção de visitantes, sanitários, área de alimentação, elevador, trilhas, lojas, ambulatório, informações, estacionamento e um sistema interno de transporte.

[18] Em visita ao Parque em 2001 e posteriormente em fevereiro 2004, constatou-se a oferta dos mesmos serviços (na primeira eram vendidas capas de plástico para que os visitantes não se molhassem com a água das cataratas). Faltou a presença de guia junto aos grupos colocados nos ônibus (uma gravação apresenta o Parque), não houve indicação de trilhas interpretativas livres para percurso na mata ou mesmo placas indicativas das espécies. Questionados, os funcionários apresentam como justificativa que estes serviços ainda não foram implementados. Após a caminhada de 600m, uma faixa conduz os visitantes à loja de *souvenirs* e ao restaurante, cujo preço da refeição gira em torno de 8$ USA.

ferramenta de manejo e avaliação dos serviços na Unidade. Entretanto, não são descritos os impactos negativos e positivos dessa experiência, nem discriminadas as lacunas modificadas após o procedimento. O detalhamento do processo poderia ser avaliado por outras unidades no país que contam com a terceirização ou não.

A unidade de conservação traz uma outra tensão quando pensada em termos de direitos. A redução dos meios de subsistência para as populações residentes em áreas protegidas e a criminalização de atividades extrativas sem a contrapartida de uma política de desenvolvimento sustentável podem dificultar a compreensão de novas práticas de preservação da natureza (MARANGON; AGUDELO, 2003, p. 289). Os autores discutem a colisão de dois direitos fundamentais: o direito Natural e o direito Cultural. Trata-se da colisão entre direitos constitucionais fundamentais e bens jurídicos das populações tradicionais (o patrimônio cultural), com o direito de preservação de um bem ambiental (patrimônio natural), em Serra Negra, comunidade rural da APA de Guaraqueçaba. O compromisso com o passado é apenas reivindicado pelos mais idosos. A maioria da população, que se reconhece tradicional, remete-se ao sentido de pertencimento ao lugar onde nasceu e vive. As formulações de caráter positivo em torno da preservação ambiental soam como frases artificiais ao vocabulário local, "preservar" passou a ser sinônimo de conflito. As punições[19] da legislação ambiental os igualam. Integrantes de Ongs e Ibama são confundidos com membros de patente superior da Polícia Florestal/ Militar (MARANGON; AGUDELO, 2003).

A implementação da Lei Ambiental forçando restrições termina por incitar impactos negativos às populações atingidas e os estende ao ambiente que se buscava preservar. Nesse sentido, salientam-se os incêndios provocados em várias UCs (p. ex., nos Parnas da Serra do Cipó, da Serra da Canastra), o pastoreio de gado, a coleta de sempre-vivas, de cristais.

O Decreto 84.017 de 21/09/1979 regulamenta os parques nacionais e atribui a propriedade da terra ao Estado além de restringir seu uso limitado. Tais restrições trazem insatisfação à população local. No Parna da Serra do Cipó, um dos conflitos mais citados é o pastoreio de gado no seu interior. Os conflitos entre os proprietários e o Estado são representados também pelos valores auferidos com as indenizações pagas pelo segundo. Vários grupos consideram irrisórios esses valores, principalmente se forem consignados a aspectos ligados à vida das comunidades tradicionais, como os laços afetivos, a topofilia (PEREIRA, 2002).

Já Oliveira e Marques (2003, p. 184-185) averiguam a interferência antrópica no entorno e dentro de uma UC, no Município do Rio de Janeiro, e identificam

---

[19] A imagem negativa do Ibama apareceu em diversas etapas do processo de criação do Parna Serra do Cipó, especialmente quanto à forma de abordar os usuários (PEREIRA, 2002). A polícia, para Rancière, corresponde ao "conjunto de processos pelos quais se operaram a agregação e o consentimento das coletividades, a organização dos poderes e a gestão das populações, a distribuição dos lugares e das funções e os sistemas de legitimação dessa distribuição." (RANCIÈRE, 1996, p. 372).

como vetores de pressão: a análise vaga, incompleta e confusa sobre a legislação das UCs; a ausência de mapeamentos detalhados do uso do solo demarcando a área protegida e seu entorno e de análise da sobreposição de áreas protegidas; a regularização fundiária nas Unidades de Conservação; a integração da comunidade local à natureza por meio das unidades; a carência de capacitação de agentes para os órgãos fiscais; e a necessidade de ampliação do número de procedimentos de fiscalização e gestão que faça participar e interagir União, Estado e Município.

A Lei de Proteção à Fauna (Lei 5.197/67) proíbe a caça, embora essa atividade ainda seja cada vez mais frequente. As severas punições dos atos de "flagrante delito" terminam por "incentivar" aos caçadores clandestinos a capturarem qualquer tipo de caça, ato inexistente nas práticas tradicionais de gestão dos estoques.

O desmatamento clandestino ocorre para compensar os prejuízos causados pelas restrições às atividades agrícolas. Muitos agricultores têm estratégias de roças clandestinas (SANTOS, 2001, citado por MARANGON; AGUDELO, 2003) como forma de driblar as limitações às atividades agrícolas. Ocorrem a aceleração da degradação do ecossistema florestal, interferências na gestão da mão de obra, complementação e correção de solos e consequentemente queda da produtividade do trabalho, desorganizando o calendário agrícola.

As UCs, territórios nos quais a Lei Ambiental é substancialmente mais rígida, e com ampla diversidade (decretos, resoluções, entre outras normas), são quase sempre incompreensíveis e incompatíveis às práticas de subsistência locais[20]. O cumprimento da lei, sem maiores esclarecimentos, facilita a geração de uma comunidade culturalmente abalada e economicamente estagnada, que diariamente torna-se mais refém dos bens de consumo, do saber e da tecnologia de desenvolvimento "insustentável" da sociedade dominante. O relacionamento entre a sociedade hegemônica e a sociedade local vincula uma dependência que descaracteriza e desarraiga socioeconômica e culturalmente a segunda. A carência de políticas de desenvolvimento regional compatíveis aos ecossistemas sensíveis e a permanência de populações locais indicam que

> hoje em dia, nenhum país latino-americano conta com uma política científico-tecnológica para o "desenvolvimento sustentado", entendido como o propósito de gerar os conhecimentos próprios necessários para um aproveitamento autodeterminado e sustentável de suas potencialidades ecológicas (LEFF, 2001, p. 484, citado por MARANGON; AGUDELO, 2003).

As unidades de conservação não podem ser vistas e pensadas como "ilhas de preservação" do meio natural, isoladas do seu contexto regional e nacional (BENATTI, 1999, citado por MARANGON; AGUDELO, 2003; FERNANDEZ, 1997), nem tampouco do contexto global. Desse modo, quanto ao manejo dos recursos, as UCs

---

[20] Os crimes contra a fauna/flora ocorrem no nível municipal, mas são legislados no nível federal, ocasionando vai e vem dos processos.

devem objetivar o gerenciamento em visão integrada, que busque a consorciação do desenvolvimento sustentável, com alternativas econômicas e sociais, com fulcro na região alvo do planejamento dentro dos parâmetros de cada categoria. O principal desafio está em compreender a natureza e a função dos recursos naturais e culturais para poder cuidá-los e utilizá-los beneficamente.

Papel dos funcionários públicos

Para os novos funcionários contratados pelo Ibama, no último concurso, certas dificuldades foram registradas no primeiro ano de trabalho, como no caso das UCs, na região Norte brasileira. As diferenças geográficas da região e as de origem dos funcionários exigem um período maior para adaptação, podendo despertar a intolerância da comunidade. Outros, por desconhecerem os mecanismos de funcionamento das redes locais, sofrem com agressões e ameaças dos interessados na exploração dos recursos da região (as madeiras de lei, por exemplo).

Abreu e Siqueira (2003, p. 367) analisam o exemplo da Fundação Vitória Amazônica (FVA), uma organização não governamental conservacionista, reconhecedora da necessidade de uma concepção alternativa à criação e consolidação de UCs na Bacia do Rio Negro. O esforço para a proteção ambiental esteve também articulado ao envolvimento dos grupos sociais locais, garantindo, assim, um processo mais participativo nas tomadas de decisão referentes ao Parque Nacional do Jaú. Para os autores, a experiência da FVA tem se consolidado com base em ações, como, fortalecimento da organização social por meio de cursos, reuniões comunitárias, encontros e seminários; aprofundamento de informações aos envolvidos sobre o uso sustentável dos recursos naturais; potencialização de atividades produtivas e sustentáveis.

Enfim, sejam os funcionários antigos ou novos, o que se busca é um profissional atuante (MORAES, 1997, p. 31), que, junto às UCs, consiga êxito na continuidade de bons programas e seja perspicaz na coordenação de decisões orientadas por objetivos de longo prazo (flexível constantemente a sua reorientação).

Considerações finais

O objetivo deste texto é compartilhar inquietudes que não são novas nem específicas a uma região. Elas devem ser entendidas como embates identificados e em construção, em direção à participação pública irrestrita, mediante o fortalecimento dos agentes de entidades capazes de tomar nas mãos o destino do coletivo ou, pelo menos, lutar para sua elaboração. Os agentes devem ser capazes de se projetarem "além do plano local através de alianças fortes o suficiente para influenciar a tomada de decisão nos níveis regional, nacional e internacional e construir alternativas ao modelo dominante" (BRAGA, 2001, p. 1332).

A política institucional está tão fechada que bloqueia interstícios nos quais se faria a experiência do cotidiano popular?

A questão das unidades de conservação e, por extensão, de toda a discussão ambiental reside, portanto, na importância de se aperfeiçoar o entrelaçamento de relações entre a sociedade (com suas necessidades) e a natureza (muitas vezes frágil) das unidades de conservação, visando criar um convívio mais harmônico entre os seres humanos (STRUMINSKI, 2003, p. 133). E retomando a colocação de Martins, "a sociedade toma o poder quando arrebata do Estado direitos e possibilidades, e também responsabilidades, que lhe foram confiscados por ele, quando assume e realiza por si mesma, sem intermediários, a compreensão e a gestão de suas necessidades" (2000, p. 163).

Referências

ABREU, M. J. P.; SIQUEIRA, I. C. Unidades de Conservação. Um desafio a melhoria da qualidade de vida de populações tradicionais. Pelotas/RS. *Anais do 2o Simpósio de Áreas Protegidas Conservação no Âmbito do Cone Sul*, 2003, p. 367-73 (Cd rom).

ANDRADE, C. *ICMS Ecológico terá mais vigilância em Minas*. Jornal Estado de Minas, Belo Horizonte, 03 de agosto, 2004.

BARBORAK, J. R. Mitos e realidade da concepção atual de áreas protegidas na América Latina. In: *Anais do Congresso brasileiro de unidades de conservação*. Curitiba: IAP, Unilivre, Rede nacional pró-unidade de conservação, p. 39-47, 2, 15 a 23 de novembro, 1997.

BERDOULAY, V.; ENTRIKIN, J. N. Lieu et sujet – perspectives théoriques. *L'espace géographique*, (2), p. 111-21, 1998.

BERNARDES, J. A.; FERREIRA, F. P. de M. Sociedade e natureza. In: CUNHA, S. B. da; GUERRA, A. J. T. (org.). *A questão ambiental: diferentes abordagens.* Rio de Janeiro: Bertrand do Brasil, 2003, p. 17-42.

BIHR, A. *Da grande noite à alternativa – o movimento operário europeu em crise.* São Paulo: Boitempo, 1998.

BIODIVERSITAS. *RPPN – reserva particular do patrimônio natural.* Belo Horizonte, p. 2-54, 1996.

BRAGA, T. Principais limitações a internalização da dimensão ambiental nas práticas urbanas. Rio de Janeiro: *Anais do IX Encontro da Anpur*, 2001, p.1322/33.

BRASIL. Decreto-lei 99.274 de 06 de junho de 1990. Regulamenta as áreas de proteção ambiental. Diário Oficial [da] República Federativa do Brasil. Brasília/DF, 1990.

BRASIL. *Constituição.* Constituição da República Federativa do Brasil: promulgada em 1988-10-05, atualizada até a Emenda Constitucional n. 20, de 15/12/1998. São Paulo: Saraiva, 1998.

BRASIL. Lei 90.223 de 25 de setembro de 1984. Dispõe sobre a regulamentação de terras e criação do Parque estadual da Serra do Cipó. Diário Oficial [da] República Federativa do Brasil. Brasília/DF, 1994.

BRASIL. Decreto 88.351 de 01 de julho de 1983. Regulamenta as áreas de proteção ambiental. Diário Oficial [da] República Federativa do Brasil. Brasília/DF,1993.

BRASIL. Lei 6.938 de 08 de agosto de 1981. Dispõe sobre a Política Nacional do Meio Ambiente, seus fins e mecanismos de formulação e aplicação, e dá outras providências. Diário Oficial [da] República Federativa do Brasil. Brasília/DF,1981.

BRASIL. Lei 6.902 de 27 de abril de 1981. Dispõe sobre a criação de estações ecológicas e áreas de proteção ambiental. Diário Oficial [da] República Federativa do Brasil. Brasília/DF,1981.

BRASIL. Lei 5.197 de 03 de janeiro de 1967. Dispõe sobre a proteção à fauna. Diário Oficial [da] República Federativa do Brasil. Brasília/DF, 1967.

BRASIL. Lei 4.771 de 15 de setembro de 1965. Institui o Código florestal. Diário Oficial [da] República Federativa do Brasil. Brasília/DF, 1965.

BRASIL. Decreto 84.017 de 21 de setembro de 1979 regulamenta os parques nacionais. Diário Oficial [da] República Federativa do Brasil. Brasília/DF,1979.

BRASIL. Decreto-lei 23.793 de 23 de janeiro de 1934. Introduz as categorias: parques nacionais, estaduais e municipais; florestas nacionais e florestas protegidas e zonas de preservação em propriedades privadas. Diário Oficial [da] República Federativa do Brasil. Brasília/DF, 1934.

BRASIL. Resolução do Conama 010/1988. Dispõe sobre o uso e zoneamento das Apas. Diário Oficial [da] República Federativa do Brasil. Brasília/DF, 1988.

BRASIL. Resolução do Conama 006/1988. Dispõe sobre as licenças ambientais. Diário Oficial [da] República Federativa do Brasil. Brasília/DF,1988.

BRASIL. Resolução do Conama 001/1986. Dispõe sobre a participação pública em audiências. Diário Oficial [da] República Federativa do Brasil. Brasília/DF, 1986.

BRITO, F. A.; CÂMARA, J. B. D. *Democratização e gestão ambiental – em busca do desenvolvimento sustentável.* Petrópolis, Rio de Janeiro: Vozes, 1998.

BUENO, C. Valoração econômica em áreas protegidas – serviços ambientais ainda não considerados na gestão. Pelotas, RS: *Anais do 2o Simpósio de Áreas Protegidas Conservação no Âmbito do Cone Sul* (Cd rom), 2003, p.196-203.

CHAUÍ, M. S. de. *Convite à Filosofia.* São Paulo: Ática. Unidade 8 O mundo da prática – Capítulo 11 – A questão democrática, 2000.

CHAUÍ, M. S. de. Raízes teológicas do populismo no Brasil: teocracia dos dominantes, messianismo dos dominados. In: DAGNINO, E. (org.). *Os anos 90: política e sociedade no Brasil.* São Paulo: Brasiliense, 1994.

CHAUÍ, M. S. de. *Cultura e democracia: o discurso competente e outras falas.* São Paulo: Moderna, 1981.

CYPRIANO, F. Colecionador constrói museu de sete pavilhões que reunirá 450 obras. In: *Folha de São Paulo*, 05 de julho 2004.

DRUMMOND, J. A. *O sistema brasileiro de parques nacionais: análise dos resultados de uma política ambiental.* Rio de Janeiro: Univ. Federal Fluminense, 1997, p. 7-38.

FERNANDEZ, F. A. S. Efeitos da fragmentação de ecossistemas: a situação das unidades de conservação. *Anais do Congresso brasileiro de unidades de conservação.* Curitiba: IAP, Unilivre, Rede nacional pró-unidade de conservação, 2, 15 à 23 novembro, 1997, p. 48-68.

IBAMA. Disponível em: Home page do Ibama <http://www.ibama.gov.br/~ascom/artigo4. htm>, 6p, 2000.

JORNAL O GLOBO. *Lançado mapa de regiões naturais do Brasil.* Rio de Janeiro, 23 de maio, 2004.

LEFF, E. Sociologia y ambiente: formación socioeconómica, racionalidad ambiental y transformaciones del conocimiento. In: *Ciencias sociales e formación ambiental.* Barcelona: Ed. Gedisa, 1994.

MARANGON, M. A.; AGUDELO, L. P. P. A inserção do tradicional na sociedade hegemônica: o caso de Serra Negra – Apa de Guaraqueçaba – Paraná, Brasil. *Anais do 2º Simpósio de Áreas Protegidas Conservação no Âmbito do Cone Sul* (Cd rom), Pelotas/ RS, 2003, p. 289-295.

MARTINS, J. S. de. Por uma sociologia sensível. In: MARTINS, J. S. de. *A sociabilidade do homem simples: cotidiano e história na modernidade anômala.* São Paulo: Hucitec, 2000, p.150-204.

MERCADANTE, M. Democratizando a criação e a gestão de unidades de conservação da natureza: a lei 9.985, de 18 de julho de 2000. In: *Revista de Direitos Difusos,* 1(5):557-86, 2001.

MERCADANTE, M. Para entender a polêmica em torno do Projeto de Lei do SNUC. *Anais do Seminário de Unidades de Conservação.* Rio de Janeiro: CREA-RIO DE JANEIRO, GRUDE, 1999.

MERCADANTE, M. *Criação e gestão de áreas protegidas: um assunto para técnicos ou uma questão política?* Brasília: http://br.geocities. com/mercadanteweb. (Trabalho recusado pela Comissão organizadora do I Congresso Brasileiro de Unidades de Conservação à Curitiba), agosto, 1997.

MMA. Home page do MMA. Disponível em: <http://www.mma.gov.br>. Acesso em: 07 jun. 2004.

MORAES, A. C. R. *Meio ambiente e ciências humanas.* São Paulo: Hucitec, 1997, 100ps.

MÜLLER, R. C.; HERRIG, A.; SKAF, M. Sistema de monitoramento da qualidade dos serviços concessionados em unidades de conservação.*Anais do 2º Simpósio de Áreas Protegidas Conservação no Âmbito do Cone Sul* (Cd rom). Pelotas/RS, 2003, p. 250-7.

NETO, J. E. de. M.; TIMONI, J. L.; PIRES, A. S. Ingerência privada no Parque Estadual de Campos do Jordão. *Anais do 2º Simpósio de Áreas Protegidas Conservação no Âmbito do Cone Sul* (Cd rom). Pelotas, RS, 2003, p. 320-26.

OLIVEIRA, F. de. O Estado e a exceção ou o Estado de exceção? In: *R. B. Estudos urbanos e regionais,* v. 5, n. 1, maio 2003, p. 9-14.

OLIVEIRA, A. L. C.; MARQUES, J. S. M. Uma visão geográfica sobre unidades de conservação: o caso do município do Rio de Janeiro. *Anais do 2ºSimpósio de Áreas Protegidas Conservação no Âmbito do Cone Sul* (Cd rom). Pelotas, RS, 2003, p. 180-87.

PAULA, J. A. de. Economia política e ecologia política. In: LAVINAS, L.; CARLEIAL, L. M. F. da ; NABUCO, M. R. *Integração, região e regionalismo.* Rio de Janeiro: Bertrand do Brasil, 1994, p. 229-247.

PAZ, B. Reunião do Conselho Municipal de Conservação, Defesa e Desenvolvimento do Meio Ambiente de Brumadinho – CODEMA, na Fazenda Inhotim, 01 agosto 2003.

PEREIRA, D. B.; MUNGAI, M. F.; RODRIGUES, É. R. A. (Des)construção dos lugares rurais pela criação da paisagem da APA-PAZ Municipal de Inhotim. In: *Revista Olam, Ciência & Tec.*, vol. 4, no. 1, abril. I Encontro sobre Percepção e Conservação Ambiental: a Interdisciplinaridade no Estudo da Paisagem. Rio Claro/SP, 2004, p. 359-75.

PEREIRA, D. B. *La participation publique dans les unités de conservation, région de la Serra do Cipó au Minas Gerais, Brésil.* Montréal: Departamento de geografia da Universidade de Montréal, 2002, 281p.

PIMBERT, M. P.; PRETTY, J. N. *Parks, people and professionals – putting "participation" into protected area management.* United Nations Research Institute for Social Development. Dp 57, 1995.

RANCIÈRE, J. O dissenso. In: NOVAES, A. (org.). *A crise da razão.* São Paulo: Cia das Letras, 1996.

REDE DE JORNALISTAS AMBIENTAIS BRASILEIROS. *Congresso aprova a lei do SNUC.* Journal, Porto Alegre, 24 junho 2000.

SADER, É. *Quando novos personagens entraram em cena.* Rio de Janeiro: Paz e Terra, 1988.

SENADO FEDERAL. *Aprovada Lei do SNUC,* Disponível em: <http://www.senado.gov. br/ >. Acesso em: 22 de junho, 2000.

STRUMINSKI, E. Unidades de Conservação na Região Metropolitana de Curitiba, análise técnica e considerações filosóficas. *Anais do 2º Simpósio de Áreas Protegidas Conservação no Âmbito do Cone Sul* (Cd rom). Pelotas, RS, p. 127-35, 2003.

UICN. Parques y progreso. *IV Congreso mundial de parques y areas protegidas.* Caracas: Banco Interamericano de Desarrollo, 1992.

DILEMAS DA PARTICIPAÇÃO NA GESTÃO DE UNIDADES DE CONSERVAÇÃO: A EXPERIÊNCIA DO PROJETO DOCES MATAS NA RPPN MATA DO SOSSEGO[1]

....

Luciana Braga Paraíso

Desde a década de 1980, a participação social vem sendo alvo de discussão no âmbito dos programas de desenvolvimento. Contudo, é a partir dos anos de 1990 que esta se torna uma das diretrizes e condicionantes para o financiamento de projetos no terceiro mundo. O interesse em envolver os atores locais em projetos de cunho desenvolvimentista, e, mais recentemente, de caráter socioambiental, relaciona-se às tentativas de contemplar uma das dimensões do desenvolvimento sustentável, prevista na Agenda 21. Além disso, remete-se aos resultados insatisfatórios das ações que não têm contado com a participação local. Estudos sobre projetos financiados pelo Banco Mundial têm revelado que os trabalhos vêm sendo mais duradouros e efetivos quando conseguem envolver as populações locais na sua execução (CORBUCCI, 2000; SOARES, 1998). Esse trabalho busca desenvolver uma discussão sobre os alcances e limites das políticas participativas em programas de conservação ambiental a partir da análise da experiência do Projeto Doces Matas na RPPN[2] Mata do Sossego. Da mesma forma, propõe-se a refletir se a ênfase no saber local e na participação social tem realmente produzido, na dinâmica da implementação de projetos conservacionistas, alterações nas estruturas de poder e nos sistemas de conhecimento.

A participação social na defesa e gestão do meio ambiente institucionalizou-se por meio dos instrumentos e formas legais criados pela constituição de 1988, como

---

[1] Este trabalho baseia-se em um dos capítulos da dissertação de mestrado: *"Nas Trilhas da Mata do Sossego. O Projeto Doces Matas e os Novos Caminhos para a Participação Social em uma Reserva de Mata Atlântica em Minas Gerais"*. Tal pesquisa foi realizada sob a orientação da Profa. Andréa Zhouri, a partir do convênio entre a UFMG e a Universidade de Greifswald, da Alemanha, no período entre 2001 e 2003.

[2] A sigla RPPN se refere a uma das categorias de áreas protegidas previstas na legislação ambiental brasileira, a Reserva Particular do Patrimônio Natural.

os conselhos gestores, as audiências públicas e fóruns participativos (SANTILLI; SANTILLI, 2002). No que se refere especificamente à legislação ambiental que trata das unidades de conservação (UCs)[3], a participação dos cidadãos nas questões relativas ao meio ambiente tem sido possível por meio das consultas públicas e da formação de conselhos consultivos ou deliberativos para a elaboração dos planos de manejo das áreas protegidas. Esses mecanismos legais também têm possibilitado a gestão compartilhada das áreas protegidas por OSCIPs – Organizações da Sociedade Civil com Interesse Público (BRASIL, 2002).

O debate sobre a participação tem tomado fôlego atualmente, principalmente diante dos grandes problemas enfrentados pelas instituições gestoras das unidades de conservação, relativos à manutenção desses espaços, em razão dos diversos conflitos com a população local. Tais embates têm sido gerados, em larga medida, pela imposição de restrições a essas populações no uso dos recursos naturais e pelo impedimento da sua permanência no território a ser preservado. No âmbito dos projetos conservacionistas, a cooperação entre as áreas protegidas e seu entorno tem sido considerada como uma importante estratégia para a superação dos conflitos. Da mesma forma, as políticas participativas têm sido em geral compreendidas como uma alternativa para obter adesão da população local à proposta de conservação, bem como para a manutenção das UCs a longo prazo.[4] O Projeto Doces Matas, alvo de discussão deste trabalho, é uma das iniciativas conservacionistas que pretendem envolver populações locais em suas ações. Resultado de uma cooperação técnica entre Brasil e Alemanha, este projeto vem sendo implementado desde 1995 em três importantes remanescentes de Mata Atlântica em Minas Gerais: o Parque Nacional do Caparaó, o Parque Estadual do Rio Doce e a RPPN Mata do Sossego.

Antes de mais nada, é fundamental ressaltar o quão importante é a recente inclusão do tema participação na agenda dos que lidam com a questão ambiental, em face de uma trajetória de políticas socioambientais marcada por ações autoritárias[5]. Porém, a criação de novos espaços públicos, como resultado do processo de alargamento democrático no Brasil, ao ocorrer simultaneamente à reestruturação do Estado e da economia, tem produzido uma confluência de dois projetos políticos distintos e antagônicos (DAGNINO, 2004). Por um lado, observa-se uma maior possibilidade de interferência da sociedade civil nas decisões relativas a questões

---

[3] Considera-se unidade de conservação o "espaço territorial e seus recursos ambientais, incluindo as águas jurisdicionais, com características naturais relevantes, legalmente instituído pelo poder público, com objetivos de conservação e limites definidos, sob regime especial de administração, ao qual se aplicam garantias adequadas de proteção." (BRASIL, 2002, p. 9).

[4] Contudo, as questões que envolvem a temática da participação no contexto da conservação ambiental já vêm sendo problematizadas e discutidas em autores como LIMA, 1996; BARRETO FILHO, 2002; PEREIRA 2002; CONCEIÇÃO; MANESHY, 2003.

[5] Citam-se como exemplo os processos de criação e manutenção de Unidades de conservação. Na maioria das vezes, não são realizadas negociações prévias com a população diretamente atingida pela instituição e gestão das áreas protegidas.

sociais e de interesse comum. No outro extremo, percebe-se a emergência do Estado Mínimo, que progressivamente se isenta do seu papel de assegurar os direitos do cidadão. Dagnino afirma que a utilização de referências comuns, como *sociedade civil, participação, cidadania,* colabora com as confluências entre estes dois projetos políticos. Tais coincidências no nível discursivo podem ofuscar divergências fundamentais. Os ganhos alcançados com a constituição de novos espaços públicos vêm sendo minados pelo encolhimento do Estado e pela progressiva transferência de responsabilidades, como a defesa e gestão do meio ambiente, para a sociedade civil e iniciativa privada. Nota-se a progressiva despolitização da questão ambiental, que aos poucos vai deixando de ser uma atribuição exclusivamente pública.

Os conceitos de participação, sociedade civil e cidadania têm sido ressignificados, em larga medida, por meio da ênfase no trabalho voluntário e na emergência da chamada "responsabilidade social" das empresas. Percebe-se, então, a adoção de uma perspectiva individualista, transportando o caráter coletivo dessas noções para o universo das ações privadas, situadas no terreno da moral (DAGNINO, 2004).

De acordo com Dupas, a sociedade civil e política tem sido internalizada no sistema corporativo, o qual tende a substituir as formas de regulação social (DUPAS, 2003). Dessa forma, tem sido possível observar a utilização da lógica administrativa na resolução de problemas socioambientais, sustentada pelo economicismo e pela tecnocracia. Uma vez transposta para o âmbito da gestão técnica e da eficiência, a conservação ambiental deixa de ser pensada como resultado de políticas sociais e econômicas, para ser tratada sob a ótica gerencialista. O discurso empreendedorista da administração privada, ao ser utilizado para tratar as questões socioambientais, acaba reduzindo o problema ambiental à gerência inadequada dos recursos naturais, sem reconhecer as suas origens políticas, econômicas e culturais.

Sob essa perspectiva, constata-se que a apropriação discursiva a que vem sendo submetido o termo participação tem contribuído para o seu esvaziamento e imprecisão. A retórica da participação social tem proporcionado, inclusive, a manutenção de situações de opressão. É o que pode ser observado na implementação de muitos projetos que visam a desenvolver estratégias participativas, integrando populações locais em suas propostas. Para Cooke e Kothari (2002), esta nova concepção dos programas de desenvolvimento, que tem como principal objetivo superar os problemas trazidos pelo autoritarismo de ações promovidas "de cima para baixo", apresenta como consequência potencial e real a "tirania". Os autores atribuem esse caráter tirânico das estratégias participativas à reprodução das relações de poder. A tirania da participação, segundo Cooke e Kothari, é sistêmica, intrínseca à relação entre atores que se encontram ocupando polos opostos no campo social[6]. Dessa forma, as abordagens participativas não têm sido capazes

---

[6] É utilizado aqui o conceito de campo social desenvolvido por Bourdieu. Segundo este autor, as relações entre os atores sociais reproduzem as relações objetivas da sociedade. O campo social seria o *locus* "onde se trava uma luta concorrencial entre os atores em torno de um interesse específico" (ORTIZ, 1983, p. 19). Esse campo de forças é lugar de disputa de concepções e interesses.

de anular os desequilíbrios que se manifestam estruturalmente. As desigualdades observadas no nível macro, de acordo com os autores, podem inclusive ser obscurecidas e sustentadas por essas ações que intervêm no nível micro.

Segundo Pimbert e Pretty, a palavra participação tem sido utilizada para se referir a diferentes níveis de envolvimento dos atores, indo desde o mero repasse de informações até às experiências de automobilização, em que os agentes locais, sem interferências de agentes externos, assumem espontaneamente a responsabilidade por conduzir determinadas ações (PIMBERT; PRETTY, 2000). Esses autores propõem, então, um modelo explicativo para superar o problema da excessiva generalização do termo participação:

TABELA 1
Categorias de participação

Tipologia	Componentes de cada tipo
Participação Passiva	As decisões a serem tomadas cabem a profissionais externos, que apenas informam às pessoas o que vai acontecer.
Participação como Extração de Informação	São realizados questionários ou sistemas similares de coleta de dados sem que haja nos procedimentos adotados influência das pessoas externas à equipe de pesquisadores, já que os dados obtidos não são compartilhados.
Participação por Consulta	Os agentes externos se encarregam de ouvir as pessoas e, a partir do que foi levantado, definem problemas e soluções.
Participação Funcional	São formados grupos compatíveis com objetivos pré-determinados pelo projeto, o que pode envolver organizações já existentes ou provocar o surgimento de outras. A participação tende a não acontecer no início do planejamento e sim, quando determinadas decisões já foram tomadas.
Participação Interativa	Há participação em análises conjuntas, o que possibilita o controle das decisões locais pelas pessoas envolvidas.
Automobilização	A iniciativa dos trabalhos se dá espontaneamente, independentemente das instituições externas. Neste caso, pode ou não haver conflitos pela distribuição equitativa dos recursos e do poder.

Esse quadro classificatório, com algumas adaptações, tem sido utilizado em relatórios do Projeto Doces Matas para definir graus de participação possíveis e desejáveis em suas ações (PROJETO DOCES MATAS, 2001; MATTES, 1999).

A qualificação da participação, por meio do levantamento de diferentes níveis de envolvimento dos agentes e instituições locais e externas, representa um avanço em relação à utilização genérica e vaga deste termo. Permite que os agentes técnicos se reconheçam e localizem seu trabalho em um espectro de possibilidades de atuação pautado pelas várias formas de relação com a população local. Este quadro pode ser um método interessante para avaliar e comparar ações, servindo como parâmetro para analisar os graus de envolvimento alcançados *vis-à-vis* os objetivos previstos.

Porém, a classificação de Pimbert e Pretty tem-se mostrado insuficiente para problematizar o conceito de participação e discutir a utilização instrumental a que ele vem sendo submetido. Da mesma forma, essa classificação despotencializa a reflexão sobre o conceito de participação, uma vez que considera que a mínima integração da população local em uma determinada atividade possa se configurar em participação.

Segundo Rahnema (2000), o termo participação, no jargão moderno, tem sido frequentemente associado a aspectos morais e éticos. Assim, qualquer ação que tenha a chancela de "participativa" dificilmente é colocada sob questionamento. Dessa forma, são legitimadas propostas que pouco ou nada promovem em termos de um real envolvimento local. Observa-se o deslocamento de significado do termo participação, inicialmente com um caráter emancipatório (RAHNEMA, 2000; DAGNINO, 2004), para um outro campo semântico, pautado por relações de tutela, pelo controle e estabelecimento de limites à atuação local no projeto em implementação.

O tema participação, dessa forma, é atravessado por dilemas que muitas vezes redirecionam as ações implementadas para direções opostas às previstas em seu planejamento. Faz-se necessário, portanto, desvendar os sentidos subjacentes às ações sociais que são denominadas "participativas", a fim de explicitar os distintos projetos políticos que orientam a sua elaboração (DAGNINO, 2004). A discussão sobre a experiência do Doces Matas na RPPN Mata do Sossego foi realizada sobre essa perspectiva, buscando estimular uma reflexão sobre os sentidos atribuídos à participação pelos atores envolvidos no projeto e os entraves para o alcance de uma prática efetivamente democrática.[7]

Confluências de significado e dissensos: a participação em disputa

O termo participação, em projetos de cunho socioambiental, muitas vezes tem sido utilizado para se referir apenas à adesão e ao envolvimento local na proposta de conservação. Daí decorre que outros modos já estabelecidos de atuação e organização social, como os trabalhos em mutirão, campanhas de solidariedade, grupos religiosos, atividades que nem sempre se relacionam diretamente aos objetivos predeterminados pelo projeto em andamento, frequentemente não sejam considerados formas de participar. Assim, comunidades que não se inserem em canais institucionalizados de participação e que se dedicam a outros objetivos além da

---

[7] As análises aqui apresentadas referem-se a ações do Projeto Doces Matas implementadas no período de 2000 a 2002, sem se ater aos seus desdobramentos após o encerramento do levantamento de dados.

proposta conservacionista (no sentido estrito) são muitas vezes vistas como passivas e inertes, mesmo que estejam intensamente envolvidas em atividades vitais para a sua reprodução social.

Considerar como participação somente o envolvimento em atividades relacionadas aos objetivos de conservação pode trazer sérias consequências para o projeto em implementação, isto porque o não reconhecimento das manifestações locais de atuação social pode dificultar a comunicação entre técnicos e população da região, desfavorecendo o estabelecimento de pontos de conexão entre a experiência que já compõe o repertório das ações sociais das comunidades e a proposta de envolvimento destas na manutenção das UCs. Assim, o projeto de conservação pode vir a ser um "corpo estranho" na comunidade onde atua, com grandes problemas para inserir-se na agenda local.

Buscando se associar às iniciativas locais para envolver as comunidades vizinhas à RPPN na proposta conservacionista, o Projeto Doces Matas realizou um trabalho de assessoria a três grupos comunitários da região: a Associação de Moradores das Comunidades dos Eliotas-Teixeiras-São Sebastião, a Associação de Moradores da Comunidade do Bom Jesus e a Comissão de Mulheres, vinculada ao Sindicato dos Trabalhadores Rurais de Simonésia/MG. Por intermédio da capacitação das lideranças dessas entidades pretendia-se promover o fortalecimento das organizações locais para uma atuação comunitária mais efetiva.

Os grupos comunitários, alvo do trabalho, atravessavam diferentes momentos na condução dos seus trabalhos. A Associação dos Eliotas- Teixeiras-São Sebastião estava tendo sérios problemas na sua estruturação interna, o que vinha dificultando a efetivação de suas ações. A Comissão de Mulheres já havia iniciado o trabalho com as produtoras rurais da região. A Associação de Moradores do Bom Jesus já vinha realizando várias atividades, visando ao desenvolvimento da atividade produtiva na comunidade. O trabalho de assessoria realizado pelo Projeto Doces Matas buscou utilizar estratégias diversificadas, a fim de contemplar as especificidades e os anseios de cada grupo. Com a Comissão de Mulheres, por exemplo, buscou-se promover a autoestima das suas participantes e discutir os problemas enfrentados por elas nas comunidades das quais faziam parte. Também havia a preocupação de conhecer as expectativas de cada grupo com relação ao papel das associações, estimulando discussões acerca das suas possibilidades de atuação.

Embora as organizações comunitárias tivessem se constituído como tal recentemente, já possuíam propostas de ação, bem como já haviam implementado diversas atividades. Da mesma forma, as comunidades representadas por esses grupos tinham um histórico de participação social, principalmente nas atividades desenvolvidas no âmbito das CEBs (Comunidades Eclesiais de Base), como os mutirões, a prática da medicina alternativa, as reivindicações de melhorias na infraestrutura das comunidades junto ao poder público. Contudo, não há nos relatórios do trabalho de assessoria do Projeto Doces Matas evidências de que a organização comunitária, preexistente à formação das Associações de Moradores e da Comissão de Mulheres, tenha tido um espaço específico na capacitação. Também, não foi realizado um balanço das ações já desenvolvidas pelos grupos em suas respectivas comunidades. De acordo com Silva (2001a), na segunda parte dessa atividade, comum aos três grupos, privilegiou-se a elaboração de metas e a delimitação do campo de atuação, tarefa fundamental para grupos que estão se formando. Desse modo, os grupos pareciam estar vivenciando nesta capacitação momentos pelos quais já haviam passado.

Foi possível constatar que o reinício de um processo que já estava em um estágio mais avançado nas experiências dos grupos deveu-se à falta de um conhecimento mais profundo sobre a organização social local. Mesmo que tenha havido na dinâmica do trabalho de assessoria a tentativa de se obter junto aos moradores diversas informações, ainda assim estas não foram suficientes para a compreensão da realidade em que iria ocorrer a intervenção.

O conhecimento da realidade local, dos desejos e objetivos da população com a qual se irá trabalhar é um importante princípio das abordagens participativas. Sob a premissa da participação, a incorporação do conhecimento local nos programas de conservação ambiental e desenvolvimento social seria capaz de reduzir a predominância do discurso técnico-científico e promover o "empoderamento" da população local. No entanto, o que é chamado de saber local reflete a dinâmica das relações sociais do projeto em implementação (MOSSE, 2001). Para Mosse, as estratégias de identificação e expressão das perspectivas locais produzem um tipo de conhecimento peculiar, que é fortemente moldado por relações de poder e gênero. Observa-se que os técnicos dos projetos não são agentes passivos na produção do saber local. Esse processo é moldado, direcionado, por meio da seleção dos tópicos, do levantamento e sistematização de informações. Dessa forma, o produto final é obtido de acordo com o critério de relevância do projeto. Verifica-se, então, que as necessidades e desejos locais são criados e interpretados de forma a expressar as expectativas do projeto. Do mesmo modo, as relações de poder locais podem interferir na produção do conhecimento, uma vez que este pode ser manipulado de forma a corresponder aos objetivos de determinados grupos e não os da comunidade como um todo. Sendo assim, o conhecimento local deve ser percebido como relacional e não como um produto fixo, o que nos leva a discutir se o acesso às perspectivas locais pode realmente assegurar uma prática efetivamente democrática (MOSSE, 2001).

Há um outro aspecto que merece ser considerado no debate sobre participação. Segundo Cooke e Kothari (2001), as reflexões realizadas acerca deste tema caracterizam-se por um "revisionismo metodológico", que atribui o envolvimento local e o consequente sucesso do projeto implementado à maneira que os técnicos trabalham e às técnicas e ferramentas que utilizam. Observa-se que a ênfase nos aspectos metodológicos impossibilita um maior aprofundamento na discussão sobre a participação, na medida em que esta ocorre sem que se debruce sobre as limitações teóricas, políticas e conceituais das abordagens participativas.

Na atividade de assessoria a grupos comunitários, desenvolvida pelo Projeto Doces Matas, percebe-se a preocupação com a adoção de uma metodologia de trabalho adequada que possibilitasse um maior envolvimento da população local. Dessa forma, uma estratégia utilizada era o emprego de recursos visuais que orientassem as discussões e possibilitassem uma fácil apreensão do conteúdo pelos participantes da atividade (fichas, quadros, diagramas, fluxogramas, interpretação de textos). Estas técnicas foram utilizadas para tratar de questões relativas às políticas públicas, agricultura familiar e atividades produtivas.

Os grupos já vinham lidando nas comunidades com esses temas, por meio da atuação do Sindicato dos Trabalhadores Rurais. De acordo com Silva (2001a), a experiência local, relativa à questão produtiva foi aproveitada, tendo sido bem articulada às informações trazidas pelos textos trabalhados e da exposição da moderadora do curso. Mesmo assim, alguns problemas de comunicação parecem ter ocorrido durante a capacitação, sendo observado por um dos representantes da Associação de Moradores dos Eliotas-Teixeiras-São Sebastião:

> A gente pega muito pouco. Eu não sei. Eu acho que eu tenho muita dificuldade pra poder entender, principalmente a Z. [consultora], o jeito dela conversar, né? A pessoa, assim, a gente tem que ter mais contato com a pessoa pra gente ter mais jeito de pegar o certo, o que a pessoa tá explicando. Mas eu acho que ela explica muito bem, só que a gente fica meio desligado, mas ela explica muito bem. (Membro da Associação de Moradores das Comunidades Eliotas-Teixeiras-SãoSebastião. Entrevista realizada em outubro de 2001)

Percebe-se que, mesmo com a utilização de um arsenal de recursos didáticos, visando a facilitar o acesso da população local às informações e com uma postura do técnico do projeto aberta às demandas e experiências dos grupos comunitários, ainda assim não houve um pleno envolvimento e integração. Na verdade, há questões no debate sobre a participação bem mais complexas, que ultrapassam as preocupações estritamente tecnocráticas. Uma delas, que é preciso considerar para compreender os problemas dessa atividade do Projeto Doces Matas, relaciona-se à dificuldade de fazer convergir universos significativos tão distintos como o dos agentes técnicos e população local. É preciso destacar que o ideal participatório também é constrangido pelos contextos institucionais. Desse modo, o conhecimento local está longe de interferir de maneira determinante na configuração dos projetos, no estabelecimento de objetivos, no planejamento das ações (COOKE; KOTHARI, 2001).

A rigidez formal dos projetos, um dos limitadores da participação social, trouxe também dificuldades para o efetivo envolvimento de um dos grupos comunitários na atividade de assessoria desenvolvida pelo Projeto Doces Matas. Estava previsto pelo projeto que a última etapa do curso de capacitação constaria da elaboração de planos de ação para cada um dos grupos comunitários por meio do desenvolvimento de três tarefas: a delimitação das áreas de atuação dos grupos, a definição dos objetivos a alcançar e das atividades a serem realizadas (SILVA, 2001a). De acordo com representantes da Associação do Bom Jesus e da Comissão de Mulheres, os planos de ação elaborados para estes grupos conseguiram estabelecer conexões entre as atividades que já estavam em andamento e as novas propostas de atuação. Para Silva (2001a), o trabalho com esses grupos apresentou um ótimo resultado. O mesmo parece não ter ocorrido com a Associação de Moradores dos Eliotas-Teixeiras-São Sebastião. Segundo Silva (2001b), talvez o desenvolvimento de um trabalho com as lideranças e com os membros dessa associação, visando à coesão do grupo, tivesse sido mais proveitoso do que elaborar um plano de ação para esta instituição:

> Os participantes [da Associação de Moradores dos Eliotas-Teixeiras- São Sebastião] têm alguma liderança nas comunidades, mas no grupo, aparentemente não há lideranças reconhecidas e aceitas. Parece haver problemas de comunicação e integração que não se manifestam abertamente. Já no final do processo de planejamento, surgiram indícios mais claros de que, talvez, tivesse sido mais produtivo trabalhar questões de comunicação e entrosamento do grupo, em vez da elaboração de um plano de ações. (SILVA, 2001b, p. 25)

Conforme o trecho acima, a flexibilização do método adotado e a reestruturação do planejamento do curso, ainda durante a capacitação, poderiam ter sido soluções importantes para os problemas detectados. Contudo, a disposição em empreender tais alterações parece ter-se confrontado com a necessidade de apresentar o resultado previsto na concepção da capacitação: a elaboração de planos de ação para os grupos comunitários. É o que se observa na fala da consultora responsável por esta atividade:

> Eu acho que se eu tivesse adotado um esquema diferente com eles: ao invés de fazer um plano geral, fazer um diagnóstico geral de todos os aspectos que são importantes pra comunidade, depois pensar em ações pra cada um deles, tivesse chegado com uma coisa assim: Bom, então vamos nessa reunião vamos planejar, nessa reunião vamos discutir como trabalhar o time de futebol da comunidade, por exemplo. Na outra reunião, vamos trabalhar aqui como comprar insumos coletivamente. Trabalhasse ações concretas que eles poderiam realizar, eu acho que eles teriam ficado mais motivados. Mas não era essa a proposta, era justamente o oposto, né? Era fazer um plano estratégico geral pra depois fazer as pequenas missões. (Consultora do Projeto Doces Matas. Entrevista realizada em abril de 2002)

Com a elaboração dos planos de ação, foram estabelecidas as seguintes equipes de atuação: esportes e lazer, educação, meio ambiente, políticas públicas, direitos civis, infraestrutura, saúde, atividades produtivas (Associações do Bom Jesus e Eliotas-Teixeiras-São Sebastião) e educação, direitos civis e trabalhistas, saúde e geração de renda (Comissão de Mulheres). No entanto, as comunidades dos Eliotas, Teixeiras e São Sebastião já haviam organizado, em outra atividade do Projeto Doces Matas, comissões de trabalho bastante semelhantes a estas, mas que não foram levadas adiante. Parece ter havido, portanto, uma sobreposição de atividades do Projeto, visando ao mesmo objetivo.

Após o encerramento do curso, por meio dos relatos de membros de cada um dos grupos, foi possível verificar que a capacitação teve diferentes repercussões. A Comissão de Mulheres e a Associação de Moradores das Comunidades Eliotas-Teixeiras-São Sebastião se propuseram a organizar no espaço do sindicato, no centro urbano de Simonésia, uma feira para comercializar doces caseiros e hortaliças, além de estarem articulando junto à prefeitura o fornecimento de alguns produtos agrícolas para a merenda escolar do município. De fato, o Sindicato, com o apoio do Projeto Doces Matas, criou, com as comunidades locais, no final de 2002, a Associação dos Agricultores Familiares de Simonésia – AGRIFAS e juntos estão mantendo todos os sábados uma feira com os produtos da região. Alguns membros da Associação de Moradores do Bom Jesus têm participado de cursos de orientação para o crédito, gestão social, além de estarem organizando um curso de computação para atender à comunidade.

Esses resultados evidenciam a abertura das comunidades para trabalhar alternativas diferentes das que vinham sendo adotadas até então. Percebe-se entre os moradores manifestações de interesse por novas estratégias para a organização comunitária e para a atividade agrícola. Da mesma forma, observa-se, por parte do Projeto, uma tentativa de, por meio da capacitação dos grupos comunitários da região de Simonésia, valorizar as formas de atuação local, fornecendo elementos de um conhecimento especializado no estudo das organizações, disponibilizando informações a que dificilmente os moradores poderiam ter acesso. Contudo, os problemas apresentados na implementação dessa atividade evidenciam como as estratégias participativas ainda não superam os desequilíbrios apresentados na relação entre população local e agentes técnicos.

É discutível se as relações de poder que perpassam a implementação de projetos socioambientais possam realmente ser neutralizadas, posto que a própria estrutura desses projetos já limita e controla a participação dos atores locais. Para Herrmann e Costa (1998), na maioria das vezes, a participação na gestão das UCs não é um processo efetivo: a decisão formal se dá em outras instâncias, externas aos "fóruns de participação". Pode-se estender esta afirmação para o universo de atuação do Doces Matas, onde algumas restrições que a estrutura do Projeto apresenta acabam limitando o pleno envolvimento de alguns segmentos sociais. Há instâncias em que participam apenas agentes técnicos do Doces Matas e profissionais das instituições gestoras das UCs que detêm cargos hierarquicamente superiores. Desse modo, funcionários que atuam diretamente no campo e população local não têm acesso aos níveis de gerenciamento com maior poder decisório, como o Conselho Deliberativo.

Borrini-Feyerabend (1997), que inspirou a tipologia de Pimbert e Pretty (2000) apresentada anteriormente, afirma que nem todos os "interessados"[8] estão igualmente preocupados em conservar os recursos e nem estão qualificados da mesma forma para assumir um papel no manejo dos recursos. Portanto, segundo essa autora, é preciso diferenciá-los, a fim de estabelecer os níveis de atuação "adequados". Para tanto, Borrini-Feyerabend sugere critérios de classificação dos "interessados primários" e dos "interessados secundários".[9] Os "interessados primários", que se relacionam a um maior número dos critérios estabelecidos, devem assumir um papel pró-ativo nas tomadas de decisões da UC. Já os "interessados secundários", que se relacionam somente a um ou dois critérios, deveriam estar envolvidos de uma maneira indireta, ocupando, por exemplo, um lugar em um organismo consultor (BORRINI-FEYERABEND, 1997).

Borrini- Feyerabend também acredita que o manejo participativo das unidades de conservação não deve ser aplicado em todas as situações.[10] Quando há a necessidade de ações emergenciais, como a contenção de uma rápida deterioração ecológica de uma área, a autora sugere que "é melhor atuar do que esperar o consenso geral sobre o que se deve fazer" (BORRINI-FEYERABEND, 1997, p. 13).

De acordo com Herrmann e Costa (1998), um nível mais profundo de envolvimento, como o da gestão compartilhada das UCs, nem sempre é apropriado aos propósitos da conservação:

> Embora de uma maneira geral o manejo participativo envolva benefícios para a área, nem sempre a cogestão é a melhor opção. A formação de comissões de manejo ou delegação direta de autoridade e responsabilidades específicas podem não ser a melhor estratégia, dependendo das condições específicas de cada área. (HERRMANN; COSTA, 1998, p. 16)

O manejo participativo deveria, então, ser aplicado nos seguintes contextos:

> [...] quando a colaboração dos interessados é essencial para o manejo da área (em caso da presença de moradores dentro da UC ou quando as desapropriações não foram efetivadas) e quando o acesso aos recursos naturais é

---

[8] BORRINI-FEYERABEND (1997) chama de "interessados" as instituições, grupos ou indivíduos que tenham um vínculo ou objetivo específico em relação à UC.

[9] Alguns dos critérios sugeridos por Borrini-Feyerabend são: existência de direitos sobre a terra ou sobre os bens naturais; conhecimento e aptidões únicas para o manejo de recursos de interesse; perdas e danos decorrentes do processo de manejo; impacto atual ou potencial das atividades dos interessados sobre a base dos recursos (BORRINI-FEYERABEND, 1997).

[10] A autora define como manejo "um processo pelo qual se identifica, adquire e se declara um sítio como UC; se estabelecem e/ou entram em operação as instituições pertinentes; se desenham e implementam planos; se realizam investigações; e as atividades e resultados são monitorados e avaliados apropriadamente." (BORRINI-FEYERABEND, 1997, p. 53). As palavras "manejo" e "gestão" têm sido utilizadas como sinônimos. Entretanto, o IBAMA emprega a expressão *Plano de Manejo* para designar o instrumento de planejamento das UCs de Uso Sustentável e *Plano de Gestão* para as UCs de Proteção Integral.

essencial para assegurar os meios de vida locais ou a sobrevivência cultural. (HERRMANN; COSTA, 1998, p. 16).

Nota-se que tais processos classificatórios, que se propõem a qualificar os atores e os tipos de participação, podem vir a ser mecanismos de limitação e tutela, na medida em que passam a configurar-se como uma forma de antever e determinar os graus de envolvimento desejados em cada ação. Neste sentido, parecem servir como instrumento cerceador.

Os extremos da ausência de um envolvimento comunitário na gestão das áreas protegidas e o seu completo controle pelas populações locais, em geral, não têm sido concebidos no meio conservacionista como as situações mais adequadas. Em relação a esta segunda opção, tem-se considerado que a responsabilidade do Estado em assegurar a conservação dos recursos naturais estaria comprometida (HERRMANN; COSTA, 1998). No entanto, já existem experiências de cogestão e, mesmo, de delegação do gerenciamento das UCs às populações locais. Mas estas têm se concentrado em unidades de conservação cujas categorias apresentam menos restrições para a utilização dos recursos naturais, como as Reservas Extrativistas e Reservas de Desenvolvimento Sustentável (CUNHA; ALMEIDA, 2002; REIS, 1999; LIMA, 1996).

Outra atividade desenvolvida pelo Projeto Doces Matas no ano 2000, junto aos moradores do núcleo urbano de Simonésia, foi o processo de criação de uma bambuzeria. Segundo um dos participantes desta atividade, estiveram envolvidos nas oficinas 28 pessoas, na sua maioria homens, dentre os quais, alguns membros da Ampromatas.[11] Por meio do desenvolvimento das habilidades dos participantes para a utilização de um produto ecologicamente correto, o bambu, os agentes técnicos esperavam amenizar o problema da falta de oportunidades de trabalho que assolava este município. Resgatar a história dessa experiência representa também materializar a discussão sobre a participação, uma vez que a tarefa de implementação da bambuzeria, desde o seu início, foi marcada por reivindicações de agentes locais (particularmente da Ampromatas) por um maior envolvimento nesse processo.

Após a realização de duas oficinas de capacitação para o trabalho com o bambu, o Projeto Doces Matas cedeu todas as ferramentas utilizadas nos cursos para o grupo de moradores, que desejava dar continuidade ao trabalho. A garagem da casa de um dos membros deste grupo passou a sediar os encontros para o trabalho, servindo também como depósito do material produzido. Constituiu-se, dessa forma, a bambuzeria.

Mas a bambuzeria encontrou dificuldades em comercializar seus produtos. Algumas razões foram apontadas por agentes técnicos e população local para

---

[11] A Ampromatas é uma ONG ambientalista local, formada por moradores de Simonésia. Esta organização constituiu-se em meio às ações do Projeto Doces Matas na RPPN.

explicar este fato. Os móveis fabricados eram caros em relação ao baixo poder aquisitivo dos moradores de Simonésia. O estilo dos móveis pode também não ter agradado aos possíveis consumidores. Da mesma forma, os visitantes de outras regiões que eventualmente se interessavam em adquirir os objetos produzidos não o faziam, uma vez que estes eram grandes e difíceis de transportar. Sendo assim, a grande maioria dos produtos ficou encalhada na oficina.

Hoje o grupo de "bambuzeiros" se desarticulou. Apenas duas pessoas ainda permaneciam trabalhando com o bambu: um aposentado e um desempregado. O maquinário está sob a responsabilidade da Ampromatas, tendo sido estipulado o prazo de um ano para que a bambuzeria fosse de alguma forma reativada. Caso contrário, as ferramentas seriam devolvidas ao Projeto Doces Matas. Esse prazo se encerrou no final de 2002.

Segundo a Ampromatas, a proposta de criação da bambuzeria trazida pelo Projeto Doces Matas deveria ter sido discutida antes que fosse efetivada essa ideia. Observa-se, dessa forma, que esta instituição almejava um nível de envolvimento mais profundo nas ações referentes à RPPN. Segue um trecho da entrevista com o presidente da Ampromatas:

> Tem alguma coisa que não fica bem claro, igual eu tava falando. A gente gostaria que as oportunidades que fossem oferecidas a nós, comunidade, Ampromatas, que ela fosse mais discutida primeiro. Porque nós tivemos exemplo do curso de bambu, trabalhar com bambu [...]
>
> Eu fiz um intensivo lá [na oficina de bambu]. Mas eu, porque já gosto bem da arte. Então hoje eu faço alguma coisinha, sabe? Mas nós tivemos, por exemplo, a primeira etapa. Depois veio a segunda etapa. Mas a proposta inicial, qual que era? Olha, a segunda etapa vai ser assim, assim. De repente, nós fomos pegos de calça na mão: ó, o rapaz já tá aqui, já veio pra dar a segunda etapa, e vai ser assim, assim. (Presidente da Ampromatas. Entrevista realizada em março de 2002)

De acordo com um agente técnico, não foi possível haver uma negociação prévia com a população local, o que contrariava as expectativas da Ampromatas, isto porque era preciso acelerar a realização da atividade, em função do cronograma do Projeto e da época adequada para o plantio do bambu:

> A bambuzeria, a ideia começou errada na verdade. Foi uma ideia que veio de fora pra dentro. Nós fomos assim [...] achamos que a ideia era muito interessante, trabalhar com bambu, um produto ecologicamente correto e tinha uma proposta de capacitação de pessoas de baixa renda. Fazer móveis e dar uma oportunidade pras pessoas que tavam sem [...] não sabiam um ofício [...] a oportunidade de aprender um ofício. Só que, em função da agenda que precisa ter o curso [...] precisa de uma época certa porque tinha que colher o bambu na seca. Eu acho que a gente atropelou um pouco o processo. Uma ideia boa, mas que a gente não teve condições de acompanhar de perto. O

pessoal local não entendeu muito bem. Simplesmente uma coisa que não deu certo. (Perito local da GTZ. Entrevista realizada em maio de 2001.)

Percebe-se, assim, a dificuldade na conciliação dos tempos em questão: o tempo da natureza, o tempo de que dispõe o Projeto Doces Matas para executar o seu planejamento e alcançar resultados e o tempo da Ampromatas, que ansiava por uma participação em todo o processo de organização da oficina de bambu. Essa é uma questão de difícil solução e um dos grandes problemas para a implementação de práticas participativas, uma vez que a participação demanda períodos de tempo que muitas vezes não correspondem àqueles de que dispõem os projetos. Diante de tal situação, ou se opta pela aceleração do processo ou pela flexibilização do crono-grama. Muitas vezes essa decisão é tomada com base em um espírito pragmático, frente à necessidade de apresentação de resultados que venham garantir o fluxo de liberação de recursos financeiros para assegurar a continuidade do trabalho.

A Ampromatas demonstrava ainda uma outra expectativa junto ao Doces Matas, com relação a um maior envolvimento nessa ação do Projeto: desejava que lhe fosse transferida a responsabilidade pela administração da bambuzeria. No entanto, havia por parte do Doces Matas o receio de que a Ampromatas margina-lizasse ou excluísse os demais integrantes da oficina de bambu ao ter o controle sobre o empreendimento. Abaixo estão contrapostos estes dois posicionamentos:

> Então foi tudo diferente, não funcionou legal, a bambuzeria nem funciona direito. Porque nós achamos que a bambuzeria deveria ser vinculada à Ampromatas e eles acharam que não [...]

> [...] Veja bem, pra se transformar ela [a bambuzeria] numa pequena indús-tria, pela facilidade, porque a maior parte das pessoas que fez o curso faz parte da associação. Então, por que criar uma outra, se a gente já tem a documentação e tal? Simplesmente por isso, por esse fato. Nada assim de especial contrário à criação de novas organizações. Mas se tá tudo ali [...] e a Ampromatas já tem uma experiência maior que pode, dentro dela mesma ela ter um grupo definido pra questão da bambuzeria [...] (Presidente da Ampromatas. Entrevista realizada em março de 2002.)

> Mas a gente não tava, eu acho que na época a Ampromatas não mostrou [...] nós não estávamos vendo muita capacidade da Ampromatas gerir a coisa. Eu acho que também durante as capacitações algumas pessoas dominaram (pessoas que não precisavam daquilo), mas na boa vontade de ver a coisa an-dar acabaram dominando o grupo. Então aquelas pessoas que precisavam se sentiram um pouco colocadas de lado e acabaram saindo e como eu não tive tempo pra acompanhar isso de perto, a gente só viu depois que já tava uma meleca, né! (Perito local da GTZ. Entrevista realizada em maio de 2001.)

Ao ser indagado sobre a que dominação se referia, o mesmo técnico responde:

> Eu acho assim, dominar o grupo [...] uma pessoa que tem mais habilidade domina o processo e deixa aquele grupo só com aquela atividade básica.

Então coisas desse tipo. Aquelas pessoas que não tinham tanta habilidade e precisavam treinar mais acabavam ficando de lado.

Estas falas sinalizavam para importantes discordâncias entre o Projeto Doces Matas e a Ampromatas. Tais divergências se relacionavam aos fins da bambuzeria, ao público a que esta deveria se dirigir, aos benefícios que seria capaz de proporcionar à população local. Também não havia consenso ao que seria "estar habilitado" a gerir este empreendimento.

Para o Projeto Doces Matas, a bambuzeria era um meio de gerar renda e oportunidades de trabalho para a população carente de Simonésia. Portanto, para fazer parte do grupo bastava ter pouca ou nenhuma renda e estar disposto a se capacitar para o trabalho com bambu. A participação de membros da Ampromatas, que não se adequavam a este perfil, parece ter sido uma decisão de cunho político, uma tentativa de manter boas relações com uma instituição com a qual se desejava estabelecer parcerias.

Para a Ampromatas, o trabalho na bambuzeria era uma atividade artística, para a qual era preciso ter uma vocação, um dom. É o que se observa nas falas a seguir, em que se evidencia também divergências quanto ao público-alvo:

> Agora eu tenho uma paixão, sabe, eu acho que essa bambuzeria tinha que funcionar, tinha que rever, tal, tinha que batalhar em cima. Mas, infelizmente, eu não sei porque, talvez a forma que nós queríamos que acontecesse, não aconteceu. Então isso dificultou um pouco. Porque era uma proposta, depois mudaram, começaram a pegar pessoas que não têm [...] Porque, arte é o seguinte, se você não tiver dom pra ela, não adianta. Você empolga, faz aquele barulho todo. Você tem que ter ela aqui. Então a gente tinha uma ideia de que poderia ser demorado e tudo, mas a gente pega as pessoas certas [...]
>
> [...] Não que eu tenha boa renda, minha renda também é pequena, mas aquelas pessoas que mais precisam, que a gente queria, que nós corremos atrás são as que menos deram. Por que? Por causa da forma. Acho que se fosse uma coisa mais tirada a dedo. Tirar a dedo é você escolher. Escolher assim dentro de um critério. Aptidão. Aptidão pra arte é fundamental. Não escolher meu primo, meu pai, minha mãe ou só o cara que está desempregado. Não é isso. Escolher por aptidão. Pra fazer, pra aproveitar melhor. Não aquela coisa de rádio: faça a sua inscrição, participe, aquele negócio todo, pra todo mundo. (Presidente da Ampromatas. Entrevista realizada em maio de 2001.)

De acordo com o presidente da Ampromatas, esta instituição não está envolvida em pé de igualdade com as demais instituições parceiras do Projeto:

> Bem, na verdade o que a gente espera e gostaria que o projeto revisse era essa questão de discutir primeiro com a gente pra que de fato a gente pudesse ter uma definição lógica daquilo, né? Porque ele tem o dinheiro, ele tem o recurso da GTZ, ele tem tudo. Agora, as coisas vêm de acordo com eles,

não de acordo com a gente. Quer dizer, eles acham uma pessoa capacitada em tal área lá e pintou, eles contratam aqui, eles chegam e tomam. Isso foi o que nós percebemos. (Presidente da Ampromatas. Entrevista realizada em maio de 2001.)

Como justificativa para essa participação mais efetiva, a Ampromatas destaca a sua capacidade de penetração nas comunidades de Simonésia e o conhecimento desta realidade e dos conflitos locais. Esta instituição se sente, dessa forma, habilitada a ser a mediadora entre os agentes técnicos e os moradores.

Resta saber qual a expectativa da Fundação Biodiversitas e do Projeto Doces Matas com relação a um nível de participação e interferência tão profundos, como os ansiados pela Ampromatas. Nas entrevistas, embora os técnicos tenham destacado a importância da participação social para a sobrevivência da RPPN, foi possível perceber que há uma preocupação com as disputas locais por poder e com o risco de tornar ilegítimo o processo de envolvimento da população da região, por meio da polarização da força decisória nas mãos da Ampromatas.

A ideia de cogestão da RPPN parece não estar sendo considerada pela Fundação Biodiversitas. Inclusive, alguns limites, no que se refere à possibilidade de interferência das comunidades locais em assuntos relacionados ao mono-carvoeiro[12], parecem já ter sido estabelecidos. Observa-se o receio de que os ideais de conservação se desvirtuem diante de uma maior participação das comunidades locais no âmbito decisório. O trecho abaixo, extraído de Mattes (1999, p. 33) evidencia essa afirmação:

> [...] O principal objetivo [da RPPN] é a proteção do mono-carvoeiro (*Brachyteles Arachnoides*), o qual nunca poderá ser assunto de uma decisão participativa com a população. Por isto os entrevistados [agentes técnicos da Fundação Biodiversitas] se inclinaram mais para a criação de um conselho consultivo, considerando o momento adequado e os custos e benefícios. [...] Para os entrevistados, a aproximação com a população local, no momento, é mais importante do que a introdução de uma participação formal.

Buscando pontos de convergência

A aliança entre ambientalistas e população local, sob a premissa da participação, tem sido uma maneira de fortalecer e dar visibilidade aos movimentos locais e também estimular o apoio na implementação e manutenção das UCs (Lima, 1996). No entanto, observam-se alguns complicadores nesta relação como a tentativa de adequação das formas de reprodução social da população local ao modelo de uso das áreas protegidas. As expectativas conservacionistas de manutenção da agricultura familiar e da produção em pequena escala podem ir contra a autonomia

---

[12] O mono-carvoeiro é um primata que se encontra ameaçado de extinção e pode ser encontrado na RPPN Mata do Sossego.

dessas populações de decidirem sobre o seu futuro "frente às aspirações modernas de níveis de consumo e definição de bem-estar" (LIMA, 1996, p. 3).

Também é apontado por LIMA o risco da parceria ecológica se envolver em conflitos locais e "ser manipulada por segmentos sociais que competem por territórios e pelo direito exclusivo aos recursos naturais" (LIMA, 1996, p. 3). Além disso, LIMA ressalta que algumas questões ainda são de difícil solução, tais como: (1) pautar a utilização dos recursos naturais, tanto para o consumo direto como para a comercialização, com base nos critérios de sustentabilidade; (2) manter níveis demográficos que se mostrem compatíveis à proposta de conservação (LIMA, 1996).

Dessa forma, é necessária a predisposição para reavaliar periodicamente as estratégias empregadas, mesmo que elas estejam atendendo aos objetivos previstos e às necessidades identificadas. Não se pode, portanto, traçar um modelo único de participação. É preciso haver um diálogo contínuo com a população para que seja construído um processo de interação que se ajuste às demandas sociais, sujeitas a constantes transformações (LIMA, 1996).

Conforme já foi dito, o receio de que a diversidade de interesses (por vezes conflitantes) desvirtue os objetivos de conservação ambiental tem sido também uma das razões para que a participação na gestão de UCs seja alvo de monitoramento e mesmo de resistência. É o que constata um estudo de Rebeschini *et al.* (1999), sobre a Estação Ecológica Jureia-Itatins (doravante, EEJI). De acordo com os autores, na fase de criação desta UC evitou-se a consulta popular devido à "premência de se salvaguardarem as áreas" e ao receio de que a participação das comunidades locais trouxesse risco aos ecossistemas protegidos (REBESCHINI *et al.*, 1999, p. 49).

Para Queiroz (2000), os conflitos entre ambientalistas e a população local da Jureia têm suas origens não apenas em visões de mundo diferentes mas em ontologias que se distinguem. Este autor afirma que se tem cogitado a presença do homem, a permissão para o corte de capoeira e a utilização dos recursos naturais na EEJI. Mas, para isso, é preciso que o indivíduo esteja "inserido" na natureza; que ele seja "parte integrante" do meio ambiente. Ou seja, a permanência humana nesta UC é admitida quando o seu habitante é "naturalizado". Queiroz chama de "ontologia naturalista" essa perspectiva por meio da qual se compreende a sociedade humana como um fenômeno natural dentre outros. Sob esta abordagem, a essência dos homens é a natureza; o que os torna diferentes é a cultura (QUEIROZ, 2000).

Já a "ontologia culturalista", identificada por Queiroz nas populações tradicionais da Jureia, concebe natureza e cultura como internas ao mundo social. Sob esta perspectiva, a multiplicidade se encontra na natureza (nos corpos); o que unifica a todos é a condição humana.

A "ontologia naturalista", relativa ao chamado "homem moderno" e observada por Queiroz nos ambientalistas e na administração da EEJI, seria predominante na estipulação daqueles que poderiam utilizar os recursos e residir na UC. Entretanto, observam-se problemas nesta especificação. Se o critério utilizado para definir este homem é a sua relação simbiótica com a natureza, uma grande dificuldade seria definir o grau de naturalização a ser considerado o adequado. Outro problema seria estabelecer o que é ser compatível com a natureza.

Para Queiroz (2000, p. 17), embora estas diferentes ontologias concorram para um "conflito de interpretações", é possível que ambientalistas e população local encontrem pontos de convergência diante das mudanças culturais que os acontecimentos históricos operaram na região. Segundo esse autor, os moradores da Jureia redefiniram suas estratégias e valores frente à criação da EEJI, passando a defender não mais o título jurídico e individual da propriedade, mas o direito de moradia e uso coletivo dos recursos naturais. Esta nova configuração dos objetivos de permanência e utilização dos recursos da UC pode ser compatibilizada com a proposta de desenvolvimento sustentável, que vislumbra a manutenção dos recursos naturais ao mesmo tempo em que se garante a sobrevivência das comunidades. Entretanto, Queiroz conclui que ambientalistas e população local podem até compartilhar estratégias políticas e jurídicas a partir da construção de ideais em comum, contudo, não deixam de conservar divergências fundamentais (QUEIROZ, 2000).

A dificuldade de fazer convergir universos significativos tão diferentes, como o dos agricultores e agentes técnicos de projetos conservacionistas tornou-se visível no trabalho com agroecologia, uma outra atividade implementada pelo Projeto Doces Matas junto às comunidades locais.

Desde 1998, têm sido desenvolvidas práticas agrícolas sustentáveis junto a um grupo de aproximadamente 12 agricultores da Comunidade do Sossego. Por meio desta atividade, o Projeto Doces Matas espera promover um trabalho participativo de conservação e recuperação de solos, de forma a motivar os agricultores da região da RPPN Mata do Sossego a desenvolver sustentavelmente seus sistemas de produção (FRANCO, 2001). Buscou-se, dessa forma, articular um dos objetivos centrais do Projeto em relação às comunidades rurais do entorno das UCs às demandas locais por soluções para o problema de infertilidade e erosão dos terrenos. Recentemente, moradores de outras comunidades do entorno da RPPN também têm-se interessado em desenvolver essas técnicas alternativas em suas roças.

Por estarem sendo testadas e implementadas de maneiras diversas nas lavouras, as práticas agroecológicas têm sido denominadas "experimentações" e os agricultores que as utilizam, "experimentadores".

De acordo com Franco (2001), os experimentos realizados nas lavouras referem-se à: (1) utilização do biofertilizante Super Magro para controlar doenças nas lavouras e evitar o uso de agrotóxicos; (2) adubação verde de cafezais com leguminosas rasteiras e arbustivas (feijão-guandu, feijão-de-porco, mucuna preta, canavalha, galaktéa e tefrósia), visando a melhorar a terra por meio do aumento de matéria orgânica, controle de erosão e adubação; (3) plantação de leguminosas arbóreas (jacaré, maricá, acácia mangium) para funcionarem como cercas vivas em lavouras de café, visando ao controle do vento, que é um dispersor de agentes patogênicos; (4) implementação de sistemas agroflorestais nas lavouras de café e manejo da regeneração natural como forma de melhorar a terra com o adubo fornecido pelas folhas, preservar a água e deixar a paisagem mais bonita (FRANCO, 2001).

A falta de sistematização dos resultados dos experimentos nos anos de 1999 e 2000 e a desistência de alguns agricultores que trabalhavam com as experimentações foram alguns problemas que sinalizaram para a necessidade de um acompanhamento das práticas adotadas, a fim de retomar o processo de discussão e levantar propostas de continuidade do trabalho (FRANCO, 2001).

O Projeto Doces Matas optou, dessa forma, pela realização de uma avaliação participativa, que "teria a função de coletar alguns dados técnicos e observações relativas ao tempo decorrido, retomar o processo de discussão sobre as práticas adotadas e levantar propostas de continuidade do trabalho" (FRANCO, 2001, p. 4). Essa avaliação foi organizada em dois momentos: a realização de entrevistas semiestruturadas e de uma reunião com os experimentadores.

Franco (2001), como já foi dito, observou que os agricultores entrevistados apresentaram resistência à proposta da agrossilvicultura. Contudo, notou que estes se mostraram receptíveis ao plantio de leguminosas junto ao café, tendo, inclusive, identificado bons resultados nas lavouras. O aumento da matéria orgânica e diminuição da erosão foram apontados como aspectos que evidenciavam a melhoria do solo. Os entrevistados também destacaram como vantagens do cultivo de leguminosas nas lavouras a diminuição da capina e da necessidade do calcário, o que se reverteria na redução dos custos da produção. Por outro lado, o manejo mais complicado, demandando mão de obra e um maior cuidado para não prejudicar o café, foi relatado como desvantagem desta prática (FRANCO, 2001).

Para Franco (2001), durante o processo de avaliação ficou clara a necessidade de implantação de um sistema de monitoramento participativo das experimentações. Um acompanhamento mais sistemático das práticas agroecológicas desenvolvidas nas lavouras, realizado pelos agentes técnicos e experimentadores, possibilitaria a observação das transformações ocorridas de maneira qualitativa, proporcionando a troca de informações e a readaptação do planejamento inicial, quando se fizesse necessário.

Decidiu-se, então, pela implantação de um sistema de monitoramento participativo, em que os experimentadores registrariam periodicamente as informações que consideravam relevantes, as quais seriam discutidas e avaliadas pelos técnicos e pelo grupo. O monitoramento participativo, de acordo um agente técnico do Projeto Doces Matas, também seria uma forma de evidenciar às agências financiadoras, de maneira quantitativa, os resultados alcançados, o que representava um atendimento às exigências de dados numéricos, acompanhando o relato do processo de implementação das ações. Segue um trecho da entrevista que evidencia essa afirmação:

> Na questão desse monitoramento a gente quer tentar registrar mesmo as mudanças, que tipo de mudanças estão acontecendo. E essa informação, cada parceiro vai usar essa informação de uma maneira. Então para mostrar para os nossos financiadores como a gente está trabalhando, que

resultados estamos tendo. A gente tem muita cobrança por resultados quantitativos e temos muitos resultados de processos. Então acho que a gente, com esse monitoramento, vai poder dar resultados de processos e quantitativos também. Nós estamos fazendo um processo participativo que vai mostrar, pelos exemplos dados ontem na reunião com os agricultores, que não precisam ser números exatamente. Mas tem que ser referências de [...] sei lá: tem broca, não tem broca, tem muita broca ou pouca broca [...] (Agente técnico do Projeto Doces Matas. Entrevista realizada em outubro de 2001.)

Pretendia-se envolver a população local em todas as etapas do monitoramento, inclusive na sua organização inicial. Desse modo, Franco argumenta em favor da participação dos experimentadores na definição dos indicadores para a avaliação dos experimentos, no estabelecimento de um cronograma de acompanhamento e na definição de formas de registro dos experimentos iniciados. Segundo esse autor, era preciso que o processo de sistematização das observações fosse significativo para os agricultores:

> O importante é que estes indicadores tenham sentido e utilidade para os atores envolvidos no processo e não somente para os técnicos. Por exemplo, os teores de nutrientes no solo podem ter muito significado para os técnicos em termo de características para avaliar a melhoria do solo, mas para alguns agricultores seria muito abstrato e com pouco significado. Por outro lado, as espécies de plantas espontâneas que ocorrem antes e depois da adoção de uma técnica podem indicar para um agricultor se houve uma melhoria da qualidade do solo. (FRANCO, 2001, p. 13)

A fim de divulgar as experiências, proporcionar a troca de ideias e reflexões sobre as técnicas agroecológicas e organizar o acompanhamento das lavouras realizou-se uma "oficina de monitoramento participativo". A primeira etapa da oficina de monitoramento participativo foi realizada em maio de 2001.

Nessa primeira fase da oficina de monitoramento, verificou-se um alto nível de envolvimento dos agricultores nos momentos dedicados ao relato das experiências e troca de informações sobre o trabalho na agricultura. As expectativas de proporcionar um ambiente de diálogo entre os participantes, demonstrada pelo consultor que conduziu esta atividade, certamente foram alcançadas.

Entretanto, houve grande dispersão dos participantes no momento de se definirem os indicadores que evidenciariam as transformações ocorridas nas lavouras com a implementação das práticas alternativas. A etapa de sistematização dos debates também foi bastante conturbada.

Mesmo que tenha havido uma grande preocupação em correlacionar o discurso científico sobre as técnicas agroecológicas e o universo significativo dos agricultores, ainda assim puderam ser percebidas durante a oficina dificuldades na comunicação entre esses dois mundos.

Assim como foi observado na capacitação dos grupos comunitários, alguns entraves verificados na oficina de monitoramento pareciam também estar relacionados a aspectos metodológicos dessa atividade, que exigiam habilidades cognitivas próprias de um "saber escolarizado", o que, de fato, os agricultores (com poucas exceções) não possuíam. Porém, uma concepção mais ampla dessa problemática leva a crer que os problemas de comunicação se deveram fundamentalmente a razões sociais que se apresentaram como distintas e não convergiram em determinados momentos da oficina: a lógica instrumental científica (que separa saber prático e saber racional) contrapondo-se à lógica camponesa, que articula estes dois saberes na compreensão do processo produtivo.

A agricultura familiar, que é a forma de produção e organização do trabalho agrícola nas comunidades rurais do entorno da RPPN Mata do Sossego, opera sob a busca da subsistência, da manutenção da família, e, embora esteja sob os imperativos da racionalidade econômica capitalista, não visa prioritariamente ao lucro mas também à realização do agricultor nas suas várias dimensões, incluindo a reprodução de um patrimônio sociocultural familiar (BRANDENBURG, 1999). Assim, na agricultura familiar o universo do trabalho é mais amplo que em uma organização empresarial capitalista. Compreende elementos de ordem subjetiva, simbólica, relativos não apenas à execução da atividade mas à manutenção de um modo de vida pautado pela lógica familiar de produzir.

Segundo Woortmann e Woortmann (1997), o significado simbólico do trabalho agrícola para os camponeses e o "saber técnico" que possibilita a sua realização estão conjugados e constituem uma forma de ver o mundo. Assim, mais que um conhecimento especializado para construir roçados, o saber do trabalho "é parte de um modelo mais amplo de percepção da natureza e dos homens" (WOORTMANN; WOORTMANN, 1997, p. 7).

Sahlins, ao se referir ao caráter simbólico da economia capitalista, também argumenta que a lógica material, instrumental, relacionada ao interesse prático do homem na produção é simbolicamente instaurada. A razão simbólica, portanto, seria a capacidade de viver em um mundo material segundo um esquema significativo, que é próprio da cultura (SAHLINS, 1979).

Ao realçar a estrutura simbólica na utilidade material, os autores supracitados rompem com o paradigma científico ocidental, que enquadra o sistema de produção na esfera da racionalidade instrumental, ou seja, pautado exclusivamente pela relação meios-fins.

Woortmann e Woortmann (1997) destacam que a transmissão do saber sobre o trabalho agrícola se dá no próprio trabalho: o saber é um "saber fazer". Além disso, a transferência desse saber instrumental, pragmático, envolve valores e construções de papéis sociais. Neste sentido, a produção revela-se como essencial para a reprodução do grupo, uma vez que, além de se apresentar como um encadeamento de ações técnicas, mostra-se também como um encadeamento de ações simbólicas. Desse modo, é possível afirmar que, além de produzir cultivos, o trabalho também produz cultura (Woortmann; Woortmann, 1997).

A discussão sobre os problemas observados durante a primeira etapa da oficina de monitoramento, no que se refere à organização e sistematização das informações e à construção de uma metodologia para o acompanhamento dos experimentos nas lavouras, pode ser realizada sob essa perspectiva. Na medida em que o processo de trabalho agrícola é compreendido como estando para além de um mero procedimento técnico, sendo encarado como um conhecimento que é simultaneamente *praxis* e *logos* (Woortmann; Woortmann, 1997), torna-se complicado desconectar o saber pragmático da lavoura e o saber racional, que provém do intelecto. A partir dessa constatação, algumas considerações podem ser tecidas para se discutir as dificuldades observadas na oficina.

O debate sobre as práticas dos experimentadores e a abstração desse universo empírico, por meio das generalizações e do trabalho de sistematização, foram apresentadas como tarefas distintas. Os agricultores tiveram um grande espaço para expor suas experiências livremente, sem grande interferência do moderador da oficina. Contudo, coube aos agentes técnicos envolvidos nessa atividade um papel preponderante na reflexão mais sistematizada sobre os experimentos. Inclusive, a organização e sintetização das ideias levantadas nessa atividade foi realizada por meio de padrões de registro elaborados por esses agentes. No entanto, pareciam pouco compreensíveis para os agricultores. Talvez isso justificasse o desinteresse dos experimentadores e a sua dispersão nessa etapa da oficina.

Dessa forma, no momento de se estabelecer como seriam feitas as anotações sobre o que era observado nas lavouras em que se realizavam os experimentos, optou-se por um modelo de fichas de monitoramento desenvolvido pelos técnicos. Entretanto, outras formas de avaliação e de controle do trabalho na roça que se diferenciavam das apresentadas na oficina, já eram usadas pelos agricultores. São exemplos, anotações sobre quanto foi investido na plantação, quantidade de mão de obra, datas de plantio e colheita etc.

Após a realização da oficina, foi possível observar uma certa dificuldade dos agricultores em preencher as fichas de monitoramento dos experimentos. Alguns deles, com os quais foi possível o contato, estavam contando com o apoio do gerente da RPPN e de um outro agente técnico da Fundação Biodiversitas para fazer essas anotações. Também houve relatos de agricultores mais velhos que, para realizarem suas anotações, solicitavam ajuda dos filhos jovens que já haviam frequentado a escola.

Motivados pelos bons resultados apresentados nas lavouras (diminuição da mão de obra para a capina e da necessidade de correção do solo com o uso de calcário), o grupo de experimentadores começou a organizar, no início de 2002, uma Associação de Pequenos Produtores. Alguns objetivos da associação seriam comercializar coletivamente o café, com vistas a obter melhores preços, diminuir os custos de beneficiamento desse produto e iniciar o cultivo do café orgânico. A Associação de Pequenos Produtores da Comunidade do Sossego, mesmo tendo contado com o apoio do Projeto Doces Matas, foi uma iniciativa dos próprios moradores.

Os participantes da Associação de Pequenos Produtores do Sossego estão bastante animados com o cultivo do café orgânico, principalmente porque acreditam que, dessa forma, conseguirão um melhor preço no mercado para o seu produto. No entanto, é preciso levar-se em consideração alguns fatores. O mercado consumidor localizado nos grandes centros e até no exterior tem exigido produção em grande quantidade, para alcançar uma venda regular. Também tem sido necessária uma padronização tanto dos produtos quanto do seu acondicionamento com características próprias da produção mecanizada industrial. O próprio Mercado Solidário Europeu, um possível consumidor do café orgânico a ser produzido pelas comunidades de entorno da RPPN, segundo um agente técnico da Fundação Biodiversitas, apresenta essas restrições. Estabelece-se, dessa forma, o desafio de garantir a produção "artesanal", inserindo-a no mercado consumidor com as condições que este exige.

Como alternativas para o problema da comercialização do café orgânico, além do investimento no mercado consumidor local, a ser alcançado por meio da feira permanente que está sendo organizada pelo Sindicato dos Trabalhadores Rurais, Projeto Doces Matas e agricultores da região de Simonésia, já vêm sendo feitos contatos com a empresa holandesa Sarari, que tem apoiado a agricultura familiar. Ainda não se sabe exatamente como será efetivado o contrato de comercialização, mas acredita-se que a grande exigência da empresa seja com relação à qualidade do produto. É preciso que estejam mais amadurecidas as negociações para que se possa avaliar melhor os seus impactos.

Os dilemas da participação

Este trabalho buscou evidenciar alguns fatores que atravessam o desenvolvimento de ações participativas, conduzindo muitas vezes o trabalho em direções não previstas e indesejadas. Observa-se que a participação em projetos de conservação ambiental tem sido reduzida a uma série de técnicas e métodos, o que, de fato, tem inibido o seu caráter emancipatório e fortalecido o seu potencial "tirânico". Sendo assim, a complementaridade entre os saberes técnico-científico e local e a integração entre os objetivos das comunidades locais e os projetos conservacionistas, objetivos que integram o discurso da participação social, acabam encontrando pouca possibilidade de realização.

O Projeto Doces Matas, ao proporcionar a integração de agentes técnicos e comunidades de entorno no projeto de conservação, propondo a descentralização decisória em relação às UCs, colabora apenas em certa medida, para que a população local adquira um capital social que possa vir a alterar a sua situação de invisibilidade social. Isto porque tal visibilidade está condicionada a que esta população adira ao ideal de proteção ambiental, tornando sua agenda sinergética à agenda do projeto de conservação. Na verdade, essa não é uma via de mão dupla, ou seja, o Projeto certamente encontra grandes dificuldades para se adequar, traduzir, adaptar sua agenda às expectativas e objetivos das comunidades.

Há que se considerar também que o tempo de que dispõe o Projeto Doces Matas para a implementação das suas atividades e, mais, a necessidade de apresentar resultados quantitativos às agências financiadoras são importantes limitadores da tarefa de revisão de estratégias e redirecionamento de propostas, de forma a contemplar as especificidades locais e as alterações conjunturais. Com isso, pode-se comprometer o alcance de um ambiente realmente participativo, democrático na condução das ações.

Diante das várias implicações de uma prática participativa, como as apontadas neste trabalho, ressalta-se a necessidade de uma reflexão sistemática durante o processo, acompanhando o desenvolvimento das estratégias utilizadas, avaliando o seu alcance. Na medida em que as ações participativas ainda colaboram para a manutenção das estruturas de poder, justifica-se a instauração de um debate mais atento às suas consequências e aos processos sociais que são desencadeados sob a premissa da participação.

Referências

BARRETO FILHO, H. Populações Tradicionais: Introdução à Crítica da Ecologia Política de uma Noção. In: Worskhop Sociedades Caboclas Amazônicas: Modernidade e Invisibilidade. São Paulo: mimeo, 2002.

BORRINI-FEYERABEND, G. Manejo participativo de áreas protegidas. Adaptando o método ao contexto. Temas de política social. Quito: UICN-SUR, 1997.

BRANDENBURG, A. Agricultura familiar, ONGs e desenvolvimento sustentável. Curitiba: UFPR, 1999.

BRASIL. SNUC. Sistema Nacional de Unidades de Conservação da Natureza. Lei nº 9.985, de 18 de julho de 2000. Decreto nº 4.340, de 22 de agosto de 2002. Brasília: MMA, 2002.

COOKE, B.; KOTHARI, U. The Case for Participation as Tyranny. In: COOKE, B.; KOTHARI, U. (org.). Participation: The New Tyranny? Nova Yorque: Zed Books, Ltd., 2001.

CONCEIÇÃO, M. F. C; MANESCHY, M. C. Pescadores, Agricultores e ribeirinhos na Amazônia Oriental: Associativismo e Sustentabilidade. In: Boletim Rede Amazônia. Dinâmicas de Ocupação e de Exploração- Efeitos e Respostas Socioculturais. Rio de Janeiro, ano 2, n.1, p. 61-72, 2003.

CORBUCCI, E. M. Em busca da construção do espaço público na gestão ambiental de unidades de conservação: O caso do parque nacional do Jaú. 144 f. Dissertação (Mestrado em Gestão Ambiental) Departamento de Geografia, Universidade de Brasília, Brasília, 2000.

CUNHA, M.; ALMEIDA, M. B. Enciclopédia da Floresta. São Paulo: Companhia das Letras, 2002.

DAGNINO, E. Sociedade Civil, Política e Cidadania: do que Estamos Falando? In: MATO, D. Políticas de Ciudadania y Sociedad Civil en Tiempos de Globalización. Caracas: FACES, Universidad Central da Venezuela, 2004, p. 95-110.

DUPAS, G. Tensões contemporâneas entre o público e o privado. São Paulo: Paz e Terra, 2003.

FRANCO, F. (2001) Avaliação participativa de técnicas ambientais sustentáveis na comunidade do Sossego- Simonésia-MG. 38p. Relatório. Belo Horizonte, 2003.

HERRMANN, G.; COSTA, C. Planejamento da gestão participativa. Estudos de caso: Parna do Itatiaia- Parna Tijuca. Belo Horizonte: mimeo, 1998.

LIMA, D. Comunidades e conservação: uma análise do movimento socioambiental na Amazônia. In: III Brasa Conference. Cambridge: mimeo, 1996.

MATTES, A. O Dagnóstico Rural Participativo (DRP) como Instrumento de Envolvimento das Unidades de Conservação com Seus Entornos. Belo Horizonte: mimeo, 1999.

MOSSE, D. People's Knowledge, Participation and Patronage: Operations and Representations in Rural Development. In: COOKE, B.; KOTHARI, U. (orgs.). Participation: The New Tyranny? Nova Yorque: Zed Books Ltd., 2001.

ORTIZ, R. Pierre Bourdieu. São Paulo: Ática, 1983.

PEREIRA, D.B. A participação de segmentos de atores na gestão ambiental. In: I Reunião da ANPPAS: Indaiatuba: mimeo, 2002.

PIMBERT, M.; PRETTY, J. Parques, Comunidades e Profissionais: Incluindo Participação. In: DIEGUES, A (org.). Etnoconservação. São Paulo: Hucitec, 2002.

PROJETO DOCES MATAS. O trabalho com comunidades rurais no entorno de unidades de conservação. Belo Horizonte: Fundação Biodiversitas, 2001.

QUEIROZ, R.C. Multiculturalismo versus multinaturalismo na estação ecológica da Jureia. In: XXIII Reunião Brasileira de Antropologia. Gramado: mimeo, 2000.

RAHNEMA, M. Participação. In: SACHS, W. (org.). Dicionário do desenvolvimento. Petrópolis: Vozes, 2000.

REBESCHINI, A. et al. Estação Ecológica Jureia- Itatins: O Amadurecimento Necessário. In: Oficina sobre gestão participativa em unidades de conservação. Belo Horizonte: Fundação Biodiversitas, 1999, p. 46-59.

REIS, M. Reserva de Desenvolvimento Sustentável Mamirauá (RDSM) Amazonas, Brasil- Participação Popular no Processo de implantação da RDSM e no Manejo de Recursos Naturais da Várzea Amazônica. In: Oficina sobre gestão participativa em unidades de conservação. Belo Horizonte: Fundação Biodiversitas, 1999, p.60-69.

SANTILLI, J.; SANTILLI, M. Meio ambiente e democracia: participação social na gestão ambiental. In: LIMA, A. (org.). O direito para o Brasil socioambiental. Porto Alegre: Sergio Antônio Fabris Editor, 2002.

SAHLINS, M. Cultura e Razão Prática. Rio de Janeiro: Zahar Editores, 1979.

SILVA, Z. G. Metodologia dos Encontros de Planejamento com Grupos Comunitários de Simonésia, MG. 35p. Relatório. Belo Horizonte, 2001a.

SILVA, Z. G. Associação Comunitária dos Eliotas, Teixeiras e São Sebastião. Município de Simonésia. Relatório dos Encontros de Planejamento. 26p. Relatório. Belo Horizonte, 2001b.

SOARES, M. C. C. A Participação na Ótica dos Bancos Multilaterais. In: LEROY, J.P.; SOARES, M. C. C (orgs.) Bancos multilaterais e desenvolvimento participativo no Brasil: dilemas e desafios. Rio de Janeiro: FASE/IBAS, 1998, p.21-28.

WOORTMANN E.; WOORTMANN K. O trabalho da terra. A lógica e a simbólica da lavoura camponesa. Brasília: Editora UNB, 1997.

PARTE III

(Des) envolvimento:
Políticas Públicas no Cerrado

DA "LARGUEZA" AO "CERCAMENTO": UM BALANÇO DOS PROGRAMAS DE DESENVOLVIMENTO DO CERRADO

....

Ricardo Ferreira Ribeiro

A assim chamada "modernização da agricultura brasileira", processo que transformou este setor da economia nacional, especialmente a partir dos anos de 1970, tem sido objeto de investigação e debates nas últimas três décadas. Este trabalho tenta discutir esse processo, a partir de um caso situado em seu bojo e que também tem sido objeto de ampla atenção e debate, em diversos segmentos sociais: os programas de desenvolvimento do Cerrado.

O que se pretende, aqui, é discutir esses programas a partir dos estudos e documentos já produzidos, situando-os dentro daquele processo maior da modernização da agricultura, evidenciando os traços comuns e as especificidades observadas. Ao mesmo tempo, ao contrário de grande parte da bibliografia sobre esse tema, busca-se discutir sua inserção num conjunto de transformações anteriores, em geral pouco conhecidas e debatidas, que marcam a história da agropecuária naquela região do Brasil Central e, em especial, no Sertão Mineiro[1]. Nessa perspectiva, importa colocar também em questão a forma como a chamada modernização da agricultura do Cerrado, bem como os processos anteriores aqui discutidos se utilizaram do meio ambiente em que se inseriram, quais as consequências deste processo e quais suas perspectivas em termos de sustentabilidade.

A modernização da agricultura brasileira

A Ditadura Militar pôs violento fim ao debate em torno da Reforma Agrária, que marcou o final dos anos de 1950 e início da década de 1960, quando se

---

[1] O Sertão, mais que um território geográfico, é um espaço de delimitação sociocultural, é uma identidade criada mais pelo outro do que autorreferida. Nesse sentido, partindo-se dos contornos desenhados pelos naturalistas estrangeiros, que o visitaram, na primeira metade do século XIX, podemos estabelecer uma identidade ambiental entre o Sertão Mineiro e o Cerrado e, secundariamente, também com a Caatinga.

defendia que a distribuição da terra seria uma forma de incentivar a demanda por bens industriais, por meio do fortalecimento do mercado interno. O processo de modernização da agricultura no pós-64 demonstrou que a industrialização poderia ganhar novo impulso sem a necessidade de se realizar a Reforma Agrária, embora não resolvesse, ou melhor, tornasse ainda mais grave, vários aspectos sociais apontados pelos que defendiam esta política.

A modernização representou para a agricultura uma nova interação entre setores da economia brasileira; embora continuasse a participar como geradora de divisas pela exportação de parte considerável de sua produção, ela agora teria uma crescente integração subordinada com o setor industrial e financeiro. A adoção de todo o chamado pacote tecnológico da Revolução Verde, que incluía o uso de máquinas, equipamentos, fertilizantes, agrotóxicos, sementes e matrizes melhoradas etc., possibilitou o aumento da produção não mais pela expansão da área explorada, mas pelo incremento da produtividade. Desta forma, a agricultura passou a depender crescentemente da oferta de bens de origem industrial para garantir e ampliar sua competitividade e, também, do crédito que lhe assegurava os recursos necessários à aquisição daqueles bens, bem como, na outra ponta, do circuito comercial e da agroindústria, que passaram a absorver sua produção e a determinar, em grande parte, a sua forma de organização.

Além desse primeiro, e tendo-se em vista os objetivos deste trabalho, pode-se, de forma sintética, destacar os seguintes aspectos da modernização da agricultura no Brasil:

a) Foi parcial em termos de regiões, de produtos e de segmentos sociais, ou seja, atingiu sobretudo o Centro-Sul, os produtos voltados para a exportação ou para as agroindústrias e a grande e média produção, assim como alguns agricultores familiares integrados;

b) O Estado teve um papel importante na sua implementação, por meio de um conjunto de mecanismos, que foram a base da política agrícola do período;

c) O crédito rural subsidiado é considerado como a alavanca da modernização e um dos principais mecanismos de atuação do Estado;

d) Por meio das facilidades oferecidas pelo crédito, foi possível o acesso da maioria dos produtores ao novo padrão tecnológico que incluía a mecanização, o uso de insumos químicos e as melhorias genéticas em plantas e animais;

e) O crédito e outras políticas favoreceram a instalação e expansão das empresas produtoras de bens de produção para a agricultura;

f) A organização e consolidação institucional da pesquisa agropecuária e da assistência técnica foram outros importantes mecanismos da política agrícola, implementada, visando a adaptação, o desenvolvimento e a difusão das inovações do pacote tecnológico da Revolução Verde;

g) Ao lado de um conjunto de medidas de apoio à exportação de produtos agrícolas, foi criada uma política de preços mínimos, combinada com linhas especiais de crédito para comercialização e com o seguro agrícola, de forma a diminuir os riscos da atividade agrícola;

h) Esse processo contribuiu decisivamente para agravar a concentração fundiária e para incrementar o êxodo do campo;

i) Ao mesmo tempo, impulsionou a proletarização rural, em que diferentes formas de trabalho assalariado, em geral, contratado por empreiteiros de forma temporária, assumiram maior relevância em relação à mão de obra familiar e, principalmente, de parceiros;

J) Foram desenvolvidos projetos de colonização para as áreas de fronteira, tanto para minimizar as pressões fundiárias em regiões de tensão, como no Nordeste e Sul do Brasil, como para assegurar a ocupação de áreas consideradas vazios econômicos com investimentos de grandes empresas.

O Cerrado é uma destas regiões, e ali o processo de modernização da agricultura apresenta esse conjunto de aspectos talvez de forma mais exacerbada. Nessa região, a atuação do Estado foi sentida de forma ainda mais marcante: planejando, organizando, financiando, subsidiando, apoiando, enfim, oferecendo todo um conjunto de vantagens para que o capital realizasse a sua ocupação e a modernização do Sertão do Brasil Central.

Os projetos de desenvolvimento do Cerrado

Paulo Afonso Romano, presidente da CAMPO, empresa binacional (Brasil-Japão) responsável pela coordenação de um dos programas de desenvolvimento do Cerrado, resume bem o discurso oficial que fundamentou a sua implantação:

> A intensa utilização das áreas agrícolas no Sul e Sudeste, chegando a situações de completa saturação, leva o País à necessidade de busca de áreas novas, [...] a acentuada euforia com a Amazônia na segunda metade da década de 60 e início da década de 70, fez os brasileiros imaginarem ser ali, e de pronto, o novo celeiro. Talvez o ufanismo predominante [...] tenha levado à extrapolação da busca de um objetivo geopolítico – a integração nacional da Amazônia – com um objetivo econômico: o de produzir alimentos. O engano foi detectado.

Prossegue a ocupação da Região Amazônica, porém em polos selecionados, pois ainda persistem condições precárias de infraestrutura, riscos ecológicos e escasso conhecimento científico e tecnológico para ampla utilização dos recursos amazônicos. O bom senso de atrair maior atenção para os cerrados, enquanto se amadurece a solução amazônica, deve ser considerado como uma histórica correção de rumos na busca de novas regiões agrícolas (ROMANO, 1985, p. 155-156).

Desta forma, o Cerrado como a Amazônia eram vistos como vazios econômicos a serem melhor explorados; no entanto, aquele possuía algumas vantagens que favoreceriam a sua ocupação econômica mais rápida. No Cerrado, do ponto de vista político interno e externo, a questão ambiental não aparecia de forma tão polêmica quanto a repercussão que ganhava a destruição da Floresta Amazônica. Aquele bioma, com suas árvores pequenas e tortas, não apresentava, aos olhos da opinião pública, o mesmo efeito grandioso da imensidão verde das florestas tropicais da Região Norte. O mais importante, porém, estava em outras vantagens do Cerrado, que apesar de ter problemas de fertilidade do solo, já possuía, naquele momento, conhecimento científico e tecnológico suficiente para torná-lo produtivo e economicamente viável. Vantagem que se somava à sua topografia plana, que facilitava a mecanização, e à sua localização e infraestrutura disponível, que ofereciam melhores condições de produção e favoreciam o seu escoamento para os grandes centros urbanos e os mercados internacionais.

A partir do início dos anos de 1970, o Estado implementou diversos programas de desenvolvimento do Cerrado, baseados em um uso intensivo de tecnologia e capital e no preço baixo das terras favoráveis à mecanização e que compensavam os investimentos destinados à correção do solo. Cerca de 20 anos depois, o Cerrado já possuía grande importância na produção agrícola brasileira, pois contribuía com 25,4% da soja, 16% do milho, 13,2% do arroz de sequeiro e 8,3% do café (SHIKI, 1995). Esses projetos de desenvolvimento tiveram como polo irradiador o oeste de Minas, se espalhando gradativamente, até os dias atuais, para os outros estados cobertos pelo Cerrado, como mostra o Quadro 1 abaixo.

QUADRO I

Programas governamentais de desenvolvimento agrícola do cerrado

Programa	Criação	Custo (US$ milhões)	Área (ha)	Estados
PCI	1972	32	111.025	MG
PADAP	1973	200	60.000	MG
POLOCENTRO	1975	868	3.000.000	MG, MS, MT, GO
PRODECER I	1979	94	60.000	MG
PRODECER II	1985	409	180.000	MG, MS, MT, GO, BA
PRODECER III	1994	66	80.000	MA, TO
TOTAL	–	1.669	3.491.025	–

Fontes: IBASE, JICA e FUNDAÇÃO JOÃO PINHEIRO

Cada programa representou um aspecto importante no processo de modernização agrícola do Cerrado e o conhecimento dessa trajetória discriminada a seguir ajuda a visualizar melhor como foi implementada a política de desenvolvimento regional:

Programa de Crédito Integrado e Incorporação dos Cerrados – PCI

Foi criado pelo Banco de Desenvolvimento de Minas Gerais – BDMG e contou com a participação articulada de vários órgãos da área da agricultura do governo mineiro e com recursos do Banco Central e do Banco Mundial.

Teve seu auge entre 1972 e 1975, abrangendo, dentro desse estado, as regiões do Triângulo Mineiro, Alto Paranaíba, Paracatu, Alto e Médio São Francisco. Financiou, naquele período, um total de 230 projetos, com área média contratada de 483 hectares. Constituiu-se em uma experiência piloto que, devido a seu relativo sucesso, impulsionou a geração de novos projetos para a região do Cerrado de Minas Gerais (SALIM, 1986).

Programa de Assentamento Dirigido do Alto Paranaíba – PADAP

Paralelamente ao desenvolvimento do PCI, a Secretaria de Agricultura do Estado de Minas Gerais assinou, no início de 1973, um acordo com a Cooperativa Agrícola Cotia – CAC para a implementação do PADAP. Com base no Estatuto da Terra, foram desapropriados 60.000 ha nos municípios de São Gotardo, Ibiá, Rio Paranaíba e Campos Altos para a implantação dos quatro núcleos de colonização. Este programa tinha como estratégia a organização cooperativada dos colonos e a concentração espacial das atividades agrícolas, dos recursos financeiros e creditícios e da infraestrutura de apoio. O programa, inicialmente, beneficiou 92 colonos, número que, dez anos depois, alcançou 122 agricultores (FRANÇA, 1987).

Programa de Desenvolvimento dos Cerrados – POLOCENTRO

Com a ida do então Secretário da Agricultura de Minas, Alysson Paulinelli, para o Ministério da Agricultura, em 1975, foi elaborado o POLOCENTRO, programa que visava expandir para uma área mais ampla a política de desenvolvimento do Cerrado, executada naquele estado. Assim, este programa "incorporou", em cinco anos, três milhões de hectares do Cerrado com lavouras, pastagens e reflorestamento, distribuídos em cerca de 202 municípios dos estados de Minas Gerais, Goiás, Mato Grosso, Mato Grosso do Sul, abrangendo uma área total de 785 mil quilômetros quadrados. Cerca de 75% de seus recursos se destinaram a linhas especiais de crédito e o restante à pesquisa agropecuária, assistência técnica, armazenamento, transportes e eletrificação rural. A dispersão de suas ações foi considerada como um problema do programa, que contribuiu para o redirecionamento do desenvolvimento do Cerrado em termos de retorno à estratégia de assentamento dirigido implementada pelo PADAP (FJP, 1985; GUANZIROLI; FIGUEIRA, 1986; SALIM, 1986).

Programa de Cooperação Nipo-Brasileira de Desenvolvimento dos Cerrados – PRODECER

Esse programa é resultado do acordo de cooperação firmado entre os governos brasileiro e japonês, em 1976. Para coordenar sua realização foi criada uma empresa binacional: Companhia de Promoção Agrícola – CAMPO, com 51% de seu capital pertencente a uma *holding* brasileira (BRASAGRO), formada por um conjunto de estatais (BDMG, BNCC, BNDE, CIBRAZEM etc.); e o capital restante pertencente a uma *holding* japonesa, liderada pela poderosa "Japan Internacional Corporation Agency" (JICA) e empresas com MITSUI, MISUBISHI, Banco de Tóquio etc.

Em sua primeira fase PRODECER I, implantada toda em território mineiro, a CAMPO atuou tanto na organização dos três grandes projetos de colonização (Iraí de Minas, Paracatu e Coromandel) e das duas grandes empresas (Paracatu e Unaí), como na exploração direta da terra, onde são realizadas experiências e produzidas sementes (Coromandel). Seus recursos foram aplicados em investimentos fundiários, infraestrutura e crédito (fundiário, custeio e investimentos) (SALIM, 1986).

O PRODECER II se constituiu de 15 núcleos de colonização espalhados pelos estados de Minas Gerais, Goiás, Mato Grosso, Mato Grosso do Sul e Bahia. Estes projetos apresentaram um desempenho desigual, passando-se a buscar alternativas como o uso de irrigação e diversificação de culturas e atividades pecuárias (NABUCO, 1993).

A terceira fase do programa PRODECER III, de implantação mais recente, representa uma expansão ainda maior da estratégia de modernização do Cerrado em direção a novos estados: Maranhão e Tocantins. Refletindo sobre as críticas feitas ao programa, esta fase apresenta uma preocupação ambiental, que se traduz na manutenção de metade do total dos 80.000 hectares previstos como área de reserva florestal (JICA, 1994).

Após essa visão geral dos programas, pode-se, a seguir, discutir, com maior profundidade, alguns mecanismos próprios da política de desenvolvimento do Cerrado, que sempre que possível, foram analisados em comparação com os aspectos da modernização da agricultura brasileira levantados acima.

A ação do Estado

a) Os programas de desenvolvimento do Cerrado tiveram na atuação do Estado uma de suas características mais marcantes, tanto em termos do âmbito federal, como do estadual, e mesmo até do municipal. O Estado se responsabilizou, nesse processo, por diferentes ações na implementação daqueles programas, entre as quais podem ser desatacadas:

b) Planejamento: aí incluídos os vários estudos sobre a base física e as potencialidades da região, que fundamentaram a elaboração dos diferentes programas, o acompanhamento de sua execução e as avaliações que por várias vezes redefiniram as estratégias dessa política de desenvolvimento;

c) Articulação de esforços e de instituições: tanto os vários órgãos e empresas públicos de diferentes níveis de administração e com atribuições muito diversas; como também organismos internacionais, empresas, agricultores, cooperativas etc.;

d) Gestão financeira: para a obtenção de um enorme volume de recursos tanto em nível interno, como junto a agências internacionais;

e) Crédito: administrado também por intermédio de bancos estatais (federais e estaduais);

f) Pesquisa agropecuária: desenvolvida sobretudo pelos órgãos públicos específicos (universidades, institutos, empresas etc.) e que viabilizou, do ponto de vista tecnológico, a implantação dos projetos;

g) Assistência técnica: realizada pelas empresas públicas do setor, em muitos casos, mesmo entre os grandes produtores e que se constituiu no agente de articulação entre o crédito e a tecnologia desenvolvida pela pesquisa;

h) Incentivos fiscais: particularmente, para as empresas de reflorestamento, que também se beneficiavam de outras vantagens especiais;

i) Colonização: participando não só da seleção e organização dos agricultores, como por meio da desapropriação de áreas e na oferta de crédito para sua aquisição;

j) Infraestrutura: assumida em termos de custos e execução quase que integralmente pelo poder público;

k) Incentivo à instalação de agroindústrias em algumas regiões do Cerrado: onde houve maior concentração de investimento dos programas, visando tanto favorecer a aquisição de alguns insumos como o processamento da produção.

Em síntese, pode-se afirmar que o Estado provinha à iniciativa privada dos mais diversos fatores que incentivavam sua instalação na região do Cerrado, reduzindo não só o nível de investimento necessário, como o próprio risco do empreendimento.

Crédito Rural

O crédito rural é sem dúvida a coluna mestra e o motor da chamada política de modernização da agricultura brasileira, fato que também se observa com relação aos programas de desenvolvimento do Cerrado. O sistema de crédito rural foi montado, em nível nacional, em 1965, e operacionalizado a partir de 1967, dispondo de três linhas básicas de recursos associadas a aplicações específicas: custeio, investimento e comercialização.

Nos programas da área do Cerrado, como no caso do POLOCENTRO, as linhas de crédito ofereciam possibilidades mais amplas, que permitiam a completa implantação de projetos individuais:

a) investimentos básicos destinados ao preparo inicial dos cerrados, incluindo calagem e obras de proteção do solo;

b) investimentos complementares normais, necessários à continuidade do aproveitamento das terras;

c) patrulhas mecanizadas;

d) custeio das atividades agropecuárias e de patrulhas mecanizadas;

e) fertilizantes para a adubação intensiva (ÁLVARES DA SILVA, 1980, p. 197).

O crédito rural, a partir do período de expansão da economia brasileira nos anos de 1970, não só alterou ligações tradicionais da agricultura com alguns setores do capital, como possibilitou a integração com outros, modificando fundamentalmente as relações intercapitalistas e com diferentes segmentos de produtores agrícolas:

> Em termos gerais, pode-se dizer que o crédito rural tornou-se o agente fundamental da modernização da agricultura brasileira no período recente porque: 1) permitiu derrubar o velho esquema de subordinação ao capital comercial-usurário que dominava até então amplamente o processo de comercialização dos produtos agrícolas; 2) criou um mercado sólido e crescente para o subsetor industrial que produz insumos, máquinas e equipamentos para o setor agrícola. (GRAZIANO DA SILVA, 1983, p. 30)

A importância do crédito para aquele subsetor pode se verificar pelo valor financiado por este, em relação às vendas de fertilizantes, defensivos e tratores em 1979: 90, 75 e 90% respectivamente (RIBEIRO, 1988).

> O peso do amparo creditício na compra de insumos não pode ser desligado dos subsídios embutidos nos financiamentos, resultado de taxas reais de juros crescentemente negativas (em 1976 a taxa real de juros era de -24,3% passando a -43,1% em 1980). (RIBEIRO, 1988, p. 93)

Também no que tange às condições de financiamento, os programas de desenvolvimento do Cerrado apresentavam vantagens ainda maiores do que aquelas do crédito rural adotadas pelo Banco do Brasil. Embora no que se refira aos juros de custeio, as duas linhas possuíssem condições equivalentes, o crédito para investimento do POLOCENTRO e também o PRODECER I apresentava condições excepcionais que favorecera não só a "modernização" de alguns produtores da região mas, principalmente, atraíram interessados de outras partes do país, conforme pode ser observado no Quadro II abaixo elabora por Salim (1986):

QUADRO **II**
**Comparação dos juros, prazos e limites
dos financiamentos para investimentos agrícolas**

Condições básicas	Banco do Brasil*	Polocentro**
1. Juros	até 50 MVR: 13% a.a. acima de 50 a 1.000 MVR: 15% a.a. acima de 1.000 a 5.000 MVR: 15% a.a. acima de 5.000 MVR: 21% a.a.	até 2.000 MVR: 10% a.a. acima de 2.000 a 5.000 MVR: 12% a.a. acima de 5.000 MVR: 14% a.a.

2. Prazos		
capital fixo	12 anos	12 anos
capital semifixo	5 anos	8 anos
3. Limites	até 200 MVR: 100% acima de 200 a 5.000 MVR: 90% acima de 5.000 MVR: 75%	até 2.000 MVR: 100% acima de 2.000 a 5.000 MVR: 90% acima de 5.000 MVR: 75%

Fontes: * COMCRED, extraído de PEIXOTO (1977, p. 12, 15,18)

     ** Cerrados... (1979) (SALIM, 1986, p. 320).

O crédito dos programas do Cerrado também apresenta, em linhas gerais, o mesmo perfil dos beneficiários do crédito rural de outras regiões brasileiras, ou seja, vai se destinar, fundamentalmente, para os grandes e médios produtores. Salim aponta que, já no PCI, o valor alto dos financiamentos como a área média dos projetos (483 ha) evidenciava o "caráter seletivo e excludente do programa [...]" (SALIM, 1986, p. 311). O mesmo autor aponta situação semelhante para o caso do POLOCENTRO, onde a área média dos projetos aprovados era de 630 ha e acrescenta que "é bastante comum a existência de um mutuário com dois ou mais projetos aprovados" (SALIM, 1986, p. 321). O Quadro III mostra o nível de concentração de projetos e de recursos do crédito deste programa no estrato de área acima de 500 hectares.

QUADRO III

Distribuição dos créditos do polocentro nº de projetos e recursos (1975-1982)

Estrato de área	Nº de projetos (%)	Recursos (%)
menos de 100 ha	2,2	0,38
de 100 a 200 ha	7,1	1,78
de 200 a 500 ha	30,7	21,39
mais de 500 ha	60	76,45

Fonte: FUNDAÇÃO JOÃO PINHEIRO (1985).

Nos projetos de assentamento dirigido, como o PADAP e o PRODECER, a situação não é muito diferente, já que os próprios lotes destinados a cada colono possuem, em geral, áreas entre 350 e 450 hectares; e muitos ainda aumentaram suas propriedades, adquirindo terras de outros agricultores não enquadrados no programa.

O período de implantação dos primeiros programas de desenvolvimento do Cerrado coincide com a expansão do crédito agrícola que marcou toda a década de 1970, mas já no início da seguinte, começa a ocorrer a contração do crédito para a agricultura e a reduzir a quantidade e qualidade dos subsídios oferecidos àquele setor. A recessão que o Brasil vive naquele momento, em grande parte reflexo da estagnação que se apresenta nos países industrializados, coloca em cheque a política de modernização da agricultura, alterando as condições gerais do crédito rural, com consequências previsíveis sobre a produção de máquinas, equipamentos, fertilizantes, agrotóxicos etc., gerando ociosidade ou fechamento de fábricas (RIBEIRO, 1988).

A disponibilidade de recursos externos específicos para os seus programas, particularmente no que se refere ao capital japonês, permitiu que, nos anos de 1980, o desenvolvimento do Cerrado fosse considerado "uma das prioridades da agricultura e, em decorrência disso, o PRODECER é praticamente o único programa agrícola de governo que conta ainda com forte subsídio" (FRANÇA, 1987, p. 64).

Comparando-se com os programas anteriores, o PRODECER II, que já foi implantado em 1985, se defrontou com um contexto mais desfavorável: crédito mais caro, aumento nos preços de insumos e maquinaria, dificuldades nos mercados nacional e internacional etc., embora ainda contasse subsídios nas taxas de juros e correção monetária parcial. No entanto, uma avaliação realizada oito anos depois, em quatro projetos do PRODECER II (Alvorada – MS, Piuva – MT, Brasil Central – BA e Guarda-Mor – MG), concluía

> que no tocante à situação financeira [...] a maioria deles não é capaz de gerar recursos financeiros suficientes para amortização dos empréstimos e que as formas paliativas encontradas para renegociação das dívidas não permitem equacionar sua situação estrutural, agravando o quadro de endividamento (NABUCO, 1993, p. 5).

Nessa perspectiva, o fim dos subsídios e do crédito farto pode significar um comprometimento decisivo das estratégias de desenvolvimento do Cerrado, adotadas a partir da década de 1970; e, nesse sentido, a situação da agropecuária daquela região passa a não se diferenciar, significativamente, da realidade do resto do país nos anos de 1990. A implantação de novos projetos torna-se mais difícil, já que o crédito é considerado de crucial importância no período de sua instalação, quando o volume de recursos necessários é significativo. A FAO, em 1992, no documento intitulado *"Brazil: Agricultural Development Strategies for the Cerrados"*, avaliava que:

> A disponibilidade de crédito tem diminuído fortemente nos últimos anos. O crédito sazonal para 1990 representou 23% do outorgado em 1979; nos investimentos, o declínio foi ainda maior, atingindo aproximadamente 10% do valor de 1979. Com a inflação continuada e recentes medidas macroeconômicas, o crédito bancário agora é de curto prazo e com custo e disponibilidade incertos. (FAO, 1992: ix).

Os agricultores passaram a utilizar, cada vez mais, recursos próprios e a depender menos do crédito rural, mesmo porque, em muitos casos, as dívidas acumuladas tornavam proibitivo o acesso a novos financiamentos. Agnaldo José Lima, presidente do Conselho das Associações dos Cafeicultores do Cerrado (Caccer), poderosa organização do Alto Paranaíba e Triângulo Mineiro, região que reúne mais de 3.500 produtores dessa cultura, avaliava em entrevista de junho de 1996:

> A situação é grave. Estamos totalmente descapitalizados por causa da safra de 1995, que foi pequena e de alto custo. [...] Felizmente, em nossa região está o menor índice de endividamento do País, que não é alto. Precisamos apenas de capital de giro para começar a colheita. Quase que conseguimos andar com nossas próprias pernas. Com os altos índices de produtividade que estamos alcançando, pretendemos depender cada vez menos do sistema financeiro comercial. Nossa expectativa é de recorrer aos bancos somente nas situações em que precisarmos de altos investimentos, como na irrigação, por exemplo. (MARINHO, 1996, p. 4)

O fim dos subsídios do crédito rural e outros problemas enfrentados pelos produtores rurais contribuiu para que estes se constituíssem em força política em nível nacional; e, no final dos anos de 1990, pressionaram os governos pela renegociação de suas dívidas e para alterações na política agrícola. Muitos dos produtores do Cerrado fizeram parte deste movimento, que também articulava forte representação no Congresso Nacional, obtendo vitórias parciais importantes, que embora se constituíram, na prática, em um certo tipo de subsídio, no conjunto, não alteraram a política de crédito rural.

Pesquisa

É interessante observar o processo pelo qual o Cerrado foi sendo apropriado pela Ciência e a posterior utilização desse conhecimento numa tecnologia de produção agropecuária e na silvicultura da região. Desde a passagem dos primeiros naturalistas europeus pelo Brasil Central, no começo do século XIX, o Cerrado tem despertado o interesse de inúmeros cientistas. Saint-Hilaire, Spix, Martius, Pohl, Langsdorf, Freireyss, Gardner, entre outros, além de identificarem inúmeras espécies vegetais e animais daquele ecossistema, também deixaram importantes depoimentos sob a relação entre o homem e o Cerrado no século XIX.

Goodland (1979) destaca que, no final daquele século e início do seguinte, foram elaborados diversos estudos sobre a flora do Cerrado do Mato Grosso, Minas Gerais e São Paulo, no entanto, o livro *"Lagoa Santa"*, de EugenioWarming, publicado em dinamarquês em 1892 e traduzido para o português em 1908, é considerado o primeiro estudo ecológico sobre o Cerrado (FERRI, 1973). Esta obra de Warming tem sua importância para além das pesquisas sobre aquele ecossistema, porque ele escreveu também, "'Plantesamfunde' (Comunidades Vegetais), sem dúvida o primeiro livro de Ecologia (1895), no qual se nota a marcada influência que sobre seu autor exerceu a sua estada entre nós" (FERRI, 1980, p. 9).

A discussão que se colocava, então, relacionava a vegetação do Cerrado com a escassez de água, característica do período de estiagem, que dura, na região, geralmente, de abril a setembro, quando ocorrem frequentes queimadas. No início da década de 1940, pesquisadores do Departamento de Botânica da Faculdade de Filosofia, Ciências e Letras da Universidade de São Paulo dão um novo impulso aos estudos sobre o Cerrado. Rawitscher, Ferri, Rachid e outros realizaram trabalhos experimentais que colocavam em questão a tese de que a vegetação do Cerrado fosse condicionada pela falta de água, procurando relacioná-la com as limitações da composição do solo (GOODLAND; FERRI, 1979).

Esse grupo de pesquisadores do Departamento de Botânica da USP também vai ser importante na organização do *I Simpósio sobre o Cerrado*, realizado em São Paulo, em dezembro de 1962, que iria abrir uma série de seis eventos, cuja trajetória demonstra bem o papel desempenhado pela pesquisa na incorporação desse ecossistema pela agricultura moderna (SANTOS, 1982)[2].

Também no início da década de 1940, na Estação Experimental de Sete Lagoas (MG), técnicos do Ministério da Agricultura iniciam uma série de pesquisas pioneiras para o aproveitamento dos solos do Cerrado. Entre estas, destaca-se o Experimento de Conquista de Cerrado, tendo por "finalidade investigar as possibilidades de melhorar as condições das terras dos cerrados deficientes em matéria orgânica, de elevada acidez e pobres em elementos nutritivos, por meio de adubação verde, calagem e adubação fosfatada" (MENEZES; ARAÚJO, 1964, p. 20). A Estação Experimental de Sete Lagoas, até o início da década de 1960, fazia parte do Instituto Agronômico do Oeste, então transformado em Instituto de Pesquisas e Experimentação Agropecuárias do Centro-Oeste (IPEACO). "Seu trabalho, conquanto modesto, foi o grande propulsor da divulgação da prática da calagem no Estado de Minas Gerais, adotando-a órgãos de extensão e particulares" (COIMBRA, 1971, p. 336).

Aquele instituto promoveu, em outubro de 1961, a I Reunião Brasileira do Cerrado, com cerca de 70 técnicos, bem como se constituiu na principal instituição de pesquisa quando da elaboração, em 1973, do estudo *"Aproveitamento Atual e Potencial dos Cerrados"*, realizado a partir de um convênio entre IPEA e Secretaria de Agricultura do Estado de Minas Gerais, com participação do BNDE e Fundação Ford. O IPEACO, no início dos anos de 1970, já tinha pesquisas em áreas de Cerrado, com as principais culturas brasileiras (abacaxi, algodão, amendoim, arroz, feijão, mandioca, milho e soja), bem como diversos experimentos em pecuária, nas

---

[2] A partir dos anos de 1960, foram realizados vários encontros nacionais sobre o Cerrado, que se constituíram em espaços de debate e avaliação sobre diversos aspectos daquele bioma (solo, clima, geologia, flora, fauna, hidrografia etc.), bem como das suas potencialidades para utilização agropecuária. Esses encontros, inicialmente, foram realizados paralelamente, por iniciativas de pesquisadores pertencentes ao Ministério da Agricultura e à USP, mas já nos anos de 1970, foram unificados e passaram a congregar representantes de várias instituições ligadas à pesquisa, extensão rural e aos projetos de desenvolvimento do Cerrado (SANTOS, 1982).

suas Estações Experimentais de Patos de Minas, Sete Lagoas e Uberaba (MG), e, ainda, de Anápolis (GO) e Brasília (DF) (IPEA, 1973).

Seus trabalhos foram sucedidos pela Empresa Brasileira de Pesquisa Agropecuária – EMBRAPA, criada em 1973, e, particularmente, pelos seus centros nacionais de pesquisa situados na região do Cerrado: Centro de Pesquisa Agropecuária dos Cerrados – CPAC (Planaltina – DF), Centro Nacional de Pesquisa de Milho e Sorgo (que funciona na antiga Estação Experimental de Sete Lagoas – MG), Centro Nacional de Pesquisa de Arroz e Feijão – CNAF (Goiânia – GO) e Centro Nacional de Pesquisa de Gado de Corte – CNPGC (Campo Grande – MS).

Experimentos utilizando calagem e adubação na produção de algodão, milho e soja também foram realizados, com sucesso, por pesquisadores do IBEC Research Institute, no estado de São Paulo, a partir do final dos anos de 1950 (FREITAS, 1971). Destacam-se também alguns relatórios, elaborados entre 1963-73, como

> o da American Internacional for Economic and Social Development, contendo informações sobre o potencial agrícola de áreas dos Cerrados de Minas Gerais, Goiás e do então Estado do Mato Grosso, com base em estudo realizado através da USAID, por solicitação do Governo brasileiro [...] (SANTOS, 1982, p. 25)

e várias outras pesquisas desenvolvidas naquele período.

Em resumo, pode-se afirmar que são os trabalhos realizados, tanto nas universidades e institutos de pesquisa públicos, como os estudos encomendados pelos governos, que vão gerar tecnologias para um novo processo de produção agropecuária no Cerrado. Além de realizarem as pesquisas que definiam como adotar as práticas de calagem e fosfatagem, necessárias à "correção do solo", aqueles organismos estatais já haviam desenvolvido também, no final dos anos de 1960, experimentos com as variedades mais adaptadas às condições próprias do Cerrado, incluindo as culturas de algodão, amendoim, arroz-de-sequeiro e soja[3]. Assim, ao se iniciarem os programas de aproveitamento agrícola intensivo do Cerrado, na década seguinte, eles tinham se tornado os "responsáveis diretos pelo desenvolvimento do suporte tecnológico e operacional de custo zero para o produtor [...]" (SALIM, 1986, p. 337). Ao mesmo tempo, tinham possibilitado o uso de todo o pacote tecnológico da chamada Revolução Verde, favorecendo também a integração da "nova" agricultura do Cerrado aos complexos agroindustriais, tanto em relação à demanda por fertilizantes, agrotóxicos, máquinas e equipamentos[4]; como no que se refere à padronização e qualidade exigidas pelas indústrias processadoras de produtos e matérias-primas agrícolas.

---

[3] "[...] essa necessidade de adaptação regional da tecnologia biológica aumenta tremendamente os custos já elevados da sua geração, o que leva quase sempre os organismos estatais a arcarem com os custos dessas pesquisas ou até mesmo da sua difusão através dos serviços oficiais de assistência técnica" (GRAZIANO da SILVA, 1981, p. 35).

[4] "[...] a EMBRAPA deu ênfase a programas de desenvolvimento da produção animal e vegetal de melhoramento genético [...] em especial nas regiões de cerrados, cuja incorporação produtiva de suas terras pobres e planas pode significar a redenção para as indústrias de calcário, fertilizantes

Estas tecnologias também se compatibilizam com a opção política do tipo de beneficiário selecionado para os programas de desenvolvimento do Cerrado, bem como a estratégia de absorção de mão de obra dos mesmos. Ou seja, a tecnologia adotada é poupadora de mão de obra, contribui para a redução da renda dos trabalhadores rurais e para a sazonalidade do trabalho na agricultura (RIBEIRO, 1985), da mesma forma que reproduz o modelo de "modernização da agricultura", desenvolvido no Brasil, centrado na grande e média propriedade e na aplicação intensiva de capital via crédito.

> Embora pretensamente fundada nas vantagens relativas e peculiaridades do cerrado, a estratégia tecnológica indicada e introduzida parece muito pouco atenta às características regionais. De fato, as recomendações para o uso agrícola do cerrado apenas reiteram o padrão tecnológico em vigor na agricultura mais desenvolvida no País, praticada em condições físicas e climáticas bastante diferenciadas do cerrado. (SALIM, 1986, p. 33)

Assistência técnica

A assistência técnica foi a grande responsável pela divulgação das tecnologias voltadas para a modernização do Cerrado e cumpria um papel complementar ao crédito e à pesquisa, aos quais estava estreitamente vinculada. A concessão de financiamentos estava subordinada, dentro do POLOCENTRO, à formulação de "'projeto integrado' no qual fique evidenciada a integração vertical e horizontal das atividades produtivas" (ÁLVARES DA SILVA, 1980, p. 196). Ao mesmo tempo, previa que assistência técnica seria obrigatória durante todo o curso dos projetos, o que demandava dos produtores interessados sua adequação aos critérios técnicos definidos pelos organismos oficiais responsáveis por esse tipo de serviço.

Ao lado da EMBRAPA, que centralizou a pesquisa agropecuária, a extensão rural também foi reformulada dentro do processo de modernização da agricultura, com a criação, em 1975, da Empresa Brasileira de Assistência Técnica e Extensão Rural – EMBRATER, que substituiu a Associação Brasileira de Crédito e Assistência Rural – ABCAR (GRAZIANO DA SILVA, 1983). Esta última, que era uma instituição de caráter privado, sem fins lucrativos, mas mantida com recursos públicos, coordenava as ACAR's nos diversos estados, entidades que chegaram a ser incluídas nos primeiros estudos de planejamento de aproveitamento do Cerrado.

A EMBRATER coordenava o Sistema Brasileiro de Assistência Técnica e Extensão Rural – SIBRATER, integrado pelas Empresas Estaduais (EMATER), empresas privadas e profissionais autônomos e tinha como finalidade o *estímulo ao aumento de produtividade e da produção do setor agrícola* através da *trans-*

---

e máquinas agrícolas, sempre em sérias dificuldades devido à grande capacidade ociosa com que operar" (GRAZIANO da SILVA, 1981, p. 37).

ferência de tecnologia competitiva de natureza técnica, econômica e social [...]"
(FARNESE FILHO, 1979: 186). Desta forma, havia uma divisão de trabalho não
só entre um setor voltado para a pesquisa, centralizado pela EMBRAPA, e outro,
responsável pela assistência técnica, coordenado pela EMBRATER, mas também,
entre as responsabilidades de atuação dos governos federal e estaduais na implementação das atividades desses setores. Enquanto a pesquisa se constituiu em uma
atribuição sobretudo da esfera federal, os estados ficaram com a ponta da linha
da assistência técnica e extensão rural, pois eram as EMATER's que se achavam
encarregadas de, em última instância, de fazer chegar ao produtor, as tecnologias
geradas pela EMBRAPA.

Na região do Cerrado, a EMBRATER identificava uma "heterogeneidade do
perfil empresarial e social" no que se refere à capacidade de assimilar e utilizar
rapidamente novas tecnologias agropecuárias, conhecimentos gerenciais e informações sobre mercados e serviços. Neste sentido, distingue dois tipos de atuação
para o SIBRATER: a ação individual, dirigida aos médios e grandes produtores e
a ação grupal, voltada para os médios e, sobretudo, para os pequenos produtores,
que deveriam receber maior atenção dos serviços oficiais de assistência técnica
(FARNESE FILHO, 1979).

É, principalmente, na elaboração de projetos de financiamento que vai
concentrar a atuação do SIBRATER e suas entidades filiadas, o que certamente
restringiu seu trabalho junto aos pequenos produtores, pois estes praticamente não
tiveram acesso ao crédito, conforme já foi apresentado. O SIBRATER, a partir
do POLOCENTRO, fortaleceu e ampliou sua estrutura operacional, chegando a
possuir 850 técnicos na área de atuação do programa, dos quais 591 pertencentes
às EMATER's (FARNESE FILHO, 1980).

Esses programas representaram, em grande parte, a possibilidade de fortalecimento institucional da EMBRATER e de suas congêneres estaduais, que,
muitas vezes, atuaram como agentes que, mais do que difundir uma tecnologia,
impunham a sua utilização por meio da oferta de crédito a qual ela estava vinculada. Em certos momentos, para assegurar o emprego da tecnologia, os recursos
dos financiamentos não passavam pelas mãos dos produtores, mas iam direto dos
bancos para os fornecedores de máquinas e insumos. A adoção do pacote tecnológico tinha argumentos fortes na sua eficiência em termos de produtividade, mas,
certamente, tinha no crédito o seu argumento mais convincente, tão bem utilizado
pela assistência técnica naquele momento.

Colonização

Ao contrário do crédito rural, da pesquisa agropecuária e da assistência técnica, que foram instrumentos de política agrícola amplamente utilizados, ainda que
de forma diferenciada, em todo o país, a colonização é uma estratégia própria das
áreas de fronteira, como a região do Cerrado. A colonização também se constituiu

em uma importante política de desenvolvimento da Amazônia durante o período da Ditadura Militar. Segundo Ianni (1979), esta política de colonização oficial e particular, desenvolvida entre 1964-1978, tinha como objetivos: a) deslocar a fronteira econômica e notadamente agrícola para as margens do Rio Amazonas; b) criar condições para incorporação ao mercado de populações submetidas à economia de subsistência; c) reorientar a migração de mão de obra do Nordeste em direção àquela região, evitando seu deslocamento para as áreas metropolitanas do Centro-Sul. Ianni definiu esta colonização como uma política de contrarreforma agrária, que ele identificou na migração e colonização espontânea, que posseiros do Nordeste e do Sul desenvolveram, na Amazônia, nos anos de 1960 e de 1970.

> O Estado foi levado a adotar diretrizes e medidas destinadas a disciplinar, controlar, bloquear ou suprimir o processo de reforma agrária que estava ocorrendo mesmo antes de 1964, e que ganhou maior força e extensão nos anos seguintes (IANNI, 1979, p. 64).

Após as tentativas de colonização oficial ao longo da Transamazônica, no início dos anos de 1970, foram desenvolvidos projetos de ocupação daquela região, baseados na grande empresa agropecuária, tentativas de assentamento dirigido e cooperativas de colonização, envolvendo agricultores do sul do Brasil. Ainda que esses últimos projetos possam guardar alguma semelhança com as propostas implantadas no Cerrado, a colonização que ali se desenvolveu teve características muito diferentes de todo o processo da Amazônia. Como esta, o Cerrado foi também considerado como uma região inexplorada, um vazio populacional, que deveria ser ocupado e colonizado por quem tivesse condições efetivas de tornar produtiva aquela imensa área[5]. No entanto, a colonização dirigida do Cerrado se iniciou em Minas Gerais, em áreas relativamente próximas e já interligadas com as regiões metropolitanas do Centro-Sul do país, onde sua produção poderia ser consumida ou exportada. Da mesma forma, o colono do Cerrado não é o migrante nordestino, nem o minifundiário ou sem-terra do sul, mas agricultores selecionados pela sua capacidade empresarial e potencialidade de implementarem todo o pacote tecnológico, que já vinha sendo desenvolvido para a exploração agrícola daquela região.

A colonização dirigida não foi uma estratégia presente em todos os programas de desenvolvimento do Cerrado: o PCI e o POLOCENTRO foram programas que se constituíram, basicamente, como grandes linhas de crédito subsidiado, ainda que complementadas de outras atividades de apoio à produção (pesquisa, assistência técnica e infraestrutura regional). Especialmente o último apresentou uma

---

[5] "A JICA, do governo japonês, [...] em 1979, em seu 'Estudo de Desenvolvimento Regional de Três Estados', qualificou o cerrado da seguinte maneira: 'extensa área inexplorada', procurando passar a noção de uma área inóspita, ao se referir aos cerrados como 'interminável sucessão de densas formações de arbustos'. Reforçando uma ideia antiga de que o cerrado seria um grande vazio. A ideia de um grande vazio, inexplorado, foi uma premissa básica para justificar a implantação de novas tecnologias e cultivos na região" (PÉRET, 1984, p. 12 – grifos no original).

dispersão dos recursos dentro de uma grande área do Cerrado: 202 municípios, distribuídos em quatro estados (MG, GO, MS e MT). Dessa forma, as avaliações negativas que apresentou contribuíram para que fosse retomada, na implantação do PRODECER, a estratégia de colonização dirigida já experimentada no PADAP.

> É através da implantação de núcleos de colonização, com a participação de grandes cooperativas e em associação com o capital estrangeiro, que o Estado cria importantes mecanismos de redução de custos (concentração espacial de atividades, comercialização em grande escala, etc), incrementa a produtividade agrícola e aumenta consideravelmente o poder de barganha dos agricultores frente às estruturas oligopolizadas. (FRANÇA, 1987, p. 64)

O PADAP, uma iniciativa do governo mineiro e da Cooperativa Agrícola de Cotia – CAC, foi o primeiro dos programas do Cerrado a desenvolver a estratégia de colonização dirigida. Para sua implantação foram inicialmente desapropriados 60.000 hectares pela RURALMINAS (órgão de terras do governo estadual), que pertenciam a 310 proprietários, também parcialmente integrados pelo programa, que se somaram aos 90 colonos nisseis selecionados pela CAC, no sul do Brasil.

> Passados 10 anos de assentamento, em 1984, já era notável a diferença entre esses proprietários. Os colonos da CAC, todos eles cooperados, usaram do crédito, da tecnologia e da pesquisa, cobriram seu cerrado de soja, trigo e café. Dobraram em número, compram terras, máquinas, trocam de carro todo ano e têm um bairro de casas novas e chiques em São Gotardo. Os 'colonos locais', se é que podemos chamá-los de colonos, vivem situação muito diferente. Muitos sitiantes venderam suas terras, valorizadas, foram para a cidade, e, junto com os sitiantes que permaneceram proprietários, vivem atualmente como trabalhadores volantes na colheita do café e outras atividades nas propriedades dos colonos de origem japonesa. Os proprietários maiores venderam em geral parte de suas terras [...] mas não reduziram em número tanto quanto os sitiantes. Grande parte deles permanecia em 1984 no mesmo tipo de exploração que praticavam antes do Programa, apenas em condições mais adversas, derivadas de uma série de fenômenos sobre os quais não tem qualquer controle (RIBEIRO, 1985, p. 6-7).

A estratégia de assentamento dirigido foi retomada depois em âmbito federal, quando da implementação do PRODECER, que era fruto do acordo assinado entre os governos brasileiro e japonês. Os três projetos de colonização do PRODECER I se estabeleceram em uma área de 60.000 hectares, entregues a 98 colonos, que foram organizados pela Cooperativa de Suinocultores de Encantados – RS (CO-SUEL), em Iraí de Minas; pela Cooperativa Agrícola de Cotia – CAC, em Paracatu; e pela Associação dos produtores, em Coromandel. As cooperativas trabalharam em associação com a CAMPO, que por intermédio delas selecionava os colonos, apontava as culturas recomendadas, as especificações técnicas a serem obedecidas e os mecanismos de comercialização a serem utilizados (GUANZIROLI; FIGUEIRA, 1986).

Estes colonos, que procediam do Rio Grande do Sul, Paraná, São Paulo, e também de Minas Gerais, eram, em sua maioria, jovens brasileiros de origem japonesa ou europeia, possuíam nível de escolaridade alto (curso superior ou secundário) (Salim, 1986) e receberam lotes que, em média, variavam entre 350 e 460 hectares nos três núcleos. Seu acesso à terra se deu por meio de um crédito fundiário, com prazo de 20 anos, sendo seis de carência e juros de 12% a.a.

> Este crédito retorna a CAMPO sob a forma de receita operacional, pois esta empresa binacional, ao realizar a compra, loteamento e seleção dos colonos para assentamento nas glebas, vem se constituindo em grande especuladora de terras na área em questão. (Salim, 1986, p. 329)

Expandindo-se para outros estados, o assentamento dirigido também se manteve como estratégia para as fases seguintes do PRODECER (II e III), em que cada colono recebeu respectivamente em torno de 400 e 470 hectares (Nabuco, 1993; Jica, 1994). O processo de seleção do PRODECER II também foi realizado pela CAMPO e as cooperativas, dentro dos critérios de capacidade gerencial e nível técnico dos produtores, embora, algumas vezes, com problemas de disparidades entre os colonos (Nabuco, 1993).

A importância da estratégia de colonização reside na possibilidade de concentrar recursos em uma mesma área, conforme já foi assinalado, permitindo vantagens comparativas em vários aspectos dos projetos como assistência técnica, comercialização de insumos e produtos agrícolas, uso comum de certos equipamentos etc. Mas, sem dúvida, ela representa uma economia considerável de recursos no que se refere à instalação de uma infraestrutura de apoio tão necessária ao sucesso dos programas de desenvolvimento, que inclui eletrificação rural, estradas, armazenagem, escolas, postos de saúde etc.

Infraestrutura

Os programas de desenvolvimento do Cerrado, embora tenham divulgado uma imagem da região como um vazio populacional e econômico, sempre tiveram especial atenção, no seu planejamento, com a disponibilidade de uma infraestrutura local/regional, quando consideravam onde deveriam investir seus recursos. Já no estudo *Aproveitamento Atual e Potencial dos Cerrados*, realizado em 1973, a partir de um convênio entre IPEA e SECRETARIA DE AGRICULTURA DO ESTADO DE MINAS GERAIS, foi feito um amplo levantamento da infraestrutura da região do Cerrado, incluindo informações sobre transportes, telecomunicações, energia elétrica e capacidade de armazenagem. Não é mera coincidência que tanto os programas de desenvolvimento do Estado de Minas Gerais, como do governo federal, iniciem sua atuação no Cerrado pelo Triângulo Mineiro, Alto Paranaíba e Noroeste, regiões apontadas, então, como já possuindo uma boa infraestrutura (IPEA, 1973). Grande parte dela foi instalada a partir da construção de Brasília, no final dos anos de 1950, principalmente as rodovias asfaltadas e a rede de telecomunicações, que ligavam a capital federal às diversas regiões do país. No entanto, na medida em que programas iam se implantando, tornava-se necessário reforçar esta infraestrutura, bem como consolidá-la nas áreas específicas para onde se dirigiam.

O PADAP apoiou seus núcleos de assentamento com estradas, eletrificação, comunicações, escolas, postos de saúde, armazéns, silos etc. (FRANÇA, 1987). O POLOCENTRO, até 1978, investiu cerca de 18,5% do seu orçamento em armazenamento (434 mil toneladas), estradas (três mil km) e eletrificação (dois mil km de linhas). O PRODECER I também realizou gastos em infraestrutura, porém mais concentrados nas áreas de colonização, incluindo estradas, pontes, açudes, linhas de energia elétrica, escolas, postos de saúde, centros comunitários etc. (SALIM, 1986).

A estratégia de desenvolvimento do Cerrado também demandava a consolidação de um corredor de exportação que ligasse aquela região aos principais portos do país, permitindo o escoamento das safras ali produzidas. Esta política de exportação agrícola destinada, principalmente, ao mercado japonês demandou a construção e melhoria de rodovias e ferrovias, bem como a ampliação da capacidade de armazenamento e carregamento daqueles portos, em especial o de Tubarão – ES.

Grande parte dos custos da infraestrutura destes programas foi assumida pelo Estado, seja em nível federal, estadual, ou mesmo municipal, que aí investiu também na expectativa de retornos em termos de aumento na arrecadação de impostos (ICMS, FUNRURAL, FINSOCIAL e outros), assim como na obtenção de divisas no comércio internacional. Muito se tem colocado em questão sobre o retorno da política de desenvolvimento do Cerrado para o Brasil e sobre seus resultados do ponto de vista econômico, social, político, ambiental etc., da mesma forma que a própria viabilidade desse modelo de desenvolvimento vem sendo posto em questão não só em relação ao Cerrado, à agricultura, mas também ao próprio destino do planeta.

Cerrado: mudanças recentes e antigas

Passados mais de 30 anos da elaboração dos primeiros programas de desenvolvimento do Cerrado, e, de forma mais ampla, do chamado processo de modernização da agricultura brasileira, eles têm sido objeto de avaliação por diferentes pontos de vista e por variados atores políticos e sociais. Como se pode ver acima, uma significativa bibliografia foi produzida abordando essa questão, que, em geral, tende a destacar as profundas transformações vivenciadas no Brasil Central a partir da implementação de tais programas. Muitas vezes, quando se discute esse processo recente, talvez até para ressaltar os seus impactos, não se aborda as transformações anteriores vividas nessa região e pela sua população nas suas relações com o Cerrado. Tende-se a considerar o modo de vida desta imensa porção do interior brasileiro como se repetindo, indefinidamente, ao longo de décadas e até séculos, e a "modernização da agricultura" caindo como uma pedra sobre um lago plácido do mundo sertanejo.

O que se pretende analisar aqui é que os programas de desenvolvimento do Cerrado trouxeram um conjunto de transformações importantes para o Brasil Central, mas que a agropecuária da região vivenciou várias mudanças anteriores à chamada modernização recente, quando também experimentou inovações tecnológicas, reorganização fundiária, alterações ambientais, incremento na integração ao mercado, ação do Estado na implantação de infraestrutura regional e outras transformações ainda pouco estudadas. Para tal, vamos enfocar esse processo tendo em vista o Cerrado Mineiro, de onde aqueles programas se irradiaram para outras partes do país, por meio do uso de fontes históricas e do resgate da memória de alguns de seus antigos moradores. Assim, recorro a alguns dos depoimentos colhidos por mim, nos anos 1999 e 2000, junto a camponeses e índios de comunidades de quatro regiões de Minas Gerais: Alto Jequitinhonha (municípios de Botumirim e Itacambira), Norte de Minas (município de São João das Missões), Noroeste (municípios de João Pinheiro e Brasilândia de Minas) e Triângulo Mineiro/Alto Paranaíba (Município de Monte Carmelo)[6]. Os programas de desenvolvimento do Cerrado, como foram apontados acima, foram implantados, especialmente, nas duas últimas, e a própria modernização da agricultura se desenvolveu em ritmos variados entre elas, porém essa diferenciação regional, como se procurará demonstrar adiante, antecede aos anos de 1970.

Mudanças ambientais: da cultura para o cerrado

A apropriação e transformação do mundo natural associada ao desenvolvimento da agricultura, da pecuária e de outras atividades rurais, na região do Cerrado Mineiro, sofreram, ao longo do século XX, um conjunto de transformações importantes, resultando em significativas mudanças nos seus impactos ambientais. A agricultura no Sertão Mineiro, tradicionalmente, era realizada em um ambiente próprio, a "terra de cultura", correspondendo às formações florestais do tipo Mata Ciliar, Mata de Galeria e Mata Seca (RIBEIRO; WALTER, 1998). Dessa maneira, a implantação de novas lavouras implicava no desmatamento das áreas onde ocorriam esse ambiente e o plantio sucessivo por dois até quatro anos. A própria madeira resultante da derrubada da mata era empregada para fazer a cerca, pois, naquela época, não havia arame, durante essa proteção igual período[7]. Em

---

[6] Essas entrevistas foram colhidas durante o processo de pesquisa para a minha Tese de Doutorado: *"'Certão serrado': História Ambiental e Etnoecologia na Relação entre Populações Tradicionais de Minas Gerais e o Bioma do Brasil Central"*, Curso de Pós-Graduação em Desenvolvimento, Agricultura e Sociedade (CPDA) da Universidade Federal Rural do Rio de Janeiro/UFRRJ.

[7] Dr. Antonio Augusto Veloso, em seu trabalho publicado em 1897, O Município Montes Claros, apontava a "maravilhosa fertilidade" do solo de então, revitalizada pelo antigo uso das queimadas, e acrescenta: "Demais, deixadas em pousio por oito a dez annos, levantam-se de novo, nas capoeiras, mattos tão exuberantes quasi como as florestas virgens, e as terras já lavradas podem receber novas plantações". Depois de destacar a necessidade da capina para impedir o crescimento das *"hervas damninhas"*, esclarece: "Cada roça planta-se, em regra, durante tres annos consecutivos, dando outras

seguida, vinha o período de pousio, quando a terra ia recuperar sua fertilidade por meio da formação de uma capoeira. O processo de regeneração dessa mata dependia de vários fatores, podendo, em alguns casos, não ocorrer ou demorar vários anos. Formada uma capoeira, onde as árvores já apresentam um certo grau de desenvolvimento, não se espera muitos anos para reutilizar a área com novas lavouras. Assim, poucas vezes, se pode deixar uma área desmatada recuperar o seu porte anterior, pois são necessários dezenas de anos, em alguns casos, até mais. O aumento da população, o fracionamento das terras entre os herdeiros, ou a necessidade de acomodar mais famílias dentro da mesma área fazem reduzir o período de pousio ao mínimo, resultando em perdas na sua fertilidade e impactos sobre o meio ambiente, pois as árvores acabam sendo abatidas sempre jovens.

Derrubada a mata, a madeira não aproveitada para fazer a cerca, não empregada como lenha ou para diversos fins, ou mesmo aquela que não era, eventualmente, vendida, era queimada, pois se acredita que a cinza ajuda a adubar a terra:

> Produzia mais a roça, porque a terra sempre era nova, não dava muita capina, a terra criava com força, porque quando queima, a terra fica forte, aquele carvão serve de fortaleza pra planta, o carvão é um dos adubo pra planta [...] (José Cardoso – Lavrador de Itacambira – Alto Jequitinhonha)

As queimadas sempre foram acompanhadas de cuidados para se evitar a penetração do fogo em áreas florestais, já bastante secas nos meses de sua realização. Além do risco de se queimar áreas de reserva de madeira, ou em recuperação para futuros plantios, tem-se a ameaça de se ver a penetração de espécies indesejáveis:

> Na cultura não podia ir fogo, que se fosse fogo, você vê: eles tinha um ciúme danado das capoeira. Que o fogo na cultura, ele mata a capoeira e o senhor vê: matou a capoeira, o que que vem? Vem a vassoura e vassoura, o capim não dá, não anda, viu, é igual a braquiária, viu. [...] É aquele ramozinho miúdo, é aquele da beira da fornalha, aquela sujeira, sabe, aquilo não caba, aquilo vai [...] pode durar cinquenta ano e [...] queimou, ela vem. [...] trem! O povo aqui é um medo disso na cultura! [...] Ela toma conta e aí, mata o capim, mata tudo, porque o senhor vê na roça, ela fica alta, né. (José Diniz de Oliveira – Lavrador de Monte Carmelo – Triângulo)

Nem sempre havia condições de preservar as "terras de cultura" da invasão de "pragas" e a abundância de áreas "virgens" ainda permitia a realização de novos desmatamentos, pois tornava-se difícil trabalhar nas antigas: "Primeiro, eles desbrotava quatro ano, começava a dar praga, largava o mato, laçava outro. [...] Gastava enxada, capinar no meio do toco é difícil e tinha muitas outras mata,

---

colheitas, com pequeno trabalho; e abandonando-se depois, não tanto porque a terra enfraqueça, como geralmente suppõe-se, perdendo a primitiva força vegetativa, mas por destruírem-se, com o tempo, as cercas e tapumes, que commumente são feitas de madeiras de pouca dura" (VELOSO, 1897, p. 572).

roçava outras mata" (Osmar: presidente do Sindicato de Trabalhadores Rurais de Monte Carmelo – Triângulo). A permanência dos tocos era a possibilidade do surgimento da capoeira e a regeneração do ambiente florestal, mas nem sempre isso acontecia e, muitas vezes, as áreas desmatadas eram transformadas em pasto, para atender ao incremento da pecuária. Com o tempo, as áreas de mata escasseavam e o cultivo mais intensivo nas "terras de cultura" passou a ser uma alternativa em algumas regiões. Na área pesquisada do Triângulo Mineiro, a introdução do arado a tração animal foi visto como uma solução para a perda de fertilidade das terras:

> Depois veio o arado, aí passou a ter que arrancar os toco, já de início pra arar, né, mais gostoso, foi uma inovação. E aí, quando eles araram as cultura muitos anos, dez, vinte anos, aí, assoreou tudo e acabou. Essas cultura não existe mais, não. [Mais ou menos em que época que apareceu o arado aqui?] Acredito que foi em 1950, aqui na região, acho que na década de 50. Se teve arado aqui na década de 40 foi muito pouco[8]. (Osmar: presidente do Sindicato de Trabalhadores Rurais de Monte Carmelo – Triângulo)

Nessa região, o uso deste implemento com tração animal se expandiu, nesta década e na seguinte, surgindo agricultores especializados em arar as terras de seus vizinhos e os impactos ambientais desse manejo do solo são visíveis até hoje, como se pode observar no seguinte depoimento de um entrevistado de 70 anos:

> Quando a aração... eles pegou aração pra valer mesmo, eu devia de ter uns... vinte ano, mais ou menos, já. [...] Aqui, tinha um homem, o tal João Honório, esse homem, ele vivia do pescoço do boi, fazia aração, né. [...] É tanto que adonde ele arou muito, esse homem, que tocava roça, lá não é mata até hoje, viu, Ricardo! Não é, não, até hoje é limpinho, viu! [...] Arava pros outro, é igual esses trator, você entende, viu? Era o serviço dele, dava o tempo de aração, ele ia lá, né. [...] Ele tinha terra, ele tinha oito boi, então, ele arava com oito boi. (José Diniz de Oliveira – Triângulo)

Essa introdução do arado não ocorreu com a mesma significação nas quatro áreas pesquisadas, como demonstram os dados do Censo Agropecuário de 1970, relativos às microrregiões onde elas estão inseridas, segundo o Quadro IV.

---

[8] Alvaro A. da Silveira visitou a exposição agropecuária realizada em Uberaba, em 1910, e apontou em suas *Memorias chorographicas*, de 1922: "Figuravam na Exposição photographias mostrando em duas dessas fazendas – do sr. Antonio Martins Borges e do sr. José A. Teixeira Junqueira, aquella no municipio do Sacramento e esta no de Uberaba, o funccionamento de diversas machinas, taes como arados de discos carpideiras, semeadeiras, grades ceifadeira-atadeira e outras" (SILVEIRA, 1922, p. 439-40). A pesquisa de campo também colheu depoimentos na região do Triângulo Mineiro, sobre as primeiras tentativas de trabalhar a terra com toscos implementos de tração animal, que datam do início do século, conforme as recordações de um entrevistado: "Acho que a primeira aração, parece que eu ouvi falar, não sei qual é o fazendeiro, viajou e viu terra arada, inventou fazer de pau, sabe, diz que marrava seis, oito boi... oito boi, no tempo, ia rasgando a terra de pau, o pai falava isso... (risada)" (José Diniz – Triângulo). Segundo o Censo de 1920, o município de Monte Carmelo possuía apenas um arado e não haviam, ali, nem grades e muito menos tratores.

QUADRO IV
Uso de arado de tração animal em quatro microrregiões do Cerrado Mineiro (1970)

Microrregiões	Número de estabelecimentos	Com arado de tração animal	% sobre o total
Alto Paranaíba (TRIÂNGULO)	7.106	2.850	40,1
Chapadões do Paracatu (NOROESTE)	9.923	3.562	35,9
Mineradora do Alto Jequitinhonha (JEQUITINHONHA)	2.825	330	11,7
Sanfranciscana de Januária[9] (NORTE)	9.791	298	3,0

Fonte: Censo Agropecuário de 1970 (IBGE, 1970)

Nota-se uma nítida diferença entre o percentual de estabelecimentos rurais que empregavam arado de tração animal nas duas primeiras microrregiões em relação àquelas situadas no Jequitinhonha e, principalmente, no Norte de Minas. As observações feitas durante a pesquisa de campo confirmam esses dados, pois enquanto se pode verificar o uso desse implemento no Jequitinhonha, ainda hoje ele é pouco utilizado na área pesquisada do Norte de Minas.

É bastante sintomático, nesse sentido, a grande redução do percentual do território[9] ocupado com matas (Quadro V), observada nas áreas pesquisadas do Triângulo Mineiro e Noroeste em relação às outras duas, quando se compara os dados dos Censos de 1920 e 1970, como se pode ver no quadro a seguir[10]. O município de Monte Carmelo[11] (Triângulo Mineiro) viu, nesse período de 50 anos, suas formações florestais diminuírem mais de 17 vezes, enquanto o de João Pinheiro[12]

---

[9] Hermes de Paula, em trabalho de 1957, registra que o primeiro arado adquirido em Montes Claros e, possivelmente, em todo o Norte de Minas, foi manejado de forma experimental "no dia 14 de agosto de 1891, sob admiração e aplausos públicos"; no entanto acrescenta: "Atualmente contamos com numerosos arados e outras máquinas agrícolas, embora conserve ainda a nossa lavoura alguns métodos primitivos. O maior problema do agricultor é o destoque, não possuindo o município tratores em condições de executar semelhante tarefa" (PAULA, 1957, p.108).

[10] Optou-se por trabalhar com o percentual da área de matas, pois a comparação em números absolutos, dentro de um período tão longo, quando se aperfeiçoaram os instrumentos censitários, geraria distorções significativas. Como o objetivo aqui é apenas destacar as diferenças de ritmo de desmatamento entre as áreas investigadas, tais distorções não constituem um problema grave.

[11] Os municípios correspondentes às áreas investigadas eram, em 1920, muito maiores do que em 1970, pois entre as duas datas ocorreram a emancipação de vários distritos: para efeito de comparação, considerou-se 1970, o seu território de 50 anos antes. Monte Carmelo reunia, então, além deste município os de Douradoquara, Iraí de Minas, Nova Ponte e Romaria, já existentes em 1970.

[12] O município de João Pinheiro não sofreu alterações em território entre 1920 e 1970, só recentemente é que surgiu, por exemplo, o de Brasilândia, onde foi realizada parte da Pesquisa de Campo.

(Noroeste) resumiu sua área de matas a quase um quarto do que havia em 1920[13]. No Jequitinhonha, o antigo município de Grão Mogol[14] perdeu quase dois terços e o de Januária[15] (Norte) apenas pouco mais de um terço.

QUADRO V

Percentual da área de matas 1920-1970 e de pastagens e terras em descanso e terras produtivas não utilizadas (1970)

Municípios	1920	1970		
	matas	matas	pastagens naturais	terras em descanso e produtivas não utilizadas
Monte Carmelo	15,9	0,9	87,1	2,9
João Pinheiro	17,8	4,7	81,7	2,6
Grão Mogol	45,9	15,6	36,9	19,2
Januária	67,8	43,7	16,7	15,6

Fonte: MINAS GERAIS, 1926 e Censo Agropecuário de 1970 (IBGE, 1970).

Os dados do Censo Agropecuário de 1970 também mostram que os municípios de Grão Mogol e de Januária apresentavam, naquele ano, percentuais muito maiores de terras em descanso e terras produtivas não utilizadas do que os outros dois. Assim, evidencia-se que havia entre eles não só uma grande diferença em termos de perda de áreas florestais como também uma menor disponibilidade de áreas de pousio em Monte Camelo e João Pinheiro, mostrando que nesses municípios a pressão sobre as áreas de mata era maior que nos dois primeiros. Os dados relativos a este ano também parecem confirmar o que foi dito nos depoimentos da Pesquisa de Campo: parte das terras desmatadas entre 1920 e 1970 se tornavam "pastagens naturais", depois de abandonadas pela agricultura, com a ocupação das áreas de lavoura por vários tipos de capim, considerados nativos[16].

---

[13] No município vizinho de Paracatu, Antônio Ribeiro Júnior já denunciava, em 1954, esse desmatamento: "centenas de hectares de matas tombam, todo ano, aos golpes do machado, para cederem lugar às invernadas [...] As matas dão lugar às pastagens" (RIBEIRO JÚNIOR, 1954, p. 74).

[14] Grão Mogol era, em 1920, um grande município, que incluía, além deste, os de Botumirim e Itacambira, onde foi desenvolvida a Pesquisa de Campo, e os de Cristália, Porteirinha e Riacho dos Machados, emancipados antes de 1970.

[15] Entre 1920 e 1970, a partir do município de Januária, foram criados os seguintes: Itacarambi, Manga e Montalvânia.

[16] Alvaro A. da Silveira, em visita ao Triângulo Mineiro, já constatava em 1922: "As grandes invernadas de gordura ou de Jaraguá se estendem sobre terrenos anteriormente cobertos de mattas, cujos vestigios ainda são attestados por uma peroba isolada ou um tronco secco de qualquer dos gigantescos vegetaes da antiga floresta virgem" (SILVEIRA, 1922, p. 415).

Chegou o arado, eles arou e a enxurrada começou a levar tudo pra baixo, mas não tinha problema, aquilo plantava três, quatro ano, quando ia tudo lá pro córrego, eles falava: aquilo lá só tá bom pro pasto. Ainda vinha um provisório até bom, o gordura, o capim-gordura e eles ia pra outro mato, enquanto não acabou... (Osmar – Triângulo).

A destruição da vegetação nativa do Cerrado iria, no entanto, se agravar a partir dos anos de 1970, com os programas de desenvolvimento agrícola e a modernização da agricultura. Em 1985, depois de quase 15 anos de exploração intensiva, cerca de 37% da área do Cerrado no Brasil já perdera sua cobertura primitiva e, consequentemente, sua flora e fauna foram sendo ocupadas por pastagens plantadas, culturas temporárias (principalmente, soja, milho e arroz) culturas perenes (eucalipto, pinheiro, manga e café), áreas inundadas por represas, núcleos urbanos e terras degradadas. Aproximadamente 56 % da área do Cerrado era formada por paisagens naturais manejadas, com diferentes graus de uso: pastagens naturais, exploração de madeira e carvão, reservas indígenas, áreas militares etc. Apenas cerca 7% do total se referiam a áreas preservadas (reservas ecológicas e científicas, parques e outras) (DIAS, 1993). Em publicação do ano 2000, coordenada por Robert Buschbacher, a WWF-Brasil apontava que "estudos recentes indicam que apenas 20% do bioma Cerrado ainda possuem uma vegetação nativa em estado relativamente intacto" (BUSCHBACHER, 2000, p. 9)[17].

A constatação dos impactos ambientais do modelo de desenvolvimento do Cerrado é, sem dúvida, uma preocupação compartilhada por diferentes segmentos envolvidos na sua discussão. Tanto entre os seus críticos, representados por ONG's brasileiras, estudos acadêmicos, manifestações de organizações populares de trabalhadores rurais, indígenas e outros setores da sociedade civil, como entre as instituições envolvidas na sua implementação e avaliação, como a JICA/EMBRAPA, FAO, IPEA etc., essa preocupação é externada, como se pode ver nos dois textos abaixo, elaborados pela JICA e a EMBRAPA e pela Rede de ONG'S do Cerrado, ainda nos anos de 1990:

O desenvolvimento dos cerrados, utilizando eficientemente os recursos agrícolas abundantes que o Brasil dispõe, vem contribuindo significativamente na oferta de alimentos tanto interna como externamente, e no progresso econômico do país [...]

---

[17] A avaliação da área ainda preservada deste bioma é motivo de polêmica entre vários pesquisadores, mas o WWF-Brasil observa que: "Manntovani e Pereira (1998) usando imagens de satélite, indicam que 67,1% do Cerrado estão perturbados ou altamente modificados. Dias (1993) indica que cerca de 79% do Cerrado estão de alguma forma perturbados pela ação humana (agricultura e pecuária). Desta forma, somente cerca de 20% da área original do bioma Cerrado encontram-se intactos" (BUSCHBACHER, 2000, p. 9).

Porém, devido à sua grande extensão, existem alguns riscos como: perda de equilíbrio do ecossistema natural provocada pelo desenvolvimento; redução da diversidade biológica e alteração das condições metereológicas; erosão e degradação das terras; ocorrência e o surgimento de doenças e pragas em grande dimensão, afetando intensamente o meio ambiente (JICA/ EMBRAPA, 1991).

Todas essas ações vêm provocando uma serie de impactos ambientais e sociais destacando-se entre eles:

1- A redução drástica da enorme e ainda desconhecida biodiversidade existente nos cerrados.

2- A degradação dos solos devido principalmente ao uso de maquinaria pesada e produtos químicos que deflagram e aceleram um processo de erosão e esterilização.

3- A poluição e contaminação não só dos solos, mas também da água e, consequentemente de todos os animais (inclusive o homem) que dela se servem.

4- Assoreamento e diminuição dos recursos hídricos superficiais e subterrâneos em função de todas as formas de desmatamento do cerrado, que devido à sua característica de baixo consumo de água e capacidade de infiltração de seus solos, funciona como uma 'esponja' captadora e armazenadora de água. Em consequência é diminuída também a sua capacidade de dispersor de água. (REDE DE ONG's DO CERRADO, 1992, p. 2)

Os impactos ambientais trazidos pelos programas de desenvolvimento agrícola do Cerrado estão ligados à introdução de todo o conjunto de inovações tecnológicas descritas acima. Elas não só possibilitaram uma sensível expansão da exploração agropecuária mas também permitiram a substituição do cultivo em ambientes florestais pelo plantio de lavouras em áreas de formações savânicas:

> Hoje o pessoal planta no cerrado quase como se plantasse na cultura. [...] Antigamente, não. [...] O cerrado não tinha utilidade nenhuma, antigamente, a não ser mesmo alguma coisa nativa, tipo o pequi, a mangaba, algumas coisa assim que o pessoal colhia, mas não tinha [...] nem pasto não fazia. (Sebastião Clemente de Souza – lavrador em Brasilândia de Minas – NOROESTE)

Nos últimos 30 anos, houve uma inversão de valores e os ambientes de mata perderam a hegemonia como espaço agrícola por excelência, inferiorizando-se frente ao que antes, muitas vezes, não era nem considerado na negociação de terras:

"Nós era menino, um alqueire de cultura pagava dez de campo assim" (José Evangelista, com cerca de 70 anos – lavrador de Monte Carmelo – Triângulo).

"Agora, hoje... na época de hoje, o nosso cerrado e o nosso campo valem mais do que a cultura, que a cultura nossa, geralmente, é acidentada, né, e o campo e o cerrado, o senhor pode maquinar ele todo" (Alberto Nogueira – comerciante – Triângulo).

A possibilidade de mecanizar todo o preparo da terra e as etapas posteriores de cultivo é apontada como uma das principais razões para a troca da "terra de cultura" pelo cerrado, permitindo, assim, a substituição do arado de tração animal por aquele puxado por um trator:

> Hoje, ninguém usa cultura mais, só mesmo pra gado, é mais no cerrado vermelho, cerrado adequado, bom de trabalhar, planinho, não tem pedra, entendeu? [A cultura é mais morrada?] É mais morrada, sempre mais escorrida, na beira do córrego, tem que trabalhar só com [...] de primeiro, a gente trabalhava só com aradinho de boi, a tração animal, arado de tração animal pra arar o chão, era o que usava. Agora, já não usa mais, o cerrado é próprio pra você arar com arado de trator, entendeu? (João dos Reis da Silva – lavrador de Monte Carmelo – Triângulo)

O cerrado, antes usado como pastagem natural, passa, por meio da mecanização, a ter uso agrícola e as áreas de mata, antigamente derrubadas para o plantio de lavoura, tornam-se pastos, depois de serem durante anos rasgadas e esgotadas com o arado de ração animal. Um entrevistado resume: "Eu não tava contando a história do aradinho? Antes de vir o trator, já tinha acabado com as cultura tudo" (Osmar – Triângulo). A mecanização não só facilitou a preparação da terra e outros tratos culturais, como permitia uma derrubada mais rápida da vegetação nativa, favorecendo a expansão agrícola e a formação de grandes áreas de pastagens. Os programas de desenvolvimento agrícola do Cerrado e a difusão de seu pacote de tecnologias contribuíram para um grande crescimento da mecanização nas regiões onde eles foram implantados. No entanto, as diferenças regionais nessa questão já eram anteriores: apesar do número reduzido existente, havia, já em 1970, uma diferença significativa do total de tratores pertencentes às áreas investigadas no Triângulo e Noroeste em relação àquelas do Norte de Minas e Jequitinhonha, como se pode ver nesse quadro:

QUADRO VI

Uso de tratores em quatro microrregiões do Cerrado Mineiro (1970)

Microrregiões	Número de estabelecimentos	Com tratores	% sobre o total
Chapadões do Paracatu (NOROESTE)	9.923	124	1,25
Alto Paranaíba (TRIÂNGULO)	7.106	71	1,00
Sanfranciscana de Januária (NORTE)	9.791	26	0,26
Mineradora do Alto Jequitinhonha (JEQUITINHONHA)	2.825	1	0,03

Fonte: Censo Agropecuário de 1970 (IBGE, 1970).

Mudanças sociais: da terra para cidade

Uma das consequências da mecanização agrícola, tanto na área do Cerrado, como no restante do país, foi a redução relativa do emprego de mão de obra em comparação a expansão da atividade agropecuária. Conforme análise apresentada pelo IPEA:

> Os dados para o conjunto da região de cerrados mostram que, em 1970, para cada 100 hectares de área transformada, sete pessoas eram empregadas; em 1985, essa relação caiu para quatro pessoas para cada 100 hectares. [...]
>
> A comparação da evolução do emprego de mão de obra com a evolução de outras variáveis deixa ainda mais clara a reduzida capacidade de absorção de força de trabalho na agricultura de cerrados. Os dados relativos à região como um todo, para o período 1970-1985, mostram que, enquanto o pessoal ocupado na agricultura crescia à taxa anual de 2,7% (inferior mesmo à taxa de crescimento vegetativo – 2,95% no período 1970-91), a área de lavouras expandiu-se a 5,4%, a área de pastagens a 8,4%, o rebanho bovino a 5,5% e, em forte contraste, o estoque de tratores crescia 13,6% a.a. (CUNHA, 1994, p. 92).

Soma-se ao desemprego a questão da concentração da terra, que tem sido aqui uma constatação importante e relativamente ampla, mesmo nos relatórios oficiais de avaliação dos programas, como esse elaborado pelo IPEA:

> Nos cerrados, como em todo o Brasil, são inegáveis os estímulos da política econômica, assim como da política agrária e da política agrícola à concentração da propriedade fundiária. Cada nova área que se abre à agricultura tende a reproduzir, ou mesmo, a agravar as sérias distorções que caracterizam a distribuição da propriedade da terra no país. Mais que em qualquer outra região, predominam nos cerrados as propriedades grandes, muito maiores que razões de eficiência técnica e econômica poderiam justificar (CUNHA, 1994, p. 88)[18].

Ao lado da concentração da terra, um outro aspecto também se torna inegável nos dados sobre os programas de desenvolvimento do Brasil Central: os agricultores familiares foram alijados dos seus benefícios, especialmente da oferta de crédito farto e barato. A Fundação João Pinheiro, órgão do governo mineiro, ao avaliar o POLOCENTRO, em 1985, já afirmava que a "concentração de recursos a nível de propriedades teve como contrapartida, praticamente, a exclusão dos pequenos proprietários" (FJP, 1985, p. 31).

---

[18] Segundo dados do IPEA (1994), a concentração fundiária teria se dado entre 1970-1985, no estrato de área entre 1.000 e 10.000 hectares, que aumentou sua participação relativa no número e na área totais dos estabelecimentos.

Como uma consequência destes três aspectos, já na primeira década de sua implantação, a migração rural-urbana já se fazia sentir de forma expressiva nas áreas em que aqueles projetos foram instalados. Ao comparar os censos demográficos de 1970 e 1980, Guanziroli e Figueira (1986) constataram que a população rural dos municípios da área do PADAP diminuiu em termos relativos (de 46 para 17%); e entre os municípios menores, também em termos absolutos.

O quadro social apresentado para a área do Cerrado não difere muito do que foi resumidamente colocado no início do texto, em relação ao processo de modernização da agricultura brasileira. Seria importante aprofundar as pesquisas no que se refere à atualização dos dados e à situação recente tanto da agricultura familiar, como a do trabalho rural. Os aspectos abordados acima revelam, em linhas gerais, que, mesmo nas avaliações oficiais, os programas aqui analisados, apresentam fortes impactos sociais, mas as divergências maiores se localizam nas propostas para o enfrentamento da questão. Ao contrário das ONG's e outros setores que propõem a "implantação de uma redistribuição de terra e uma política agrícola voltada para o pequeno produtor rural" (REDE DE ONG's DO CERRADO, 1992, p. 2), os estudos oficiais, em geral, ou não apresentaram propostas, ou não atacaram as questões mais graves como a concentração da terra, o desemprego, conforme se vê no trecho abaixo do estudo do IPEA:

> Substituindo a mão de obra por capital, o campo transferiu para a cidade os seus problemas sociais. Resta saber se a base de riqueza e os empregos indiretos propiciados pelo desenvolvimento agrícola, e que beneficiam os centros urbanos, serão suficientes para compensar as cidades pelo encargo extra que o campo lhes transferiu. (CUNHA, 1994, p. 97).

O estudo da FAO (1992), *Brazil: Agricultural Development Strategies for the Cerrados,* apresenta a necessidade de uma estratégia para beneficiar os pequenos produtores e faz menção a projetos em execução que poderiam ser ampliados, no entanto, continua não priorizando este segmento nas propostas de desenvolvimento da região. No que se refere ao "acesso à terra e sua distribuição", sugere que: "É lógico que o Governo deixe as forças de mercado agirem livremente na determinação futura da propriedade da terra, considerando a atual política de apoio ao setor privado e a clara vocação dos cerrados para produção comercial em larga escala". Mas também pondera a necessidade de buscar "solução de conflitos que são herança da especulação passada, assim como para a legalização dos legítimos ocupantes da terra, ainda sem título". Considera a possibilidade de assentamento de pequenos produtores e sem-terra, que "deve ser avaliada com extremo cuidado", pois "a produção de cereais e soja e de gado de corte não é econômica em pequena escala". E assim conclui que: "será mais importante, em termos do potencial econômico, acelerar a instalação de produtores de grande envergadura oriundos de outras regiões, exatamente o tipo que foi a espinha dorsal do desenvolvimento das culturas nos cerrados" (FAO, 1992, p. x).

Mudanças fundiárias: da larga para a cerca

Se os programas de desenvolvimento contribuíram para aprofundar a concentração fundiária, muito antes da sua implementação já havia, ao longo do século XX, todo um processo de apropriação de terras pela grande propriedade em prejuízo da agricultura camponesa no Cerrado Mineiro. A criação de bovinos, sem dúvida, por se tratar de uma atividade que se estende, desde o século XVIII, por enormes áreas do Sertão Mineiro e por se constituir num dos seus principais produtos de exportação para outras regiões, contribuiu, de forma decisiva, para a constituição de vastos latifúndios. Embora também estivesse presente nas unidades de produção camponesa, não possuía nessas a mesma significação. A chamada "criação miúda", abarcando, principalmente, suínos e aves mas também incluindo caprinos e ovinos, tem possuído uma expressão mais generalizada entre os vários segmentos das populações tradicionais sertanejas. Por seu porte, demandam menor volume de alimentação e menor área para sua criação, em geral, feita nas proximidades das moradias e, ao contrário dos bovinos, realizada a partir do trabalho de um maior número de membros da família. Outra diferença básica entre esses dois tipos de pecuária está no fato de, hoje, a criação de porcos e galinhas ser voltada, particularmente, para a alimentação da própria família e a venda da carne ou de ovos ocorrer com excedentes, porém não se deve subestimar sua importância na geração de renda monetária.

A produção de suínos, no entanto, já foi mais significativa e perdeu importância comercial, ao longo do século XX, por fatores a serem analisados adiante. Alguns entrevistados mencionaram a condução de varas de até 60 porcos, tocados a pé, em direção às maiores cidades das regiões do Triângulo e Noroeste, como é o caso de Uberaba e Paracatu, na primeira metade do século XX. A criação comercial de suínos objetivava a venda do toucinho, pois a carne tinha, na época, pouco valor: "É engraçado, nesse tempo, não vendia carne de porco, vendia só toucinho, você já viu? [...] A carne dava dado, não tinha preço" (José Diniz – Triângulo). Grande parte da produção do milho sempre se destinou a alimentar porcos e galinhas: "Tinha que encher o paiol de milho! Enchia... tinha os paiol, enchia de milho, gastava o ano inteiro pra engordar o porco, criar o porco e criar a galinha" (Antônio Rosendo, com cerca de 95 anos – lavrador em Monte Carmelo – Triângulo). No entanto, é recomendado o uso de outros tipos de alimento, como restos de comida e de cultura e, principalmente, folhas, frutos e raízes obtidos entre a vegetação nativa, consumidos, particularmente, quando aqueles animais são criados soltos.

A regra geral era separar as áreas de lavoura daquelas destinadas não só a criação de bovinos mas também de porcos, cabras e carneiros, igualmente criados soltos. A primeira grande mudança, ocorrida por volta das décadas de 1930 e de 1940, foi a iniciativa de "levantar o pé das cercas", ou seja, era o fim da cerca "contra porco", por intermédio do que alguns chamam da "lei de porco no mangueiro":

Que quando tirou a criação de porco assim, o povo fica falando demais, parece que jogou muita praga, né. [...] Essas embira, atrapalhou foi esse povo daqui... tá bom, nossa gente. [...] Teve que tirar os porco, uai, né, teve que tirar. [...] Era em comum, solto... [...] Aberto, né... Ele falou: agora, no que é meu, não é pra porco andar mais! Aí, cada um teve que fazer um mangueiro pra cá, né... [...] Diminuiu... não, a gente criou só pra o gasto, mas não prestou mais, não. (José Diniz – Triângulo).

A restrição da criação de suínos às áreas cercadas, os "mangueiros", foi motivada pela intensificação da pecuária bovina e foi imposta pelos seus criadores que decretaram o fim das "cercas de pé baixo", feitas da madeira retirada das derrubadas para as lavouras. O sistema antigo não era compatível com a necessidade de formação de pastagens artificiais, seja primeiramente nas "terras de cultura", seja, mais tarde, no cerrado, pois "o porco fuça tudo" e abriu caminho para a introdução do arame na pecuária. Entre as quatro áreas pesquisadas, a do Triângulo Mineiro parece ter sido a primeira a ter cercas de arame, certamente pelo fato de já estar ligada, por ferrovia, a grandes centros comerciais, como São Paulo, desde o final do século XIX. Um dos entrevistados recordou-se das histórias contadas pelo seu pai, quando o avô foi a Uberaba, já no início do século seguinte, e comprou arame pela primeira vez:

O primeiro arame... cerca de arame que existiu aqui, é cercando o tal Capão do Gato, nossas terra, sabe? Então vovô comprou porco, engordou e matou eles, então, tinha que vender lá no Uberaba, não sei se é Uberaba... acho que é Uberaba, que ele comprou esse arame lá e trouxe, é o primeiro arame que foi esticado aqui, sabe? [...] [Um] fazendeiro enjoado, é que veio ensinar fazer a cerca. Fincava o moirão e tinha que abrir o papel do coronel [ri], assim o pai contava. [...] O tal de catálogo, ensinando a esticar, só ele que sabia... ninguém sabia, ninguém sabia... (ri) [...] Acho que o papai não era nascido, quando buscou esse arame. Tem muitos anos, tem muito tempo, isso é antiguíssimo mesmo (José Diniz – Triângulo).

Este artigo, no entanto, era considerado muito caro: em uma conferência na Sociedade Nacional de Agricultura, em 1916, Dr. Ezequiel Ubatuba destacava o "exhorbitante preço por que no sertão fica o arame para cercas, custando quasi três vezes mais do que o seu real valor intrínseco" (UBATUBA, 1916, p. 45). Assim, o uso do arame permaneceu, por várias décadas, restrito aos grandes criadores: "Os pobre era madeira, fazia cerca de pau. [...] Agora, todo fazendeiro tinha um pasto cercado pra por o gado, né, tinha o lugar de por vaca parida, vem com uma boiada, tem o lugar de prender, né" (Agenor Leme do Prado, com 83 anos – vaqueiro aposentado em Brasilândia – Noroeste)[19].

---

[19] Segundo dados do Relatório de 1957 sobre o Médio São Francisco, executado para a Comissão do Vale do São Francisco, em "Pirapora, rolos de arame nacional de 250m eram vendidos por CR$ 500,00 e os grampos a CR$ 35,00 o quilo. O arame japonês de 200m por rôlo valia CR$ 480,00 e os grampos CR$ 26,00 o quilo. Em Januária encontrava-se arame por CR$ 450,00" (ENGENHEIROS

No caso da área investigada no Triângulo Mineiro, além das áreas de pasto, a chegada do arame permitiu também o começo da divisão das propriedades. Vários entrevistados mais velhos se referiram à "primeira divisão", como no depoimento abaixo:

> O fazendeiro requereu divisão na fazenda. Aí, veio o agrimensor e cortou os traço e vamo fazer de cerca nas divisa. [...] [Essa divisão o senhor lembra quando foi?] Lembro, ih! 1923, a divisão... [...] Começou daqui foi sair no Morro da Onça, a Fazenda Lambari e aonde é que ela era grande demais. Então, o agrimensor dividiu, cortou os traço, então foi fazendo cerca de arame, era... Ninguém sabia fazer cerca de arame! [...] E daí, dividiu a Fazenda do Paraíso, dividiu a Fazenda de Lamego, foi cortando os traço, fechando. [...] E a terra, depois da divisão, foi uma valorização nas terra, só se o senhor visse! [Aí, acabou esse negócio do gado ficar solto assim?] Cabou... cabou, cada um fechava, criava fechado, é... é... (Antônio Rosendo – Triângulo).

O processo de "divisão das terras", ocorrido em diferentes momentos nas regiões do Sertão Mineiro, pôs fim à criação "em campos abertos", conhecida como "solta", "larga" ou "largueza", sistema tradicional de manejo do gado bovino, articulado de forma complementar com a produção agrícola e as demais atividades integrantes das estratégias de reprodução social de várias famílias e comunidades desta região. No depoimento a seguir, do mesmo entrevistado, o mais idoso do Triângulo, a área pesquisada, onde primeiro esse sistema foi desestruturado, apresenta, em linhas gerais, os seus principais aspectos:

> Nós... o povo criava o gado solto... era solto. [...] E tudo diferente de hoje. Pra criar o gado, hoje, é difícil! Naquela época, era dar o sal e soltar pro campo... soltar pro campo. [...] E, quando chegava mês de setembro, meu avô mandava por fogo na macega. Todo mundo ia queimando, queimava a noite inteira! O fogo ia queimando de lá, punha fogo dali, era aqueles clarão de noite e daí, quando chovia, vinha queimada. [...] Aí brotava, ficava verdinho! Agora, a vaca produzia... [...] Não tinha capim, não, era campo. [...] Quando vinha na cultura, tinha o gordura, capim gordura. O capim gordura se passasse fogo, ele queimava, acabava. [...] Daí veio o provisório, capim provisório. Quanto mais queima, mais bom ele ficava, já o gordura, passou fogo, ele cabava. [...] O gado que criava no gordura ficava gordo. [...] O leite de hoje é uma água azule, uma água azule! Eu tomo leit... eu não gosto do leite de hoje. O leite era gostoso! Os queijo... queijo era amarelinho, com aquela cor, ó! Vaca chegava do campo, ficava deitada, o leite ficava lá, ó, escorrendo. [...] Uai! Agora, o leitão vinha chupando até pegar a maninha da vaca, aprendia. Vinha chupando o leite no chão... é... [...] Vendia só o queijo, um mil réis, o queijo. [...] Os fazendeiro apartava as vaca, deixava os bezerro e as vaca saía, pra elas

---

E ECONOMISTAS CONSULTORES, 1957, p. 45). Este mesmo estudo aponta, para essa cidade, o valor de CR$ 3.000/CR$ 4.000 das "vacas comuns, de cria", portanto, a venda de um desses animais não era suficiente para comprar arame nem para 750 metros de cerca de três fios.

vim de tarde. [...] Não tinha pasto, não tinha fechado, não tinha nada. É... é... [...] Meu avô é que era fazendeiro. [...] Ele apartava cem vaca. E ele não tinha terra quase nenhuma. [...] Cada um tinha o direito na larga. Ninguém fechava, era a larga. Fazendeiro retirado duas légua criava, o gado vinha, misturava, o que garantia o gado era a marca... era a marca, é marcado. Se não tivesse marcado, ele não era dono, é porque criava misturado. [...] A cultura, o povo... queria é roçar e plantar, o povo não precisava muito... a cultura é pra plantar cereais. [...] Fazia queimada pras vaca comer a cinza, era a saúde do gado. [...] Cada um tinha os peão pra ir buscar o gado, campear, trazer. [...] Dava sal, dava sal e soltava outra vez. [...] E os curraleiro... pra pegar era o curraleiro! Ele vinha na gente! [...] Era brabo, era pegado à custa de cavalo! O curraleiro! O curraleiro só vinha na gente. Todo curraleiro era pegador! É... (risada). Eu judei a pegar curraleiro no cerrado a custa de casco de cavalo. Minha época foi essa, na bruta!" (Antônio Rosendo – Triângulo).

O gado criado solto demandava poucos cuidados. Chegava, algumas vezes, ao estado semisselvagem. Era preciso estar sempre o aproximando do convívio humano, por meio de fornecimento de sal nos cochos, que se constituía em uma forma de controle, já que parte das suas necessidades era suprida pelos barreiros e para a observação de eventuais problemas de saúde. A vegetação nativa do "campo" e do "cerrado" oferecem uma grande variedade de possibilidades de alimentação para o gado[20] e o curraleiro, "pé-duro" ou "comum", que pela sua rusticidade, era o mais adaptado a essa paisagem. Tais denominações, mais do que se referir a uma raça de traços bem definidos, expressam a origem local do gado, em oposição a outros tipos de introdução mais recente. "'Curraleiro' é expressão que serve, indistintamente, para designar os animais crioulos, de qualquer espécie, como cavalos, bois, bodes, carneiros e galinhas" (ENGENHEIROS E ECONOMISTAS CONSULTORES, 1957, p. 46).

Segundo Jozé Norberto Macedo, em seu estudo *Fazendas de Gado no Vale do São Francisco*, "êste animal descende da raça Mirandesa, variedade Beiroa, e veio para o Brasil com os primeiros colonizadores portuguêses" (Macedo, 1952, p. 39). Este autor faz a seguinte descrição deste gado:

Praticamente há 400 anos que êle sofre uma verdadeira seleção natural, sobrevivendo como características da raça apenas aquelas qualidades que a impuseram como capaz de resistir ao clima.

Hoje, o curraleiro do São Francisco deve ter, mais do que qualquer outra raça, um organismo inteiramente regulado, capaz de suportar as altas variações termométricas, pois sua aclimatação ou adaptação às condições do meio, não obstante se haverem encaminhado para a degeneração ou para o

---

[20] Em estudo realizado pela EPAMIG sobre *Dieta de Novilhos em Pastagem Nativa do Cerrado*, foram identificadas 83 espécies selecionadas por bovinos fistulados, incluindo folhas, frutos e caules de árvores, arbustos, subarbustos e ervas (MACEDO, 1978).

desvio do seu tipo normal e primitivo, conservou-lhe as características de resistência ou de sobrevivência. (MACEDO, 1952, p. 39-40)

O reinado do curraleiro entrou em declínio com a difusão de novas raças de bovinos, representando uma grande transformação para a pecuária do Sertão Mineiro, ocorrida muito antes dos programas de modernização da década de 1970. Esse processo de importação de bovinos da Índia (*Bos taurus indicus*) se iniciou ainda no século XIX, como aponta Orlando Valverde:

> A introdução de raças zebuínas no Brasil Central principiou em 1875, por iniciativa de fazendeiros do Triângulo Mineiro e do Sul de Goiás. Entre elas predominam, em ordem crescente de importância: o guzerá, o gir e o nelo-re. Aí, foi o gado selecionado (criando-se um tipo considerado por alguns como raça nova: o indubrasil ou induberaba), tornando-se muito superior ao gado da Índia, pois nesse país não há seleção, visto que os bovinos não têm valor comercial. (VALVERDE, 1985, p. 204-5).

Em poucas décadas, aquela região, em particular a cidade de Uberaba[21], tornou-se o centro irradiador do gado zebu para outras áreas do Sertão Mineiro[22]. A introdução das raças zebuínas foi mais uma iniciativa dos grandes produtores desta cidade e de outras regiões do que uma política pública voltada para o melhoramento do rebanho bovino. Ao contrário, como observa Orlando Valverde, a "atitude dos fazendeiros triangulinos venceu a oposição acirrada de agrônomos e veterinários teóricos, especialmente do Ministério da Agricultura" (VALVERDE, 1985, p. 205).

Nas primeiras décadas do século XX, houve um forte debate em torno da introdução desse gado no Sertão Mineiro. Urbino de Sousa Vianna foi um dos críticos da sua entrada no Norte de Minas, considerando o zebu como "destestavel producto introduzido pela ignorancia e mantido pela ganancia commercial" (VIANNA, 1916, p. 215). Na sua *Monographia Histórica de Montes Claros*, datada de 1916, ele já constatava que o "Zebú, infelizmente, invadiu o municipio pela pessima orientação que a industria tomou desde o seu principio; porém como os reprodutores introduzidos foram meio sangue, a degeneração veio mais rapida que devera, e o descrepdito da raça fez-se por si mesma" (VIANNA, 1916, p. 235). Ele pretendia que o curraleiro servisse "de base para o melhoramento por selecção ou cruzamento, devendo ser as raças escolhidas para esse fim, de procedencia suissa

---

[21] Na Exposição agropecuária de 1910, em Uberaba, Alvaro A. da Silveira já constatava a predominância desse gado, pois havia apenas, "uns 4 ou 5 caracùs, que não apresentavam todos os caracteres da raça pura, appareciam como excepção em meio dos zebùs cujo numero era talvez superior a 300" (SILVEIRA, 1922, p. 417).

[22] Em 1922, uma publicação sobre a atual cidade de Uberlândia, intitulada Município de Uberabinha – História, Administração, Finanças, Economia, já registrava esse avanço: "As raças bovinas estão muito misturadas entre o zebú, o china e o caracú, predominando, porém o primeiro, pela sua rusticidade, poder de resistência ás condições climatericas dos campos e ao modo de creação extensiva, adoptado por todos os fazendeiros" (ESTADO DE MINAS GERAES, 1922, p. 54).

(schwitz brune) ou Limousine (R. Aquitania), Devon, Jersey e outras [...]". Esclarece, que "embora o primeiro meio seja mais seguro e garantido, apezar de mais demorado, deve-se ensaiar o segundo" (VIANNA, 1916, p. 215). Também naquele ano, em conferência na Sociedade Nacional da Agricultura, sugestivamente intitulada *O Sertão e a pecuária – papel economico do gado zebu,* Ezequiel Ubatuba rebatia:

> Ninguem nega que o processo de selecção, em sciencia, é o mais aconselhavel e acceitavel, dando muito melhores resultados do que os cruzamentos: o que temos a negar é que os beneficios urgentes e practicos, de que precisamos em todo o paiz, possam ser resolvidos com a criação seleccionada do gado nacional. (UBATUBA, 1916, p. 25)

A sua grande defesa do zebu está assentada na necessidade de incrementar a pecuária de corte para permitir a exportação de carne para a Europa, então assolada pela I Guerra Mundial. Buscava, como os criadores do Triângulo, uma raça bovina capaz de contribuir para o melhoramento do rebanho nacional, mas com possibilidade de se adaptar às condições naturais do Cerrado e por isso criticava o seu cruzamento com "raças finas e aristocraticas", como as sugeridas por Urbino Vianna. Concordando com Ezequiel Ubatuba, Alvaro da Silveira rebate, em 1922, as críticas dos *"scientistas"*, apontando as vantagens econômicas da introdução dos bovinos da Índia: "– 'Continuamos a utilizar o zebù porque elle nos enriquece' dizem os creadores, apoiados nos lucros reaes que lhes faculta o malsinado animal" (SILVEIRA, 1922, p. 418). E justifica: "Os mestiços zebú criam-se mais facilmente em pastos de reconhecida pobreza em plantas forrageiras; a sua carne dá mais dinheiro, em egualdade de condições; o seu peso attinge proporções realmente colossaes" (SILVEIRA, 1922, p. 427).

A introdução das raças zebuínas praticamente extinguiu o curraleiro, encontrado hoje apenas nas mãos de um ou outro criador. O desaparecimento desse gado está relacionado às mudanças na pecuária sertaneja, interessada, num primeiro momento, em bovinos capazes de rápido desenvolvimento e com um porte que produzisse maior volume de carne, características ausentes nesta raça. A introdução das raças zebuínas só era capaz de produzir bovinos de maior porte por meio de cruzamentos com o gado crioulo, pois, como já afirmava Álvaro da Silveira, em 1922, "o zebu, reproduzindo com seus proprios descendentes, dá uma geração que definha sem cessar até adquirir o tamanho de cabrito" (SILVEIRA, 1922, p. 420).

A perpetuação do curraleiro, nessa perspectiva, não só era desvantajosa economicamente para os criadores que haviam introduzido o gado zebuíno, como se constituía em um obstáculo ao seu projeto de melhoramento do rebanho por meio do cruzamento. O depoimento de um entrevistado de 70 anos relatou essa "crise", provocada pelos fazendeiros, na sua infância, ao perseguirem o curraleiro, que reinava absoluto no Sertão Mineiro até então:

Depois apareceu o tal de zebu. Então, os fazendeiro, eles criava na... assim, não tinha pasto cercado, nas larga, né, então, a fazendeirada virou a capar os curraleiro, viu. Tem até uma crise, porque eles não podia ver um curraleiro, que castrava, havia de ser só o zebu. Então, diz que o curraleiro, só com os olho, dava pra enxertar a vaca, viu, de tão perseguido que eles ficou (José Diniz – Triângulo).

Os criadores de zebu tentavam evitar os cruzamentos indesejáveis com os machos curraleiros, ocorridos nos campos abertos de uso comum por vários proprietários próximos. Nessas áreas, se misturavam tanto o gado dos fazendeiros mais abastados, como aquele pertencente aos camponeses e a perseguição ao curraleiro afetava, sobretudo, aos últimos: "O zebu era de gente rica, era criado de avião, agora, o curraleiro era dos pobre, cada um tinha o seu curraleiro" (José Diniz – Triângulo). Essa preocupação com os cruzamentos indesejáveis já era manifestada, em 1916, pelo Dr. Ezequiel Ubatuba, na sua defesa da introdução do gado da Índia:

> [...] a degenerescencia não tem por causa única, quando ella se dá no zebú, como qualquer outra raça, o emprego do mestiço.
>
> A falta de elementos preponderantes em qualquer criação concorrem em grande parte para esse mal, facil de evitar.
>
> Entre elles avulta o das criações em commum nos campos inteiramente abertos, com grave prejuizo para os animaes e para os criadores (Ubatuba, 1916, p. 45).

Atribuiu esse problema, como já foi visto, ao alto custo do arame na região e, na sua conferência. Ele propugnava uma pecuária mais racional, combatendo o sistema de manejo até então utilizado, com a manutenção do gado em áreas não cercadas:

> É impossivel fazer criação em campos abertos; a rotação é uma necessidade e ella só pode ser feita em campos divididos, e em invernadas divididas, em potreiros, em piquetes, de modo a racionalmente o gado criar-se e desenvolver-se, sem luctas. [...] E, si isso acontecer, não será, de modo indirecto, mais proveitoso o desenvolvimento das criações e a consequente valorização das terras? (Ubatuba, 1916, p. 45-46)

Essas mudanças propostas, em 1916, foram ocorrendo, variando em cada uma das áreas pesquisadas, ao longo do século XX, alterando não só as raças de bovinos criadas no Sertão Mineiro e o sistema de manejo do gado mas também a organização fundiária e a forma como essa atividade se apropriava do Cerrado.

Mudanças vindas de cima: a ação do Estado

Na região do Noroeste de Minas, esse processo começou mais tarde: o historiador de Paracatu, Oliveira Mello informa:

Na década de 1930 há maior preocupação dos criadores na melhoria genética do gado bovino, na seleção de raças, usando de recursos mais modernos, inclusive implantando pastagens artificiais. [...] O início da seleção dos rebanhos se fez através de reprodutores puro sangue, adquiridos principalmente em Uberaba, pois não havia no município nenhum posto oficial de assistência à pecuária. (MELLO, 1994, p. 215)

No final desta mesma década, a Prefeitura Municipal de Paracatu cria um campo experimental agrícola visando introduzir a lavoura mecanizada, fornecer sementes selecionadas e expurgadas e prestar assistência técnica. A iniciativa, devido ao reduzido orçamento municipal, teve vida curta, porém o "Ministério da Agricultura, em 1947, cria e regulamenta o funcionamento de Postos Agropecuários" com o objetivo de "orientar e assistir os agricultores e pecuaristas da região" e "Paracatu, imediatamente, foi contemplado com um desses postos, com jurisdição sobre Guarda Mor, João Pinheiro, Unaí e Vazante" (MELLO, 1994, p. 219). A sua criação resultou em grande influência para a adoção de novas tecnologias e foi determinante para a fundação da Cooperativa Agropecuária do Vale do Paracatu.

O Noroeste permanecia, até meados dos anos de 1950, como uma região de pecuária[23], onde o município de João Pinheiro se destacava no Vale do São Francisco por possuir apenas 0,003 % e 0,27% de suas terras ocupadas, respectivamente, com lavouras permanentes e temporárias e por apresentar uma área média das propriedades de 1.128 ha, com uma baixa densidade de cabeças por hectare (0,06) (PIERSON, 1971). No entanto, as cidades da região, em 1954, também demonstravam vigor econômico, sendo que Paracatu, com 112 milhões de cruzeiros de movimento comercial, só era superada, no Vale do São Francisco, por Montes Claros, Pirapora e Bocaiuva, estando à frente de Januária, Juazeiro, Francisco Sá e várias outras. E mesmo o município de Unaí, criado em dezembro de 1943, merecia destaque por

---

[23] Segundo o já citado *Relatório* de 1957 sobre o Médio São Francisco, o "pastoreio constitui a principal riqueza atual da região; só em Paracatu, a colônia agrícola formada pela C.V.S.F. é um foco importante de agricultura" (ENGENHEIROS E ECONOMISTAS CONSULTORES, 1957, p. 196). Trata-se de um antigo projeto de colonização no Cerrado Mineiro, muito anterior àqueles dos anos 1970 e implementado nas terras da Brazil Land Cattle and Packing Company, empresa com sede no estado americano do Maine, que foram desapropriadas com base em uma medida nacionalista, típica do período de guerra, na qual o Governo Vargas exigia que "todo estrangeiro que tivesse bens imóveis no Brasil, se naturalizasse brasileiro" (MORAIS,1998, p. 73). Assim, a Brazil Land iria se transformar em Brasilândia de Minas, hoje município do Noroeste do estado. Em 1948, com a constituição da Comissão do Vale do São Francisco (CVSF), os 470.448 hectares que pertenciam àquela empresa, foram entregues a esse órgão federal com vistas à criação da Colônia Agrícola de Paracatu (CAP). Só em 1952, os funcionários da CVSF tomaram posse da terra em nome do governo federal para iniciar uma experiência pioneira de colonização no Vale do São Francisco (MORAIS, 1998). Os colonos deste projeto, a exemplo do que ocorreria em iniciativas posteriores, em sua grande maioria, não eram trabalhadores rurais sem-terra da região, mas pessoas vindas de outras partes do estado, algumas até abastadas, pois a "vastíssima fazenda da ex-Brazil Land foi dividida em grandes glebas, lotes de muitos hectares [...]" (MORAIS, 1998, p. 97).

se rivalizar com muitos outros, do mesmo porte, em números absolutos e pelo seu crescimento entre 1951 e 1954, seguido de perto por João Pinheiro, no entanto, essas duas cidades ainda não contavam com agências bancárias (ENGENHEIROS E ECONOMISTAS CONSULTORES, 1957).

> A partir da década de 60, com a transferência da Capital do País para o Planalto Central, deu-se o início da valorização do solo e o reconhecimento de sua qualidade, transformando-a em região de crescente importância agrícola. (MELLO, 1994, p. 219)

Inicialmente, esse crescimento foi tímido, mas a construção de Brasília trouxe novo dinamismo ao Noroeste, com significativa implantação de obras de infraestrutura. Além da rodovia 040, que corta a região, ligando a Capital Federal ao Rio de Janeiro, o Planoroeste previa a "construção de 967,5 km de estradas de penetração, interligando os vales do rio São Francisco, Paracatu e Urucuaia a Brasília (DF) e a Belo Horizonte" e mais "1.249,0 km de estradas rurais, que permitirão o escoamento da produção dos vales para as 'áreas de penetração'" (IPEA, 1973, p. 79). Assim, antes mesmo da implementação dos programas de desenvolvimento do Cerrado, a região pode contar com uma nova estrutura de apoio à produção agrícola: em 1971, o Escritório Seccional da Associação de Crédito e Assistência Rural (ACAR) de Paracatu agrupava seis escritórios locais e possuía quatro agrônomos, dois técnicos agrícolas e mais cinco outros funcionários. A Companhia de Armazéns e Silos de Minas Gerais (CASEMG) já possuía, em 1968, uma capacidade estática de 1.200 toneladas, nessa cidade, e de 3.000, em Unaí, montante que superava cidades importantes do Norte de Minas, como Montes Claros e Januária, respectivamente, com 1.800 e 1.200 toneladas, no entanto, muito abaixo de Uberlândia, com 18.000, e do Triângulo Mineiro, que já congregava a maior parte do total estadual (IPEA, 1973).

Todo esse conjunto de investimentos do Estado, na segunda metade do século XX, trouxe também mudanças na apropriação da terra, mas foi, principalmente, a partir da chamada "modernização da agricultura" no Cerrado que elas ganharam mais impulso, com a chegada de novos capitais para investir na agropecuária da região e de empresas de plantio de eucalipto:

> A maior parte das terra que começaram a ser cercada foi dos anos... deixa eu ver aqui... dos anos... depois dos anos 70. Igual aqui mesmo, na Colônia[24], todos lote era... tinha só os marco, ninguém era cercado, só aqueles cara mais... de poder aquisitivo maior, que foi cercando logo, o mais era tudo aberto. Cercava os fundo, os pasto, mas em cima era tudo aberto. [...] As fazenda grande, também, a maioria depois de 75 pra cá que começou a fechar. [...] Antes era maior, porque nessas fazenda grande, fazenda de dez mil hectare, cinco mil, também era tudo aberto, onde eles falava a largueza.

---

[24] O entrevistado se refere à Colônia Agrícola de Paracatu (CAP), mencionado na nota anterior.

> Sempre teve os pasto fechado, mais na beira de córrego e a largueza era mais no cerradão, no campo. [E começou a cercar por que?] Foi quando o pessoal começou mais usar... começou usar o cerrado, pra pasto, roça... Começou a chegar, também, pessoas de fora, assim, fazendeiro, aí, eles já tinha muito gado, pra não misturar com... Igual a Mannesmann mesmo, as terra que ela comprou nenhuma delas tinha cerca e ela fechava tudo, foi até bom pros confrontante, que não podia fechar. (Sebastião Clemente – NOROESTE).

Hoje, a "solta" do gado é considerada como inexistente nesta região, uma das que mais tem ocupações de terra e assentamentos de Reforma Agrária no estado. Para os entrevistados que conheceram de perto o antigo sistema, o fracionamento das grandes propriedades reduziu os vastos domínios, com vários logradouros, reunindo centenas, milhares de cabeças de gado: "É... cabou mesmo, agora, cabou a largueza. Fala: lá é a fazenda de fulano! Vai lá, é um... pra quem conheceu, né? Como eu que conheci, fazenda grande... pra mim é um chiqueiro!" (Agenor Leme do Prado – NOROESTE).

No Norte de Minas, em 1957, aquele relatório, encomendado pela Comissão do Vale do São Francisco, informava que ainda predominava a solta: "As cêrcas são feitas mais para proteção às áreas e faixas de cultura do que ao gado. Para aproximadamente 2.000 alqueires de uma propriedade, na região de Pirapora, talvez sòmente 10 estejam cercados" (ENGENHEIROS E ECONOMISTAS CONSULTORES, 1957, p. 44). Hoje, no Norte de Minas e no Jequitinhonha, embora ainda se encontrem áreas de "solta", a expansão mais recente da pecuária e a implantação de grandes áreas de eucalipto e pinus, a exemplo do que foi visto para o Noroeste, contribuíram para uma apropriação privada do "gerais" e do "carrasco", com os novos usos permitidos pela tecnologia:

> Januária, já houve muita solta, agora hoje... antigamente, ninguém queria terra de carrasco. Às vez, você comprava uma fazenda... um sítio na beira do rio, compra uma bebida, você comprava e ia cercar aquele lugar melhor. Aí, quando você pagava um engenheiro pra dividir, o trem era muito caro, quando chegava naquelas terra mais ruim, eles fazia limite, ficava fora, não cercava, ela ficava com terra devoluta, terra de sobra, porque era caro e a terra não compensava. Já hoje, com essas mudança, esses plantio, regradio, não tá quase existindo mais terra ruim, um não quer, outro quer, eles compra e cerca. Mesmo que não beneficeia, mas cerca, pra vender pra essas firma fazer plantio de feijão, reflorestamento de eucalipto e outras árvores. [...] Ah, isso desde de 70... desde 70, que começou a descer reflorestamento aqui pro Norte de Minas foi acabando as terra de gerais. Realmente, o eucalipto é plantado em terra mais ruim, terra sem cultura, então, quase cabou. [...] O povo que tinha solta, eles foram... aqueles que tinha documento do gerais, vendeu pras firma. E aqueles que não tinha, que ficou pro lado da RURALMINAS, INCRA, esse trem todo, foi vendendo pra essas firma, vendendo, vendendo e ia cercando, porque tem horto aí que

dá não sei quantas hectara de chão. Com esse plantio de eucalipto, a solta diminuiu mais de 90% e quem tem gerais hoje, que os pau seja, ao menos desse tamanho, lá fora, aonde tem terra escriturada, eles tá tudo cercado, no município de Januária, muito difícil você achar uma tirinha de terra solta. A firma compra uma bebida, lá dum criador, aonde vai fazer o viveiro. Aí, aquelas terras que são devoluta, eles requerem ela, um documento nasce da RURALMINAS e eles vão comprando aqueles direitinho do povo. Porque tem uns lugarzinho, que tem água, mas é pouquinha, às vez, tem um morador só, ele não guenta binificiar o gerais, que o sal da terra é muito duro, só mesmo na máquina, no trator de esteira, pra fazer cultura, aí eles vão vendendo. E aqueles fazendeiro grande, que tem muito gado, eles compra muito gerais, benificeia o melhor e faz a solta do pior, tá cercado, também, do mesmo jeito. [...] Então, por isso as terra hoje... não é todo mundo que pode possuir terra, porque ela valorizou muito. Esses plantio de eucalipto fez as terra diminuir, porque a terra não cresce, ela só diminui, porque todo dia, o cara cerca um bocado, vai só apertando, apertando. (Anízio Neres Santana – lavrador nascido em Januária – NORTE DE MINAS).

A expansão da pecuária e a implantação da monocultura do eucalipto resultaram em modificações na estrutura agrária daquelas regiões, que se deram, no entanto, de forma diferente. No Norte de Minas e no Jequitinhonha, ao contrário das outras duas, a ação autoritária do Estado, destinando terras devolutas às empresas voltadas para a produção de carvão e celulose, foi decisiva e se caracteriza como própria de um período de ditadura militar. Ela implicou, por exemplo, num aumento espantoso da área total dos estabelecimentos com mais de 100 ha, de 4,2 vezes na região de Minas Novas, no Vale do Jequitinhonha, e 5,4 vezes em torno de Rio Pardo, no Norte de Minas, entre 1970-1985. Porém este crescimento, praticamente, não se processou sobre as terras das grotas, onde se localizam as pequenas propriedades, de até 100 ha, cuja área total continuou crescendo ao mesmo ritmo ou tiveram crescimentos maiores, em relação aos períodos anteriores. As empresas de plantio de eucalipto ocuparam, sobretudo, as chapadas, áreas altas e planas, que favoreceram a sua mecanização. Estas terras, em geral, não dispunham de documentação de propriedade e foram consideradas como terras devolutas, sendo assim, concedidas pelo Estado para exploração por mais de vinte anos pelas empresas que também adquiriram e grilaram outras áreas da região.

Mesmo que a introdução do eucalipto não tenha significado a expropriação dos camponeses de suas áreas tradicionais de cultivo, ela comprometeu algumas das suas estratégias de reprodução social, já que estes utilizavam em comum as terras das chapadas, para criação de gado na larga, para a retirada de lenha e outras formas de extrativismo, gerando, especialmente em Rio Pardo, conflitos possessórios, muitas vezes, marcados pela violência. A chegada dessa atividade também representou o assalariamento de milhares de camponeses, que ou se proletarizaram completamente ou passaram a dividir o tempo entre o trabalho naquelas empresas e as atividades na sua própria unidade de produção. A necessidade de renda monetária e a grande oferta de empregos no momento da implantação do reflorestamento, em que o plantio demanda mais mão de obra, incentivou o abandono da terra por muitos antigos agricultores e o seu deslocamento para as cidades e povoados da região, que experimentaram um processo rápido de crescimento. Nos anos de 1980, com o ritmo de crescimento menor das áreas de eucalipto, diminuiu a demanda por mão de obra para esse setor, ao mesmo tempo em que se agravavam as condições de exploração dos trabalhadores, marcada pelo desrespeito à legislação trabalhista, especialmente quando as empresas substituíam a contratação direta pela subcontratação, via empreiteiros. Essas condições impulsionaram a organização e a luta sindical dos assalariados daquelas em algumas cidades, inclusive com o surgimento das primeiras greves, no Sertão Mineiro.

No Cerrado, talvez mais do que em qualquer outra região, a modernização da agricultura foi um empreendimento cujos custos foram socializados e os lucros concentrados em poucas mãos. A "solta", um patrimônio de uso comum, pastagem natural do Cerrado, a exemplo de outros recursos tradicionalmente aí explorados, passaram a ser privatizados, limitando as possibilidades dos "pobres" em manterem ali qualquer atividade. Os impactos ambientais de centenas de milhares de hectares com a monocultura de eucalipto também resultaram em prejuízos para a fauna, flora, as nascentes, rios e o solo da região, com gigantesca perda da biodiversidade, contaminação e assoreamento. Hoje, com o fim dos contratos de arrendamento de muitas empresas, tem sido reivindicada, por vários movimentos, a possibilidade de um uso mais social dessas terras.

Há que se destacar, também, que a participação do Estado se deu às custas da elevação da dívida externa e da sua associação ao capital estrangeiro, mais especificamente ao japonês, naqueles programas de desenvolvimento do Cerrado, que foi objeto de muitas discussões principalmente, quando da implantação do PRODECER. San Martin e Pelegrini escreveram, em 1984, um longo trabalho sugestivamente intitulado *Projeto JICA: enclave japonês ocupa os intestinos do cerrado no Brasil Central.* É a invasão japonesa, uma reportagem que se constituía em uma espécie de alerta à ação do "imperialismo japonês" no Brasil. Salim, em texto menos panfletário, destacava, na mesma época, o "risco de tal programa vir a se constituir no epicentro de um processo que pode culminar com a desnacionalização da produção agrícola brasileira. Se tal risco não se situa ao nível da produção propriamente dita, encontra-se atrelado ao nível da gerência e do financiamento do Programa" (SALIM, 1986, p. 331). Shiki (1995) considera que o modelo de desenvolvimento do Cerrado favorece às grandes e médias unidades de produção e os interesses do *"agri-business"* e destaca ainda os problemas de se recorrer aos empréstimos que se transformam em dívida externa e interna, que deve ser paga com a exportação da produção agrícola, financiada por aqueles créditos. Ao final, como os preços das mercadorias não incluem os danos ambientais e sociais, estes acabam sendo distribuídos pela sociedade em geral.

Os subsídios, que tanto contribuíram para a implementação destes programas, e mesmo a disponibilidade de capital a ser obtido por intermédio do Estado, no mercado internacional, agora estão mais escassos. O modelo de desenvolvimento do Cerrado adotado conseguiu criar "algumas ilhas de prosperidade" (SALIM, 1986), mas boa parte da estratégia básica daqueles programas está hoje comprometida, pela falta de recursos que possam gerar novos programas. As áreas favorecidas por eles, em muitos casos, têm conseguido se manter como polo agrícola dinâmico: hoje o café do Cerrado é sinônimo de alta qualidade no mercado internacional e rende bons lucros aos produtores da região do Alto Paranaíba e Triângulo Mineiro, onde também se instalaram muitas agroindústrias no rastro de modernização da agricultura (WEBER, 1994). Os núcleos de colonização da CAMPO ainda tem acesso a recursos externos e ampliam suas áreas, bem como diversificam sua produção com a fruticultura irrigada, hoje, mais lucrativa que a produção de grãos (SANTOS, 1996). Essa, no entanto, vem se "renovando" por meio de soluções tecnológicas, como o plantio direto e o uso de transgênicos, que mudam sem alterar na substância o modelo de produção, podendo, mesmo, representar riscos ainda maiores para o meio ambiente e a sociedade.

Mudanças de baixo para cima: construindo a sociedade sustentável

Nos últimos quinze anos, em vários pontos da região do Cerrado, uma série de iniciativas vem se desenvolvendo no sentido de construir alternativas a esse modelo. Elas se configuram em pequenas experiências realizadas, isoladamente ou em conjunto, por comunidades rurais, indígenas, negras, ribeirinhas, assentamentos de Reforma Agrária, organizações não governamentais, universidades, órgãos públicos, empresas etc., que vêm se articulando em âmbito regional e nacional, buscando parceiros internacionais e obtendo sucesso na denúncia da rápida destruição desse bioma. Mais do que um alerta, elas têm se constituído numa busca de propostas sustentáveis de uso e manejo do Cerrado, por meio do emprego de plantas medicinais, da coleta de frutos nativos e sua industrialização, do desenvolvimento da apicultura, do manejo de espécies da fauna silvestre, da extração de flores, folhas, frutos secos, fibras e madeira para trabalhos artesanais, da realização de práticas em agroecologia e agrossilvicultura, do manejo de pastagens nativas e da promoção do ecoturismo. Além da crítica ao modelo de desenvolvimento recente do Cerrado, se unem, ainda que com tons diferentes, em torno da combinação entre preocupações ambientais, socioeconômicas e culturais, com vistas a articular a preservação do meio ambiente com seu uso sustentável e socialmente justo. Buscam resgatar e revalorizar o conhecimento popular em diálogo com a ciência, como forma de pensar e realizar pesquisas e experiências de acordo com aquelas preocupações. Possuem pequeno investimento financeiro, comparado com o grande resultado social e ambiental conseguido por projetos, em sua maioria, experimentais, que ainda lutam por conquistar, muitas vezes, um espaço no mercado. Caracterizam-se por trabalhar o desenvolvimento local e participativo, com vistas à construção de projetos democráticos fundados na vivência concreta dos envolvidos, em contraposição a modelos predefinidos e autoritários. São, em sua maioria, iniciativas não governamentais e associativas, que atuam na perspectiva de consolidação de uma sociedade civil plural articulada em diferentes redes, desde o nível local até internacional.

Os avanços dessas organizações populares e das suas articulações são inegáveis, porém os desafios a serem enfrentados por elas são ainda maiores: aquela região continua sendo identificada tanto por organismos internacionais, como pelos últimos governos brasileiros, como um celeiro não só do Brasil, mas da comunidade internacional. Algumas correções de rumo devem ser adotadas, particularmente no aspecto ambiental, mas a estratégia básica de desenvolvimento deverá se manter tendo em vista as justificativas do agronegócio em torno das necessidades de alimento para o novo milênio. No entanto, o imediatismo em que esse modelo de desenvolvimento se baseia, a sua insustentabilidade econômica, social e ambiental irá ainda ser objeto de muitos estudos, avaliações e debates no futuro, para que, muito mais do que pequenas correções de rumo, se possa discutir uma proposta mais democrática e viável da sociedade brasileira conviver com o Cerrado.

Referências

ÁLVARES DA SILVA, A. F. Programa de Crédito para a Região dos Cerrados. In: V Simpósio sobre o cerrado: uso e manejo. Brasília: Editerra, 1980.

BUSCHBACHER, R. (coord.). Expansão agrícola e perda da biodiversidade no Cerrado: origens históricas e o papel do comércio internacional. Brasília: WWF Brasil, 2000.

COIMBRA, R. O. de. Agricultura no Cerrado – Contribuição da Estação Experimental de Sete Lagoas – IAO, MG. Simpósio sobre o Cerrado. São Paulo: Ed. Edgard Blucher e Ed. da Universidade de São Paulo, 2000.

CUNHA, A. S.(coord.). Uma avaliação da sustentabilidade da agricultura nos cerrados. Brasília: IPEA, 1994.

DIAS, B. F. S. de. Conservação da natureza no Cerrado Brasileiro. PINTO, M. N. (org.). Cerrado: caracterização, ocupação perspectivas. Brasília: Ed. Universidade de Brasília, 1993.

ENGENHEIROS E ECONOMISTAS CONSULTORES. O Médio São Francisco – Relatório final do levantamento geo-econômico (1956-1957). São Paulo: Comissão do Vale do São Francisco, 1957.

ESTADO DE MINAS GERAES. Município de Uberabinha – História, Administração, Finanças, Economia. ESTADO DE MINAS GERAES, 1922.

FARNESI FILHO, P. A assistência técnica e extensão rural na Região dos Cerrados. V Simpósio sobre o cerrado: uso e manejo. Brasília: Editerra, 1980.

FAO. Brazil: Agricultural Development Strategies for the Cerrados. [s.l.]: [s.n.] julho/1992.

FERRI, M. G. Ecologia Geral. Belo Horizonte: Itatiaia, 1980.

FRANÇA, M. T. Modernização Agrícola e Reforma Agrária em Minas Gerais. Ensaios Econômicos. Belo Horizonte: CEDEPLAR, 4, 1987.

FREITAS, L. M. M. de et al. Agricultura no Cerrado. Simpósio sobre o Cerrado. São Paulo: Edgard Blucher; Edusp, 1971.

FUNDAÇÃO JOÃO PINHEIRO. Estudos para a redefinição do Programa de Desenvolvimento dos Cerrados – POLOCENTRO: sumário executivo. Belo Horizonte, 1985.

GRAZIANO DA SILVA, J.Progresso técnico e relações de trabalho na agricultura. São Paulo: Hucitec, 1981.

GRAZIANO DA SILVA, J. Tecnologia e campesinato o caso brasileiro. In: Revista de Economia Política. Brasiliense, v. 3, n. 4, out-dez/1983.

GUANZIROLI, C. E.; FIGUEIRA, C. S. Cerrados: uma contra – reforma agrária capitalista. Rio de Janeiro: IBASE, 1986.

GOODLAND, R. J.; FERRI, M. G. Ecologia do cerrado. Belo Horizonte: Ed, Itatiaia; São Paulo: Ed. da Universidade de São Paulo, 1979.

IANNI, O. Colonização e contra-reforma agrária na Amazônia. Petrópolis: Vozes, 1979.

IPEA. Aproveitamento Atual e Potencial dos Cerrados. Brasília: IPEA, 1973.

JICA/EMBRAPA . Relatório da avaliação conjunta nipo-brasileira sobre o projeto "suporte técnico-científico para desenvolvimento dos cerrados". Brasília: mimeo, 1991.

JICA – AGÊNCIA DE COOPERAÇÃO INTERNACIONAL DO JAPÃO. Assinatura do contrato de financiamento e contrato da terceira fase do Programa de Cooperação Brasil/ Japão para o Desenvolvimento do Cerrado – PRODECER III. Press release, jan/1994.

MACEDO, G. A. R. Dieta de novilho em pastagem nativa de cerrado. Belo Horizonte: EPAMIG, 1978.

MACEDO, J. N. Fazendas de Gado no Vale do São Francisco. Rio de Janeiro: Serviço de Informação Agrícola / Ministério da Agricultura, 1952.

MARINHO, P. Café do Cerrado quer conquistar o mundo. Agropecuário/Estado de Minas, 19/06/1996, p.4.

MELLO, A. O. de. As minas reveladas (Paracatu no tempo). Paracatu: Ed. da Prefeitura Municipal de Paracatu, 1994.

MENEZES, W. C. de; ARAUJO, W. A. de. Contribuição para o melhoramento dos solos ácidos e pobres da Estação Experimental de Sete Lagoas, para a cultura do algodoeiro. Reunião Brasileira do Cerrado. Recuperação do Cerrado. Rio de Janeiro: Serviço de Informação Agrícola, 1963.

MORAIS, M. Brasilândia: sua história e sua gente. Brasilândia de Minas: M. Morais, 1998.

NABUCO, M. R. (coord.). Uma avaliação do PRODECER II. Estudos de Política Agrícola. Belo Horizonte, 1993.

PAULA, H. de. Montes Claros: sua história, sua gente, seus costumes. Rio de Janeiro: [s/n.], 1957.

PÉRET, R. C. de. Meio ambiente, fome e miséria – um caso do Cerrado Mineiro. Subsídio. Brasília: INESC, 20 setembro 1994.

PIERSON, D. O homem no Vale do São Francisco. Rio de Janeiro: Ministério do Interior/ SUVALE, 1972.

REDE DE ONG'S DO CERRADO (1992). Tratado sobre Cerrados. Rio de Janeiro: mimeo.

RIBEIRO, I. O. Agricultura democracia e socialismo. Rio de Janeiro: Paz e Terra, 1988.

RIBEIRO, A. E. A modernização dos cerrados. Belo Horizonte: mimeo, 1985.

RIBEIRO, J. F.; WALTER, B. M. T. Fitofisionomias do bioma Cerrado. SANO, S.M.; ALMEIDA, S. P. (ed.) Cerrado: ambiente e flora. Planaltina: EMBRAPA-CPAC, 1998.

ROMANO, P. A. Organização da agricultura nos cerrados. In: I Simpósio sobre o Pontencial Agrícola dos Cerrados. Campinas: Fundação Cargill/ Empresa Goiana de Pesquisa Agropecuária, 1985.

SALIM, C. A. As políticas econômica e tecnológica para o desenvolvimento agrário das áreas de cerrados no Brasil: avaliação e perspectivas. In: Cadernos de Difusão de Tecnologia. Brasília, 3 (2), maio/ago 1986.

SANTOS, C. A. dos. Esboço histórico das reuniões sobre os Cerrados. Planaltina: EMBRAPA-CPAC, 1982.

SANTOS, M. Projeto Entre Ribeiros parte para a fruticultura. Agropecuário/Estado de Minas, 25/09/1996, p. 6-7.

SHIKI, S. Sustentabilidade do sistema agroalimentar nos cerrados: em busca de uma abordagem includente. Agricultura Sustentável Jaguariúna, SP: EMBRAPA/CNPMA – v.2, n.1, jan/jun 1995.

SILVEIRA, A. da. Memorias chorographicas. Belo Horizonte: Imprensa Oficial, v. 2. 1922.

UBATUBA, E. O sertão e a pecuária – papel economico do gado zebu. Belo Horizonte: Imprensa Oficial, 1916.

VALVERDE, O. Estudo de geografia agrária brasileira. Petrópolis: Vozes, 1985.

VELOSO, A. A. Chorographia Mineira – o Municipio de Montes Claros. Revista do Arquivo Público Mineiro: ano II, 1897.

VIANNA, U. de S. Montes Claros – Breves apontamentos historicos, geographicos e descriptivos. Belo Horizonte: [s.n.], 1916.

WARMING, E. e FERRI, M. G. Lagoa Santa e A vegetação de cerrados brasileiros. Belo Horizonte: Itatiaia; São Paulo: Ed. da Universidade de São Paulo, 1973.

WEBER, L. A. MADE in Cerrado. ISTOÉ. 17/08/1994, p. 78-80.

LUGAR-HÁBITAT E LUGAR-MERCADORIA:
TERRITORIALIDADES EM TENSÃO
NO DOMÍNIO DOS CERRADOS

....

Carlos Eduardo Mazzetto Silva

PARTE I – *O Domínio do Cerrado e sua ecologia*

Os cerrados brasileiros se constituem numa fisionomia de savana única no planeta. As savanas africanas e australianas são significativamente diversas em relação ao nosso Cerrado, que representa hoje 5% da biodiversidade planetária. O domínio do Cerrado se estende no Brasil por 192,8 milhões de hectares, abrangendo 13 estados da federação, o que corresponde a 22,65% do território brasileiro onde vivem mais de 22 milhões de pessoas (Quadro 1). Esse total corresponde ao chamado "Cerrado Contínuo" ou área core (central) do cerrado brasileiro. Como se pode observar no Quadro 2, há estados que têm a totalidade ou a maior parte de seu território dentro do Cerrado Contínuo, como Distrito Federal (100,0%), Goiás (96,6%), Tocantins (75,6%) e Mato Grosso do Sul (59,3%). Há estados em que o percentual pertencente à área do Cerrado Contínuo, mesmo não sendo esta majoritária, é bastante significativo, como Mato Grosso (48,3%), Minas Gerais (46,7%), Maranhão (42,1%), Piauí (38,6%), São Paulo (30,6%) e Bahia (21,4%). Finalmente, há estados com um pequeno percentual de seu território dentro do Cerrado Contínuo, como Rondônia (6,7%), Paraná (2,7%) e Pará (0,1%).

Por se constituir em um bioma de localização central, o domínio do cerrado brasileiro se caracteriza por ser uma grande região de contato com os outros biomas e seus domínios (Figura 1) – a Floresta Amazônica, a Mata Atlântica, a Caatinga, o Pantanal, as Matas de Cocais do Maranhão e do Piauí. Se considerarmos todas essas áreas de transição e ainda as ilhas de cerrado na Amazônia (AP, RR e PA), chegamos a um total de 315,0 milhões de hectares ou 37% da superfície de nosso país, onde vivem mais de 37 milhões de pessoas, de acordo com os dados do Censo Demográfico do IBGE de 1996[1].

---

[1] Esses dados foram organizados no LEMTO (Laboratório de Estudos de Movimentos Sociais e Territorialidades) do Departamento de Geografia da UFF, utilizando a malha municipal de 1996, já que outros municípios foram criados depois deste ano.

QUADRO 1
População da área de domínio do Cerrado Contínuo no Brasil, 1996

Estados	População total do cerrado	População urbana do cerrado	População rural do cerrado
Bahia	141.682	50.367	91.315
Distrito Federal	1.821.946	1.692.248	129.698
Goiás	4.388.809	3.765.836	622.973
Maranhão	984.805	513.068	471.736
Mato Grosso	1.638.620	1.334.006	304.613
Mato Grosso do Sul	1.236.006	1.072.476	163.530
Minas Gerais	5.531.652	4.642.139	889.514
Pará	3.609	1.884	1.725
Paraná	174.964	146.831	28.133
Piauí	414.982	211.552	203.429
São Paulo	5.042.005	4.589.621	452.384
Tocantins	532.979	340.701	192.278
Total Brasil	21.912.059	18.360.729	3.551.328
%	100,00	83,79	16,21

Fonte: LEMTO, a partir de: Ecossistemas Brasileiros, IBAMA, 2001 e IBGE, Censo Demográfico, 1996.

FIGURA 1
Domínio do Cerrado e suas áreas de transição

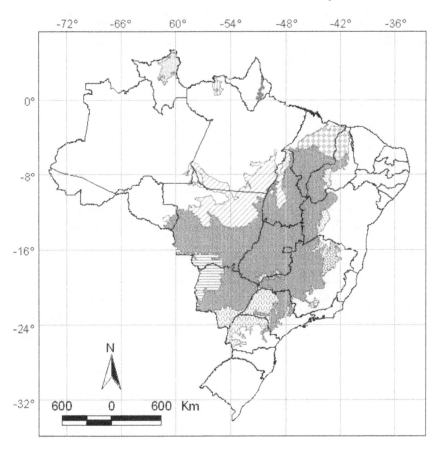

Domínio do Cerrado e Transições
Area Cerrado Pantanal
Cerrado Contínuo
Cerrados Amazônicos-AP
Cerrados Amazônicos-PA
Cerrados Amazônicos-RR
Transição Cerrado Amazônia
Transição Cerrado Caatinga
Transição Cerrado Mata Atlântica
Transição Mata Atlântica Cerrado
Zona dos Cocais

Elaboração: LEMTO (Laboratório de Estudos de Movimentos Sociais e Territorialidades), Departamento de Geografia da UFF (Universidade Federal Fluminense)
Fonte: ARRUDA, M. B. (2001): *Ecossistemas brasileiros*. Brasília: IBAMA. (adaptado pelo autor e Sandro Heleno Laje da Silva)

Quadro 2 - Percentuais de Cerrados e suas transições nos Estados brasileiros

Nome - Tipo de Cerrado	% de Cerrado	% de Cerrado Total
Amapá – Cerrados Amazônicos-AP	6,7	6,7
Amazonas – Transição Cerrado-Amazônia	0,4	0,4
Bahia – Cerrado Contínuo	21,4	
Bahia – Transição Cerrado-Caatinga	3,8	
Bahia – Transição Mata Atlântica-Cerrado	0,0	25,2
Distrito Federal – Cerrado Contínuo	100,0	100,0
Goiás – Cerrado Contínuo	96,6	
Goiás – Transição Cerrado-Mata Atlântica	3,5	100,0
Maranhão – Cerrado Contínuo	42,1	
Maranhão – Transição Cerrado-Amazônia	0,0	
Maranhão – Zona dos Cocais	32,2	74,3
Mato Grosso – Área Cerrado-Pantanal	5,9	81,9
Mato Grosso – Cerrado Contínuo	48,3	100,0
Mato Grosso – Transição Cerrado-Amazônia	27,7	60,2
Mato Grosso do Sul – Área Cerrado-Pantanal	26,0	14,1
Mato Grosso do Sul – Cerrado Contínuo	59,3	44,0
Mato Grosso do Sul – Transição Cerrado	14,8	64,3
Mata-Atlântica	46,7	8,3
Minas Gerais – Cerrado Contínuo	2,6	23,8
Minas Gerais – Transição Cerrado Caatinga	1,9	68,3
Minas Gerais – Transição Cerrado Mata Atlântica	8,9	97,3
Minas Gerais – Transição Mata Atlântica-Cerrado	0,1	
Pará – Cerrado Contínuo	1,2	
Pará – Cerrados Amazônicos-PA	12,8	
Pará – Transição Cerrado- Amazônia	2,7	
Paraná – Cerrado Contínuo	41,2	
Paraná – Transição Cerrado-Mata Atlântica	38,6	
Piauí – Cerrado Contínuo	6,7	
Piauí – Transição Cerrado-Caatinga	19,0	
Rondônia – Cerrado Contínuo	6,1	
Rondônia – Transição Cerrado-Amazônia	2,2	
Roraima – Cerrados Amazônicos-RR	23,8	
São Paulo – Cerrado Contínuo	30,6	
São Paulo – Transição Cerrado-Mata Atlântica	37,7	
Tocantins – Cerrado Contínuo	75,6	
Tocantins – Transição Cerrado-Amazônia	21,7	

Fonte: LEMTO, a partir de: Ecossistemas Brasileiros, IBAMA, 2001 e IBGE, Censo Demográfico, 1996.

O Quadro 1 revela ainda que a população da área do Cerrado Contínuo está localizada nas sedes municipais (83,79%), ao contrário do que acontecia em 1960, ano da inauguração de Brasília, quando dos 11 milhões de habitantes da região, aproximadamente 7 milhões viviam nas áreas rurais (63,6% do total), de acordo com Brito (1980, p. 275). Houve então, nesse período, uma forte migração das áreas rurais para as sedes municipais (critério usado pelo IBGE para definir urbanização).

A grande biodiversidade presente no domínio dos Cerrados se reflete nas diferentes fisionomias/ecossistemas que aí se abrigam. Na descrição de Dias,

> A região dos cerrados constitui-se num grande mosaico de paisagens naturais dominado por diferentes fisionomias de savanas estacionais sobre solos profundos e bem drenados das chapadas (os Cerrados), ocupando mais de 2/3 das terras, que são recortadas por estreitos corredores de florestas mesofíticas perenifólias ao longo dos rios (as matas de galeria) ladeados por savanas hiperestacionais de encosta (os campos úmidos) ou substituídos por brejos permanentes (as veredas). Esse padrão é interrompido por encraves de outras tipologias vegetais: savanas estacionais de altitude (os campos rupestres), savanas estacionais em solos rasos (os campos litólicos), florestas xeromórficas semidecíduas (os cerradões), florestas mesofíticas dos afloramentos calcários (as matas secas), florestas mesofíticas de planalto (as matas de interflúvio), savanas hiperestacionais aluviais com murunduns (os pantanais), florestas baixas xeromórficas decíduas em solos arenosos (os carrascos), além dos ambientes diferenciados associados às cavernas, lajedos, cachoeiras e lagoas. (Dias, 1996, p. 17)

Esses diferentes formações/ecossistemas estão organizados a partir das grandes unidades de paisagem presentes na área do Cerrado Contínuo, conforme o Quadro 3.

QUADRO 3

Distribuição espacial primitiva dos diferentes tipos de ecossistemas da região dos Cerrados

Tipo de ecossistema		Área estimada 1000 ha	%
Ecossistemas de serra	**Campo rupestre**	5.100	2,5
	Cerrados (estrito senso)	108.000	53,0
	Campos de cerrado	23.600	11,6
	Cerradões	16.900	8,3
	Matas de interflúvio	10.200	5,0
Ecossistemas de chapada	Campo litólico	5.100	2,5
Ecossistemas de transição chapa	Campo úmido/pantanal	11.200	5,5
Ecossistemas de planície alagada	Matas de galeria	10.200	5,0
Ecossistemas de encosta e fundo de vale	Vereda e brejo	5.100	2,5
Outros	Carrascos	8.200	4,0
Total		203.600	100,0

A partir de: DIAS, 1996.

Pela sua extensão territorial (25% do país), pela sua posição central (que propicia compartilhar espécies com quatro outras regiões), pela sua diversidade de tipologias vegetais (que abrigam cerca de 11 biotas distintas), e por conter trechos importantes das três maiores bacias hidrográficas brasileiras e sul-americanas, a região do cerrado potencialmente abriga aproximadamente um terço da biota brasileira, ou seja, cerca de 5% da fauna mundial. (DIAS, 1996, p. 20)

Nota-se, a partir do Quadro 3, que os ecossistemas de chapada representam 80,4% da área do Cerrado Contínuo. Esse dado é extremamente relevante, pois as chapadas são áreas de recarga hídrica do bioma e, como veremos adiante, é nessa unidade da paisagem que se dá a disputa entre o agronegócio e o agroextrativismo camponês pelo modelo de ocupação, produção e desenvolvimento no âmbito do domínio do Cerrado. A localização central do domínio do Cerrado e as características dessas extensas chapadas planas, de solos profundos, geologicamente antigos e permeáveis fazem dessa região a verdadeira caixa d'água do território brasileiro, fato ilustrado e comprovado pela Figura 2, que mostra como a região central do domínio do Cerrado capta e distribui as águas que vão alimentar toda a bacia do São Francisco e do Araguaia/Tocantins, toda a parte alta da bacia do Paraná, e partes importantes das bacias Atlântico Norte-Nordeste, Atlântico Leste (Pardo e Jequitinhonha) e Amazonas (parte dos afluentes da margem direita).

FIGURA 2
Área central do Cerrado e grandes bacias hidrográficas brasileiras

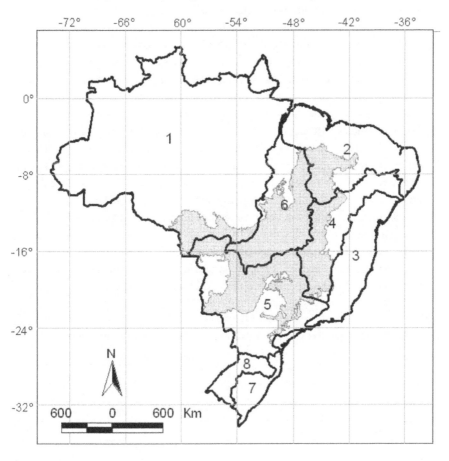

☐ Bacias Hidrográficas
▨ Cerrado Contínuo

1 - Bacia do Rio Amazonas
2 - Bacia do Atlântico - Trecho N/NE
3 - Bacia do Atlântico - Trecho Leste
4 - Bacia do Rio São Francisco
5 - Bacia do Rio Paraná
6 - Bacia do Rio Tocantins
7 - Bacia do Atlântico - Trecho SE
8 - Bacia do Rio Uruguai

Elaboração: LEMTO (Laboratório de Estudos de Movimentos Sociais e Territorialidades), Departamento de Geografia da UFF (Universidade Federal Fluminense), adaptado pelo autor e Sandro Heleno Laje da Silva.

A função de caixa d'água do Cerrado, exercida primordialmente pelas suas chapadas, é reforçada pela própria fisiologia e ecologia da vegetação do Cerrado, que se manifesta nas seguintes características:

Baixa produção de biomassa que condiciona baixo consumo de água. Enquanto a Floresta Amazônica produz até 500 toneladas de biomassa por hectare, o Cerrado produz entre 10 e 40 toneladas. Como 2/3 da biomassa são constituídos de água, conclui-se que a vegetação do Cerrado retém menos água na sua biomassa do que as formações florestais. A monocultura do eucalipto em áreas de cerrado, por exemplo, produz mais de 300 toneladas de biomassa por hectare, retendo muito mais água na sua estrutura.

As características fisionômicas de possuir casca grossa e folhas coriáceas fazem com que a vegetação do Cerrado transpire pouco, transpiração essa que ainda é mais restrita na época da seca: o Cerrado transpira 2,6 mm nas águas e 1,5 mm na seca. A monocultura da soja transpira 8,4 mm e a do eucalipto 6,0 mm/dia, como mostra o Quadro 4. Naturalmente, a substituição do Cerrado por essas monoculturas altera o ciclo hidrológico local, afetando a recarga hídrica que abastece o lençol freático e, por consequência, as nascentes e cursos d'água do bioma.

A capacidade de reserva hídrica e de nutrientes do sistema radicular da vegetação do Cerrado é muito superior a das formações florestais.

QUADRO 4

Taxas de transpiração para diferentes tipos de cobertura vegetal

Cobertura vegetal	Taxa de transpiração (mm/dia)
Cerrado (chuva)	2,6
Cerrado (seca)	1,5
Arroz	4,3
Girassol	5,6
Milho	2,8
Soja	8,4
Trigo	4,4
Campo	2,6
Pinus elliotis	4,7
Eucalipto	6,0

Fonte: MIRANDA e MIRANDA, 1996.

Tanto a biodiversidade quanto a função hidrológica das chapadas vêm sendo ameaçadas cada vez mais intensamente por um modelo de ocupação moderno, predatório e excludente, ancorado em enormes monoculturas, produtoras de commodities, num processo progressivo de apropriação transnacional do território, característico dos tempos de globalização econômica, que Milton Santos chamou, muito apropriadamente, de globalitarismo – os cerrados são hoje, o exemplo mais vivo desse fenômeno no Brasil (SANTOS, 2003; CARVALHO *et al.*, 2000). Esse processo anda junto com uma expropriação camponesa sem precedentes, gerando, aliado à erosão genética oriunda da perda de biodiversidade, uma erosão cultural, de modos de vida e de apropriação da natureza, que poderiam e podem ser a base para a construção de modelos sustentáveis de ocupação, produção e geração de riquezas na região de domínio do Cerrado, nos quais a sociobiodiversidade seria o principal trunfo e valor.

Parte II – Os povos do Cerrado

AS OCUPAÇÕES PRÉ-MODERNAS DOS CERRADOS E SEUS SABERES

Estudos arqueológicos registram a mais antiga ocupação no cerrado há cerca de 11.000 anos, ligada ao que esses estudiosos chamam de tradição Itaparica (BARBOSA; NASCIMENTO, 1993) – povos caçadores e coletores que se aproveitavam da diversidade de ecossistemas e espécies úteis que o cerrado oferecia. A tradição Itaparica teve seu clímax ao redor de 10.000 A.P. e parece ter terminado bruscamente a partir de 8.500 A. P. "quando se iniciou uma nova tendência para a especialização à caça de animais de pequeno porte e à coleta de moluscos" (BARBOSA; NASCIMENTO, 1993, p. 168). Esta tradição, juntamente com outras duas (Una e Aratu/Sapucaí), está associada aos grupos indígenas do grupo linguístico Macro-Gê, herdeiros de uma longa tradição de povos primitivos habitantes dos Cerrados (RIBEIRO, 1997a). Segundo ainda Ribeiro, os principais povos indígenas que habitaram os Cerrados mineiros se distribuem em três famílias deste tronco linguístico: Bororo, Cariri e Jê (línguas Akuen e Kayapó).

A riqueza do conhecimento desses povos no manejo dos ecossistemas é exemplarmente ilustrada pela pesquisa realizada por Darrel Posey e Anthony Anderson (1987) com os Kayapó no sul do Pará – região de transição entre os Cerrados e a Floresta Amazônica. Esses pesquisadores registraram, na aldeia de Gorotire, roças com alto nível de agrobiodiversidade – média de 58 espécies de plantas por roça. Identificaram, por exemplo, 17 variedades de mandioca e 33 de batata-doce, inhame e taioba, que se distribuíam no espaço, de acordo com pequenas variações microclimáticas. Observaram que o modo como os índios alteram a estrutura das roças ao longo do tempo parece seguir um modelo que se baseia na própria sucessão natural dos tipos de vegetação: das espécies de baixo porte e vida curta até as espécies florestais de grande porte (hoje esse método é chamado de agroflorestação). Eles distinguem e nomeiam os tipos diferentes de cerrados: desde os campos limpos (kapôt kein) até os cerradões (kapôt kumernx). Nos campos de cerrado próximos à aldeia Gorotire aparecem "ilhas" (apêtê) de vegetação lenhosa (nos cerrados, em geral a vegetação lenhosa aparece dispersa). Os pesquisadores registraram e inventariaram 120 espécies em um desses campos de cerrado "adensados", sendo 90 delas plantadas. Os usos eram diversos como medicinal, atrativo para caça, alimento, lenha, adubo, sombra etc. Os pesquisadores procuraram demonstrar que, ao contrário do que os cientistas vinham afirmando até então, o fogo não era a única forma de manejo praticada em áreas de cerrado por grupos indígenas. Os Kayapó têm papel ativo na formação de ilhas de vegetação no cerrado, formação essa que engloba vários processos e etapas: preparação de pilhas de adubo composto com material vegetal, maceração do material após seu apodrecimento, escolha de local com alguma depressão para colocar o adubo (às vezes misturado com pedaços de ninho de formiga – mrum kudjá – para que não haja ataque de cupins aos plantios), plantio das primeiras espécies na estação seca (junho a novembro). Os Kayapó reconhecem vários tipos de apêtê conforme o tamanho, a configuração e a composição que apresentam. Reconhecem ainda várias zonas ecológicas nos apêtê maiores, relacionadas com a maior ou menor incidência da luz solar. A pesquisa detectou ainda a forma de uso do fogo nos campos cerrados que apresenta uma série de sutilezas relacionadas à observação, por exemplo, da época em que os botões florais dos pequizeiros já estão desenvolvidos e à proteção dos apêtê com aceiros. Ela revelou ainda que os Kaiapó têm profunda influência sobre a estrutura e a composição dos cerrados que cercam a aldeia de Gorotire. Os autores afirmam ainda:

> Há indícios de antigas aldeias Kayapó espalhadas por toda imensa área entre os rios Araguaia e Tapajós, e é provável que outros povos – como os Xavante, Canela, Gavião, Xifrin e Apinajé – tenham praticado formas semelhantes de manejo em áreas de cerrado, aumentando assim a influência indígena nesse ambiente... Tal constatação nos leva a uma conclusão: muitos dos ecossistemas tropicais até agora considerados "naturais" podem ter sido, de fato, profundamente moldados por populações indígenas. (ANDERSON; POSEY, 1987, p. 50)

Os Khraô, outro povo do tronco Macro-Gê, têm tido seu conhecimento tradicional sobre o cerrado pesquisado. Este povo vive hoje numa reserva de 350.000 ha no estado de Tocantins. Levantamento recente, realizado por um grupo de pesquisadores da UNIFESP (Universidade Federal de São Paulo), identificou 138 plantas medicinais utilizadas pelos Khraô. De acordo com matéria publicada na *Folha de São Paulo* em 13/08/02, o estudo, iniciado em 1999, estava sendo considerado modelo por contemplar o pagamento de *royalties* ao povo indígena. Entretanto, ele foi paralisado em 2001, pela dificuldade de definir quem poderia atuar como representante legal dos índios e pela existência de um conflito legal entre o funcionário da FUNAI e a equipe de pesquisadores. O episódio demonstra o potencial de conflito que permeia hoje a questão da biodiversidade, propulsora de um confronto entre o conhecimento tradicional e os chamados direitos de propriedade intelectual.

CAMPONESES: OS HERDEIROS DOS SABERES

O conhecimento dos povos indígenas do tronco Macro-Gê se transmitiu, em grande parte, para a "sociedade sertaneja" que se alojou nos cerrados. Ribeiro

(1997b) realizou uma pesquisa sobre o relato dos viajantes pelo sertão mineiro[2] na primeira metade do século XIX e afirma, ao final de seu texto:

> Esses estudos arqueológicos apontam, assim, para uma linha de transmissão de traços culturais entre antigas populações do Cerrado e os povos indígenas ali encontrados pelos portugueses, principalmente no que se refere ao uso dos recursos naturais daquele bioma. Nesse processo, não só se adaptaram àquele meio ambiente, como também aturam sobre ele, transformando-o através de diversas técnicas de manejo. Conforme procurei ressaltar, parte desse patrimônio cultural foi incorporado pelos sertanejos, sucessores daqueles povos indígenas na área do Cerrado. (RIBEIRO, 1997b)

Esse patrimônio cultural sertanejo, apontado por Ribeiro, foi absorvido, de uma forma ou de outra, pelos atores dos dois principais modelos de ocupação do sertão: o latifúndio do gado e as comunidades camponesas. Estas últimas, em função da necessidade e de uma relação menos mercantil com os cerrados (sistemas baseados na subsistência), conseguiram manter e talvez ampliar o conhecimento indígena de uso de plantas e animais do Cerrado, conservando e, ao mesmo tempo, recriando as práticas extrativistas oriundas dos povos indígenas. Diversos modos de apropriação camponesa da natureza foram sendo criados e recriados ao longo dos séculos, forjando identidades camponesas também diferenciadas no âmbito do Cerrado, como geraizeiros (Norte de Minas), geraizenses (Gerais de Balsas/ MA), retireiros (áreas alagadas do Araguaia/MT), barranqueiros e vazanteiros da beira e das ilhas do São Francisco (MG), quebradeiras de coco (Zona dos Cocais/ MA, PI e TO), pantaneiros (MT e MS), camponeses dos vãos (sul do MA) e outras denominações mais gerais apontadas por Arruda e Diegues (2001), como varjeiros e ribeirinhos (ao longo dos rios São Francisco, Grande e Paraná), caipiras (Triângulo Mineiro e São Paulo) e sertanejos (Norte de Minas, Bahia, Maranhão e Piauí).

Essas populações desenvolveram, ao longo dos séculos e décadas, modos de vida acoplados aos ecossistemas, baseados na sua produção biológica primária (extrativismo, caça, pesca) e em estratégias agropecuárias, que otimizavam as potencialidades do ambiente de transformar energia solar em alimentos, carnes e fibras, utilizando, de forma heterogênea e diversificada (TOLEDO, 1996), as diferentes unidades da paisagem do Cerrado: agricultura de encosta e fundo de vale, solta de gado na chapada. Nas áreas alagadas, como a planície do Rio Araguaia, se desenvolveu um sistema que articula caça, extrativismo e manejo do gado que, como no Pantanal, se reveza entre as áreas baixa (planície alagada) e alta (chapadas intermediárias), aproveitando o movimento das águas que fertilizam a planície e esverdecem o capim, para ser pastejado na estação seca, quando se mantém verde,

---

[2] O sertão, marcante na obra de Guimarães Rosa, não tem uma definição precisa, estando relacionado à noção de "interior", "desconhecido", "pouco habitado", "locais distantes". O sertão mineiro inclui, predominantemente, áreas de cerrado mas também porções de caatinga e as transições entre um e outro presentes na região norte de Minas (RIBEIRO, 1997b).

ao contrário do capim da chapada – um fluxo produtivo e de sustentação econômica que se ancora no próprio fluxo temporal-espacial-ecológico da natureza.

Como bem ressalta Escobar (2000), no chamado Terceiro Mundo, em especial no seu espaço rural, o povo segue construindo e readaptando seus modelos locais, que carregam conhecimentos e visões de mundo diferenciados da ideologia desenvolvimentista modernizante, mesmo que dialogando com ela e a assimilando de forma fragmentada, seletiva e às vezes imposta. Numa passagem de seu texto, Escobar afirma que

> antropólogos, geógrafos e ecologistas políticos vem demonstrando com crescente eloquência que muitas comunidades rurais do Terceiro Mundo constroem a natureza de formas impressionantemente diferentes das formas modernas dominantes: eles designam, e, portanto, utilizam os ambientes naturais de maneiras muito particulares. Estudos etnográficos dos cenários do Terceiro Mundo descobrem uma quantidade de práticas – significativamente diferentes – de pensar, relacionar-se, construir e experimentar o biológico e o natural. (ESCOBAR, 2000, p. 118)

Esses modelos e visões de mundo se colocam muitas vezes como instrumentos de resistência ante a introdução das práticas capitalistas. Neste contexto, os camponeses são taxados de atrasados, resistentes a inovações, apegados a tradições irracionais, sem espírito empresarial, incapazes de assimilar as soluções modernas redentoras. Autossuficiência, autonomia, valor de uso, pequena escala, pouca disponibilidade de capital, redução de risco, conhecimento integrado/não fragmentado, trabalho e gestão familiar e potencialização dos recursos internos/locais são características, valores e estratégias camponesas (TOLEDO, 1996), desconectados, em geral, da lógica moderna capitalista e construídos em processos históricos, às vezes bastante longos, fruto da coevolução do sistema social com o sistema natural (NOORGARD; SIKOR, 2002). Esse processo foi e é responsável pela sobrevivência física e cultural de inúmeras comunidades rurais e indígenas do chamado Terceiro Mundo, não totalmente subordinadas ao etnocentrismo euro-americano. São outros sistemas cognitivos, outras matrizes de racionalidade (GONÇALVES, 2001), outros gêneros de vida. Carregam, na maior parte das vezes, pela sua característica de longo processo de convivência/aprendizado/adaptação com a natureza e pela sua lógica não estritamente mercantil, modos de vida e produção testados pelo tempo, não só compatíveis como demonstrativos do conceito de sustentabilidade. Seu inimigo, entretanto, é o processo expropriador e homogeneizante do modelo monocultor-exportador de expansão da fronteira agrícola que vai desterritorializando as populações e liquidando com o Cerrado-hábitat (agri-cultura) para a afirmação do Cerrado-mercadoria (agro-negócio). O Cerrado-habitat é a casa, o lugar de viver, de habitar, de criar hábitos. Carrega o sentido de espaço vivido, prenhe das significações materiais e simbólicas que conformam essas territorialidades camponesas. O agronegócio transforma o lugar em não lugar, paisagens heterogêneas e específicas em paisagens homogêneas e industriais. O espaço vivido se torna espaço de exploração, suporte físico da produção de mercadorias que alimenta o circuito da economia global. O que rege o lugar não é mais a identidade local, forjada na convivência com os ecossistemas e sim o mercado agroalimentar global e as corporações transnacionais que comandam hoje essas cadeias produtivas.

Não foram "lugares vazios" que cederam espaço para as monoculturas. Comunidades indígenas e camponesas (negras e mestiças) habitavam e habitam vários lugares deste vasto espaço, como mostram as Figuras 3 e 4. A partir delas, podemos perceber que existem mais de 50 territórios indígenas e mais de 100 comunidades remanescentes de quilombos na área de domínio do Cerrado e suas transições. Além disso, ao contrário do que poderia transparecer, a agricultura familiar tem presença significativa nos estados que têm o maior percentual de seu território na região do Cerrado, como atesta o Quadro 4, com a exceção óbvia do Distrito Federal. Note-se que o percentual de área que a agricultura familiar ocupa é bem menor do que o percentual de estabelecimentos que representa, fato explicado pelo quadro de concentração fundiária em favor da agricultura patronal. Este fato justifica os percentuais, muitas vezes modestos, de participação da agricultura familiar no valor bruto da produção. Mesmo assim, a agricultura familiar tem uma importância inegável e crucial no tocante ao percentual do pessoal ocupado em atividades agropecuárias da região do Cerrado.

FIGURA 3
Territórios Indígenas no domínio do Cerrado e suas transições

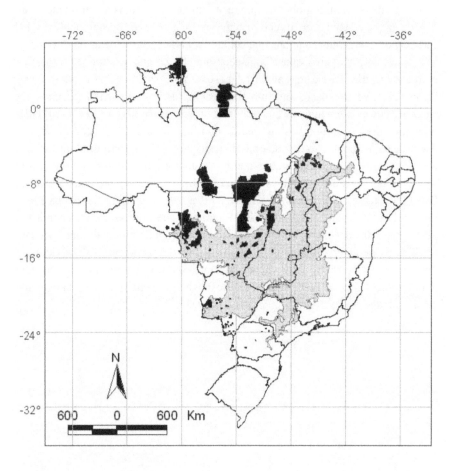

Elaboração: LEMTO (Laboratório de Estudos de Movimentos Sociais e Territorialidades), Departamento de Geografia da UFF (Universidade Federal Fluminense), adaptado pelo autor e Sandro Heleno Laje da Silva

FIGURA 4
Áreas de remanescentes de quilombos no domínio do Cerrado e suas transições

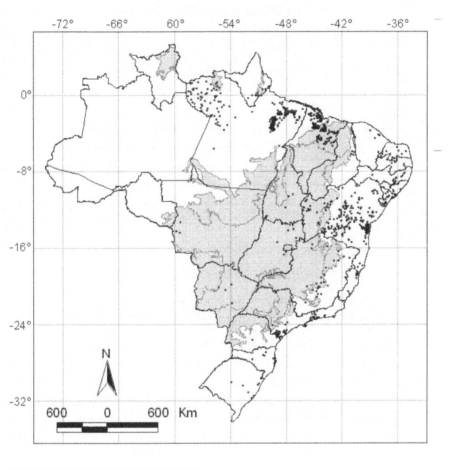

Domínio do Cerrado e Transições
● Comunidade Remanescente de Quilombo (por Município)

Elaboração: LEMTO (Laboratório de Estudos de Movimentos Sociais e Territorialidades), Departamento de Geografia da UFF (Universidade Federal Fluminense), a partir de estudo do professor Rafael Sanzio dos Anjos, adaptado pelo autor e Sandro Heleno Laje da Silva.

Quadro 4
Peso da agricultura familiar nos principais
estados do domínio do Cerrado – 1996

Estado	% dos estabelecimentos	% área dos estabelecimentos	% valor bruto da produção	% pessoal ocupado
Goiás	71,2	25,2	22,5	59,6
Tocantins	76,9	31,8	30,5	70,4
Mato Grosso	69,9	9,4	13,6	64,7
M. Grosso do Sul	54,2	6,7	12,0	40,7
Minas Gerais	77,3	30,2	27,3	64,7
DF	25,8	8,0	6,3	18,4
Maranhão	80,0	43,2	58,2	78,1
Piauí	91,7	47,5	61,3	90,5
Bahia	89,1	37,9	39,8	84,8

Fonte: FAO/INCRA, a partir de dados do Censo Agropecuário IBGE 1995/96

PARTE III – *O Cerrado-mercadoria:*
a lógica da expansão espacial do agronegócio global

A partir da inauguração de Brasília, a região de domínio do Cerrado começou a ser mais intensamente ocupada, mas já viviam nela, como já ressaltado anteriormente, cerca de 11 milhões de pessoas em 1960, sendo 7 milhões habitantes das zonas rurais. Até esse ano, os cerrados não tinham sofrido fortes agressões – sua biodiversidade estava conservada e seu papel de caixa d'água das grandes bacias hidrográficas brasileiras também. A lógica tradicional de ocupação dos cerrados baseada na criação de gado, extrativismo, caça, pesca e agricultura de subsistência não fez romper os processos ecológicos que mantinham o funcionamento dos mais de 10 diferentes ecossistemas que se abrigam dentro do domínio do Cerrado.

O processo de ampliação dessa fronteira sobre os Cerrados teve como desculpa a proteção da Amazônia. Esse pensamento é ilustrado por depoimentos de cientistas, políticos, empresários e administradores, a começar, contraditoriamente, pelo mais renomado estudioso da ecologia dos Cerrados, Mário Guimarães Ferri:

> ... os ecossistemas do Cerrado são, sem dúvida, menos frágeis que os da Amazônia. Melhor, pois, começar a exploração agropecuária no Cerrado. Enquanto isso, podem-se desenvolver pesquisas que nos ensinem como utilizar de modo racional a Amazônia, sem que ela venha a sofrer os mesmos riscos de hoje. Assim, poderemos usufruir de suas riquezas e ao mesmo tempo preservar, para as gerações futuras, esse inestimável patrimônio que nos legou a Natureza. (FERRI, 1979, p. 55)

Ribeiro registra a mesma lógica na fala de Paulo Afonso Romano, presidente da CAMPO, em 1985 – empresa binacional (Brasil-Japão) responsável, na época, pela coordenação de um dos programas de desenvolvimento do Cerrado:

> Prossegue a ocupação da Região Amazônica, porém em solos selecionados, pois ainda persistem condições precárias de infraestrutura, riscos ecológicos e escasso conhecimento científico e tecnológico para ampla utilização dos recursos amazônicos. O bom senso de atrair maior atenção para os cerrados, enquanto se amadurece a solução amazônica, deve ser considerado como uma histórica correção de rumos na busca de novas regiões agrícolas (ROMANO, 1985, citado por RIBEIRO, 1997a, p. 4).

Entre 1972 e 1994, o Estado brasileiro, em parceria com agências internacionais, investiu U$ 1,7 bilhão em projetos de desenvolvimento no Cerrado que atingiram os estados de Minas Gerais, Mato Grosso, Mato Grosso do Sul, Goiás, Bahia, Tocantins e Maranhão e abrangeram cerca de 3,5 milhões de hectares de monoculturas, grande parte implementada por agricultores oriundos da região sul do Brasil (RIBEIRO, 1997b).

Entretanto, no período mais recente, essa expansão se dá a partir da nova dinâmica do *agri-business* global, capitaneado pelas corporações agroindustriais, atuando em rede (FRANCO DA SILVA, 2002). Essas redes são redes de poder que integram o domínio de diversos setores que se articulam para o funcionamento do agronegócio transnacional: financiamento, fornecimento de máquinas e insumos, energia, comunicações, pesquisa, produção, beneficiamento, circulação/transporte, distribuição/exportação. A unidade de produção agrícola é, portanto, apenas um pequeno detalhe de uma engrenagem gigantesca controlada de fora por empresas do porte de uma Cargill, de uma Bunge, de uma Multigrain, com participação de algumas empresas nacionais como Sadia, Ceval e o Grupo Maggi. Este último tem à frente o atual Governador de Mato Grosso, Sr. Blairo Maggi, o maior sojeiro do mundo, com mais de 130.000 hectares de soja, além do cultivo de milho e algodão. O Grupo Maggi, além de deter grandes áreas de produção, atua hoje na indústria de processamento, na infraestrutura de armazenamento, na comercialização interna e externa, na abertura de estradas. Este grupo detém hoje a concessão monopólica do governo federal para o transporte de carga através da hidrovia do Rio Madeira, uma das vias de escoamento da produção de grãos para o Atlântico.

Ao contrário da modernidade com que o agronegócio se anuncia, as condições reais dessa expansão demonstram sua face perversa e arcaica. O Mato Grosso foi o estado recordista de desmatamento em 2003, apresentou maior índice de conflitividade e de envolvimento de pessoas em conflitos agrários no mesmo ano, de acordo com estudo recente publicado pela Comissão Pastoral da Terra (CPT, 2004), e aparece como o estado de maior presença de trabalho escravo detectado, de acordo com a segunda lista divulgada pelo Ministério do Trabalho e publicada pelo jornal *O Globo* em 26 de julho de 2004 (17 fazendas, envolvendo 1.100 trabalhadores rurais).

Aliás, entre as regiões brasileiras, é a região Centro-Oeste que aparece também na frente nos indicadores de conflitos no campo, seguida pela região Norte, sendo que, nesta, o estado que mais se destaca é o de Tocantins, que se encontra praticamente inteiro no domínio do Cerrado.

Essa nova dinâmica, junto com a conjuntura externa favorável para a exportação da soja e o apoio do Governo Lula, que prioriza a produção de exportação para gerar *superávit* na balança comercial, vem fazendo explodir a fronteira do agronegócio em regiões como oeste da Bahia, sul do Maranhão e Piauí e diversas regiões de Tocantins, últimas áreas com percentuais significativos de remanescentes contínuos de vegetação de cerrado.

Dessa forma, a região de domínio do Cerrado é hoje o principal suporte da produção comercial de soja, como atesta o Quadro 5. Hoje, o Cerrado produz 58% da soja brasileira em cerca de 10 milhões de hectares, o que corresponde a aproximadamente 5% da área do Cerrado Contínuo. Suas áreas de expansão, no período 1992-2002, estão representadas na Figura 5, podendo-se destacar, dentro do domínio do Cerrado, as seguintes regiões:

- área do oeste da Bahia e sudeste de Tocantins;
- área que engloba o sul do Piauí, sul Maranhão e nordeste do Tocantins;
- centro e sudeste do Mato Grosso;
- sul e nordeste do Mato Grosso do Sul;
- Triângulo Mineiro e noroeste de Minas;
- toda a parte sul e leste de Goiás.

FIGURA 5
Áreas de avanço da cultura da soja no até 1992 e entre 1992 e 2002
(Brasil e domínio do Cerrado e suas transições)

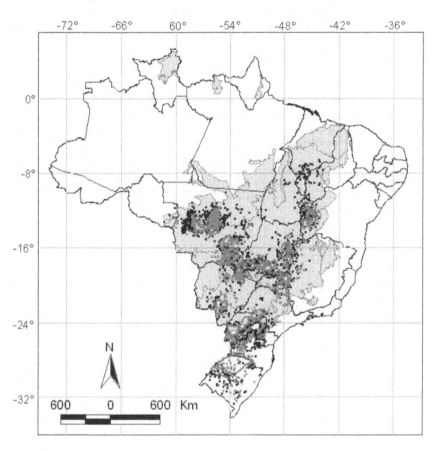

Elaboração: LEMTO (Laboratório de Estudos de Movimentos Sociais e Territorialidades) do Departamento de Geografia da UFF (Universidade Federal Fluminense), a partir de dados do IBGE (produção Agrícola Municipal, adaptado pelo autor e pelo geógrafo Sandro Heleno Laje da Silva.

Além dessas áreas de produção de grãos, o Cerrado também é o principal suporte das áreas de pastagens do Brasil (40% do rebanho bovino) e das monoculturas de eucalipto, estas últimas muito concentradas nas chapadas das regiões Norte de Minas e alto-médio Jequitinhonha (MG) mas também se expandindo para o sul do Maranhão e Piauí, onde vai se instalando novo polo siderúrgico, que ajuda a transformar o Cerrado em carvão.

QUADRO 5

Contribuição crescente dos Cerrados à produção de soja no Brasil, de 1970 a 2003

Anos	Produção (1.000 t)		Participação dos cerrados	Rendimento (Kg/ha)	
	Brasil	Cerrados		Brasil	Cerrados
1970	1.509	20	1,4	1.144	1.350
1975	9.893	434	4,4	1.699	1.330
1980	15.156	2.200	14,5	1.727	1.700
1985	18.278	6.630	36,3	1.800	1.950
1990	19.850	6.677	35,2	1.731	1.540
1995	25.934	12.586	48,5	2.221	2.180
2000	31.644	15.670	49,5	2.374	2.582
2003	49.647	28.866	58,1	2.765	2.945

Fonte: Tese de mestrado de Ulrike Bickel[3], a partir de dados da EMBRAPA Cerrados 2003, IBGE e da CONAB.

Toda essa expansão das monoculturas não se dá sem conflito nem tensões, como vimos acima. Há um claro confronto entre as territorialidades locais-tradicionais e a territorialidade exógena, moderna e mercantil que chega e desestabiliza os sistemas tradicionais de vida e produção do povo do Cerrado. Há polos de maior e menor resistência ou de resistências mais ou menos visíveis e um embate entre modelos diferenciados de ocupação, produção e desenvolvimento para a região do Cerrado. Veremos alguns casos mais à frente.

PARTE IV – *Tensões territoriais: a disputa pelo futuro do Cerrado*

As tensões entre territorialidades no âmbito do domínio do Cerrado revelam algumas incompatibilidades:

---

[3] Expansão da Soja, conflitos socioecológicos e segurança alimentar, Universidade de Bonn/Alemanha, 31/01/2004, p. 169.

- entre as racionalidades indígenas e camponesas e a racionalidade do agronegócio moderno;
- entre esta última e a perspectiva de sustentabilidade baseada numa racionalidade ambiental, como propôs Enrique Leff no seu Saber Ambiental (1998);
- entre modos de vida enraizados nos lugares e modos de produção nos quais o território é apenas suporte físico de atividades mercantis, ditadas pela dinâmica da globalização econômica.

Essas tensões atravessam os lugares dessa grande região brasileira.

- No **Sul do Maranhão**, a expansão do monocultivo da soja vem do início da década de 1990, quando da implantação do PRODECER III na região do Gerais[4] de Balsas. A monocultura tomou as chapadas mais altas (já são mais de 300.000 hectares de soja na região), que são como mesas (*"inselbergs"* na linguagem geomorfológica) separadas por altos barrancos do resto da paisagem, composta por chapadas intermediárias, cortadas por veredas, constituindo vales abertos, chamados localmente "vãos", onde se localizaram, historicamente, as populações camponesas. Esses vãos, abaixo das chapadas altas, recebem a enxurrada oriunda da erosão dos monocultivos, onde há um uso intensivo de agrotóxicos. Só no cultivo da soja (época das águas) são aplicados de 5 a 10 quilos de agrotóxicos por ano, em geral aplicados de avião. Não se têm dados de contaminação das águas e de pessoas na região, mas pode-se deduzir que parte desses agrotóxicos desce com a enxurrada e parte atinge o lençol freático. Os "camponeses dos vãos" ficaram cercados pelas monoculturas, e a recarga hídrica vem sendo comprometida pela erradicação do cerrado das chapadas e alteração radical de seu uso, que implica um consumo de água muito maior e uma perda de água por evaporação também muito maior. Há um embate entre os representantes do agronegócio, de um lado, e dos camponeses, apoiados por organismos da Igreja católica local, de outro. Estes últimos organizaram, recentemente, o Seminário Internacional *"Bioma Cerrado – Monoculturas, Latifúndio e Impactos Socioambientais"*, cujo título já dá uma ideia desse embate. O seminário contou também com a participação de entidades de Uruçuí, sul do Piauí, que relataram o quadro de destruição dessa região após a instalação de uma esmagadora de soja da Bunge (multinacional holandesa)

---

[4] *Gerais*, ao longo do domínio do Cerrado é sempre um nome dado pela população local a chapadas altas que, historicamente, não foram apropriadas privadamente por ninguém. Constituíram-se de áreas de uso comum das populações camponesas para o extrativismo e, em alguns casos, para solta do gado em comum. Por isso o nome Gerais – de uso geral, de todo mundo. São áreas importantes para a circulação e sobrevivência da fauna, cuja fartura, em especial de mamíferos e aves, sempre propiciou o recurso da caça para satisfazer as necessidades proteicas do povo do Cerrado. Juridicamente são terras públicas ou devolutas, tendo sido "regularizadas" pelo estado (no caso do Maranhão pelo ITER-MA), a fim de se tornarem latifúndios monocultores.

nessa cidade, cujas fornalhas estão sendo abastecidas pela derrubada do cerrado nativo.

- No **Norte de Minas**, em especial da **região de Rio Pardo de Minas** (alto Rio Pardo), as chapadas foram tomadas pelos maciços de eucalipto desde a década de 1970, em terras públicas (Gerais) cedidas pela Ruralminas, órgão do Governo do Estado. As consequências sobre as fontes de água foram extremas, e hoje, após 3 cortes do eucalipto e início de regeneração do cerrado em algumas chapadas, a população vem lutando para se reapropriar dessa unidade da paisagem, que está hoje sob gestão do ITER (Instituto de Terras de Minas Gerais), que tem ações na justiça para recuperar essas terras públicas, mas enfrenta a luta jurídica com as empresas e a pendência do atual Governo do Estado pelos interesses do setor siderúrgico e de pasta de celulose.

- No **Vale do Riachão**, divisa de municípios entre Montes Claros, Mirabela e Brasília de Minas, também no norte de Minas Gerais, os pequenos agricultores que habitam as margens desse rio lutam, desde 1992, contra fazendeiros que implantaram 8 pivôs centrais nas chapadas localizadas na sua cabeceira, comprometendo a vazão que abastecia as comunidades a jusante. Finalmente, o COPAM (Conselho Estadual de Política Ambiental) decidiu lacrar os pivôs no início de 2004, mas um juiz, em ação recente, já autorizou a reabertura para 2 pivôs. Essa batalha abre uma nova dimensão relacionada às tensões territoriais: a luta pela água[5].

- **Alto Jequitinhonha** (região nordeste de Minas Gerais), além de as chapadas terem sido tomadas pelos maciços de eucalipto, mais de 800 famílias de camponeses foram atingidas pela construção da Barragem de Irapé. São populações que detêm um conhecimento minucioso daqueles ecossistemas, muito bem descritos na dissertação de mestrado de Flávia Galizoni (2000).

- No **norte do estado de Tocantins**, onde se encontra a maior área contínua conservada do Cerrado brasileiro – a **Reserva Indígena Krahô** com cerca de 350.000 hectares -, os índios vêm demonstrando claramente sua preocupação com o avanço da soja na região de entorno de seu território, como atesta este trecho do *"Relatório sobre a viagem do Pahi (cacique) e diretores da Associação Mankraré no entorno da área indígena"*, de 2003, assinado pelo cacique Alberto Hapyhi Krahô:

> Continuamos muito preocupados com a rapidez da destruição em nossa volta, os desmatamentos estão aumentando cada vez mais, o rio Vermelho está cada vez mais seco e, quem sabe?, talvez até contaminado, não há mais tanto peixe, não se vê mais tantas caças.

---

[5] Ver MAZETTO, 1999; O Globo Rural de dezembro de 1998.

Todos estão destruindo e só nós estamos conservando. Estamos fazendo a nossa parte e ainda precisamos lutar para fazer valer a lei de proteção da área do entorno. Os pequenos posseiros vizinhos nossos não têm força e têm muito medo de se organizarem, tanto que perderam todas as chapadas nas serras para essas plantações de soja. É preciso alguém fazer alguma coisa para que eles possam viver do cerrado, pois só assim ficaremos mais fortes nessa luta. O cerrado é muito mais rico que a soja, não é só a soja que dá óleo, o pequi, a bacaba, o babaçu, buriti, coco, e muitas outras dão óleos finíssimos.

Em documento mais recente, intitulado *"Soja avança no entorno da área indígena Krahô"*, assinado por José Antonio Pires, afirmou-se:

Índios Krahô das aldeias Nova e Rio Vermelho estão muito preocupados com grandes projetos de monocultura de soja que estão se implantando no entorno da área indígena com o apoio do governo do Estado do Tocantins, nos municípios de Campos Lindos, Goiatins, Recursolândia e Itacajá.

Grandes áreas de chapada em cima das serras foram desapropriadas, sem que houvesse um proprietário conhecido oficialmente, e entregues pelo governo estadual para empresas agropecuárias monocultoras, entre elas uma com o nome de Multigreen. Essas áreas foram tomadas de pequenos posseiros que utilizavam essas chapadas para coleta de frutas como o bacuri.

Uma rodovia que corta a área de entorno e que servirá para o transporte da soja está em fase final de construção, sem que os índios tenham sido ouvidos. Os índios não se colocam totalmente contra a estrada mas principalmente contra os desmatamentos que esta rodovia (Goiatins-Campos Lindos) irá provocar. As rodovias, a hidrovia e a barragem de Estreita causarão grandes impactos na área indígena.

Recentemente, diretores das associações indígenas – Mankraré e Wokran – ligadas àquelas duas aldeias foram para as prefeituras municipais de Campos Lindos e Goiatins, órgãos estaduais em Palmas e federais em Brasília para tentarem parar esses projetos para impedir que a área de entorno seja destruída. É em cima das chapadas que nascem os córregos que desembocam no rio Vermelho e os índios temem que essas nascentes sejam contaminadas com veneno ou até mesmo sequem por causa dos grandes desmatamentos. As duas aldeias localizam-se na beira do rio Vermelho, rio onde bebem, nadam, pescam, caçam e colocam roças.

Finalizando

O fortalecimento do conceito de lugar, com ênfase nas suas especificidades socioculturais, econômicas e ecológicas e na relação homem/meio (ou comunidade/natureza), traz junto um sentido profundo e estratégico para a noção de territorialidade[6] (e para o processo dicotômico territorialização/desterritorialização, enraizamento/desenraizamento, construção/desconstrução de identidades socioespaciais), o que, numa abordagem voltada para o espaço rural, abre o diálogo não só entre disciplinas acadêmicas "tradicionais", como a geografia, a antropologia e a ecologia[7], mas também com novas abordagens transdisciplinares, como a etnoecologia (TOLEDO, 1996), a ecologia humana (CAVALLINI, 2001) e a agroecologia (ALTIERI, 2002 e GLIESSMAN, 2001). Esse fortalecimento tem também papel estratégico para o aprofundamento consequente e não pasteurizado do conceito de sustentabilidade, porque esta só pode ser local. Sem sustentabilidade local, a sustentabilidade global é uma abstração inútil, um discurso vazio e ilusório. Uma sociedade sustentável só poderá ser factível, se ela for o abrigo de um mosaico de modelos locais, em que o conceito de sustentabilidade se materialize sob a forma de configurações socioespaciais-produtivas portadoras de relações ser humano-sociedade/natureza moldadas pelas *especificidades* socioculturais e ecológicas do lugar. Guzmán e Mielgo (1994) utilizam o termo *etnoecossistemas* para definir lugares rurais moldados pela interação entre cultura e natureza.

Como afirma Arturo Escobar,

> O lugar – como a cultura local – pode ser considerado o outro da globalização, de maneira que uma discussão do lugar deveria oferecer uma perspectiva importante para repensar a globalização e a questão das alternativas ao capitalismo e à modernidade. (ESCOBAR, 2000, p. 127)

Milton Santos também aponta uma redescoberta da dimensão local na história do nosso tempo, repondo a questão do lugar numa posição central (SANTOS, 1997, p. 252). Escobar chega a colocar a perspectiva do lugar como projeto político alternativo à hegemonia do pensamento globalizante, indo, de certa forma, na direção do combate ao que Milton Santos chamou de "globalitarismo", ou seja, uma globalização de pensamento único, que exclui a democracia porque gera um totalitarismo na vida cotidiana (CARVALHO *et al.*, 2000, p. 11):

> Quiçá nas análises de Dirlik são mais fundamentais as consequências do abandono do lugar, por categorias atuais da análise social tais como classe, gênero e raça (e deveríamos acrescentar aqui o meio ambiente), que fazem com que essas categorias sejam suscetíveis de converter-se em instrumentos de hegemonia. Na medida em que têm sido significativamente separadas do lugar no 'frenesi da globalização' das 'identidades desterritorializadas' – e em muitos discursos que privilegiam as viagens, a mobilidade, o deslo-

---

[6] A territorilidade teria a ver aí com a apropriação social dos lugares e mesmo com o que os autores da Geografia Humanística chamam de "a experiência do lugar" (TUAN, 1980; EDWARD, 1976), convergindo para uma **noção de identidade** entre comunidade/território (muito evidente quando falamos de povos indígenas mas também muito pertinente quando tratamos de comunidades camponesas ou de agricultores familiares), pessoas/lugares.

[7] Escobar [...] se refere também à *antropologia ecológica*.

> camento e a diáspora – as noções contemporâneas da cultura não logram
> escapar a este perigo, porque tendem a assumir a existência de uma força
> global à qual o local está necessariamente subordinado. Sob estas condições,
> é possível lançar uma defesa do lugar, na qual o lugar e o local não derivem
> seu significado da justaposição ao global? Quem fala pelo 'lugar'? Quem o
> defende? Como um primeiro passo na resistência à marginalização do lugar,
> Dirlik convoca a distinção feita por Lefebvre entre o espaço e o lugar (entre
> primeiro e segundo espaço, no trabalho de Lefebvre), em especial sua noção
> de lugar como uma forma de espaço vivido e enraizado e cuja reapropriação
> deve ser parte de qualquer agenda política radical contra o capitalismo e a
> globalização sem tempo e sem espaço. (ESCOBAR, 2000, p. 128)

Há, portanto, um sentido maior no debruçar sobre o conhecimento local. O lugar, deslocado do conhecimento dos que o constroem, fica abstrato e inerte, apenas um retrato sem vida, descontextualizado e guiado, em geral, por um olhar externo que acaba não captando a formação e lógica das territorialidades locais.

O conhecimento e a tradição claramente se constroem numa intensa e ininterrupta interação/convivência (práxis) com o ambiente natural. As territorialidades são construídas, então, nesse processo de coevolução comunidade/ecossistema. Na agricultura empresarial moderna, por outro lado, o vínculo e as práticas são forjados numa lógica de relação predominantemente mercantil, em que o ambiente ocupa o lugar de suporte de atividades comerciais e não de hábitat. O modo de produção, neste caso, é determinado por um modo de vida construído fora do *lugar de produção* (localização da atividade econômica), que, inclusive, geralmente não coincide com o *lugar de moradia* do empresário rural[8]. Abre-se aí uma clivagem entre *espaço vivido e espaço explorado* (valor de troca), dificultando aproximações com a noção de sustentabilidade, entendida como resultante de um processo de territorialidade em que a relação afetiva e extramercantil (valor de uso) com o lugar (habitat) joga um papel-chave. Talvez, nessa perspectiva esteja a raiz da diferenciação entre *envolvimento e des-envolvimento*, estando fundamentalmente no primeiro o potencial compatível com a noção de sustentabilidade.

O domínio morfoclimático ou biogeográfico do Cerrado é hoje a grande região geográfica e ecológica onde o enfrentamento entre essas duas racionalidades acontece de forma mais radical e, em alguns casos, cruel. De um lado está a homogeneização e degradação da natureza, a expropriação e subordinação camponesa, a eliminação de postos de trabalho pela mecanização, a migração das populações rurais para as periferias das sedes municipais, a ocupação do território pelo capital transnacional. De outro, há a luta pela resistência, pela inclusão, pela permanência de valores locais-tradicionais, pela reapropriação do território, pela manutenção e regeneração da biodiversidade e das funções ecológicas que sustentaram essas

---

[8] Muitas vezes não há nem o *empresário* e sim a *empresa "sem rosto"*.

populações durante séculos. Há uma clara divergência dentro dos próprios órgãos governamentais no tocante ao modelo de desenvolvimento para o Cerrado, demonstrada de um lado pelo Ministério da Agricultura e de outro pelo Ministério do Meio Ambiente. Não há como negar, entretanto, que, até aqui, a escolha do Governo[9], que tem à frente um partido forjado nas classes populares, tem sido explicitamente pelo agronegócio, visando ao "equilíbrio" de suas contas relativas ao balanço comercial. Continuamos, portanto, no mesmo estágio das décadas de 1960 e de 1970, quando o ambientalismo (na época rebelde) soltou o alarme sobre os perigos do desenvolvimentismo. O balanço comercial segue detonando com o balanço social e ambiental, só que agora de forma muito mais radical, dadas as condições inéditas de poder econômico e político que algumas poucas corporações transnacionais conquistaram no processo contemporâneo do globalitarismo.

Referências

ARRUDA, M. B. (org.). *Ecossistemas Brasileiros.* Brasília: IBAMA, 2001.

ARRUDA, R. S. V.; DIEGUES, A. C. *Saberes tradicionais e biodiversidade no Brasil.* Brasília: Ministério do Meio Ambiente; São Paulo: USP, 2001, 176p.

ALTIERI, M. *Agroecologia: Bases Científicas para uma Agricultura Sustentável.* Guaíba: Agropecuária, 2002.

ANDERSON, B.; POSEY, D. A. Reflorestamento Indígena. In: *Ciência Hoje*, Rio de Janeiro: SBPC, v.6, n. 31, 1987, p.44-50.

BARBOSA, A. S.; NASCIMENTO I. V. Processos Culturais Associados à Vegetação. In: PINTO, M. N. (org.). *Cerrado: caracterização, ocupação e perspectivas.* Brasília: Editora Universidade de Brasília, 1993, 2. ed., 1993, p. 155-170.

BICKEL, U. *Expansão da soja, conflitos sócio-ecológicos e segurança alimentar.* Dissertação (Mestrado em Agroeconomia) Universidade de Bonn, Alemanha 31/01/2004, 169 p.

BRITO, S. R. Características da População Rural da Região dos Cerrados. In: MARCHETTI, D.; MACHADO, A. D. (coords.). *Cerrado: uso e manejo.* V Simpósio sobre o Cerrado, Brasília: Editerra, 1980.

CARVALHO, M. *et al. Território e Sociedade: entrevista com Milton Santos.* São Paulo: Ed. Perseu Abramo, 2000.

CAVALLINI, M. M. *Agricultura Tradicional, Composição Paisagística e Conservação de Biodiversidade: subsídios ao desenvolvimento rural sustentável.* Tese (Doutorado em Ecologia e Recursos Naturais), UFSCAR, São Carlos/SP, 2001.

CPT – COMISSÃO PASTORAL DA TERRA. *Conflitos no Campo – Brasil 2003.* Goiânia: CPT Nacional, 2003, 228p.

DIAS, B. F. S. Cerrados: uma Caracterização. In: DIAS, B. F. S. (coord.). *Alternativas de Desenvolvimento dos Cerrados: manejo e conservação dos recursos naturais renováveis.* Brasília: Fundação Pró-Natureza, 1996, p. 11 a 25.

ESCOBAR, A. El lugar de la naturaleza y la naturaleza del lugar: ¿globalización o postdesarrollo? In: LANDER, E. (coord.). *La Colonialidad del Saber – eurocentrismo y ciencias sociales: perspectivas latinoamericanas.* Buenos Aires: Clacso-Unesco, 2000, p. 113 -143.

FAO/INCRA. *Agricultura familiar no Brasil: uma análise a partir do Censo Agropecuário de 1995/96.* Brasília: Projeto de Cooperação INCRA/FAO, jan/2000.

FERRI, M. G.; GOODLAND, R. *Ecologia do Cerrado.* Belo Horizonte: Ed. Itatiaia; São Paulo: Edusp, 1979.

FRANCO DA SILVA, C. A.Corporação e Rede na Fronteira Agrícola Capitalista. In: PROGRAMA DE PÓS-GRADUAÇÃO EM GEOGRAFIA-PPGEO-UFF/AGB. *Território Territórios.* Niterói: UFF, 2002, p. 177-196.

GALIZONI, F. M. A. *Terra Construída: família, trabalho, ambiente e migrações no Alto Jequitinhonha, Minas Gerais.* Dissertação (Mestrado em Antropologia Social), Faculdade de Filosofia, Letras e Ciências Humanas da Universidade de São Paulo, 2000.

GLIESSMAN, S. R. *Agroecologia: processos ecológicos em agricultura sustentável.* 2. ed. Porto Alegre: Ed. Universidade/UFRGS, 2001.

GLOBO RURAL. *O Pivô da Discórdia.* n.158, dez./1998, p. 48-56.

GONÇALVES, C. W. *Diálogo de diferentes matrizes de racionalidade.* [S.l]: mimeo, 2001, 21p.

GUZMÁN, E. S.; MIELGO, A. M. A. Para una Teoría Etnoecológica Centro-Periferia desde la Agroecologia. In: *Prácticas Ecológicas para una Agricultura de Calidad.* Toledo, 1994, p.448-460.

IBGE. Censo Demográfico, 1996.

IBGE. Produção Agrícola Municipal, 2001.

KRAHÔ, A. H. *Relatório sobre a viagem do Pahi (cacique) e diretores da Associação Mankararé no entorno da área indígena.* [S.l]: mimeo, 2003.

LEFF, E. *Saber ambiental: sustentabilidad, racionalidad, complejidad, poder.* México: Siglo Ventiuno Editores, 1998.

MAZZETTO, C. E. S. (1977). *Cerrados e camponeses no Norte de Minas: um estudo sobre a sustentabilidade dos ecossistemas e das populações sertanejas.* Dissertação (Mestrado em Geografia e Organização Humana do Espaço). Belo Horizonte: IGC/UFMG, 1999, 250p.

MIRANDA, A. C.; MIRANDA, H. S.Impactos de Processos Ecológicos – Estresse Hídrico. In: DIAS, B. F. S. de (coord.). *Alternativas de desenvolvimento dos cerrados: manejo e conservação dos recursos naturais renováveis.* Brasília: Fundação Pró-Natureza, 1996, p. 30-34.

NOORGARD, R. B.; SIKOR, T. O. Metodologia e Prática da Agroecologia. In: ALTIERI, M. *Agroecologia: Bases Científicas para uma Agricultura Alternativa.* Guaíba: Agropecuária, 2002.

O GLOBO. Novos Senhores de Escravos. Rio de Janeiro, p. 3, 26/07/2004.

PIRES, J. A. *Soja avança no entorno da área indígena Krahô.* [S.l]: mimeo, 2004.

RIBEIRO, R. F. *Os índios do sertão mineiro.* Rio de Janeiro, CPDA/UFRRJ, mimeo, 28 p., 1997a.

RIBEIRO, R. F. *O Sertão Espiado de Fora: os viajantes estrangeiros descobrem o Cerrado Mineiro na primeira metade do século XIX.* Rio de Janeiro: CPDA/UFRRJ, Série Textos CPDA n. 1, 1997b.

RIBEIRO, R. F. *Programas de Desenvolvimento do Cerrado: Balanço e Perspectivas.* Rio de Janeiro: mimeo, 1997c.

SANTOS, M. *A Natureza do Espaço: técnica e tempo, razão e emoção.* São Paulo: Hucitec, 1997.

SANTOS, M. *Por uma Outra Globalização: do pensamento único à consciência universal.* 10. ed. Rio de Janeiro: Record, 2003.

TOLEDO, V. M. *La Apropiación Campesina de la Naturaleza: un Analisis Etnoecologico.* mimeo, 1996.

O COMÉRCIO DE CARBONO, AS PLANTAÇÕES DE EUCALIPTO E A SUSTENTABILIDADE DAS POLÍTICAS PÚBLICAS – UMA ANÁLISE GEOGRÁFICA

....

Klemens Laschefski

A crescente preocupação com as consequências ambientais das emissões de gases de efeito estufa (GEE) levou à elaboração, durante a II Conferência das Nações Unidas sobre Meio Ambiente e Desenvolvimento (Eco'92), que aconteceu no Rio de Janeiro em 1992, da Convenção Quadro das Nações Unidas sobre Mudança do Clima. Cinco anos mais tarde, ações concretas foram acordadas durante a 3ª Conferência das Partes (COP 3), realizada em Quioto, no Japão[1]. Na ocasião, 36 países industrializados, listados no anexo I do Protocolo, comprometeram-se a reduzir, até 2012, suas emissões agregadas em 5,2 % em relação aos níveis de 1990 (MCT, 2000). Além disso, foram criados o "mercado de carbono" e os chamados "mecanismos flexíveis", instrumentos que permitem a comercialização de equivalentes da redução de emissões de CO_2 – os CER's (sigla em inglês de CO_2 *Emissions Reduction Equivalents*).

Um instrumento específico nesse contexto é o Mecanismo de Desenvolvimento Limpo – MDL, que abre a possibilidade para empresas, corporações ou governos de países industrializados investirem em projetos nos países em desenvolvimento,[2] contribuindo, assim, para a redução de CO_2 na atmosfera. Os investidores recebem CER's, que são contabilizadas como crédito no balanço total das suas metas de emissão acordadas no Protocolo de Quioto. Segundo o artigo 12 do Protocolo, o MDL tem por objetivo, sobretudo, promover o desenvolvimento sustentado nos países em desenvolvimento (MCT, 2000).

No ano de 2001, foi estabelecida durante a COP7, realizada em Marraqueche, a possibilidade de se investir em projetos de florestamento e reflorestamento, entre

---

[1] O Protocolo de Quioto entrou em vigor no dia 16 de Fevereiro de 2005.

[2] Países em desenvolvimento não são listados no Anexo I, pois a sua contribuição ao efeito estufa é relativamente baixa em comparação com os países desenvolvidos.

eles as monoculturas de eucalipto.[3] Tais monoculturas são consideradas "sumidou-ros de carbono", com base na hipótese de que o carbono fixado na madeira durante o crescimento das árvores contribui para a diminuição de CO_2 na atmosfera. Para financiar tais projetos, o Banco Mundial criou o Fundo Protótipo de Carbono – PCF (*Prototype Carbon Fund*), do qual participam 17 companhias e seis governos. As primeiras propostas de plantações de eucalipto a serem beneficiadas pelo PCF foram as das empresas Plantar Florestal S.A. e V&M Florestal Ltda. (Valourec e Mannesmann), ambas produtoras do carvão vegetal utilizado como combustível e redutor na produção de ferro-gusa e aço.[4]

O Banco Mundial espera que o projeto da Plantar Florestal S.A. possa preparar o terreno para outros projetos semelhantes no setor da siderurgia (PCF, 2004). Por causa disso, foram criadas grandes expectativas junto ao setor dos plantadores de

---

[3] No âmbito do Protocolo de Quioto são usadas as definições a seguir:

(a) "Floresta" é uma área mínima de terra de 0,05-1,0 hectare com cobertura de 10-30% de árvores (copa) com potencial de atingir uma altura mínima de 2-5 metros. Também são incluídos povoamentos naturais ou plantios jovens com potencial de atingir tais metas, e áreas que estão temporariamente sem estoques, em consequência da intervenção humana, como a colheita ou as causas naturais;

(b) "Florestamento" é a reposição da floresta em áreas que não foram florestadas por um período de pelo menos 50 anos por meio de plantio, semeadura e/ou a promoção de fontes naturais de sementes;

(c) "Reflorestamento" é o florestamento em áreas desflorestadas. Para o primeiro período de compro-misso, essas atividades estarão limitadas às terras que não continham florestas em 31 de dezembro de 1989;

(d) "Desflorestamento" é a conversão de Florestas em terra não florestada;

(e) "Revegetação" é uma atividade para aumentar os estoques de carbono em determinados locais por meio do estabelecimento de vegetação que cubra uma área mínima de 0,05 hectare e não se enquadre nas definições de florestamento e reflorestamento aqui contidas;

(f) "Manejo florestal" é um sistema de práticas para manejo e uso de florestas visando ao atendimento de funções ecológicas, econômicas e sociais relevantes, de maneira sustentável;

(g) "Manejo de áreas de cultivo" é o sistema de práticas agrícolas incluído o período do pousio;

(h) "Manejo de pastagens" é o sistema de práticas da produção pecuária.(NAÇÕES UNIDAS, 2002).

Essas definições não diferenciam entre florestas nativas ou mistas e monoculturas, algo que é criticado por ONGs, uma vez que monoculturas de árvores têm mais em comum com uma lavoura agrícola do que com uma floresta (WRM 2003, p. 13).

[4] O grupo Plantar S.A., uma empresa de capital brasileiro, é composto pela Plantar Florestal S.A, fundada em 1967, e pela Plantar Siderurgia S. A, fundada em 1985. A sede da Plantar Florestal S.A. encontra-se em Belo Horizonte e a da Plantar Siderurgia S.A., em Sete Lagoas. As plantações da empresa estão localizadas nos municípios de Curvelo, Felixlândia e Morada Nova de Minas, na região central do estado de Minas Gerais.

A V &M do Brasil S/A, com sede em Belo Horizonte, é especializada na produção de tubos de aço. Ela é ligada ao grupo da Vallourec & Mannesmann, que tem sede na França e subsidiárias na Ale-manha, Inglaterra e Estados Unidos. A V&M do Brasil tem duas subsidiárias: a V&M Mineração e a V&M Florestal. A empresa começou as atividades florestais para abastecer a siderurgia em 1969, na época ainda sob controle da Mannesmann. A V&M do Brasil S.A. foi criada por intermédio de uma *joint venture* da Vallourec e da Mannesmann Röhrenwerke AG, em 2000.

eucalipto no Brasil, com o governo pretendendo aumentar a área plantada de 5 para 12 milhões de hectares.[5]

Entretanto, a contribuição dessas plantações para o chamado "desenvolvimento sustentável" permanece um assunto bastante polêmico. Enquanto instituições governamentais e algumas organizações ambientalistas apoiam tais iniciativas, os moradores locais e outras entidades temem a reativação da fronteira de monoculturas, sobretudo no bioma Cerrado, com graves consequências ambientais e sociais. Em Minas Gerais, tais diferenças originaram conflitos profundos entre vários segmentos da sociedade, contrariando, assim, um dos mais importantes princípios para o desenvolvimento sustentável: o consenso. São principalmente os pequenos produtores rurais, apoiados por movimentos sociais, que se sentem ameaçados por um sistema urbano-industrial, cujos impactos no espaço ambiental e social estão prejudicando a sua reprodução social. Parece que, no âmbito de tais conflitos, ressurgem os velhos debates da época pré-Eco92 sobre o significado da sustentabilidade, ou seja, da relação das sociedades com a natureza, o que coloca em questão as estratégias pragmáticas da adequação ambiental próprias do modelo de desenvolvimento vigente pós-Eco92 (ver ZHOURI; LASCHEFSKI; PERREIRA, introdução a este volume).

Esse é o ponto de partida deste trabalho, que procura abordar a questão da sustentabilidade a partir de uma visão geográfica. A forma de ocupação do espaço – como um produto de interações humanas com o meio ambiente – depende dos sistemas de regulação das sociedades, que são, por sua vez, influenciados por valores sociais e culturais. A partir de alguns conceitos de sustentabilidade, serão apresentados parâmetros para avaliar as consequências de certas atividades humanas no espaço.

A segunda parte contém um estudo de caso sobre os projetos da Plantar Florestal S.A. e da V&M Florestal Ltda., tendo em vista a sua sustentabilidade geográfica. Trata-se de uma avaliação crítica dos critérios e discursos em relação ao desenvolvimento sustentável, a partir da documentação dos projetos apresentada pelo Banco Mundial/PCF. Também, será analisada a certificação das plantações pelo *Forest Stewardship Council* (Conselho do Manejo Florestal), que é uma condição especial do Banco Mundial/PCF para a aprovação dos projetos. Os muitos debates e conflitos que surgiram em torno do chamado processo *stakeholder*, o sistema de participação do FSC, permitem analisar as assimetrias entre os atores envolvidos.

Sustentabilidade no espaço geográfico

ABORDAGENS TEÓRICAS SOBRE O DESENVOLVIMENTO SUSTENTÁVEL

A ameaça representada pelas mudanças climáticas é um dos muitos indícios sobre o fracasso de um modelo de desenvolvimento que, desde o fim da II

---

[5] O PNF – Plano Nacional das Florestas é o programa de fomento florestal para pequenos produtores rurais, no âmbito do PRONAF – Plano Nacional para a Agricultura Familiar.

Guerra Mundial, visa à transformação de culturas "tradicionais" em sociedades modernas, seguindo o exemplo dos países industrializados. Hoje, existe uma certa unanimidade no reconhecimento de que as sociedades "desenvolvidas" chegaram aos seus limites ecológicos. Sobretudo, a aceleração dos processos produtivos e o aumento de bens e mercadorias, disponíveis por meio da industrialização, não trouxeram o esperado melhoramento do "bem-estar" para grandes parcelas da população. A implementação de programas de desenvolvimento em muitos países foi acompanhada de graves conflitos nas zonas rurais e nas favelas urbanas. Trata-se frequentemente de lutas pelo acesso aos recursos necessários para a sobrevivência em termos materiais ou espaciais.

Ao se procurar respostas para a "crise do modelo de desenvolvimento", principalmente desde a Eco'92, ganhou relevância a noção de "desenvolvimento sustentável". Em decorrência da crescente aceitação desse novo paradigma – embora o seu conteúdo seja motivo de intensos debates – surgiram inúmeras abordagens na busca de caminhos para se equilibrar as distorções entre os meios econômicos, sociais e ambientais. Enquanto as ciências exatas e aplicadas estão preocupadas em desenvolver soluções pragmáticas para amenizar impactos ambientais por meio de novas técnicas ou métodos de planejamento do uso dos recursos naturais (adequação ambiental), nas disciplinas clássicas voltadas para as teorias do desenvolvimento, sobretudo na economia, na sociologia e nas ciências políticas, surgiram duas correntes divergentes.[6] Em consequência do alerta sobre os "limites do crescimento econômico" (MEADOWS et al., 1971), foram elaboradas propostas, em todas as linhas da economia e da economia política, sobre a internalização da questão dos recursos naturais, ou seja, os constrangimentos ecológicos foram redescobertos. (BINSWAN-GER, 1999; DALY, 1991; GEORGESCOU-ROEGEN, 1971; O'CONNORS, 1989; PIERCE, 1993; entre outros). Uma segunda corrente chamou atenção para a heterogeneidade das culturas e para o direito das sociedades "subdesenvolvidas" de procurarem o seu próprio caminho de desenvolvimento através da "self-reliance" (GALTUNG, 1971), o que serviu de base para o conceito de ecodesenvolvimento desenvolvido por Sachs (1991). Essas propostas já apontavam para os "maus desenvolvimentos" nos países industrializados e para a distribuição desigual dos recursos naturais disponíveis em nível global. Tais problemas também foram reconhecidos pelas Nações Unidas na Agenda 21, documento apresentado como resultado da Eco'92:

> ...as principais causas da deterioração ininterrupta do meio ambiente mundial são os padrões insustentáveis de consumo e produção, especialmente nos países industrializados. Motivo de séria preocupação, tais padrões de consumo e produção provocam o agravamento da pobreza e dos desequilíbrios. (NAÇÕES UNIDAS, 1992, p. 1)

---

[6] Para uma sistematização abrangente das abordagens das teorias do desenvolvimento e do desenvolvimento sustentável, ver LASCHEFSKI (2002).

Segundo o PNUD (1994), 20% da população mundial consomem 80% dos recursos, enquanto que os outros 80% da população somente têm acesso a 20% deles. Tendo em vista esses números, Altvater (1999, p. 15) afirma que a organização justa do "espaço ambiental", ultrapassando os limites nacionais, necessita de uma reestruturação do "espaço da democracia" em nível global. O autor refere-se a uma abordagem para quantificar o sobreconsumo do "Norte" (OPSCHOOR, 1992) à custa do "Sul'". A ONG Amigos da Terra calculou que o "espaço ambiental"[7] da Holanda, em 1993, era aproximadamente quinze vezes maior do que o seu próprio território (BUITENKAMP et al., 1993). Essa "dívida ecológica" (MARTINEZ-ALIER, 1997, p. 216) dos países ricos pode ser vista como um contrapeso à dívida econômica dos países pobres. Igualmente, também as elites de países em desenvolvimento têm dívidas ecológicas que afetam os segmentos mais pobres do seu próprio país (PÁDUA, 1999).

Weizsäcker et al. (1997) calcularam que, para alcançar a equidade na distribuição dos recursos naturais em nível global, seria necessário reduzir o consumo dos recursos pela metade, enquanto o bem-estar das populações mais pobres deveria ser duplicado (fator 4). Mas isso somente seria possível se os países desenvolvidos reduzissem o seu próprio consumo a um fator 10 (LOSKE; BLEISCHWITZ, 1996).

A partir dessa crítica quantitativa do "Norte", surgiram abordagens para a transformação da sociedade industrial, questionando os valores materialistas predominantes nos países desenvolvidos. Elas sugeriam que, além da revolução da "eficiência" na produção industrial para poupar recursos naturais e energia – uma proposta da economia ambiental –, seria necessária uma revolução da "suficiência", ou seja, repensar o conceito de crescimento econômico e o consumo ilimitado como parâmetros da qualidade de vida nas sociedades modernas (LOSKE, et al.,1996; WEIZSÄCKER, 1996).

Uma variante dessa corrente de pensamento ressalta a fraqueza do fundamento ideológico existente no conceito de desenvolvimento em si mesmo, que é, de forma difusa, representado pela sociedade norte-americana (ESTEVA, 2000). Sachs (2000) critica a ideia de que se possa alcançar a sustentabilidade por meio da melhor administração ou do planejamento da questão dos recursos naturais a partir de técnicas racionais que amenizem os impactos negativos dos programas de desenvolvimento implementados pelas instituições nacionais e internacionais, sobretudo os do Banco Mundial. Ao invés de continuar com as estratégias de transformação das outras culturas com base em um mesmo conceito de desenvolvimento, embora sob a nova roupagem da sustentabilidade, Sachs destaca que:

> ...muitas comunidades rurais do Terceiro Mundo não precisam esperar que especialistas de institutos de pesquisas...venham distribuir suas receitas contra, digamos, a erosão do solo. As providências para as gerações seguintes têm sido parte de seus costumes tribais e rurais desde tempos imemoráveis.

---

[7] O espaço ambiental é definido pela quantidade de energia, recursos não renováveis, água, madeira e área cultivada com produtos agrícolas.

> O que é mais, os novos esquemas centralizados para a "gestão dos recursos ambientais" ameaçam colidir com seus próprios conhecimentos telúricos regionais sobre conservação. (SACHS, 2000, p. 126)

Assim, em vez de obrigar tais comunidades a adotarem o modelo desenvolvimentista, seria necessário refletir antes sobre as causas das suas falhas. Nessa perspectiva, grupos indígenas, ribeirinhos, seringueiros e outras sociedades chamadas "tradicionais" não deveriam ser tidos como atrasados, mas sim como sustentáveis, até porque as relações desses grupos com o meio ambiente podem ser entendidas como mais sustentáveis do que as das sociedades desenvolvidas. Contudo, a dúvida quanto às mudanças necessárias para se alcançar a sustentabilidade nas sociedades urbano-industriais permanece ainda em aberto, do mesmo modo como é pouco provável uma "volta" aos estilos de vida "tradicionais".

Nessa breve apresentação de abordagens teóricas sobre desenvolvimento e desenvolvimento sustentável refletem-se muitos aspectos geográficos, como mostram os conceitos de espaço ambiental e de distribuição ecológica. Por isso, espera-se que a seguinte análise geográfica da relação das atividades humanas no espaço físico possa contribuir para um melhor entendimento da "sustentabilidade" das relações sociedade-natureza.

PARÂMETROS PARA A SUSTENTABILIDADE NO ESPAÇO GEOGRÁFICO

Conforme Martinez-Allier, o conceito de distribuição ecológica refere-se

> ...às assimetrias ou desigualdades sociais, espaciais e temporais na utilização pelos humanos dos recursos e serviços ambientais, objeto ou não de trocas comerciais, isto é, ao esgotamento dos recursos naturais (incluindo a perda da biodiversidade), bem como às cargas de poluição. (MARTINEZ-ALLIER, 1997, p. 216)

Tais consequências negativas, causadas pelo sobreconsumo dos recursos naturais e pela expansão espacial das sociedades desenvolvidas, em detrimento da reprodução social de comunidades tradicionais, indicam que o processo de "desenvolvimento" é acompanhado por uma perda da sustentabilidade. Nesse sentido, segue abaixo, de forma sintética, uma descrição das mudanças das relações espaciais durante a transformação de povos não industriais em sociedades urbano-industriais.

Segundo Giddens,

> ...a tradição é um modo de integrar a monitoração da ação com a organização tempo-espacial da comunidade. Ela é uma maneira de lidar com o tempo e o espaço, que insere qualquer atividade ou experiência particular dentro da continuidade do passado, presente e futuro, sendo estes por sua vez estruturados por práticas sociais recorrentes (GIDDENS, 1991, p. 44).

Na prática, os sistemas de regulação das sociedades pré-industriais visaram à manutenção da "sustentabilidade" do uso da terra para adaptá-la aos ritmos naturais, que permitem a regeneração permanente dos produtos tirados dos ecossistemas, como, por exemplo, através dos sistemas de rotação ou do extrativismo. As populações tradicionais geralmente vivem em assentamentos pequenos e dispersos. Os produtos para suas necessidades são acessíveis a distâncias relativamente curtas. A expansão de tais sistemas depende mais do crescimento demográfico do que do consumo exagerado.

A transformação das comunidades tradicionais em sociedades modernas através da industrialização, como preveem os conceitos de "desenvolvimento", é frequentemente entendida como a liberalização das atividades humanas dos constrangimentos ecológicos (GOLDBLATT, 1996, p. 29). Tal liberalização resultou de três processos fundamentais ocorridos durante a história humana: a introdução da economia monetária, a divisão de trabalho e o avanço tecnológico. Com isso, foram criadas as condições para a produção especializada, e as relações comerciais superaram distâncias cada vez mais longas, resultando na organização complexa das sociedades no espaço.

Porém, esses processos não advieram de uma "evolução" inevitável, mas sim de interferências políticas e de mudanças profundas nas instâncias de regulação das sociedades. Na verdade, o "desenvolvimento" já se iniciara com a transformação de comunidades marcadas por sistemas itinerantes de uso da terra para sistemas permanentes; e se acelerou significativamente com o surgimento do feudalismo, a consolidação dos estados-nação durante o absolutismo e, sobretudo, com o capitalismo e a industrialização[8]. Surgiu a concentração da posse da terra e a dependência entre servos, vassalos e senhores nos sistemas feudais. A infraestrutura do comércio e os novos meios de transporte facilitaram a especialização da produção de mercadorias em regiões com "vantagens comparativas". As dependências dos servos e vassalos em relação aos senhores feudais, fundadas na posse da terra durante o feudalismo, foram substituídas por dependências de capital entre o trabalhador industrial e o empresário, e, finalmente, o trabalhador foi substituído pelas máquinas. A mecanização e a possibilidade de acumulação de capital tornaram-se a base da terceirização de serviços tais como administração, educação e tratamento de saúde. Com novas técnicas de transporte e de informação, os processos de produção puderam ser controlados e flexibilizados além das fronteiras dos estados-nação (globalização econômica). Por fim, eles se refletiram no espaço por meio da crescente concentração da população em centros urbano-industriais interligados por redes de transporte e tecnologias de informação.

Em decorrência da reestruturação profunda da reprodução social e cultural nas sociedades urbano-industriais, as relações com a natureza estão se tornando cada vez mais alienadas. O uso da terra no sistema urbano-industrial apresenta-se além dos limites das cidades, como um mosaico de paisagens uniformes, cada

---

[8] Com respeito à evolução histórica de sistemas agrários, ver Romeiro (1998). Para uma introdução ao tema do surgimento de núcleos urbanos, a revolução industrial e a urbanização, ver Sposito (2001).

uma destinada à produção de mercadorias específicas, tais como áreas para a agroindústria ou para o manejo florestal. Nessas, a biodiversidade é substituída por oligoculturas ou monoculturas. Os insumos técnicos (agro-químicas, máquinas, entre outros) permitem a produção, até um certo nível, sem a necessidade de considerar os ritmos e ciclos da regeneração da natureza. Outras áreas são completamente transformadas, para finalidades como mineração e produção de energia (hidrelétricas). O resultado é a "monoculturação" ambiental e social do espaço, com efeitos não sustentáveis. As redes de transporte abrangem longas distâncias, até mesmo em escala global, aumentando assim o consumo de recursos naturais e de energia. Como na sociedade moderna prevalece a ideologia da acumulação ilimitada de capital e bens, a tendência é a crescente dependência de áreas fora dos limites dos seus próprios territórios e a eterna expansão do consumo dos recursos naturais e do espaço.

A partir dessas características esquemáticas sobre a mudança das relações das sociedades com o espaço durante o processo de desenvolvimento, pode-se construir alguns parâmetros geográficos de sustentabilidade. O objetivo não é o de se buscar uma "volta" das sociedades industriais aos moldes pré-industriais, mas inspiração para a construção de parâmetros em direção a um futuro planejado, com vistas à transformação da sociedade urbano-industrial em uma sociedade sustentável. Os parâmetros apresentados a seguir servem como instrumento para a análise de processos espaciais induzidos por medidas voltadas para o desenvolvimento regional *lato sensu*.

PARÂMETRO 1: USO DA TERRA

No que diz respeito aos ecossistemas e à biodiversidade, a sustentabilidade do uso da terra depende do caráter transformador das atividades humanas com respeito aos ecossistemas e à biodiversidade. Essa base conceitual inspira-se na classificação dos ecossistemas florestais de Giegrich e Sturm (1999), que diferencia entre os vários estados de transformação da floresta entre *natural* e *artificial*. Os autores elaboraram critérios específicos para os ecossistemas das zonas climáticas moderadas que não poderiam ser transferidos para outras regiões do planeta. O objetivo dessa classificação era a avaliação rigorosa do grau de transformação de áreas específicas, de forma comparativa, para finalidades cartográficas.

Neste trabalho, a finalidade é avaliar as formas diferentes de uso da terra que se refletem na dinâmica da ocupação do espaço, independentemente da localização climática ou ecológica. Consequentemente, para utilizar os parâmetros de forma mais generalizada, foi necessário proceder a simplificação da classificação. Mesmo assim, os parâmetros permitem avaliar, de forma bastante clara, as tendências de uso da terra, que são diferenciadas em três classes consideradas sustentáveis (*natural, quase natural* e *seminatural*) e em duas classes não sustentáveis (*semiartificial* e *artificial*).

Parâmetro 2: A capacidade de reprodução

Este parâmetro refere-se à capacidade de regeneração dos sistemas socieda-de-natureza, tendo em vista a sua durabilidade ou continuidade temporal numa determinada área. Conforme a interpretação das diferenças entre sociedades tradicionais e modernas apresentadas acima, é considerada sustentável uma sociedade que consegue satisfazer todas as suas necessidades e demandas materiais na área por ela ocupada. A situação não sustentável se configura, portanto, quando a sociedade não consegue satisfazer suas demandas em sua própria área. Assim, ela seria *dependente* de outras áreas ou sociedades, que são exploradas, por exemplo, por meio de relações comerciais. Por seu lado, tais demandas são altamente influenciadas pelos valores básicos das sociedades. A título de ilustração, a sociedade industrial capitalista valoriza a eterna acumulação de bens materiais, que somente podem ser adquiridos de áreas externas. Este parâmetro é diretamente ligado ao consumo de recursos e de espaço.

Parâmetro 3: O consumo de recursos e do espaço

O consumo dos recursos e do espaço pelas sociedades ou comunidades depende principalmente:
- do crescimento demográfico. O aumento no consumo dos recursos e do espaço é necessário para satisfazer as necessidades básicas para a reprodução dos indivíduos;
- da acumulação individual de bens e do espaço, com o objetivo de aumentar o padrão de vida.

O avanço tecnológico pode diminuir esse consumo dos recursos e do espaço por meio do melhoramento da eficiência dos processos produtivos, e, assim, adiar diversos problemas ligados à questão. Contudo, é reconhecido o fato de que os recursos e o espaço não são ilimitadamente disponíveis, o que causa conflitos na distribuição dos mesmos. Neste sentido, esse parâmetro é derivado dos conceitos de espaço ambiental (Opschoor, 1993) e da pegada ecológica (Rees; Wackernagel, 1996), que são métodos quantitativos instituídos para avaliar o sobreconsumo e a dívida ecológica. Tal parâmetro tange também valores éticos, bem como a questão da vinculação do bem-estar individual à acumulação dos bens, a revolução da suficiência, além das estratégias de aprimoramento da eficiência e da justiça entre o "Norte" e o "Sul" ou entre classes pobres e ricas. O consumo é *estável* quando as demandas não superam um certo nível ou é *expansivo* quando apresenta um aumento contínuo. Mas isso não significa que esse parâmetro seja equivalente ao parâmetro 2, para se poder falar em reprodução autossuficiente ou dependente (parâmetro 2). Numa sociedade feudal, por exemplo, os senhores (proprietários de terra) sempre foram *dependentes* dos servos e vassalos, que eram os responsáveis pela manutenção da sua reprodução e de um certo nível de riqueza. No entanto, aquele sistema social como um todo podia ser estável em relação ao seu consumo total. Empresas industriais, por outro lado, têm como objetivo alcançar um eterno crescimento econômico e a acumulação de capital. Nesse sentido, o seu caráter é expansivo no que diz respeito ao consumo de recursos e de espaço.

PARÂMETRO 4: ORGANIZAÇÃO ESPACIAL

A organização espacial das sociedades determina um certo grau de comportamento dos indivíduos no espaço. A divisão expressiva do trabalho nas sociedades urbano-industriais reflete-se num sistema de uso da terra em que determinadas áreas são desenhadas para processos produtivos específicos. Assim, fazem surgir um mosaico de sistemas especializados de uso da terra, tais como monoculturas, hidrelétricas, áreas de mineração, entre outros, os quais configuram sistemas de objetos geográficos que tornam o espaço cada vez mais artificial (SANTOS, 1996, p. 51). E, como as diversas necessidades e demandas dos indivíduos precisam estar ao seu alcance, surgem centros urbanos onde os produtos oriundos de longas distâncias são concentrados em lugares como mercados e *shopping centers*. Esses centros urbanos, por sua vez, são diferenciados em locais dedicados a diversas funções sociais, como trabalho, comércio, lazer, educação e administração, entre outras. E, para garantir a reprodução da sociedade nesse sistema urbano-industrial, são necessárias redes abrangentes de transporte (ver parâmetro 5).

No atual esquema de acumulação capitalista, esse sistema de ocupação do espaço é caracterizado por uma forte tendência de *expansão,* que causa inúmeros problemas ecológicos e sociais, aumentando a *dependência* em relação a outras áreas e territórios (ver parâmetros 2 e 3).

Por isso, do ponto de vista geográfico, podem ser considerados como mais sustentáveis os sistemas de uso da terra que são *descentralizados* e *diversificados*, com uma concentração demográfica menor do que os sistemas *centralizados e especializados,* os quais possuem uma forte tendência de concentração da população em centros urbanos.

PARÂMETRO 5: SISTEMAS DE TRANSPORTE

Como já foi dito, a organização espacial depende da disponibilidade dos meios de transporte para possibilitar a expansão do raio de ação dos indivíduos. Enquanto as distâncias entre os locais de produção, mercado e moradia em sociedades pré-industriais eram determinadas pelo alcance a pé (p.e., os mercados medievais eram localizados a distâncias de três a cinco quilômetros), a atuação dos membros das sociedades urbano-industriais é cada vez mais abrangente, e a organização de processos produtivos em redes pode alcançar a escala global (ver parâmetro 4). Sem dúvida, as consequências ambientais dos meios de transporte modernos são significativas em relação à sustentabilidade ecológica. Em muitas cidades, os problemas obrigaram as prefeituras a tomar medidas drásticas para mudar os sistemas de trânsito, restringindo o uso de veículos individuais em favor dos meios de transporte coletivos. Além disso, surgiram conceitos de cidade "das distâncias curtas" ou de "cidade compacta" como novos parâmetros do planejamento urbano. Tendo em vista tais ideias, pode-se avaliar a sustentabilidade da infraestrutura de transportes a partir de três critérios:

- *Distâncias:* a superação de *longas distâncias* geralmente está ligada ao maior consumo de energia (combustível) e à maior poluição do que a superação de *curtas distâncias;*
- *O consumo de matéria e de energia* varia entre os diversos meios de transporte. Bicicletas e barcos, entre outros, são exemplos de meios de transporte que podem ser considerados *extensivos,* com respeito ao consumo de materiais e energia. Automóveis e aviões, ao contrário, são fortemente *intensivos* no consumo de matéria e energia.
- *A infraestrutura:* As vias e as redes de transportes podem ser diferenciadas em *naturais* ou *seminaturais,* como rios e estradas de terra, que permitem uma reintegração rápida aos ciclos da natureza e estruturas *artificiais* não sustentáveis, como estradas asfaltadas, túneis e hidrovias construídas, as quais transformam profundamente os ecossistemas afetados.

PARÂMETRO 6: POLUIÇÃO DO MEIO AMBIENTE

É óbvio que a poluição por emissões gasosas, líquidos poluentes e resíduos sólidos pode ser *baixa* ou *alta.* Do ponto de vista geográfico são relevantes os locais dos focos de poluição e de distribuição das emissões no espaço. A forma de ocupação do espaço influencia muito a questão da poluição. O transporte através de longas distâncias depende não somente de combustível mas também de uma certa quantidade e qualidade de embalagens, para que os produtos transportados não fiquem danificados ou estragados. Tais embalagens agravam os problemas causados pelo aumento do lixo. Consequentemente, no entendimento geográfico, a questão da poluição do meio ambiente tange além da disponibilidade de técnicas alternativas, da eficiência e da reciclagem, como remete a conceitos próprios da economia ambiental e das abordagens técnicas (p. e., os conceitos de MIPS e da Mochila Ecológica[9]) além de abordar parâmetros de organização espacial e do consumo dos recursos e do espaço.

PARÂMETRO 7: JUSTIÇA SOCIOAMBIENTAL

A justiça socioambiental em sistemas geográficos depende do equilíbrio entre os indivíduos de gerações presentes e futuras, tendo em vista a distribuição dos

---

[9] Esses conceitos medem a "intensidade material por unidade de serviço" (MIPS – *Material Input per Unit of Service*) em todas as etapas da cadeia de produção. Por exemplo, para se produzir uma tonelada de cobre é necessário tirar da natureza uma "mochila ecológica" de 500 toneladas de matéria prima não renovável (SCHMIDT-BLEEK, 1994).

bens e do acesso aos recursos e ao espaço. Geralmente, no debate acadêmico, o foco concentra-se no "mercado" como meio de distribuição de bens entre os indivíduos. No contexto da sustentabilidade geográfica, é importante diferenciar entre várias formas e níveis (global, regional e local) de mercados, que abrangem a troca de bens e serviços mais simples até transações financeiras bastante complexas, que se baseiam na valorização virtual do meio simbólico de troca, a moeda, por meio de mecanismos como juros, intercâmbios, ações.

A justiça social, dentro de sistemas de mercado, depende não somente da capacidade de participação dos indivíduos (como sugerem os modelos idealizados do "*homo economicus*" na economia clássica e neoclássica) como também da existência do "empreendedor schumpeteriano" nas novas teorias sobre crescimento endógeno[10]. Na verdade, iniciativas idealizadas por tais teorias, com o objetivo de se criar condições semelhantes para todos os indivíduos como atores no "mercado" – p. e. na área da educação, da pesquisa e do desenvolvimento[11] – são confrontadas com políticas que beneficiam diretamente determinados setores econômicos. Nesse contexto, do ponto de vista geográfico, são relevantes os programas para a implementação de indústrias consideradas núcleos ou polos de desenvolvimento (produção de matéria-prima, geradores de energia etc.) e de infraestrutura (redes de transporte, comunicação, energia elétrica, entre outros).

Cabe destacar que, além dos mecanismos de mercado, os sistemas de regulação das sociedades também influenciam o acesso aos recursos e ao espaço, por exemplo, na distribuição de bens, serviços e no acesso a áreas públicas para o bem-estar de todos. Em muitas sociedades tradicionais é comum a construção de moradias ou a manutenção da malha viária a partir de atividades em mutirão. Contudo, em sociedades modernas, essas tarefas são geralmente institucionalizadas, financiadas por meio de impostos e tributos.

Nas sociedades urbano-industriais, muitas vezes, a população rural não tem acesso a diversos bens e serviços. Tendências atuais como a concentração das atividades de mercado em "*shopping centers*" podem causar a exclusão e a marginalização da população de baixa renda, que não tem disponibilidade de meios de transporte motorizados. De forma similar, a centralização e a concentração das instituições de educação, administração e saúde também podem agravar problemas relativos à desigualdade social.

---

[10] Segundo Schumpeter (1926), o crescimento econômico depende de empreendedores que reorganizam os fatores da produção para induzir inovações (destruição criativa), em fases econômicas estáveis. Outros empreendedores copiam tais inovações, que são reproduzidas até a saturação do mercado, ou seja, até a desaceleração do crescimento. Novas inovações serão necessárias para retomar o crescimento (modelo das ondas longas). Neoschumperterianos defendem políticas para fortalecer o "capital humano", particularmente o "conhecimento", através da capacitação da população, para que ela possa ativamente participar no desenvolvimento de inovações. Assim, espera-se estimular o "crescimento endógeno" em certas regiões.

[11] Políticas de muitas instituições de desenvolvimento, tais como o Banco Mundial, recomendam o fortalecimento do "conhecimento para o desenvolvimento" (WORLD BANK, 1999).

Além disso, as tendências de acumulação material e a expansão do espaço ambiental das sociedades urbano-industriais são causas de conflitos com as sociedades não industriais, cujas formas de ocupação podem ser consideradas mais sustentáveis, pois o impacto ambiental é menor. É nesse sentido, inclusive, que conflitos de terra podem ser denominados de conflitos socioambientais.

Nesse tipo de conflito, por sinal, reflete-se a negligência das atuais instituições políticas dominantes em relação ao trabalho não monetário e à produção não mercantilista, que são insuficientemente considerados nas ferramentas de planejamento e de regulação da sociedade urbano-industrial, como, por exemplo, nas estatísticas e nos indicadores econômicos.

Por todo o exposto, resta demonstrado que a questão da justiça social está intrinsecamente ligada à organização do espaço físico e social.

Os parâmetros apresentados acima são resumidos na tabela a seguir:

TABELA 1

Parâmetros para a sustentabilidade de sistemas de ação geográficos

Parâmetro	Sustentável	Não sustentável
Uso da terra	*Natural:* sem uso *Quase natural:* uso sem mudanças na estrutura do ecossistema natural (extrativismo, recreação etc.). *Seminatural:* manipulação de ecossistemas para fins de certos produtos, redução da biodiversidade (manejo de florestas naturais, sistemas agroflorestais, agricultura orgânica etc.).	*Semiartificial:* uso da terra com espécies exóticas e uso de insumos como agrotóxicos. Biodiversidade bastante reduzida (monoculturas, produção agrícola industrial). *Artificial:* transformação completa da natureza (mineração, construções urbanas, infraestrutura de transporte).
Capacidade de reprodução	*Autossuficiente:* as necessidades de uma determinada sociedade podem ser satisfeitas com a área disponível (depende dos valores básicos da sociedade).	*Dependente:* a satisfação das necessidades de uma determinada sociedade é altamente dependente de insumos externos envolvendo outros sistemas geográficos de objetos e ações.
Consumo de recursos e do espaço	*Estável:* as exigências sobre os recursos e o espaço ficam estáveis em relação ao número da população.	*Expansivo:* tendência ao aumento do consumo dos recursos e do espaço

Parâmetro	Sustentável	Não sustentável
Organização espacial	*Descentralizada:* uso da terra pouco especializada (diversificada); baixa tendência de concentração da população.	*Centralizada:* uso da terra especializada e separada para determinados produtos; forte tendência de concentração da população em áreas urbanas.
Sistema de transporte	*Distâncias curtas:* *Extensivo:* baixo consumo de materiais e energia (p.e. barcos, cavalos). *Natural:* p.e. rios, estradas de terra.	*Distâncias longas:* *Intensivo:* alto consumo de materiais e energia (p. e. caminhões, carros, aviões) *Artificial:* p. e. hidrovias, estradas.
Poluição do meio ambiente	*Baixo:* poucos focos de emissão, localidades de produção e de consumo pouco distantes (menos embalagens necessárias e poucos gases de escape); muitas fontes de energia limpa.	*Alto:* muitos focos de emissão, localidades de produção e de consumo distantes (muitas embalagens-lixo e emissões de gases de escape); energia vem de fontes não renováveis.
Justiça socioambiental	*Equilibrado:* poucas desigualdades entre os indivíduos no que diz respeito à distribuição e ao acesso aos recursos e ao espaço.	*Desequilibrado:* muitas desigualdades entre os indivíduos no que respeita à distribuição e ao acesso de recursos e do espaço.

Fonte: LASCHEFSKI (2002, p. 114).

É importante destacar que esses parâmetros se influenciam mutuamente, às vezes, até se contrariam. Por exemplo, a partir de uma perspectiva conservacionista, seria impossível a sustentabilidade social no espaço por meio do enquadramento deste no critério natural, pois essa perspectiva contraria qualquer atividade humana transformadora da natureza. Contudo, a sustentabilidade socioambiental pode ser avaliada a partir da inserção das atividades humanas nos ciclos de reprodução natural, tornando possível antever, assim, as tendências de uso no futuro.

Sem dúvida, a questão da sustentabilidade no espaço envolve o conhecimento sobre os aspectos materiais, o qual é organizado de forma técnico-científica, nas sociedades modernas. Já nas sociedades tradicionais, o conhecimento está organizado em experiências e observações acumuladas pelos saberes locais e suas técnicas correlatas. Por outro lado, o grau de sustentabilidade no espaço socioambiental depende altamente dos sistemas de regulação política, ideológica ou religiosa, que, influenciados por certos valores e normas e, finalmente, por poderes e interesses, empregam esses conhecimentos sobre o mundo material a partir de uma percepção socialmente construída do espaço físico. Assim, muitos dos conflitos socioambientais entre as diversas sociedades ou segmentos de sociedades refletem não somente as lutas sobre os territórios mas também diferenças sobre conteúdos filosóficos e funções sociais que são atribuídas aos objetos no espaço. Consequentemente, uma análise da sustentabilidade geográfica baseada nos parâmetros propostos acima precisa ser sempre conduzida numa perspectiva dialética.

Estudo de caso: as plantações de eucalipto no contexto do MDL

Embora já tenham sido apresentados vários projetos no âmbito do PCF (Fundo Protótipo de Carbono), as instituições nacionais e internacionais, sobretudo o Banco Mundial, ainda não desenvolveram uma metodologia sistemática para avaliar a sua sustentabilidade. Há apenas tentativas de se elaborar uma *checklist* de benefícios para o desenvolvimento sustentável (*sustainable development benefits*), que se pretende aplicar de forma generalizada para todos os projetos e países (HUQ, 2002). Os critérios utilizados são baseados nos trabalhos do PNUD e da OECD, que incluem os indicadores apresentados na tabela 2:

TABELA 2
Indicadores para o desenvolvimento sustentável em diferentes níveis

Dimensão	Global	Nacional	Local (Projeto)
Econômica	PIB (Produto Interno Bruto) PIB/capita	Comércio Impostos	Emprego
Ambiental	GEE (Gases de Efeito Estufa) Biodiversidade	Biodiversidade Qualidade do ar Qualidade da água	Qualidade do ar local Qualidade da água local
Social	IDH (Índice de Desenvolvimento Humano)	Emprego Redução da pobreza	Saúde Participação comunitária Capacitação

Fonte: HUQ (2002, P. 12), tradução do autor.

Em grande parte, os projetos apresentados pela Plantar S.A. e pela V&M do Brasil S.A. também são avaliados com base nesses indicadores. Sem dúvida, é possível, por essa via, destacar alguns efeitos positivos ou negativos do sistema de reprodução das sociedades, como por exemplo, quando se trata do aumento da eficiência energética num determinado setor, permitindo a redução do consumo de recursos não renováveis (energia fóssil). Porém, esses indicadores negligenciam aspectos importantes da sustentabilidade, como os setores da economia não monetária, outros modos de vida e organização social. E isso ocorre porque os indicadores refletem o pensamento desenvolvimentista hegemônico, no qual o crescimento econômico é considerado o mecanismo para a distribuição do bem-estar. Os problemas ambientais são vistos meramente como problemas técnicos que se resolverão com o progresso das ciências e do aperfeiçoamento do planejamento institucional. É, pois, questionável que a aplicação e a quantificação, de forma isolada, de tais indicadores sejam suficientes para avaliar projetos que ocupam áreas extensas, como é o caso das plantações. As mudanças no espaço inevitavelmente influenciam os sistemas ambientais e sociais no local de forma bastante complexa, o que requer uma análise mais profunda a partir dos parâmetros geográficos apresentados acima.

É importante ressaltar que o Banco Mundial também exige, das empresas candidatas ao financiamento através do PCF, a certificação do *Forest Stewardship Council* – FSC (Conselho do Manejo Florestal). A certificação florestal no contexto do PCF/MDL é de alta importância, particularmente em razão do chamado processo *stakeholder*, uma forma específica de participação, nas atividades das empresas certificadas, com todas as partes envolvidas. Por esse motivo, este estudo de caso se divide em duas partes. Primeiro, serão analisados os aspectos da sustentabilidade geográfica dos projetos da Plantar Florestal S.A. e da V&M Florestal Ltda. com base nos parâmetros apresentados acima. Em seguida, será feita uma análise dos processos políticos e do confronto de posições e das divergentes percepções sobre a ocupação do espaço em torno da certificação das empresas em questão.

Avaliação da sustentabilidade geográfica das plantações da Plantar e da V&M

As duas empresas Plantar Florestal S.A. e V&M Florestal Ltda. estão localizadas no bioma cerrado. Apesar da baixa fertilidade dos solos, as planícies no domínio do cerrado oferecem condições climáticas favoráveis para a agricultura industrializada (soja, milho, algodão, entre outros). Com o avanço de tais culturas, o cerrado tornou-se um dos ecossistemas mais ameaçados do Brasil (ver contribuições de Ribeiro e Silva, neste volume). Nos anos de 1970, durante a ditadura militar, foi intensificada também a expansão das plantações de eucalipto na região para fornecer carvão vegetal para a siderurgia. Na sua maior expansão, as áreas ocupadas por eucalipto em Minas Gerais abrangeram mais de dois milhões de hectares. Atualmente, são ocupados 1,5 milhão de hectares (AMBIENTEBRASIL, 2004).

A expansão do eucalipto causou graves conflitos sociais e estimulou o êxodo rural, não somente pela expulsão de pequenos produtores das suas terras mas também em decorrência da crescente mecanização do setor. Nesse contexto, as propostas para se incluir as monoculturas de eucalipto no MDL são extremamente relevantes, pois podem abrir caminho para uma nova expansão das plantações.

PARÂMETRO 1: USO DE TERRA

O Banco Mundial destaca que a sustentabilidade ambiental das plantações beneficiadas por meio do PCF reflete-se no bom manejo florestal, no compromisso das empresas com a preservação ambiental e no fato de que as plantações são estabelecidas em áreas desflorestadas e pastagens degradadas (PCF, 2004). Contudo, em termos de biodiversidade, é importante destacar que, mesmo nas modernas plantações, as extensas áreas produtivas são compostas de umas poucas espécies exóticas clonadas de *eucalyptus spp.*, em que a vegetação natural foi suprimida por herbicidas (*Glyphosate*). Além disso, são aplicados inseticidas, sobretudo para o combate de formigas (*Mirex-S*). Um outro aspecto a se considerar é a exportação, via colheita de madeira, dos nutrientes, que precisam ser substituídos por adubação (GOMES *et al.*, 1997). Assim, em relação ao grau de transformação do ecossistema, cerca de 70 a 80% da área ocupada pelas empresas reflorestadoras podem ser classificadas como *semiartificiais* e, consequentemente, como *insustentáveis* (ver tabela 1); e somente 20% a 30% das áreas são formalmente protegidas pela legislação ambiental (*natural,* sem interferências antrópicas, porém, ambientalmente *sustentáveis*). Porém, visitas a campo entre 2003 e 2004 revelaram a existência de pendências relativas ao cumprimento das leis ambientais, sobretudo em relação à implementação das APPs – Áreas de Proteção Permanente.[12]

Os moradores locais observaram a secagem de vários córregos e veredas (Buritis, Riacho Fundo, Pindaíba, para citar alguns), dentro das plantações da Plantar Florestal S.A. e da V&M Florestal Ltda. nos municípios de Curvelo e de Felixlândia. Um indício para a riqueza de água que existia na região é o grande número de moinhos de água desativados, e que antigamente eram usados para a produção de farinha ou rapadura. Um morador, entrevistado em outubro de 2003, relatou que seu moinho funcionara sem interrupção durante 50 anos, mas que, há três anos, após o plantio de eucalipto ao redor da cabeceira do córrego, a água deixou de correr. Outros moradores tiveram de perfurar poços de profundidade de até 12 metros numa área onde antigamente eram cultivados arroz, milho, feijão e hortaliças. Muitos poços secaram, comprometendo assim a subsistência das famílias.

Essa questão merece uma atenção especial, pois as empresas plantadoras em Minas Gerais negam qualquer relação entre a secagem dos córregos e o eucalipto (ver ponto 2.2.). Contudo, a literatura científica reconhece que em plantações de eucalipto, comparativamente às formações de Cerrado, Cerradinho ou Campo

---

[12] Segundo o Código Florestal Brasileiro, Lei n° 4.771, de 15 de setembro de 1965, as APPs devem ser implementadas com uma largura de pelo menos 30 metros ao longo das águas superficiais. Cabe lembrar que na bacia do Rio São Francisco, a Lei estadual n° 9.375, de 1986, determina como áreas de preservação permanente "...uma faixa da vegetação natural de 800...metros de cada lado do eixo da zona do canal das Veredas ...", caracterizadas pela presença da palmeira Buriti. Com base nessa lei, moradores do município de Felixlândia iniciaram, em 2004, uma ação judicial contra o uso indevido do solo pelos plantadores de eucalipto.

limpo, podem ser observadas perdas significativas de produção de água na bacia hidrográfica (LIMA, 1993, p. 85-86,116, 1997, p. 14; MEDEIROS, 1998, p. 388). Resumindo, a diminuição da água em plantios de eucalipto, no deflúvio assim como no subsolo, é resultado da alta interceptação das chuvas pela copa das plantações, da acumulação da biomassa elevada (LIMA, 1993, p. 85) e da evapotranspiração acelerada devido à grande quantidade de folhas por árvore. Segundo Miranda e Miranda (1996), as taxas de transpiração em áreas do Cerrado podem variar entre 1,5 e 2,6 mm/dia, enquanto que nas plantações de eucalipto há uma taxa de 6 mm/dia.

Em comparação com o eucalipto, muitas espécies da vegetação nativa do Cerrado possuem mecanismos mais eficientes para a convivência com a seca, tais como o controle da água pelo fechamento estomático (MEINZER *et al.*, 1999) e a perda de folhagem e redução da transpiração (EITEN, 1972; MAY, 2004; RAWITS-CHER, 1948). Consequentemente, a substituição do Cerrado por monoculturas de eucalipto é acompanhada por mudanças significativas nos balanços hídricos do solo e das águas superficiais.

Nas próprias plantações certificadas da MAFLA – Mannesmann Florestal Ltda., hoje denominada V&M Florestal Ltda., foi comprovada maior amplitude de armazenamento de água no solo da vegetação de Cerrado remanescente, em comparação com as plantações de eucalipto (ASSIS, 1996). Nos casos relatados pelos moradores vizinhos às plantações da Plantar Florestal S.A. e da V&M Florestal Ltda., deve-se considerar o consumo elevado dos novos clones de eucalipto, que produzem entre 30 e 35 m³/ha/ano, em vez dos 5 e 15 m³/ha/ano de madeira das espécies de eucalipto usadas tradicionalmente (MAY, 2004, p. 18).

Os impactos do eucalipto no regime da água nos córregos e no subsolo são ainda mais graves em sistemas de uso da terra com uma quantidade reduzida das árvores, por exemplo, em áreas de vegetação nativa explorada pelo extrativismo ou por pastagens com frutíferas. A tendência de taxas elevadas no consumo de água em áreas cobertas de eucalipto em comparação com as por pastagens foi comprovada em um estudo de Mosca (2003).[13]

Além disso, em decorrência dos ciclos de crescimento dos plantios, que vai de 5 a 7 anos, estabelece-se um regime de água profundamente alterado em comparação com as condições naturais. Alguns moradores entrevistados confirmaram a disponibilidade súbita de muita água após o corte raso de plantios próximos às veredas. Porém, por causa das altas cargas de suspensão e dos agroquímicos oriundos dos solos descobertos nas áreas desmatadas, a água era inadequada para

---

[13] Por outro lado, os autores destacam os padrões de vazões mais regularizadas no plantio de eucalipto e a perda de nutrientes e sedimentos da pastagem, que obviamente era degradada por superpastoreio, pois é mencionada a presença de voçorocas. Neste contexto, cabe lembrar que, em sistemas de uso tradicional bem manejados, como no Cerrado por exemplo, a erosão é bastante minimizada e o manejo é adaptado às irregularidades hídricas. Assim, a "vantagem" da regularização da situação hídrica por meio da implementação de monoculturas é de menor importância, tendo em vista a inserção de diferentes sistemas de uso na situação ecológica local.

o uso doméstico, o que permite afirmar que as plantações de eucalipto causam alterações significativas em áreas além dos seus limites.

Finalmente, para avaliar se o PCF contribui para o melhoramento da situação anterior às plantações, há que comparar essas últimas com o cenário alternativo de uso da terra. Segundo as condicionantes do PCF, no cálculo do sequestro de carbono somente podem ser consideradas áreas a serem replantadas as que foram desmatadas antes de 1989 e usadas inadequadamente. O exemplo citado é o de pastagens. Porém, é preciso estabelecer uma diferenciação entre pastagens degradadas pelo superpastoreio, pastagens reformadas com espécies exóticas de capim e pastagens tradicionais que apresentam uma certa quantidade de frutíferas compostas por espécies nativas. Estas últimas superam as plantações, no que diz respeito à biodiversidade e às questões de água anteriormente mencionadas. Tais sistemas podem ser classificados como *seminaturais* ou mais sustentáveis, do ponto de vista ecológico, do que as áreas cobertas por plantações.

Parâmetro 2: Capacidade de reprodução

Para avaliar a capacidade de reprodução, as plantações devem ser entendidas como sistemas sociais compostos pelos empreendedores e empregados e pelos meios de reprodução estabelecidos no espaço ocupado pelas empresas. O objetivo exclusivo das plantações é a produção de matérias-primas para a siderurgia ou para a indústria de celulose. Assim, as empresas plantadoras são *dependentes* de outros sistemas de uso para a reprodução social, sobretudo a agricultura. O fornecimento de alimentos para os trabalhadores industriais e para a equipe da administração, na cantina da empresa, por exemplo, é geralmente feito por grandes produtores, estimulando, dessa forma, a transformação do espaço em outras monoculturas. Consequentemente, as plantações não podem ser entendidas como uma alternativa à produção em grande escala de milho, feijão, café ou arroz, como muitas vezes alegado pelos defensores das monoculturas de eucalipto (Lima, 1993). Na verdade, ambos constituem subsistemas interligados dentro do sistema de reprodução social das sociedades urbano-industriais.

Outra questão a se considerar é que a dependência dos trabalhadores em relação à remuneração monetária torna-os frágeis quanto às oscilações do mercado. A própria Plantar Florestal S.A. alegou, na proposta do projeto, que, sem os recursos do PCF, ela seria obrigada a abandonar a produção de carvão vegetal. Mas, considerando os planos de expansão do setor como um todo, deve-se esperar que aumente a competição entre as empresas no mercado. Assim, mesmo com os subsídios do PCF, a estabilidade econômica das plantadoras não pode ser garantida. E são justamente os trabalhadores de baixa renda que terão sua reprodução ameaçada pela desvalorização real do salário e do desemprego. Nessa medida, com relação à reprodução social, o sistema pode ser classificado como *dependente* ou *não sustentável.*

PARÂMETRO 3: CONSUMO DOS RECURSOS E DO ESPAÇO

A alta produtividade dos clones de eucalipto utilizados pela Plantar Florestal S.A. resultou em um ganho de eficiência o que pode contribuir para uma desaceleração da ocupação do espaço ou mesmo para o declínio da área ocupada. A Plantar Florestal S.A. realmente desativou plantações em grande parte de suas propriedades que se mostraram pouco rentáveis em comparação com os novos plantios. Contudo, esse ganho na sustentabilidade somente seria eficiente em longo prazo se o consumo de carvão vegetal na indústria permanecesse estável, hipótese que se mostra pouco provável num sistema capitalista que visa à acumulação de capital por meio do aumento da produção. Assim, a expansão adicional das áreas da Plantar Florestal S.A. encontra-se apenas adiada.

Outro agravante é a condição do PCF que afirma que somente plantios em áreas anteriormente sem cobertura florestal podem ser considerados sumidouros de carbono. Com efeito, as empresas são obrigadas a expandir seu espaço para novas áreas, ao invés de reativar as próprias monoculturas abandonadas. Além disso, o projeto é exemplo para os outros plantadores, inclusive os fornecedores da indústria de celulose que já anunciaram o aumento das áreas em 1,2 milhão de hectares, sobretudo para exportação (BRACELPA, 2004). Mas tendo em vista que a maior parte da celulose é usada para produtos descartáveis, tais como embalagens, guardanapos e papel higiênico, é de se ver que uma grande parte dessas áreas vai ser dedicada ao consumo desnecessário, se se considerar a alternativa da reciclagem de papel.

Problemática é a segunda componente do projeto da Plantar Florestal S.A., que visa à obtenção de benefícios quando a siderurgia utilizar carvão vegetal em vez de carvão mineral. No caso da própria Plantar Florestal S.A., essa componente não entra no balanço de ocupação do espaço, pois ela nunca usou carvão mineral. O conflito maior surge quando outras siderurgias, baseadas em carvão mineral, decidem usar carvão vegetal porque, consequentemente, o consumo de recursos não renováveis seria trocado pela expansão não sustentável no espaço.

Portanto, as políticas do MDL intensificam a expansão do eucalipto à custa de outros sistemas de uso da terra e de remanescentes de ecossistemas naturais. Além disso, as indústrias beneficiadas são justamente aquelas inseridas num sistema de produção de alto consumo de recursos, as quais podem ser caracterizadas como *expansivas* ou *não sustentáveis*.

PARÂMETRO 4: ORGANIZAÇÃO ESPACIAL

As monoculturas de eucalipto constituem um subsistema das sociedades modernas, que utilizam a terra especializada para determinados produtos. De certa forma, o estabelecimento da Plantar S.A. no município de Curvelo, por exemplo, estimulou o êxodo rural e a concentração da população nas cidades. Essa situação não muda significativamente com o projeto do PCF, apesar de que, de modo geral, a expansão das plantações pode vir a causar uma nova onda de êxodo rural (ver Parâmetro 3), o que irá resultar em aumento, da insustentabilidade do sistema urbano-industrial.

PARÂMETRO 5: SISTEMA DE TRANSPORTE

As plantações da Plantar Florestal S.A. estão inseridas numa rede abrangente de indústrias que se estende para além das fronteiras de Minas Gerais. A maior parte do transporte de carvão vegetal acontece entre Curvelo e os centros industriais da siderurgia em Sete Lagoas e Belo Horizonte. Em média, o transporte acontece, no caso da Plantar Florestal S.A., numa distância de 80 km e, no caso da V&M Florestal Ltda., num raio de 350 km. As mudas do viveiro da Plantar Florestal S.A. (ECOSECURITIES, 2002; 2003) são transportadas por vários estados brasileiros, e diversos produtos, como o carvão para churrasco, são comercializados internacionalmente. O transporte acontece por meio de caminhões, em especial, os de longa distância. Portanto, o sistema do complexo de plantações – siderurgia – celulose está baseado numa infraestrutura de *longas distâncias*, com meios de transporte de *alto consumo* no que tange a materiais e energia e dependendo de uma malha rodoviária na maior parte impermeabilizada pelo asfalto, ou seja, *artificial*. Os projetos do PCF, assim, interferem indiretamente no sistema existente pela estimulação da expansão do setor.

PARÂMETRO 6: POLUIÇÃO DO MEIO AMBIENTE

Como o mercado de carbono tem por objetivo reduzir a poluição, este parâmetro é um dos mais relevantes no contexto dos projetos da Plantar Florestal S.A. e da V&M Florestal Ltda. Por isso, serão analisados, além dos aspectos que contribuem para o combate às mudanças climáticas, os efeitos da poluição, em nível local, que advêm do sistema plantação de eucalipto-carvoejamento.

A Plantar Florestal S.A. pretende, ao longo de 28 anos, investir no plantio de 23.100 hectares de clones melhorados de eucalipto e regenerar 478 hectares de vegetação natural. Por essa via, espera-se o sequestro de cerca de 4,54 milhões de toneladas de CERs (equivalentes à redução das emissões de CO_2 – *Emissions Reduction Equivalents*). A justificativa da Plantar Florestal S.A. é a de que, sem o apoio dos créditos de carbono, não seria possível assegurar os empréstimos bancários necessários para os novos plantios. A produção de carvão vegetal não é considerada economicamente rentável, e seria necessário substituí-la por carvão mineral, processo chamado em inglês de *fuel switch* (troca de combustível). Consequentemente, uma segunda componente da proposta prevê evitar o *fuel switch*, que resultaria na emissão adicional de 7,9 milhões de toneladas de CERs na atividade da siderurgia. Uma terceira componente refere-se ao melhoramento das carvoarias, principalmente para reduzir a emissão de metano, também um gás de efeito estufa, o que corresponderia à redução de 0.44 milhões de toneladas de CERs (MAY *et al*, 2004, p. 19). No total, por intermédio do projeto da Plantar

S.A., calcula-se uma redução de 12.88 milhões de toneladas de CERs. A V&M do Brasil S.A. também alega o *fuel switch* (15,8 milhões de toneladas de CERs) e a construção de novas carvoarias (4,7 milhões de toneladas) no seu projeto, evitando assim a emissão de um total de 20.,8 milhões de toneladas de CERs num período de 21 anos (ECOSECURITIES, 2003, p. 4).

Sem dúvida, o melhoramento tecnológico nas carvoarias apresenta potencial para redução das emissões de gases de efeito estufa. Porém, esse não é o caso da componente principal de ambos os projetos, a *fuel switch*, como veremos a seguir.

A ideia da *fuel switch* está baseada na suposição de que a troca de carvão vegetal (energia renovável[14]) por carvão mineral (energia não renovável) resultaria no aumento de gás carbônico na atmosfera. No caso do projeto Plantar S.A., o processo de produção do ferro-gusa baseado em carvão vegetal como redutor e fonte energética é considerado como *carbon neutral*, ou seja, existiria um equilíbrio entre as emissões e o sequestro de carbono (ECOSECURITIES, 2002). Já no caso da V&M do Brasil S.A., o processo não é completamente *carbon neutral*, pois durante a produção de aço, produto mais refinado do que o ferro-gusa, é liberado mais CO_2 do que o sequestrado, oriundo de fontes energéticas não renováveis. Assim, após a subtração dos CERs fixados nas plantações e das pequenas quantidades de carbono no próprio aço, ainda são emitidas 88.166 toneladas de CO_2/ano[15] (ECO-SECURITIES, 2003, p. 35).

Teoricamente, a substituição de carvão mineral por carvão vegetal pode contribuir para uma redução das emissões de gases de efeito estufa. Contudo, o argumento da *fuel switch* baseia-se na hipótese de que, no futuro, por razões econômicas, as empresas serão obrigadas a fazer o inverso: substituir carvão vegetal por carvão mineral. Ocorre que os créditos de carbono, cedidos pelo PCF, são usados de uma maneira que acabam por manter o sistema atual. Em consequência, é evidente que as emissões, na realidade, não serão reduzidas. Por esse mecanismo, indústrias poluidoras, sediadas em países desenvolvido teriam a possibilidade de, por meio do mercado de carbono, comprar o direito de emitir exatamente aquela quantidade de gases de efeito estufa, que os projetos aqui examinados pretendem evitar. Assim, o resultado, com respeito à poluição da atmosfera em ambos os casos – a troca de combustível ou a continuação do uso de carvão vegetal em troca do direito de emissão para outras indústrias –, seria rigorosamente igual.

Os demais cálculos das emissões também foram influenciados pelo cenário hipotético da troca de combustível. A referência foi uma situação pior do que a

---

[14] O carvão vegetal é considerado renovável, porque as emissões de CO_2 oriundas da sua queima são fixadas novamente nos plantios de eucalipto por fotossíntese, processo responsável pela transformação do CO_2 do ar em carbono, sendo acumulado na biomassa (madeira) das plantas.

[15] Os números são calculados com base numa produção de 570.000 toneladas de aço/ano, considerados 1,749 tCO_2/tonelada aço e 1,595 tCO_2 fixado nas plantações/carvão vegetal, o valor líquido das emissões nestes cálculos é de 0,1547 tCO_2/tonelada aço (ECOSECURITIES, 2003, p. 35).

atual, que, no discurso do PCF, tornar-se-ia sustentável. Nesse contexto, a Ecosecurities (2003) excluiu dos cálculos, por exemplo, as emissões do transporte entre as carvoarias e as siderurgias, embora fossem apresentados métodos e parâmetros para tanto. Os pesquisadores alegaram que a diferença das emissões a partir do sistema de transporte entre a rota de carvão vegetal (cenário atual) e a rota do carvão mineral (cenário *fuel switch*) seria muito pequena, e, assim, poderia ser negligenciada no cálculo efetuado.

Contudo, como o MDL tem por objetivo promover o desenvolvimento sustentável na região, questões sobre a atual sustentabilidade ou insustentabilidade das empresas beneficiadas são sempre relevantes. Segundo nossos cálculos, baseados nos dados apresentados pela Ecosecurities, o transporte do carvão entre as carvoarias e a siderurgia, no caso da Plantar Florestal S.A., resultaria em emissões anuais de 770 toneladas de CO_2, considerando a distância de 80 km e produção anual de aproximadamente 353.045 m^3 de carvão vegetal. Já no caso da V&M Florestal Ltda., tomando uma distância que é de 350 km entre plantações e indústria e uma produção anual de 365.544 toneladas de carvão vegetal, chegamos à emissão de 5.648 toneladas de CO_2/ano ou de 158.144 toneladas de CO_2 em 28 anos.[16]

Nesses números, reflete-se a importância da organização espacial e do sistema de transporte na poluição do meio ambiente (parâmetros 4 e 5). Como o Banco Mundial/PCF pretende estimular também outras empresas a aumentar a produção de carvão vegetal por meio da expansão das plantações e, consequentemente, da malha viária, essa política resultaria no aumento das emissões.

O consumo de petróleo no sistema logístico interno, ou seja, dentro das plantações e na indústria siderúrgica, supera ainda o do transporte entre as plantações e a siderurgia. No caso do projeto da Plantar S.A., o gasto de combustível foi calculado em 1.512.000 litros/ano, os quais correspondem a emissões de 4.439 toneladas de CO_2/ano (ECOSECURITIES, 2003, p. 61/70)[17] ou 124.292 toneladas de CO_2, durante 28 anos de duração do projeto.

---

[16] Segundo a Ecosecurities (2001), a distância média entre as carvoarias e a siderurgia é de aproximadamente 80 km, o que corresponde a um consumo de combustível diesel de 16l (5 km/l). Cada caminhão (18 toneladas) leva uma carga de 43 metros cúbicos de carvão vegetal. Dada a produção anual de 353.045 m^3, são necessárias 8.210 cargas de caminhão por ano. Como a viagem de volta do caminhão também precisa ser inserida no cálculo, chegamos a um consumo de 262.720 litros de diesel/ano (8.210 cargas x 16l x 2). O fator de emissões de carbono para diesel é 2,93 toneladas de CO_2/1000, que corresponde à emissão de 770 toneladas de CO_2/ano, ou 21.560 toneladas de CO_2 no total.

No caso da V&M do Brasil S.A., a distância média entre carvoarias e indústria é de 350 km, e o consumo de combustível diesel é de 70 litros. Cada caminhão leva uma carga de 27 toneladas. A produção anual média seria de 365.544 toneladas de carvão, caso o projeto fosse implementado completamente. Assim, são necessárias 13.539 cargas/ano. Incluindo a volta do caminhão, chegamos a um consumo de 1.895.413 litros por ano (13.539 cargas x 70l x 2). O fator de carbono para diesel é de 2,93 toneladas de CO_2/1000 diesel, assim a emissão será de 5.648 toneladas de CO_2/ano

[17] Nas linhas básicas para o projeto da V&M, foram excluídas as emissões oriundas do consumo interno de combustível nas plantações e na siderurgia.

Mais uma fonte que contribui indiretamente para o aumento de gás carbono na atmosfera são os agroquímicos utilizados nas plantações. Produtos derivados do petróleo, os agroquímicos e sua cadeia produtiva não foram considerados nas linhas de base de ambos os projetos.

Resta demonstrado assim que o atual sistema de produção de carvão vegetal, a partir de monoculturas de eucalipto, mostra-se altamente dependente de recursos não renováveis, cujos subprodutos são liberados como agentes poluidores nos ciclos da atmosfera e da biosfera.

Além disso, do ponto de vista técnico-científico, há dúvidas em relação ao conceito de plantações como sumidouros de carbono. Tal conceito prevê que empresas dos países industrializados adquiram, por meio de investimentos em plantações, o direito de liberar mais gás carbônico, oriundo de fontes fósseis, no ciclo biosfera-atmosfera, onde existe uma certa dinâmica na balança entre gás carbônico na atmosfera e carbono fixo na biomassa. Ocorre que as atividades humanas ao longo da história já provocaram um desequilíbrio nessa balança, com o aumento do gás carbônico por causa de desmatamentos, queimadas, uso de madeira como fonte de energia, entre outros. Somente no contexto das interferências na biosfera podem os reflorestamentos, teoricamente, funcionarem como "sumidouros de carbono" e, assim, reverterem uma parte dos problemas causados. A liberação contínua de carbono das fontes fósseis na litosfera, entretanto, significa o aumento permanente e irreversível do carbono no ciclo atmosfera-biosfera, com consequências pouco previsíveis. Sempre há o risco de que o equilíbrio entre emissão e sequestro de carbono seja perturbado por incessantes derrubadas de árvores e queimadas nas florestas. Desse modo, o conceito de plantações como "sumidouros" de carbono, em verdade, abre uma brecha para possíveis aumentos de carbono no sistema biosfera-atmosfera considerado em sua totalidade.

Quanto ao consumo de energia elétrica na indústria, a Ecosecurities (2003) destaca, como um dos aspectos positivos para investimentos no Brasil, a grande percentagem de fontes "renováveis" existentes no país, tais como a biomassa e a energia hídrica. A empresa lamenta que nos atuais termos do Protocolo de Quioto, essas fontes não possam ser consideradas como CERs no cálculo de créditos de carbono (ECOSECURITIES, 2003, p. 89). Contudo, a consideração da biomassa e de hidrelétricas como *carbon neutral*, ou mesmo, como "sumidouros de carbono", é questionável. Os problemas em outro tipo de plantações para a produção de biomassa, como as de cana-de-açúcar, mamona e soja, são similares aos das monoculturas de eucalipto. Em relação a usinas hidrelétricas, estudos recentes mostram que os reservatórios também são emissores de gases de efeito estufa, particularmente do gás metano, por meio dos processos de decomposição da matéria orgânica na água (FEARNSIDE, 2004). Além disso, para a sua implementação, faz-se necessária a retirada da cobertura vegetal. O carbono liberado pelos desmatamentos nas áreas que são alagadas precisa ser considerado como não renovável, pois a área dos reservatórios será perdida em relação a medidas de reflorestamento, pelo menos durante a vida útil das hidrelétricas.

Portanto, independentemente da eficácia do projeto no combate às mudanças climáticas, o sistema de produção de eucalipto e de carvão vegetal continua poluindo o ar, a água e o solo em nível local. As plantações de eucalipto, como já foi dito, são altamente dependentes de agroquímicos, que são espalhados na área inteira dos terrenos produtivos (inseticidas: Sulfuramida, Deltamethrim, Cipronil; e herbicidas: Glifosto, Oxyfluoren; conforme SCS, 2003, p. 7). Como em qualquer outra monocultura, a contaminação dos solos e da água superficial e subterrânea não pode ser evitada, mesmo quando os produtos químicos são aplicados de forma controlada. Pode-se observar frequentemente que também áreas situadas fora das plantações são atingidas. Além da contaminação da água, moradores em Felixlândia, na região de Curvelo, denunciaram o envenenamento de grandes quantidades de emas, que são espécies ameaçadas de extinção.

Na área da Plantar Florestal S.A., o viveiro necessita de altas quantidades de água, adubo e agroquímicos (inseticidas: Deltmethrin, Acephate; fungicidas: Triadimenol, Fitalimida, Quintozene, Iprodione, conforme SCS, 2003, p. 7). No córrego Boa Morte, localizado a jusante do viveiro, desenvolveu-se um extenso brejo caracterizado pela eutrofização, o que indica a presença de cargas de agroquímicos na água. Embora apenas um dos produtos químicos usados pela Plantar Florestal S.A. seja considerado altamente tóxico (Oxyfluoren), o impacto ecológico é enorme, já que esses produtos são necessários para manter a área manejada em um estado extremamente alienado da situação natural.

O carvoejamento, por sua vez, por meio da poluição localizada, causa impacto direto nos trabalhadores, que são expostos ao pó, à fumaça e ao calor das carvoarias. Mesmo considerando que os fornos modernos reduzem os impactos para os trabalhadores, permanecem alguns riscos, por exemplo, pela inalação do monóxido de carbono (CO), a qual causa um processo de intoxicação contínua, que pode resultar em morte (WRM 2003, p. 154). Trabalhadores relataram que, mesmo após a modernização das carvoarias da Plantar Energética S.A., as condições de trabalho não se tornaram boas, pois o esvaziamento manual dos fornos ocorre em um ambiente de 80° C.[18]

Por tudo isso, podemos concluir que o discurso "científico", utilizado na formulação das linhas básicas para os projetos da Plantar Florestal S.A. e da V&M Florestal Ltda., foi construído a partir de comparações hipotéticas e da percepção isolada da questão da emissão e fixação de gás carbônico durante o processo de transformação da matéria-prima (minério de ferro) em produtos semifabricados. A "mochila ecológica" da cadeia de produção, incluindo a mineração até os produtos finais, não foi considerada. O mesmo pode ser dito do próprio sistema de produção de carvão vegetal com base em monoculturas de eucalipto, que envolve a poluição pelo sistema logístico, (caminhões, máquinas florestais) e pela aplicação de agroquímicos.

---

[18] Reunião da SCS junto ao STR Curvelo e moradores locais, no dia 7 de outubro de 2004, com a finalidade de avaliar o desempenho da empresa em questões ambientais e sociais.

Enfim, os projetos da Plantar Florestal S.A. e da V&M Florestal Ltda. contribuem pouco para a diminuição dos gases de efeito estufa, primordialmente porque a componente mais relevante, a suposta *fuel switch*, tem como referência uma situação hipotética. Contudo, mesmo no caso de uma verdadeira troca de combustível, as monoculturas de eucalipto são altamente dependentes de recursos não renováveis com potencial poluidor do meio ambiente. Dentro de uma lógica de adequação ambiental, é até possível amenizar alguns de seus impactos, mas ainda restam dúvidas de que, em longo prazo, a produção de carvão vegetal, nesse sistema, pode ser organizada de forma sustentável no tocante à poluição.

PARÂMETRO 7: JUSTIÇA SOCIAL

Na argumentação do Banco Mundial/PCF, a questão social, no caso da Plantar Florestal S.A., concentra-se principalmente na manutenção de 1.270 postos de emprego como instrumento principal para o combate à pobreza na zona rural do município de Curvelo. Além disso, no que diz respeito às relações trabalhistas, o Banco Mundial/PCF destaca o melhor desempenho dessas empresas em relação à média das outras empresas do setor. Porém, May *et al.* (2004, p. 31) alertam para a tendência ao aumento da concentração de terras, já que o PCF somente visa ao financiamento para reflorestar áreas desmatadas ou degradadas. Para diminuir esse risco, os mesmos autores lembram os programas governamentais para o fomento florestal direcionados aos pequenos produtores, que oferecem uma possibilidade de renda adicional. Contudo, críticos desses programas alegam que eles promovem a externalização dos direitos trabalhistas por meio da terceirização da produção e que os agricultores tornam-se economicamente dependentes das empresas, que fornecem as mudas clonadas e os agroquímicos necessários para tratá-las. Os efeitos negativos, particularmente o endividamento dos pequenos produtores, são bastante conhecidos nas experiências da "revolução verde" na agricultura.

O PCF, na avaliação do projeto, não leva em consideração as possibilidades econômicas monetárias e não monetárias existentes na zona rural. Dayrell (2000, p. 261 (destaca as potencialidades do uso múltiplo da vegetação do Cerrado com até 78 espécies de plantas nativas manejadas, tais como pequi, coquinho azedo, panan, maracujá, cajuzinho e coco catolé, que servem para produzir frutas, geleias, licores, óleo vegetal, sabão e mesmo madeira e carvão vegetal para a comercialização. O Sindicato dos Trabalhadores Rurais – STR de Rio Pardo de Minas (2004) calculou que, no Norte de Minas Gerais, a área necessária para a produção e reprodução de uma família rural seria de 100 hectares (20 ha de reserva natural, 40 ha para o extrativismo e 40 ha para a agricultura). Dada a média de pelo menos três ou quatro pessoas por família, a relação hectares/trabalhador estaria entre 25 e 33 por 1. Esses cálculos não incluem os empregos gerados no processamento dos produtos agrícolas (farinha, geleia, doces, conservas e carne etc). Além disso, do ponto de vista ecológico, as áreas trabalhadas de forma diversificada, com métodos agroextrativistas, representam mais benefícios do que as áreas de monoculturas.

Em comparação a tais potencialidades para o desenvolvimento local, os plantadores de eucalipto mantêm um sistema industrial que gera pouco emprego por área ocupada. Nos casos da Plantar Florestal S.A. e da V&M Florestal Ltda., a relação área ocupada por trabalhador seria de 100 a 150 hectares nas atividades florestais e no carvoejamento. Quando consideramos também os empregos gerados na mineração e na siderurgia, a área ocupada seria de 52 a 54 hectares por trabalhador.[19]

Segundo o STR de Curvelo, os salários pagos pelas empresas em tela são insuficientes para sustentar as famílias dos trabalhadores, com muitos de seus membros sendo obrigados a procurar outras fontes de renda, frequentemente em outras cidades. Assim, é pouco provável a fixação da população nas áreas rurais, por meio da transformação de pequenos agricultores em assalariados pelas empresas plantadoras de eucalipto, como é dito na justificativa do projeto Plantar Florestal S.A.. Ao contrário, o êxodo rural é intensificado em consequência da expansão das áreas de plantação, que é estimulada pelos projetos do PCF junto às políticas nacionais e locais. Portanto, em relação à distribuição dos recursos para a população rural, é plausível supor o agravamento da desigualdade social.

Cabe lembrar que a maioria das plantações de eucalipto em Minas Gerais foi implementada, na década de 1970, em terras devolutas, as quais foram arrendadas pelo Estado para as empresas. Tratou-se, na época, de uma forma de concessão de subsídios para a siderurgia, que era considerada uma indústria-chave dentro dos programas que visaram à criação de "polos de desenvolvimento". Atualmente, as concessões aos plantadores de eucalipto estão vencendo. Isso abriu uma possibilidade inédita para a reapropriação social (LEFF, 1998) dessas áreas pelos pequenos produtores. Nesse sentido, o STR de Rio Pardo de Minas (2004) elaborou uma proposta detalhada para a reconversão agroextrativista das terras devolutas ocupadas pelas empresas, que abrange o reassentamento de famílias rurais, o manejo do cerrado e a recuperação da vegetação nativa. Tal proposta pode servir de exemplo para redirecionar a atenção das políticas públicas estaduais às verdadeiras pelo MDL já criou grandes expectativas entre o setor dos plantadores de eucalipto, cuja

---

[19] A Plantar S.A. mantém 962 empregos ligados às atividades florestais e ao carvoejamento (MAY, *et al.* 2004, p. 35) numa área total de 32.232 ha (áreas não produtivas, APPs incluídas), ou seja, 34 hectares/trabalhador. Este número encontra-se abaixo da média do setor, porque 306 funcionários da Plantar Florestal S.A. trabalham no viveiro, que é um grande produtor de mudas para outras empresas. Quando consideramos a área total da Plantar S.A., de 180.000 hectares, e todos os 1.270 empregados, inclusive os da siderurgia, a relação passa a ser de 142 ha/trabalhador. Como muitas das terras da Plantar Florestal S.A. são impróprias para o novo sistema de produção de eucalipto, a empresa pretende diminuir a área para 65.803 ha (SCS, 2004, p. 4). Assim, no futuro, o balanço será de 52 ha/trabalhador.

A V&M Florestal Ltda. possuía uma área de 240.000 hectares e mantinha 745 empregos fixos no ano de 2003 (V&M, 2003, p. 82). Se considerarmos uma média de 1.500 colaboradores por ano (SGS, 2001, p.8), a relação será de 107 ha/trabalhador. Mesmo quando consideramos todos os 4.440 empregos gerados pela V&M do Brasil (inclusive na mineração e na produção de tubos de aço), ainda são 54 ha/trabalhador.

influência política é significativa. Por isso é que o apoio do Banco Mundial/PCF aos projetos pilotos da Plantar Florestal S.A. e da V&M Florestal Ltda. fortalece uma tendência política de se retomar, de forma modificada, uma ideologia de desenvolvimento vigente nos anos de 1970.

Um outro aspecto concernente à justiça social refere-se à emergência de uma nova forma de ocupação do espaço ambiental pelos países industrializados nos países em desenvolvimento. Através do MDL, países industrializados têm a possibilidade de determinar que extensas áreas nos países em desenvolvimento sejam destinadas para o contrabalanço de suas emissões. Na hipótese de que um país em desenvolvimento venha a alcançar um maior grau de industrialização, ocorreria um constrangimento relativo ao uso de tais áreas, para contrabalançar a sua própria quota de gases de efeito estufa. Consequentemente, como as áreas em questão já estariam "ocupadas" por outros países, o MDL se tornaria um impedimento para o avanço industrial dos países em desenvolvimento. Críticos temem pelo surgimento de um neocolonialismo de CO_2, que aprofundaria mais uma vez a dominação dos países industrializados (LOHMANN, 2001, p. 7-8).

O MDL, A CERTIFICAÇÃO FLORESTAL E AS ESTRATÉGIAS DE PARTICIPAÇÃO EM MINAS GERAIS

Os parágrafos anteriores objetivaram analisar os projetos da Plantar Florestal S.A. e da V&M Florestal Ltda., com relação à sua sustentabilidade geográfica, a partir dos parâmetros apresentados. Questões relativas ao espaço foram focalizadas para se refletir sobre os critérios de sustentabilidade que instituições internacionais estão aplicando para justificar as suas políticas sociais e ambientais. Mas, como já foi dito, além dos indicadores citados, o Banco Mundial/PCF tem, como condição para aprovar os projetos envolvendo plantações de eucalipto

> ... [a] certificação implementada pelo Forest Stewardship Council – FSC –, um processo movido por organizações não governamentais e amplamente reconhecido como a forma mais abrangente para assegurar a qualidade ambiental e a equidade social em operações florestais (WORLD BANK, 2003, p. 1)

O FSC é responsável pela definição de um conjunto de diretrizes globais para a classificação de florestas em "bem manejadas". Esses princípios e critérios, segundo Faillace (2002, p. 15), "...são mundialmente reconhecidos e refletem os debates internacionais tanto no campo da conservação de florestas quanto no campo dos direitos sociais, humanos, políticos e culturais". Baseados nessas orientações, órgãos privados executam a certificação do FSC, tanto para atividades de corte em florestas naturais, quanto para plantações. O grande diferencial em relação a outros esquemas de certificação é um mecanismo de resolução de conflitos, o chamado *stakeholder process*, que tem por objetivo garantir a participação de todas as partes ativa ou passivamente envolvidas nas atividades florestais. Durante esse processo, atenção especial deveria ser dada aos direitos formais e tradicionais das populações locais. Muitos grupos de direitos humanos se filiaram ao FSC, acreditando que o mesmo apoiaria uma espécie de iniciativa de "mercado justo" para beneficiar as comunidades locais.

Tendo em vista que, há décadas, monoculturas produzidas em enormes extensões foram alvo de fortes críticas de ambientalistas, conservacionistas, ecólogos e biólogos, surpreende o apoio das ONGs para uma iniciativa que concede "selos verdes" para tais plantações. Na verdade, essa questão ainda causa muita polêmica mesmo entre os membros do FSC. No dia 9 de setembro de 2004, foi iniciado um processo de revisão do Princípio 10, que trata da questão das plantações (FSC-Internacional, 2004), com encerramento previsto para 2006. A revisão é necessária, pois, na forma atual, as diretrizes são pouco claras. Verifica-se que ainda existem grandes diferenças na interpretação do Princípio 10 entre as iniciativas nacionais. Na Alemanha, por exemplo, o objetivo principal da certificação das plantações visa à transformação de monoculturas em florestas mistas ou *seminaturais,* pela substituição de espécies exóticas por nativas, proibição do corte raso e abolição da aplicação de pesticidas. No Brasil, no entanto, a certificação concentra-se somente no melhoramento das técnicas florestais e na elaboração de um plano de manejo. A preocupação ambiental está reduzida à implementação de corredores ecológicos, a algumas restrições na aplicação de pesticidas e ao cumprimento da legislação ambiental (FSC-Brasil, 2003). O que podemos verificar é que, dentro da mesma organização, existem percepções opostas em relação à transformação da natureza por atividades humanas (ver parâmetro 1). Enquanto o FSC-Alemanha segue uma estratégia de mudança estrutural na produção de florestas – pelo menos em questões ecológicas –, o FSC-Brasil está agindo dentro de uma filosofia de adequação ambiental, mantendo, em princípio, uma forma de manejo baseada em monoculturas *artificiais.*

Uma explicação para a posição do FSC-Brasil encontra-se nos atores envolvidos na organização. A sua diretoria é influenciada por empresas e associações de plantadores de eucalipto, sobretudo representantes da família empresarial Klabin, cujas plantações estão entre as primeiras certificadas pelo FSC. Entre as ONGs ambientalistas que fazem parte do conselho diretor, destaca-se a SOS Mata Atlântica, uma fundação cujo presidente é um dos empresários do Grupo Klabin.

De um subgrupo do FSC-Brasil, encarregado da elaboração dos padrões para o manejo das plantações, participaram representantes da AMDA – Associação Mineira de Defesa do Ambiente e da Fundação Biodiversitas, ambas ONGs que atuam em Minas Gerais. Tais entidades mantêm vínculos com as empresas V&M e Plantar S.A., por meio de parcerias em projetos e atividades conjuntas. A Plantar S.A. é associada jurídica da AMDA. Além disso, as duas ONGs atuam em estreita colaboração com os órgãos ambientais do Estado de Minas Gerais, sobretudo com a FEAM – Fundação Estadual do Meio Ambiente, o COPAM – Conselho de Política Ambiental de Minas Gerais e o IEF – Instituto Estadual das Florestas.

O que se pode observar, portanto, a partir dos atores envolvidos na certificação das empresas Plantar Florestal S.A. e V&M Florestal Ltda., é a existência de uma conexão entre o "campo da política ambiental mineira", tal como identificado por Carneiro (2005, cap. 3, neste volume)[20], e o "campo da certificação florestal" circunscrito em torno do FSC, conforme descrito acima. De forma semelhante ao caso do COPAM houve, em nível internacional, uma certa oligarquização do campo e – por meio de jogos de mitigação – a evolução de uma *doxa*,[21] que visa à compatibilização da ideologia do desenvolvimento sustentável com o "desenvolvimento econômico" e a "preservação ambiental" (CARNEIRO, 2005, cap.3, neste volume). Esse processo corresponde a mudanças nas estratégias das ONGs dominantes em nível internacional, tais como o Greenpeace, o WWF e o Amigos da Terra, que substituíram as estratégias de confrontação dos anos de 1980 (por exemplo, campanhas de boicote à madeira tropical) por estratégias de conciliação com o setor privado e instituições governamentais em níveis nacionais e internacionais. A criação e a consolidação do FSC desde 1993 é o resultado mais visível desse processo, analisado com profundidade por Zhouri (1998; 2004) e Laschefski (2001; 2002).[22]

A influência dos atores mineiros no "campo da certificação florestal" reflete-se no processo de consulta do certificador SCS, em relação à Plantar Florestal S.A. No relatório da certificação do ano de 1999, a SCS mencionou uma conversa com um representante da AMDA, a única ONG contactada (SCS, 1999, p. 6). As outras entrevistas mencionadas foram com o IBAMA, o IEF, a prefeitura de Curvelo e a polícia. Na época, não foram entrevistados representantes de sindicatos, pois não havia representação no local. Já no segundo relatório da recertificação, de maio de 2003, foram mencionados 61 representantes de várias entidades.[23] Porém, a maioria das ONGs e sindicatos ali relacionados atua em nível nacional. Dos 16 representantes das ONGs, 12 são diretamente ligados ao FSC como membros ou como portadores de cargos no FSC-Brasil, entre eles a SOS Mata Atlântica, o

---

[20] O autor se refere ao conceito de "campo" do sociólogo Pierre Bourdieu. (Ver cap. 1, neste volume.)

[21] A *doxa*, noção grega usada por BOURDIEU (*apud* CARNEIRO, neste volume), é basicamente um conjunto de pressupostos que formam a opinião hegemônica no campo, sendo, portanto, aceitos por todos os seus membros.

[22] Contudo, o FSC não se desenvolveu sem problemas. A *Rainforest Foundation* lançou um relatório com nove estudos de caso de empresas certificadas na Indonésia, Tailândia, Malásia, Canadá, Irlanda e Brasil. Todos os estudos enfatizam a falta de transparência e a modesta e negligente aplicação dos princípios e critérios do FSC, considerados os mais rigorosos mundialmente. Em quase todos os casos, problemas e conflitos ambientais com comunidades locais foram relatados.

[23] Entre eles constam 16 representantes de ONGs, 6 organizações sindicalistas, 4 Pesquisadores de Universidades, 15 representantes de instituições governamentais (IEF, IMA, IBAMA, EMATER, Polícia Florestal, cartórios), 19 representantes de prefeitos, Câmaras de vereadores e conselhos municipais.

WWF, o próprio FSC, o Greenpeace, os Amigos da Terra e a FASE. Em Minas Gerais, o certificador contactou novamente apenas a AMDA e a Biodiversitas.

Dentre os seis sindicatos listados, somente o STR de Curvelo, criado em 2002, mantém contato direto com as comunidades locais, na vizinhança das plantações da Plantar Florestal S.A. Ou seja, as comunidades afetadas somente tomaram conhecimento sobre a certificação da empresa no ano de 2002, quatro anos após a primeira avaliação da Plantar Florestal S.A. feita pela SCS.

Foi também nessa época que a SCS organizou as primeiras audiências públicas na sede do município de Curvelo, oferecendo esclarecimentos sobre o processo da certificação (17 de setembro e 21 de outubro de 2002). Durante esses eventos, foram levantados, pela primeira vez, problemas relacionados aos impactos ecológicos das plantações e à falta de diálogo da empresa com as comunidades. Falou-se, primordialmente, dos impactos nos recursos hídricos e da aplicação de agrotóxicos, problemas percebidos pela população como uma ameaça à sua reprodução. Também em 2002, foi lançado um relatório conjunto da WRM e da FASE (2002), que confirmava os problemas dos moradores e apontava falhas no procedimento da certificação. Entre os assuntos levantados por eles, destacavam-se violações da legislação ambiental, más condições de trabalho e, sobretudo, problemas com as populações vizinhas às plantações.[24]

Tais críticas provocaram fortes reações em Curvelo. Um jornal local anunciou a infiltração de ONGs externas (aquelas que colaboraram com a pesquisa da WRM e da FASE) – e sugeriu que elas, representando interesses estrangeiros, queriam "minar" a economia local.[25] Posteriormente, foi lançado um abaixo-assinado, em que os assinantes confirmavam a importância da empresa para o mercado de trabalho na região. E, embora o número maior de assinaturas tenha vindo da própria força de trabalho da empresa e de suas famílias e o texto do abaixo-assinado não apresentasse qualquer referência ao projeto de carbono, o PCF alegou, nos seus meios de divulgação, que mais de 380 entidades e pessoas estariam apoiando a proposta da Plantar.[26] Finalmente, a empresa empenhou-se em melhorar as relações comunitárias, por meio da organização de festas, oficinas educativas e palestras

---

[24] O próprio autor pôde verificar a aplicação de agrotóxicos na proximidade de nascentes e córregos, o plantio de eucalipto em áreas de proteção ambiental e impactos na fauna, entre outras violações dos princípios e critérios do FSC, em várias situações diferentes, durante visitas a campo em maio e outubro de 2003 e em fevereiro, julho e outubro de 2004.

[25] *Folha de Curvelo*, 16 de abril de 2003.

[26] O STR Curvelo guardou em arquivos o abaixo-assinado e um grande número de artigos publicados na imprensa regional sobre esse tema. O PCF, na sua apresentação oficial do projeto, destaca: "O órgão ambiental do Estado de Minas Gerais, lideranças municipais, diversas ONGs nacionais, sindicatos regionais e organizações sociais aprovaram o projeto como contribuição ao desenvolvimento sustentável" (*The Minas Gerais State Environmental Authority, Municipality leaders, several national NGOs, regional unions and social organizations (a total of 380 signatories) have endorsed the project as a contribution to sustainable development)* (http://carbonfinance.org/pcf/router.cfm?Page= Projects& ProjectID=3109).

nas escolas. Enquanto, de outro lado alguns membros das comunidades rurais foram, subsequentemente, intimidados e ameaçados, o que aumentou a tensão social naquela cidade.[27]

Esses acontecimentos tiveram repercussão internacional. A Rede Alerta Contra o Deserto Verde (uma rede de ONGs e movimentos sociais apoiando pequenos agricultores na luta contra as monoculturas no Brasil) e várias outras entidades iniciaram uma campanha para o cancelamento do projeto da empresa junto ao PCF/ Banco Mundial. Em Minas Gerais, os protestos resultaram num ciclo de debates sobre a questão do eucalipto na Assembleia Legislativa do Estado. Representantes do STR de Curvelo foram à COP 9 em Milão, em 2003, e à primeira feira destinada aos investidores no mercado de carbono, a *Carbon Expo*, em Colônia, na Alemanha, para relatar os problemas enfrentados com as plantadoras de eucalipto.

Em resposta a esses protestos, representantes do Banco Mundial e do FSC visitaram as plantações em Curvelo para avaliar a situação. Nessas visitas, assim como durante a reavaliação feita pela SCS, a AMDA desempenhou papel-chave, e foi mencionada nos relatórios do Banco Mundial, do FSC e da SCS como a "maior"[28], "mais atuante" (SCS, 2003, p. 26) ou "mais respeitada"[29] ONG ambientalista de Minas Gerais. Considerada uma das principais referências entre as entidades e movimentos contactados por aquelas instituições, vale a pena analisar o discurso da AMDA com relação às plantações de eucalipto:

> ...O plantio de extensas monoculturas de pastagens, soja, milho, e outros produtos... são... os maiores responsáveis pela destruição do cerrado... O plantio de florestas de produção, desenvolvido em bases sustentáveis, pode .. atender à demanda da sociedade [por madeira]... contribuindo... para a redução da pressão sobre os biomas brasileiros.

> ....existe um número já significativo de empresas que avançam cada vez mais e de forma positiva em seus compromissos e posturas ambientais e sociais. A AMDA entende, portanto, que o movimento ambientalista... deve distinguir os bons e maus empresários, com base na relação custo/benefício dos plantios e em informações justas, corretas e reais.

> A utilização econômica de madeira... capacita o Brasil a avançar na implantação de uma economia sustentável em bases muito mais competitivas. Siderurgia, celulose, embalagens, construção civil, movelaria são exemplos disso (AMDA, 2003).

---

[27] Alguns casos foram relatados durante as reuniões do certificador no âmbito da reavaliação da certificação da Plantar S.A. (ver referências).

[28] Resposta pública do FSC-internacional às partes interessadas sobre certificado do FSC emitido pela SCS (*Scientific Certification Systems*) à operação de manejo florestal da Plantar S.A., Minas Gerais, Brasil, em outubro de 2004.

[29] Relatório não publicado da visita a campo de Daniel Gross, do Banco Mundial, realizada entre 26 e 29 de outubro de 2003 em Curvelo, e divulgado em novembro 2003.

Nesse discurso, reflete-se uma visão de desenvolvimento sustentável construí-da a partir do paradigma da "adequação ambiental" (ZHOURI; LASCHEFSKI; PERREIRA, 2005, introdução, neste volume). Os impactos ambientais são relativizados frente aos outros tipos de monoculturas, negligenciando o fato de que tais cultivos correspondem a certas demandas do mercado. A sua substituição pelas plantações de eucalipto irá provocar a abertura de uma outra área para reposição daquele cultivo. A questão do consumo sustentável não foi mencionada, nem os modos alternativos de produção agrícola e florestal, como, por exemplo, os desenvolvidos pelo Centro de Agricultura Alternativa do Norte de Minas (CAA-NM) e por diversos Sindicatos de Trabalhadores Rurais.

Contudo, os problemas relatados pelos moradores em Curvelo, sobretudo a questão da secagem da água nas veredas e nos córregos, não são compatíveis com os critérios de sustentabilidade dentro da visão de adequação ambiental, nem com aos critérios do FSC. Assim, supõe-se que as plantações da Plantar S.A. sejam submetidas a uma avaliação crítica também pelas próprias entidades envolvidas na certificação e no projeto do PCF. O que se pode observar entretanto, é que, em relação à questão do impacto do eucalipto no regime da água, o "campo ambiental mineiro" optou por uma estratégia de negação do problema, alegando falta de "provas científicas". Ao invés da realização de estudos de campo, foram apresentadas pesquisas que mostram que o eucalipto consome até menos água do que as florestas nativas. Mas o fato é que essas comparações não se referem ao bioma Cerrado, mas à Mata Atlântica e à região Amazônica (ALMEIDA; SOARES, 2003, p. 169) ou a monoculturas industriais compostas por outras espécies florestais.[30] Da mesma forma, outros pesquisadores, pretendendo falar dos impactos ambientais, apresentam comparações entre o eucalipto e as monoculturas de café, cana-de--açúcar, arroz e feijão, ou pastagens, sem considerar o contexto ecossistêmico dos casos concretos relatados pelos atingidos por plantações. A SCS, no relatório darecertificação, tratou esses assuntos de forma semelhante:

> O fato é que, realmente, ... o eucalipto é um consumidor da água do solo, mas, até hoje, não há provas científicas de que cause maiores problemas de falta de água numa determinada região, desde que tomados os devidos cuidados ambientais... Nesse sentido, o descuido de muitas culturas tradicionais, ou os pastos... são, seguramente, muito mais danosos ao sistema hídrico que uma plantação cuidadosa de eucalipto. (SCS, p. 30)

Certo é que, até a finalização deste trabalho, não foram conduzidas pesquisas para o esclarecimento do problema no local, embora a Plantar Florestal S.A. não tenha tomado os "devidos cuidados ambientais", conforme alega a SCS. Isso pode

---

[30] Por exemplo, LIMA (1993) demonstra a falta de embasamento científico dos argumentos críticos que utilizam constatações do tipo: "...as espécies de eucalipto normalmente utilizadas em plantações intensivas de curta rotação para a produção de madeira industrial não são nada diferentes de outras espécies florestais no que diz respeito ao controle estomático da transpiração" (LIMA, 1993, p. 127).

ser observado, por exemplo, ao redor do córrego Buritis em Felixlândia. Em agosto de 2004, a Comissão de Silvicultura da Assembleia Legislativa de Minas Gerais, acompanhada por pesquisadores ligados ao setor, pela AMDA e por funcionários da Plantar Florestal S.A. fizeram uma visita ao local. O discurso dos pesquisadores caracterizou-se pela contestação às observações dos moradores, a partir de hipóteses gerais.[31] Ao final, os representantes das associações dos moradores locais, que denunciaram o problema, sentiram-se humilhados e fragilizados, porque não podiam enfrentar "adequadamente" os questionamentos da comissão.

Em relação ao mesmo tema, durante uma reunião em Curvelo, ocorrida em outubro de 2004, o representante do SCS afirmou que, quando a equipe da certificação não consegue comprovar alguns fatos, cabe a uma comissão interna decidir se o problema é grave e suficiente para retirar ou não o certificado. No caso da Plantar Florestal S.A., a SCS decidiu manter o certificado sem apresentar uma revisão bibliográfica que sustentasse essa decisão, embora, segundo o Princípio 10.c8 do FSC

> ... nenhuma espécie deve ser plantada em larga escala até que ensaios e experimentos a nível local tenham demonstrado ou que a literatura científica disponível demonstre comprovadamente que esta espécie esteja ecologicamente bem adaptada à área de plantio, ...não apresentando impactos ecológicos negativos significativos sobre outros ecossistemas (FSC-BRASIL, 2003).

Em resumo, verifica-se que o "campo ambiental mineiro" e o "campo da certificação florestal" estabeleceram mecanismos sofisticados para defender-se contra "...posicionamentos ou demandas que se situem para além desses limites, ou que ponham em causa seus fundamentos dóxicos. [estes] veem-se de antemão excluídos do jogo, ou, quando nele se apresentam, tendem a ser sistematicamente rechaçados." (CARNEIRO, cap.3, neste volume).

Nesse contexto, a luta dos excluídos do "jogo" não é somente contra a degradação socioambiental do seu "ambiente". Também não se restringe a uma luta sobre os seus territórios. É uma luta por visibilidade, por democracia e por seus direitos, os quais são cada vez mais deturpados pelas novas políticas de participação e de mediação. O "campo" dominante baseia-se num discurso aparentemente "técnico-científico", porém construído por abstrações de fatos isolados, que são generalizados e deslocalizados do seu contexto original, como é bem visível na discussão sobre o impacto do eucalipto na hidrologia do Cerrado. Assim, o discurso "técnico-científico" torna-se uma ferramenta para manter a *hegemonia de opinião* do "campo dominante" naquelas situações em que ele é ameaçado pelo saber local, que se baseia nas observações e experiências vividas. Finalmente, esta luta reflete

---

[31] Os moradores mostraram alguns troncos secos da palmeira Buriti, que é considerada um indicador da disponibilidade permanente de água em brejos, veredas e áreas permanentemente alagadas. Os membros da comissão colocaram em dúvida se se tratava da espécie buriti, embora não fizessem qualquer tentativa de identificação dos troncos.

também percepções e formas de regulação diferentes sobre a ocupação do espaço vivenciados pelos protagonistas de sociedades urbano-industriais e das populações rurais que ainda não perderam todas as suas raízes tradicionais.

Conclusão

Neste trabalho, foi apresentada uma metodologia para se analisar a contribuição de políticas públicas, estratégias ou projetos na busca do "desenvolvimento sustentável". Baseando-se em vários conceitos, entre eles, "espaço ambiental" e "dívida ecológica" foi desenvolvido um conceito para a sustentabilidade geográfica. A partir de uma reflexão sobre as mudanças nas interações da sociedade com o espaço em decorrência do processo de "desenvolvimento", o que resultou em problemas ambientais e sociais, foram elaborados parâmetros dinâmicos, que permitem analisar atividades humanas no espaço geográfico, no caminho da construção de uma sociedade sustentável. Na parte empírica, foram utilizados esses parâmetros para avaliação dos projetos de plantações de eucalipto como "sumidouros de carbono", que objetivam a redução dos gases de efeito estufa. A discussão desses projetos visa à obtenção de financiamento por meio do MDL – Mecanismo de Desenvolvimento Limpo e do PCF – *Prototype Carbon Fund* do Banco Mundial, no âmbito das políticas públicas para o combate às mudanças climáticas.

Ao final, o que se verificou foi que, apesar de o Banco Mundial/PCF pretender inserir critérios de sustentabilidade na sua avaliação dos projetos, as plantações de eucalipto continuam inseridas num sistema de ocupação do espaço cuja dinâmica aumenta a pressão sobre remanescentes naturais e provocam desequilíbrios sociais.

Aqui se mostrou também, que novas formas de participação exigidas pelo Banco Mundial/PCF, tais como o processo *stakeholder* no âmbito da certificação florestal, acabam sendo altamente hierarquizadas. Moradores locais são confrontados por um "campo" dominante, composto por ONGs, empresas e instituições governamentais que, em defesa dos seus interesses políticos e econômicos, tendem a deslegitimar observações e experiências vividas pelos moradores locais. Com um discurso aparentemente técnico-científico, elas se utilizam de determinados fatos e dados para construir a opinião hegemônica, em defesa de um modelo de desenvolvimento ultrapassado e não sustentável. Em decorrência dessa atitude, as propostas concretas da população local para a reconversão agroextrativista das plantações de eucalipto, que se inserem de forma mais sustentável na realidade social e ambiental do Cerrado brasileiro, não são sequer consideradas.

Referências

ALMEIDA, A. C., SOARES, J. V. Comparação entre uso de água em plantações de Eucalyptus grandis e floresta ombrófila densa (Mata Atlântica) na costa leste do Brasil. *Revista Árvore*, Viçosa, v.27, n.2, 2003, p. 159-170.

ALTVATER, E. Restructuring the Space of Democracy. *Ambiente e Sociedade*, Ano II – n. 3 e 4. Campinas, 1999, p. 5-27.

AMBIENTEBRASIL. Minas Gerais chega a 1,5 milhão de hectares reflorestados. *Ambientebrasil*, 09 mar. 2004, Disponível em: <http://www.ambientebrasil.org.br>. Acesso em: 10 mar. 2004.

AMDA. *A posição da Amda frente ao plantio de florestas de produção.* Disponível em: <http://www.amda.org.br>. Acesso em: 20 sep 2004.

ASSIS, R. L. de. *Armazenamento de água no solo, produção de biomassa e avaliação de estado nutricional em plantios de Eucalyptus urophylla.* 1996. Dissertação (Mestrado em Agronomia), Universidade Federal de Lavras, 1996.

BARROS, N.F.; BRAGA, J. M.; BRANDI, R. M.; DEFILIPO, B. V. Produção de eucalipto em solos de cerrado em resposta à aplicação de NPK e de B e Zn. *Revista árvore*, v.5, n.1, 1981, p. 90-103.

BINSWANGER, H. C. Fazendo a sustentabilidade funcionar. In: CALVACANTI, C. (org.). *Meio ambiente, desenvolvimento sustentável e políticas públicas.* 2.ed. Recife:Cortez,1999, p. 41-55.

BIODIVERSITAS. *The use of charcoal as energetic input for siderurgy and its consequences for environmental conservation in Minas Gerais* – Brazil. Worldbank, Fundação Biodiversitas [s.n.] Belo Horizonte, 2000.

BRACELPA. *Faxnotícias, Informativo da Associação Brasileira de Celulose e Papel.* Ano IX – n o 479 – 9/2/2004. Disponível em: <http://www.bracelpa.org.br>. Acesso em: 14 mai. 2004.

BUITENKAMP, M.; VENNER, H.; WAMS, T.(orgs.). *Action plan sustainable Netherlands.* Amsterdam: Friends of the Earth, 1993.

COUNSELL, S.; LORAAS, K. T. (orgs.). *Trading in Credibility: The Myth and the Reality of the Forest Stewardship Council.* Rainforest Foundation UK. London, 2002.

DALY, H. E. *Steady State Economics: the Economics of Biophysical Equilibrium and Moral Growth.* London:Earthscan, 1992.

DAYRELL, C. Os Gerazeiros descem a serra: ou a agricultura de quem não aperece nos relatórios do Agrobusiness, LUZ, C./DAYRELL, C. (orgs.). *Cerrado e desenvolvimento – Tradição e Atualidade,* Montes Claros:CAA-NM/Rede Cerrado, 2000, p. 189-272.

ECOSECURITIES Ltda. *Baseline determination for V&M do Brasil: Evaluation of the emissions reduction potential of the V&M project,* Oxford, 2003.

ECOSECURITIES Ltda. *Baseline determination for Plantar: Evaluation of the emissions reduction potential of the V&M project,* Oxford, 2002.

EITEN, G. The cerrado vegetation of central Brazil. *Botanical Review,* 38, 2000, p. 201-341.

ESTEVA, G. (2000) Development. In: SACHS, W. (Ed.):*The Development Dictionary. A Guide to Knowledge and Power.* London: Zed Books, 1996. (Traduzido pela Editora Vozes, 2000).

FEARNSIDE, G. M. Greenhouse Gas Emissions from Hydroelectric Dams: Controversies Provide a Springboard for Rethinking a Supposedly 'Clean' Energy Source. *Climate Change,* v. 66, issue 1-2, p. 1-8, set. 2004.

O COMÉRCIO DE CARBONO, AS PLANTAÇÕES DE EUCALIPTO E A SUSTENTABILIDADE DAS POLÍTICAS PÚBLICAS

FSC-BRASIL (2004a). *Florestas e produtos certificados.* Disponível em: <http:www.fsc. org.br>. Acesso em: 05 nov. 2004.

FSC-BRASIL (2004b). *Padrões de certificação do FSC para o manejo de plantações florestais no Brasil.* Doc. vers. 8.0 de Maio de 2003. Disponível em: <http:www.fsc.org. br>. Acesso em: 05 nov. 2004.

FSC-DEUTSCHLAND. *Deutscher FSC-Standard.* Vers., de 28 de julho 2004. Disponível em: <http://www.fsc-deutschland.de/inhome.htm>. Acesso em: 05 nov. 2004.

FSC-INTERNACIONAL (2004). *Plantations Review.*, Disponível em: <http://www.fsc. org/plantations/index.htm>. Acesso em: 25 oct. 2004.

GEORGESCU-ROEGEN, N. (1971). *The entropy law and the economic process.* Cambridge: Harvard University Press.

GOLDBLATT, D. (1996). *Social Theorie and Environment.* Oxford: Polity.

GOLFARI, L. (1975) Zoneamento ecológico do estado de Minas Gerais para reflorestamento. *Série técnica PRODEPEF,* n. 3, p 1-65.

GOMES, F.S.; PESSOTI, J.E.S.; PACHECO, R.M. (1997). Exportação de nutrientes por clones Eucalyptus urophylla em três unidades de solo no vale do rio Jari, *Anais de Conferencia IUFRO sobre Silvicultura e Melhoramento de Eucaliptos.* Colombo (Brazil):EMBRAPA. p. 209-214.

HUQ, S. (2002). Applying Sustainable Development Criteria to CDM Projects: PCF Experience. *PCFplus Report 10.* Washington DC:World Bank.

LASCHEFSKI, K. (2002). *Nachhaltige Entwicklung durch Forstwirtschaft in Amazonien? Geographische Evaluierungen des Forest Stewardship Council.* Tese (Doutorado em Geografia), Departamento da Geografia, Universidade de Heidelberg. Heidelberg: UB--Universität Heidelberg. Disponível em <http://www.ub.uni-heidelberg.de/archiv/2975>. Acesso em: 03 fev. 2005.

LASCHEFSKI, K.; FRERIS; N. (2002). Case Study 4: Precious Woods Amazon (PWA) and Gethal; Certification of Industrial Forestry in the Native Amazon Rainforest. In: COUNSELL, S.; LORAAS, K. T. (Orgs.): *Trading in Credibility: The Myth and the Reality of the Forest Stewardship Council.* London: Rainforest Foundation, p. 154-178.

Leff, E. (2001). *Saber Ambiental- Sustentabilidade, Racionalidade, Complexidade, Poder.* Petrópolis:Vozes. – Titulo Original: Saber ambiental: Sustentabilidad, racionalidad, complejidad, poder.(Tradução de Lúcia Mathilde Endlich Orth)

LIMA, P. W. De. (1993). *Impacto ambiental de eucalipto.* São Paulo: Edusp, 1993.

LIMA, P. W. De. (1997). Indicadores hidrológicos da manejo sustentável de plantações de eucalipto. In: *Anais da Conferencia IUFRO sobre Silvicultura e Melhoramento de Eucaliptos.* Colombo (Brasil):EMBRAPA. p. 12 – 29.

LOHMANN, L. (2001). Democracy or Carbocracy? *The Corner House Briefing 24.* Sturminster Newton. 2001. Disponível em: <http://www.thecornerhouse.org.uk>. Acesso em: 14 mai. 2004.

MARTÍNEZ-ALIER, J. (1999). Justiça ambiental (local e global). In: CALVACANTI, C. (Org.). *Meio Ambiente, desenvolvimento sustentável e políticas públicas.* 2. ed. Recife: Cortez, p. 215-231.

MAY, P.H.; BOYD, E.; V:EIGA, F.; CHANG, M.. (2004). *Local sustainable development effects of forest carbon projects in Brazil and Bolivia: A view from the field.* International Institute for Environment and Development, London:IIED.

MCT – Ministério da Ciência e Tecnologia. (2004). *Protocolo de Quioto,* Brasília. Disponível em: <http://www.mct.gov.br/clima/quioto/pdf/Protocolo.PDF>. Acesso em: 5 mai. 2004.

MEADOWS, D.; MEADOWS, D.; RANDERS, J.; BEHRENS,W. (1971). *The Limits to Growth.* New York: Universe Books.

MEINZER, F.; GOLDSTEIN, G.; FRANCO, A.; BUSTAMENTE, M.; IGLER, E.; JACKSON, P.; CALDAS, L.; RUNDEL, P. Atmospheric and Hydraulic Limitations on Transpiration in Brazilian Cerrado Woody Species. *Funct. Ecology* 13, 1999, p. 273-282.

MIRANDA, A. C; MIRANDA, H. S. Impactos de Processos Ecológicos – Estresse Hídrico. In: DIAS, B. F. S.de (Coord.). *Alternativas de Desenvolvimento dos Cerrados: Manejo dos Recursos Renováveis.* Brasília: Fundação Pró-Natureza, 1996, p. 30-34.

MOSCA, A. A O. de. *Caracterização hidrológica de duas microbacias visando a indentificação de indicatores hídrologicos para o monitoramento ambiental do manejo de florestas plantadas.* Dissertação (Mestrado em Recursos Florestais, Escola Superior de Agricultura "Luis de Queiroz", Universidade de São Paulo, Piaracicaba, 2003.

OPSCHOOR, J. B. *Environment, Economics and Sustainable Development.* Groningen: Wolters Noordhof Publishers, 1992.

PÁDUA, J. A. Produção, consumo e sustentabilidade: o Brasil e o contexto planetário. In: *Cadernos de Debate 6. Brasil Sustentável e Democrático* 6. Rio de Janeiro: FASE, 1999, p. 11-48.

PCF. Projects. Disponível em: <http://carbonfinance.org/pcf/Projects.cfm>. Acesso em: 18 mai. 2004.

RAWITSCHER, F. The Water Economy of the Vegetation of the Campos Cerrados in Southern Brazil. *Jornal of Ecology,* 36, 1948, p. 237-268.

PEARCE, D. W. *World without End – Economics, Environment and Sustainable Development.* New York: Oxford University Press, 1994.

PNUD – UNDP. *Human Development Report 1994: New Dimensions of Human Security.* New York: Oxford University Press, 1994.

ROMEIRO, A., R. *Meio ambiente e dinâmica de inovações na agicultura.* São Paulo: Annablume: FAPESP, 1998.

SACHS, W. Environment. In: SACHS, W. (Ed.). *The Development Dictionary. A Guide to Knowledge and Power.* London: Zed Books, 1996. Traduzido pela Editora Vozes, 2000.

SANTOS, M. *A natureza do espaço – técnica e tempo – razão e emoção.* São Paulo: Hucitec, 1996.

SCHMIDT-BLEEK, F. *Wieviel Umwelt braucht der Mensch? MIPS – Das Maß für ökologisches wirtschaften.* Berlin, Basel, Boston: Birkhäuser, 1994.

SCS SCIENTIFIC CERTIFICATION SYSTEMS. *Avaliação de re-certificação do manejo floretal das plantações florestais da Plantar S.A. na região de Curvelo no estado de Minas*

Gerais, Brasil. Emeryville, 2004. Disponível em: <http://www.scscertified.com>. Acesso em: 15 oct. 2004.

SCS SCIENTIFIC CERTIFICATION SYSTEMS. *Public Summary Report: Plantar S.A.* Emeryville, 2001. Disponível em: <http://www.scscertified.com>. Acesso em: 15 oct. 2004.

SGS QUALIFOR. *Relatório de Monitoramento do Manejo Florestal – V&M Florestal Ltda., Surveillance n. 2*, Oxford, 2004. Disponível em: <http://www.qualifor.sgs.com> Acesso em: 10 nov. 2004.

NAÇÕES UNIDAS. *Convenção-Quadro – Conferência das Partes sobre Mudança do Clima: Decisão 11/CP.7 Uso da terra, mudança no uso da terra e florestas.* Relatório da Conferência das Partes sobre sua sétima sessão, realizada em Marraqueche de 29 de outubro a 10 de Novembro de 2001. Disponível em: <http://www.mct.gov.br/clima/negoc/cop7.htm>. Acesso em: 12 mai. 2004.

NAÇÕES UNIDAS. *Convenção-Quadro – Conferência das Partes sobre Mudança do Clima: Decisão 17/CP.7, Modalidades e procedimentos para um mecanismo de desenvolvimento limpo, conforme definido no Artigo 12 do Protocolo de Quioto.* Relatório da Conferência das Partes sobre sua sétima sessão, realizada em Marraqueche de 29 de outubro a 10 de Novembro de 2001. Disponível em: <http://www.mct.gov.br/clima/negoc/cop7.htm>. Acesso em: 12 mai. 2004.

NAÇÕES UNIDAS. *Agenda 21, capitulo 4, Mudança dos padrões de consumo,* 1992. Disponível em: <http://www.mma.gov.br/estruturas/agenda21/arquivos/cap01.pdf>. Acesso em: 23 jan. 2005.

SPOSITO, M. E. (2004). *Capitalismo e urbanização. Repensando a Geografia.* São Paulo: Contexto, 2001.

STR – RIO PARDO DE MINAS. *Reconversão agroextrativista: da monocultura do euclipto para sistemas agrosilvopastoris – Proposta em discussão das comunidades dos Gerais de Rio Pardo de Minas aos poderes públicos municipal, estadual e federal.* (mimeo).

V&M DO BRASIL S.A. *Balanço Social e Ambiental 2003,* Belo Horizonte, 2003.

WORLD BANK. *World Development Report 1998/1999 – Knowledge for Development – Summary.* New York, 1999.

WORLD BANK. Resposta a uma carta de protesto da "Rede Alerta Contra o Deserto Verde" e outras entidades sobre a inclusão do Projeto da Plantar no *Prototype Carbon Fund,* de 23 de julho de 2003.

WORLD BANK. *Report No. PID11248 – Brazil-PCF Minas Gerais Plantar Project.* Washington, 2002. Disponível em: <htty://www.worldbank.org/infoshop>. Acesso em: 16 mai. 2004.

WRM; FASE (Eds.). *Relatório de Avaliação da V&M Florestal Ltda. e da Plantar S.A. Reflorestamentos ambas certificadas pelo FSC – Forest Stewardship Council.* Montevideo, 2002. Disponível em: <www.wrm.org.uy/countries/Brazil/fsc.doc>, Acesso em: 04 mar. 2004.

WRM – World Rainforest Movement. *As plantações não são florestas.* Montevideo, 2003.

WRM – World Rainforest Movement. *Certificando o não certificável.* Montevideo, 2003.

ZHOURI, A. Global-Local Amazon Politics – Conflicting Paradigms in the Rainforest Campaign. *Theory, Culture & Society,* V. 21(2), p. 69-89, London/Thousand Oaks/New Delhi, Sage, 2004.

ZHOURI, A. *Trees and People: An Anthropology of British Campaigners in the Amazon.* Tese (Doutorado em Sociologia), Universidade de Essex, Colchester, 1998.

Visitas a campo, reuniões e entrevistas

15 de maio de 2003: Visita às communidades de Cana Brava – Curvelo – junto com Ricardo Carrere, do World Rainforest Movement – Uruguai. Verificação da aplicação de herbicidas nas proximidades do eucalipto.

23/24 de outubro de 2003: Visita à zona rural de Curvelo e Felixlândia, junto com Jutta Kill, da Forest and the European Union Resource Network – FERN (entrevistas com moradores locais, identificação dos problemas da secagem, da contaminação de córregos, descumprimento de APPs (Meleiro, Pindaíba, Boa Morte, entre outros).

17 de fevereiro de 2004: Reunião para a reavaliação da certificação da Plantar S.A. com representantes da SCS, FSC-internacional e moradores locais, na sede do STR de Curvelo.

07 de junho de 2004: Visita ao FSC-internacional em Bonn, Alemanha, junto com representantes do STR de Curvelo e do STR de Bocaiuva.

08/09 de junho de 2004: Visita à Carbon Expo – Feira de Carbono em Colônia, Alemanha, junto com representantes do STR de Curvelo e do STR de Bocaiuva. Apresentação dos problemas do projeto Plantar S.A. na programação oficial de palestras da feira.

07 de julho de 2004: Estudo de Campo com estudantes da UFMG, visita às comunidades de Cana Brava.

02 de agosto de 2004: Juntamente com Jean-Pierre Leroy, relator de Direitos Humanos, Econômicos, Sociais e Culturais (DHESC) – Meio Ambiente, encarregado de elaborar uma documentação sobre o Brasil à ONU, visita a três propriedades rurais e reunião com os moradores de Cana Brava. Verificação da aplicação de herbicidas na proximidade de córregos que atravessam as propriedades locais, dos problemas de falta de água e do desrespeito às APPs.

07 de outubro de 2004: Reunião para a reavaliação da certificação junto com representantes da SCS e moradores locais. na sede do STR de Curvelo.

OS AUTORES

....

Andréa Zhouri

Professora do Departamento de Sociologia e Antropologia e da Pós-Graduação em Sociologia da UFMG. Pesquisadora do CNPq. Coordena o Grupo de Estudos em Temáticas Ambientais (GESTA). Coordenou o Programa de História Oral do Centro de Estudos Mineiros da UFMG entre 2002 e 2004. Doutora em Sociologia pela Universidade de Essex, Inglaterra, e Mestre em Antropologia Social pela UNICAMP. Linhas de Pesquisa: políticas globais para a Amazônia, ONGs e movimentos ambientalistas, conflitos socioambientais, licenciamento ambiental de barragens hidrelétricas, unidades de conservação, entre outros.

Klemens Laschefski

Pesquisador-visitante pelo CNPq no Instituto de Geociências da UFMG desde 2003 e Pesquisador do GESTA/UFMG. Doutor em Geografia pela Universidade de Heidelberg, Alemanha. Trabalhou como coordenador de projetos para a entidade Amigos da Terra – Alemanha (*Bund für Umwelt und Naturschutz Deutschland)*, como engenheiro ambiental na elaboração de estudos de impactos ambientais e como consultor para diversos órgãos governamentais e não governamentais. Linhas de pesquisa: manejo florestal, sobretudo na Amazônia; impactos socioambientais das hidrelétricas, das monoculturas de cana-de-açúcar e de eucalipto; agroecologia; questões urbanos.

Doralice Barros Pereira

Professora do Departamento e da Pós-Graduação em Geografia do IGC/UFMG. Doutora em Geografia pela Universidade de Montréal, Canadá. Mestre em Geografia pela UFMG. Pesquisadora do GESTA/UFMG e do Grupo de Estudos Urbanos: As (im)possibilidades do urbano na metrópole contemporânea. Linhas de Pesquisa: análise, planejamento e gestão socioambiental; unidades de conservação; desenvolvimento local comunitário, representação ambiental.

Ricardo Ferreira Ribeiro

Professor de Antropologia da PUC-MG. Doutor em Agricultura e Sociedade pela UFRRJ e Mestre em Sociologia pela UFMG; consultor do Instituto Interamericano de Cooperação para a Agricultura, trabalhando no INCRA-MG. Linhas de Pesquisa: Impactos socioambientais da construção de barragens, história ambiental e etnoecologia das populações tradicionais do Cerrado; história do imaginário em torno da fauna brasileira.

Eder Jurandir Carneiro

Professor de Sociologia da Universidade Federal de São João Del Rei e Doutor em Sociologia e Política pela UFMG com a tese *"Modernização recuperadora e o campo da política ambiental em Minas Gerais"*. Mestre em Sociologia pela UFMG com a dissertação *"O movimento ecológico de Belo Horizonte"*. Linhas de Pesquisa: política ambiental, conflitos ambientais e injustiça ambiental em São João Del Rei, Minas.

Carlos Eduardo Mazzetto Silva

Professor do curso de Geografia e Análise Ambiental do UNI-BH (Centro Universitário de Belo Horizonte). Engenheiro agrônomo (UFV). Mestre em Geografia e Organização Humana do Espaço (IGC/UFMG). Doutorando em Ordenamento Territorial e Ambiental (Geografia/UFF). É instrutor e consultor do IBAMA. Foi fundador e coordenador executivo do Centro de Agricultura Alternativa do Norte de Minas, consultor de meio ambiente do INCRA-MG e diretor de Desenvolvimento Rural Sustentável do ITER (Instituto de Terras de Minas Gerais). Linhas de pesquisa: agroecologia, reforma agrária e a sustentabilidade e autonomia camponesa.

Luciana Braga Paraíso

Doutoranda em Ciências Sociais pela Universidade Estadual do Rio de Janeiro (UERJ). É Mestre em Sociologia pela Universidade Federal de Minas Gerais (UFMG), onde desenvolveu pesquisa sobre participação social em unidades de conservação e atua como pesquisadora do GESTA/UFMG.

Angela Maria Trindade Paiva

Bacharel em Ciências Sociais pela UFMG. Bolsista de Iniciação Científica pelo CNPq de 2002 a 2004 no projeto: *Participação popular em projetos de licenciamento ambiental – o caso da PCH Aiuroca*. Pesquisadora do GESTA/UFMG, e atualmente atua como técnica da FASE-Pará.

Raquel Oliveira Santos Teixeira

Graduanda em Ciências Sociais pela UFMG. Bolsista de Iniciação Científica pela FAPEMIG e pelo CNPq desde 2002 no projeto: *O licenciamneto ambiental na perspectiva das Ciências Sociais: as hidrelétricas de Irapé, Capim Branco e Aiuroca/MG*. Pesquisadora do GESTA/UFMG.

Este livro foi composto com tipografia Times New Roman e impresso
em papel Pólen Bold 90 g/m² na Gráfica Del Rey.